Anonymous

Gordon, der Held von Khartum

Ein Lebensbild nach Originalquellen

Anonymous

Gordon, der Held von Khartum
Ein Lebensbild nach Originalquellen

ISBN/EAN: 9783742865663

Hergestellt in Europa, USA, Kanada, Australien, Japan

Cover: Foto ©ninafisch / pixelio.de

Manufactured and distributed by brebook publishing software (www.brebook.com)

Anonymous

Gordon, der Held von Khartum

Gordon

der Held von Khartum.

Ein Lebensbild

nach Originalquellen.

Mit Bildnis und Karten.

→ Zweite Auflage. ←

Frankfurt a. Main.

Schriften-Niederlage des Evangelischen Vereins.

1885.

Vorwort.

Das vorliegende Buch ist die Verarbeitung und Zusammenstellung eines reichhaltigen Materials. Die Hauptquellen sind:

1) Die stets siegreiche Armee, eine Geschichte des chinesischen Feldzugs unter Oberstlieutenant C. G. Gordon, sowie der Unterdrückung der Taiping-Rebellion, von Andrew Wilson.

2) Die Geschichte des „Chinese Gordon" von A. Egmont Hake, zwei Bände.

3) Oberstlieutenant Gordon in Central-Afrika (1874 bis 1879) von G. Birkbeck Hill. Letzteres Werk besteht hauptsächlich aus Gordons Briefen aus der genannten Zeit.

4) Die Tagebücher von Generalmajor C. G. Gordon zu Khartum, nach dem Original-Manuskript gedruckt. Mit Einleitung und Noten von A. Egmont Hake.

5) Betrachtungen in Palästina von Charles George Gordon.

Außer diesen Hauptquellen ist eine ganze Reihe kleinerer Bücher über Gordon, sowie eine nicht geringe Anzahl von Aufsätzen und einschlägigen Zeitungsartikeln gelesen und zum teil auch benutzt worden. Es wurde nichts unterlassen, das Lebensbild des trefflichen Mannes in gegebenen Grenzen zu einem möglichst vollständigen und abgerundeten zu machen. Möchten deutsche Leser an der Geschichte eines Mannes sich erfreuen, der im vollen Sinn des Wortes darum ein Held war, weil er ein ganzer Mann und ein ganzer Christ gewesen ist.

London, im September 1885.

Inhalt.

Erstes Buch.

Jugendzeit und Krimkrieg.

Die Gordons sind von alter schottischer Herkunft: Clan Gordon war seit unvordenklichen Zeiten ein kriegerisches Hochlandsgeschlecht. Wer mit schottischer Geschichte, oder auch nur mit Walter Scott bekannt ist, der weiß, daß ein Clan sozusagen die erweiterte Familie ist; der alte Stammverband, ob er nun nach Hunderten zählte, oder nach Tausenden, war von den Vätern her gemeinsamen Blutes, und Gordon hießen im vorliegenden Fall alle vom adeligen Clanshaupt an bis zum streitbaren Hirten. Im Laufe der Zeit hatte der Stamm übrigens auch seine Ableger, die als Gordons von so und so je nach dem betreffenden Wohnsitze sich nannten und sich so vom älteren Zweig unterschieden. Lord Byron z. B. stammte mütterlicherseits von den Gordons von Gieght. Unter dem Adel Englands giebt es jetzt noch mehrere Familien, die dem alten Stamm angehören: die Earls und Marquise von Huntley, die Earls von Aberdeen u. a. sind „Gordons“. In den kriegerischen Annalen Schottlands finden sich allerwärts Gordons, und in späteren Zeiten, wenn das eigene Vaterland Frieden hatte, zog mancher Gordon als Glücksritter in die weite Welt. Wo's auch immer Schlachten zu schlagen gab, da wurde der Name bekannt, in Preußen, in Polen, in Schweden, in Rußland, in Amerika. Peter der Große lernte einen Gordon in

Moskau hoch schätzen, und der eiserne Zar vergoß Thränen am Sterbebett dieses Fremdlings, der, nebenbei bemerkt, Tagebücher von historischem Wert hinterließ. In Schottland selbst ehrte die englische Regierung das alte Geschlecht, indem sie einem der neuen Regimenter, die aus dem Chaos des Thronfolgekriegs hervorgingen, die Benennung „Gordon Highlanders“ verlieh. Seit der Mitte des vorigen Jahrhunderts hat dieses Regiment in manch heißem Gefecht Gelegenheit gehabt, den alten Namen zu neuem Ruhm zu bringen. Die Gordon Highlanders sind zur Zeit im Sudan.

Im Jakobitischen Aufstand des Jahres 1745 gab es Gordons auf beiden Seiten. Sir William Gordon von Park kämpfte für den Kronprätendenten Prinz Charley (Stuart), während sein Verwandter David Gordon für die neue (hannöverische) Linie stritt. In der Schlacht von Preston Pans wurde dieser David von den Hochländern gefangen genommen, späterhin aber auf Ehrenwort freigegeben. Sir William mag sich für ihn verwendet haben; überdies stand er in Gunst beim Herzog von Cumberland (dem zweiten Sohn des Königs Georg II.), der ihm ein Söhnchen aus der Taufe gehoben hatte. Nach der Schlacht von Culloden, die der Sache des Prätendenten den Todesstoß gab, verließ David Gordon mit seinem jungen Sohn die alte Heimat und suchte Grund und Boden in der neuen Welt. Sechs Jahre später fand er seinen Tod in Halifax, Neuschottland. Sein Sohn, des Fürsten Patenkind, war allem nach ein „Häkchen“, das sich frühzeitig in der angestammten Weise krümmte; denn kaum vierzehnjährig schlägt sich der Jüngling schon in der britischen Armee. In seinem vierundzwanzigsten Jahre, als er bereits ein erfahrener Soldat war, und zuletzt unter General Wolfe in der Ebene Abraham bei Quebec mitgekämpft hatte, kehrte der junge Schotte nach England zurück. In Hexham, Grafschaft Northumberland, wo er in Quartier lag, fand er in der Schwester des dortigen Geistlichen die Soldatenbraut, mit der er 1773 in die Ehe trat. Drei Söhne und vier Töchter entsprangen diesem Bund. Die Söhne verfolgten wiederum die militärische Laufbahn; der älteste fand einen frühen Tod am Kap, der jüngste hingegen, Henry William, ein Artillerieoffizier, geb. 1786, erreichte ein hohes Alter und erlebte die erstaunlichen Erfolge der „stets siegreichen Armee“ unter seinem zweitjüngsten Sohn; dieser aber, Charles George Gordon, ist unser Held.

Henry William Gordon war s. Z. in Woolwich stationiert, und Charles George wurde als der vierte von fünf Söhnen am 25. Januar 1833 daselbst geboren. Die Mutter dieser Söhne stammte zwar nicht aus einer Soldatenfamilie, Unternehmungsgeist war aber auch mütterlicherseits ein Grundzug des Charakters. Ihr Vater war Samuel Enderby, ein angesehener Kauffahrteiherr, dessen Walfischfahrer von sich reden machten. Seine Schiffe befuhren ferne und gänzlich unbekannte Meere; „Enderbys Land“ im antarktischen Ocean zeugt selbst von geographischer Entdeckung. Dem unternehmenden Kaufherrn gehörten auch jene beiden von der englischen Regierung mit Thee verfrachteten Schiffe, die i. J. 1773 im Hafen von Boston vor Anker lagen, als die Kolonisten im Meeting erklärten: „Das Land ist so nicht zu retten!“ In jener Nacht bemächtigte sich ein Haufe von Schein-Indianern der beiden Schiffe und leerte mit dem Thee die aufgezwungene Steuer ins Meer. Das war der Anfang der amerikanischen Freiheit.

Gordons Mutter schildern solche, die sie gekannt haben, als eine tüchtige Frau, die sich selbst in der Gewalt hatte und unter den schwierigsten Umständen immer ihren Gleichmut bewahrte. Mit wahrhaft genialem Takt habe sie immer alles zum besten zu wenden verstanden. Im Krimkrieg waren drei ihrer Söhne und mehrere ihrer nächsten Verwandten vor Sewastopol; man sah sie aber nie zaghaft, sondern immer nur damit beschäftigt, ihren Angehörigen zu Hause, wie den fernen Kriegern Gutes zu thun. Von Gordons Vater wird erzählt, er sei ein origineller Mann gewesen, ein tüchtiger Soldat von festem Charakter und angenehmer Persönlichkeit. Er hatte einen unerschöpflichen Humor, und Heiterkeit war seine natürliche Atmosphäre, was aber nicht ausschließt, daß er bei Gelegenheit zornig werden konnte, weil er diejenige Entschiedenheit besaß, die bei Pflichtverletzung in Strenge übergeht. Das „Gesetzbuch der Ehre" war seine Richtschnur für sich und für andere. Soldat war er mit Leib und Seele, und zwar britischer Soldat, für ihn das höchste Ideal auf der Erde; es war ihm daher trotz der glänzenden Erfolge eine Enttäuschung, als sein Sohn späterhin in fremde, nämlich in chinesische Dienste trat. Ein Gordon, meinte er, sollte nur seinem eigenen Volk und Glauben dienen. Wer ihn kannte, schätzte ihn, denn er war freundlich und großmütig in all seinem Thun und von großer Gerechtigkeitsliebe; fürs übrige hatte er dies mit seinem Sohn gemein, daß er von Natur eher dazu angethan war zu befehlen als zu gehorchen.

Über Gordons Jugend liegt nur wenig vor. Es wird berichtet, er sei ein schwächliches Kind gewesen. Im spätern Leben war er nicht nur kräftig, sondern von eiserner Zähigkeit. Jenem Umstand ist es wohl zuzuschreiben, daß er sich in der Schule nicht besonders auszeichnete. In der Kadettenschule zu Woolwich soll es sich ereignet haben, daß ein unverständiger Offizier dem Zögling einmal das Wort hinwarf: aus Ihnen wird Ihr Lebtag nichts Rechtes, was den jungen Hitzkopf so aufbrachte, daß er sich die Epauletten von den Schultern riß und sie seinem Vorgesetzten vor die Füße warf. Diese Anekdote ist zu oft ohne Widerlegung wiederholt worden, um lediglich erfunden zu sein. Man sollte zwar denken, daß solche Insubordination den jungen Menschen leicht seine Laufbahn hätte kosten können und Gordon selbst war im späteren Leben ein viel zu tüchtiger Soldat, als daß er diesen Jugendstreich gebilligt hätte. Auch ist es nichts weniger als ein Beweis von Unzulänglichkeit, daß er nach vollbrachter Kadettenzeit den Royal Engineers einverleibt wurde, einem Regiment, das für seine Festungs-Ingenieur-Offiziere bekanntlich eine hervorragende technische Ausbildung voraussetzt.

Im Juli 1852, also in seinem zwanzigsten Lebensjahre, erhielt er sein Unterlieutenantspatent. Er saß darnach zwei Jahre lang zu Pembroke am Reißbrett. Dort gab es Pläne auszuarbeiten zur Befestigung des Hafens (Milford), die seitdem ihre Verwirklichung gefunden haben. Diese Beschäftigung wurde zuletzt zur ernstlichen Geduldsprobe für den jungen Mann, dessen Kameraden ostwärts fuhren, gen Sewastopol. Aber auch für ihn kam die Zeit, und am Neujahrstag 1855 trug das „Goldene Vließ“ ihn in den Hafen von Balaclawa. Er landete mitten im tiefsten Winter.

Die Belagerung von Sewastopol dauerte elf Monate, eine schlimme Zeit für die britische Armee. Die Schlachten von Balaclawa und Inkerman waren geschlagen (Okt. und Nov. 1854), ein Winter namenlosesten Elends folgte darauf. Wie mancher Soldat erfror in den Laufgräben! Hunger, Kälte, Krankheit waren die Verbündeten des Feindes. Innerhalb der russischen Festung gab's Nahrungsmittel, warme Kleidung, Medikamente die Fülle, während die Belagerer draußen das Allernötigste entbehrten. Dem ausdauernden Mut der hungernden zerlumpten Soldaten ist kaum ein ähnliches Beispiel an die Seite zu stellen. Englische Transportschiffe fuhren zwar mit ihren Ladungen von Zelten, Teppichen und Proviant aller Art in nächster Nähe von einem Hafen zum andern, aber den Kapitänen fehlten die richtigen Instruktionen, und die Offiziere, die's mit ansahen, wußten nicht was die Schiffe enthielten!

Das war die Zeit, in der der junge Gordon seine Feuertaufe erhielt. Statt der glorreichen Erfolge sah er wochenlang nur den Jammer des Krieges. Als Ingenieur war seine Arbeit in den Gräben. Infolge des Elends war da die Mannszucht nicht selten in Gefahr. Er war vielfach dem russischen Feuer ausgesetzt, hin und wieder auch dem planlosen Schießen seiner eigenen Leute. In gewisser Hinsicht war dies ein Vorbild seiner Laufbahn. Wie oft hat er im Feuer gestanden zwischen Freund und Feind, und seine wunderbarsten Erfolge waren nicht selten die, welche er allein ausführte, nachdem die Seinen ihn im Stich gelassen hatten.

In seinen Briefen aus der Krim beschreibt er seine tägliche Arbeit und erzählt von gefallenen Kameraden. Schon damals giebt er den ernsten Sinn und die Ergebung in Gottes Willen zu erkennen, die ihn sein lebenlang kennzeichneten. Der Lauf der Jahre hat bei ihm nur das vertieft, was sich schon früh kund gab. Der Tod hatte keine Schrecken für ihn, denn er war allzeit bereit, sein Leben aufgeben zu müssen. Wie alle gottvertrauenden Menschen wußte er, daß der Tod nur dann kommt, wenn die dem Menschen zugewiesene Lebensarbeit vollbracht ist, und in dieser Zuversicht verfolgte er furchtlos die Bahn seiner Pflicht. Einmal sauste eine ihm zugedachte russische Kugel hart an seinem Ohr vorüber; in einem Briefe an seine Mutter erwähnte er der Sache aber nur mit der soldatischen Bemerkung: „Die Russen zielen gut; ihre Kugel sind groß und spitz.“ Einige Tage später fiel sein Hauptmann; er berichtet darüber in die Heimat: „Es ist mir lieb zu wissen, daß er ein ernstgesinnter Mann war. Die Bombe platzte über ihm, und ein Splitter traf ihn im Rücken — durch einen Zufall, wie man's nennt; er war augenblicklich tot.“ Aus dem Sudan schreibt er zweiundzwanzig Jahre später rücksichtlich der Unterdrückung des Sklavenhandels: „Ich kann's vollbringen mit Gottes Hilfe und habe die feste Überzeugung, daß er mich dazu bestimmt hat, denn sehr gegen meinen eigenen Willen bin ich hierher gekommen ... Ich bin ein Fatalist geworden, wie's die Leute nennen, d. h. ich überlasse es dem lieben Gott mir durchzuhelfen.“ Ein andermal schreibt er: „Kein Trost kommt dem gleich, den ein Mensch hat, der sich allezeit auf Gott verläßt; der glaubt und es nicht nur mit dem Munde bekennt, sondern auch mit der That, daß alle Dinge vorher bestimmt sind. Wer so denkt, der hat den Tod schon gekostet, und die Widerwärtigkeiten des Lebens fechten ihn nicht mehr an.“ Gordon hat seine Führung als eine im großen wie im kleinen von Gott vorher bestimmte betrachtet, und das ist der Schlüssel zu seinem ganzen Leben; dieser unverrückte Glaube ist es, der ihn zum Helden gemacht hat. Er that immer das Beste, was in seinen Kräften stand, dem Resultat aber sah er ruhig entgegen. „Wenn wir nur immer glauben könnten," heißt's in einem anderen der Sudanbriefe, „daß alles von Gott bestimmt und zum Besten bestimmt ist, so wären wir mehr denn Überwinder; die Welt läge zu unseren Füßen . . . Unglück, das uns trifft, ist in Wirklichkeit nie so schlimm als in der Erwartung, und wenn wir nur still halten könnten, so trügen wir's leichter. Ich kann die Existenz Gottes von seiner Vorherbestimmung und Leitung aller Dinge, der guten wie der bösen, nicht trennen; das Böse läßt er zu, aber es bleibt unter seiner Fügung."

Nach dem Tod des Zaren, im März 1855, schritt die Belagerung stetig aber langsam vor. Ende April schreibt Gordon: „Wir schieben unsere Batterien vor, können aber nicht viel thun, ehe die Franzosen Fort Malakow eingenommen haben." Bis Anfang Juni verharrten die Briten ziemlich unthätig. Gordon hatte nicht viel zu berichten; eine Zeile aber muß erwähnt werden: „Es ist sehr zu beklagen," sagt der junge Lieutenant, „daß wir keine rechten Feldprediger haben; ich wüßte auch keinen zu nennen, dem das Wohl der Soldaten wahrhaft am Herzen läge."

Am 6. Juni eröffneten die Engländer das Feuer aus tausend Feldstücken; aber obschon Gordon schreibt: „Ich glaube nicht, daß sich Sewastopol noch zehn Tage halten kann," so hielt die Festung sich doch noch zehnmal zehn Tage; und während dieser ganzen Zeit war der junge Ingenieur-Offizier auf seinem Posten in den Gräben. Wir lassen hier einige Auszüge aus seinen Briefen folgen.

15. Juni: „Die Russen werden offenbar mutlos, sind aber entschlossen; man kann sie nur bewundern; ihre Offiziere sind unter Feuer ganz so kühl als die unseren."

30. Juni: „Lord Raglan starb am 26. infolge der überstandenen Mühseligkeiten. Ich traure um ihn, denn er hat sein Leben wirklich ganz fürs Vaterland geopfert. Ich hoffe er war vorbereitet, weiß es aber nicht."

3. August: „. . . Wir sind enttäuscht, daß General Jones den Brown

nicht nach Verdienst erwähnt hat. Was mich betrifft, so soll mich niemand beklagen, wenn ich einmal tot bin!"

17. August: „Sewastopol ist jetzt vollständig unter unserem Feuer; die Russen sind aber gut gedeckt und bombardieren unser Lager. Zwei Schüsse schlugen neben meinem Pony in die Erde; wenn der übrigens drauf ginge, so müßte die Regierung ihn ersetzen! Ich bin nicht ehrgeizig, aber was für leichtverdiente Orden und Promotionen giebt's hier und dort, während mancher von wirklichem Verdienst leer ausgeht, wie z. B. unser armer Oldfield. Ich muß schließen; unser Feuer hat jetzt nur den Zweck, die Kanonen in der Festung zum Schweigen zu bringen, damit sie uns eine Zeitlang in Ruhe lassen."

21. August: „Unsere Geschütze sind verstummt nach viertägiger Arbeit; was es jetzt giebt, wissen wir eigentlich nicht. Die Franzosen werden wohl innerhalb vierzehn Tagen den Malakow stürmen. Fort Redan sieht bös aus, denn unsere Pelotons hindern die Russen am Reparieren, und nachts schicken wir ihnen Bomben. Der Feind zahlt übrigens mit Zinsen zurück, manchmal ein Dutzend auf einmal aus großen Mörsern; man muß ordentlich flink sein, um nur aus dem Weg zu springen. Ich bin jetzt vierunddreißigmal je vierundzwanzig Stunden in den Gräben gewesen — mehr als einen Monat nacheinander gerechnet! Es wird nachgerade langweilig; aber so lang's Arbeit giebt, ist man immer wieder dabei. Unsere russischen Gefangenen sagen, daß die Besatzung desperat sei und uns angreifen müsse, weil der Proviant auf die Neige geht."

31. August: „Die Russen erhalten uns noch immer auf dem Quivive aber wir sind bei der Hand."

7. September: „Ich hoffe, bis diese Zeilen in Euren Händen sind, werdet Ihr auch von unserem Sturm auf die Südseite von Sewastopol gehört haben. Er ist auf morgen geplant, und ich denke mit besserer Aussicht auf Erfolg als das letzte Mal. Ich hoffe, mein nächster Brief bringt Euch Gutes."

Am 8. September erstürmten die Franzosen den Malakow. Die Engländer pflanzten ihre Fahne auf Fort Redan auf, wurden aber nach einer Stunde wieder daraus vertrieben. Zum wiederholten Angriff am folgenden Tage kam es nicht, denn in der Nacht räumten die Russen die Festung. Gordon schreibt:

„In der Nacht auf den 9. hörten wir eine furchtbare Explosion, und als ich um vier Uhr morgens in die Gräben ging, sah ich ein gewaltiges Schauspiel. Sewastopol war in Flammen, und als die aufgehende Sonne die Zerstörung beleuchtete, war der Effekt in der That wunderbar. Die Russen verließen die Stadt; alle Dreidecker waren in den Grund gebohrt, nur die Dampfschiffe übrig. Viele Tonnen Pulvers müssen in die Luft gesprengt worden sein. Morgens acht Uhr erhielt ich Ordre, einen Plan der Festungswerke auszuführen, und begab mich nach Fort Redan; dort hatte ich einen entsetzlichen Anblick. Die Gefallenen wurden en masse beerdigt, Russen und Engländer miteinander."

Nach dem Fall von Sewastopol war Gordon bis Februar 1856 fast ausschließlich damit beschäftigt, die vom Brand verschonten Festungswerke zu demolieren, und mit dieser wenig interessanten, aber harten Arbeit schließt seine Zeit in der Krim.

Aus Gordons eigenen Berichten läßt sich wenig oder nichts über seine persönlichen Leistungen entnehmen; Oberst Chesney aber, ein Offizier, der vielfach Gelegenheit hatte ihn zu beobachten, stellte ihm nachmals folgendes Zeugnis aus: „In seiner bescheidenen Stellung als Ingenieur-Lieutenant hat er durch seine Tapferkeit und Energie die Aufmerksamkeit seiner Vorgesetzten auf sich gezogen, und überdies eine specielle strategische Tüchtigkeit an den Tag gelegt, die sich in den Gräben vor Sewastopol in einer persönlichen Kenntnis der feindlichen Taktik kund gab, wie kein anderer Offizier sie erlangte. Wir beauftragten immer ihn damit, ausfindig zu machen was die Russen vorhatten!"

General Jones hob seine Verdienste hervor, aber das war vorläufig alles, was ihm von englischer Seite an Lorbeeren zu teil wurde, da im Ingenieur-Korps das Avancement lediglich nach dem Dienstalter erfolgt. Die Franzosen verliehen ihm das Kreuz der Ehrenlegion. So jung er war, hatte er doch bereits einen guten Anfang gemacht „sein Bestes zu thun".

Ehe wir die Krim verlassen, mag noch bemerkt werden, daß mit ihm in den Laufgräben zwei andere junge Offiziere sich auszeichneten, die berühmt geworden und neben Gordon auch im Sudan auf den Plan gekommen sind: General Sir Gerald Graham und General Lord Wolseley.

Im Frieden von Paris verlor Rußland, was es seither durch den Berliner Kongreß wieder erlangt hat, nämlich einen Streifen Land, dessen Besitz eine Kontrolle der untern Donau mit sich bringt. Bis 1812 gehörte besagtes Territorium den Türken. Jetzt sollte die alte Grenze wiederhergestellt werden. Eine Kommission, bestehend aus englischen, französischen, russischen und österreichischen Offizieren, wurde damit beauftragt. Der britische Abgeordnete war Major Stanton, und unter ihm die Lieutenants James und Gordon vom Ingenieur-Korps. Im Sommer 1856 begab sich Gordon deshalb nach Bessarabien.

Diese neue Arbeit bot Abwechslung. Zwar waren die Salzsümpfe am Schwarzen Meer kein angenehmer Aufenthalt und das Leben an der Kiliamündung eher für Amphibien als für Menschen geeignet — einer besonders boshaften Gattung von Moskitos nicht zu vergessen — und Kischinew, das Hauptquartier der Grenzkommission, das schmutzigste Nest in Südrußland; aber andererseits fehlte es auch nicht an Pittoreskem in den halb orientalischen Städtchen des Fürstentums. Jassy, die Hauptstadt, war vor dreißig Jahren ein noch interessanteres Feld für ethnologische Studien als heutzutage, und Ismail an der Donau trug zu jener Zeit noch die Spuren seiner heldenmütigen Verteidigung gegen Potemkins grimmigen Ansturm. Gordon und James durchritten das Sumpfland fast ein Jahr lang, heute als Grenzvermesser, die russische Landkarte untersuchend und nötigenfalls verbessernd, morgen vielleicht nur als Depeschenkuriere. Gordon fand diese Beschäftigung weit ansprechender als den Krimkrieg; nichtsdestoweniger war es ihm unwillkommen, daß er nach vollbrachter Grenzbestimmung zu einem ähnlichen Geschäft an die asiatische Grenze versetzt wurde. Er hatte Verlangen nach der Heimat und telegraphierte die Anfrage nach England, ob nicht ein anderer für ihn eintreten könne. Aber seine Tüchtigkeit war bereits notorisch und „Lieutenant Gordon muß gehen“, lautete die Antwort.

In Armenien kam er zum erstenmal mit uncivilisierten Völkerschaften in Berührung und gewann Verständnis für das in gewissem Sinn komplizierte und doch wieder so kindlich einfache Wesen solcher Naturmenschen. Schon damals bewies er durch die Art und Weise, wie er mit den Häuptlingen der Kurden umging, daß er ein besonderes Geschick hatte, das Vertrauen solcher Stämme zu gewinnen und sie mächtig zu beeinflussen. Sein Beruf führte ihn nach manchem interessanten Ort des historisch berühmten Landes. Er besuchte Erzerum, Kars, Erivan, die Ruinen von Arni, und bestieg auch den Ararat.

Nach einem halben Jahr in jenem Land voll reicher Erinnerungen kehrte er nach Konstantinopel zurück, wo die Grenzkommission konferierte, um von da nach dreijähriger Abwesenheit den Heimweg anzutreten. Im Frühjahr 1858 wurde er abermals nach Armenien geschickt, wo er bis zum Herbst damit beschäftigt war, die neue Heerstraße zwischen den russischen und türkischen Grenzländern zu untersuchen.

Das folgende Jahr verbrachte er auf der englischen Militärstation Chatham, wo er im April 1859 nach siebenjähriger Dienstzeit zum Hauptmann avancierte.

Zweites Buch.

Gordon in China.

Erstes Kapitel.

Die Taipings.

Die nächsten mit dem Juli 1860 beginnenden vier Jahre umschließen in dem Leben Gordons fast märchenhafte Ereignisse. Es ist die Zeit, die ihm den Ehrennamen „Chinese Gordon" brachte. Folgen wir dem Manne in den fernen Osten.

In keinem Lande der Welt ist die Gegenwart so mit der Vergangenheit verwachsen wie in China, und um eine revolutionäre Bewegung der Neuzeit richtig zu verstehen, muß man wenigstens einen Überblick über die Entwicklung des chinesischen Volkes haben, muß suchen, das herauszufinden, was von der Urzeit her sozusagen die Achse bildet, um die sich die Geschlechter wie im Kreislauf drehen. Das hohe Alter des chinesischen Reichs ist ein einzig dastehendes Beispiel in der Weltgeschichte. Dieselben Grundsätze, die diesen Staat in seiner längstvergangenen Kindheit regierten, sind auch jetzt noch die Haltpunkte des „schwarzhaarigen Volkes". Bei uns wäre es müßig, die Sachsenkriege eines Karl des Großen, oder die italischen Feldzüge eines Barbarossa zu betrachten, um beispielshalber die Politik eines Staatsmannes der Gegenwart ins richtige Licht zu setzen; in China aber sind Einst und Jetzt so zusammengehörig, daß Yaou und Shun, die halbmythischen Kaiser, und der große Yu von vier Jahrtausenden her heute noch das „blumige Land" beeinflussen. Konfucius, der „thronlose König", der „Lehrer von zehntausend Geschlechtern", betont es wiederholt, er bringe nichts Neues: „Ich selbst bin nicht die Weisheit", sagt er, „ich suche sie bei den Alten." Ein späterer Kaiser, Che Hoang-te, von dem die große Mauer stammt, machte energische Versuche, die Altertumsverehrung auszurotten; er legte es darauf an, alles vor seinem Regierungsantritt Geschriebene zu zerstören und ließ an fünfhundert Gelehrte hinrichten. Es half ihm aber nichts: das politische, sociale, sittliche und religiöse China ist heute noch wesentlich dasselbe, wie in den Tagen Abrahams.

Man hat verschiedene Ursachen beigebracht, um dies zu erklären. Hinsichtlich der nationalen Fortdauer hat man darauf hingewiesen, daß in China in besonderer Weise die elterliche Autorität aufrecht erhalten und die kindliche Pietät gepflegt werde, wodurch das Land unbewußt des Segens teilhaftig sei, der auf dem Gebote ruhe, das die Verheißung hat; man hat die geographische Isolierung des Landes hervorgehoben, man hat dargethan, daß das eigentümliche Wesen der chinesischen Sprache, als ein den Ideengang innerhalb fester Normen Bewahrendes, die seltsame Stabilität Chinas bedinge; man hat endlich einen bedeutsamen Umstand darin erblickt, daß die chinesischen Dynastien von jeher als leitende Richtschnur einer guten Regierung den Satz anerkannt hätten: nur gescheite Köpfe taugen ins Amt, wodurch intelligente Volksaufwiegler zur Seltenheit würden, weil jeder tüchtige Mensch auf ebenem Wege zu Einfluß und Ansehen gelangen könne. Alle diese Annahmen haben ihre Berechtigung, aber noch ein anderes liegt jener Unveränderlichkeit zu Grunde.

Es ist gesagt worden, daß das „Shoo King" oder historische Lehrbuch die Anfänge alles dessen enthalte, was die Chinesen wertschätzen, daß ihr politisches System, ihre Religion, ihre Kriegstaktik, ja selbst ihre Ton- und Sternkunde darauf fußen. Untersucht man nun jenes altehrwürdige Fragment im Lichte der Gespräche des Konfucius einerseits, wie des herkömmlichen Brauches der Chinesen in allen Lebenslagen andererseits, so stößt man allenthalben auf Andeutungen eines Hauptprinzips, vor dem der chinesische Verstand sich beugt als dem alles beherrschenden Grundgedanken politischer und socialer Organisation. Es ist dies nichts anderes als das unbewußte Empfinden einer göttlichen Harmonie, die das Weltall umschließt und in der Menschen Herzen Wiederhall findet. Dieser Gedanke des Harmonischen zieht sich durch's Shoo King und alle andern chinesischen Klassiker hin. So heißt's in jenem Werke vom Kaiser Yaou, daß „nachdem er selbst harmonisch geworden, er die Unterthanen zum Einklang gebracht habe." Der Kaiser Shun ist darum gewählt worden, weil er's verstanden hat, „seinen Vater, seine Mutter, seine Brüder, ja alle dummen und einfältigen Verwandten zu harmonisieren". Wenn das Land zerrüttet ist, so sagt man in China, „die Leute sind nicht harmonisch". Der große Yu wurde darum Minister, weil er „Land und Wasser ausglich". Dem Kaiser Shun giebt er guten Rat, wie zu regieren sei: „Reguliere die Elemente, sorge daß die häuslichen Tugenden übereinstimmen, mehre die nützlichen Dinge, fördere das menschliche Dasein und Einklang wird herrschen." Das Manifest des T'hang lautete: „Der Himmel hat mich, einen einzelnen Menschen, dazu ausersehen, euch ihr Völker und Familien zu Harmonie und Frieden zu bringen." Ein kluger Fürst endlich ist der, der es versteht, „mit seinen Unterthanen zu harmonisieren".

In der Vorstellung der Harmonie wurzelt alles in China; es ist der Tien oder Himmel des Konfucius, das Shang-te oder Göttliche der alten Schriften; und da nur der Weise wirkliches Verständnis dafür hat, so ist es sein heiliges und besonderes Vorrecht, den Himmel der Erde, die Gottheit den Menschen zu deuten. Er allein weiß, wie die wahre Harmonie sich in irdischen Dingen kundgiebt, sei's nun zwischen Herrscher und Unterthanen, zwischen Vater und Sohn, oder Gatte und Gattin, Freund und Freund. Der Weiseste soll Regent sein; er sei an Gottes Statt der Beherrscher des blumigen Landes, der schwarzhaarigen Menschen, ja der ganzen Welt. Er ist der Ebenbürtige des Himmels.

Es ist ersichtlich, daß die chinesische Anschauung der elterlichen Autorität, wie auch ihre althergebrachte Theorie, nur tüchtige Menschen zu Amt und Herrschertum zuzulassen, lediglich Bruchteile jenes Hauptgedankens der Harmonie sind, woraus die weitere Vorstellung sich ergiebt, daß in allen Verhältnissen des Lebens, in aller gemeinsamen Thätigkeit, gleichviel welche verschiedenartigen Kräfte in derselben sich äußern, eine symmetrische Einheit das Endziel ist. Kein Volk hat umfassendere Begriffe von Organisation und Centralisation als die Chinesen; aber die Anschauung ist lediglich die einer organischen Einheit, einer Organisation, in der das Niedere naturgemäß und willig dem Höhern sich unterordnet, das Gegenteil also einer nur äußern und scheinbaren Einheit der Gewalt. Die Chinesen sind daher in Wahrheit ein demokratisches Volk. Nichts ist irrtümlicher, als anzunehmen, daß der Kaiser oder seine Beamten, sei es theoretisch oder praktisch, eines unumschränkten Herrschertums sich erfreuten. Konfucius und alle anderen Weisen Chinas stimmen mit Plato überein, wenn er sagt: „Niemand thut gern Böses". Daraus folgern sie, daß eine gute Regierung beim Volk willigen Gehorsam erzeuge. „Wer's versteht, mich zu besänftigen, der ist mein Fürst, wer mich unterdrückt, ist mein Feind, der Verworfene des Himmels und der Menschen!" Als Ke K'ang den Konfucius um seine Ansicht über die Todesstrafe befragte, antwortete der Weise: „Warum solltest du überhaupt Leute hinrichten müssen, um gut zu regieren? Wünsche du selbst immer das Gute und dein Volk wird auch das Gute wollen."

Über schlechte Regenten ergießt sich der göttliche Zorn und beschließt ihren Untergang. Nach chinesischer Ansicht ist ein Unglück, welches das Volk betrifft, immer ein Beweis von der Untüchtigkeit oder Bosheit des Herrschers. Der Himmel zürnt, und das Volk ist in Erwartung, daß einer aufstehe, um den „Ausrottungsbefehl" zu vollziehen, und zwar trifft dieser Befehl, wie im Shoo King steht, öfters einen „geringen“ Menschen. Es ist daher erklärlich, daß man sich bei politischen Bewegungen Chinas immer auf einen göttlichen Auftrag bezieht, mit dem ein Rückblick auf die Beispiele der Vergangenheit verbunden ist.

Sachverständige halten dafür, daß die oben citierten klassischen Fragmente ihre viertausend Jahre alt sind, und innere Gründe — im Shoo King z. B. wo vom Kulminieren gewisser Sterne zur Zeit der Tag- und Nachtgleiche die Rede ist — unterstützen diese Ansicht. Es ist in der That staunenswert, daß im grauen Voralter der Geschichte der Grund zu einem idealen Staat gelegt worden ist, wie nur Platos Republik, oder Fichtes geschlossener Handelsstaat ihn anstrebt; und noch erstaunlicher ist es, daß das chinesische Reich nach vierzig Jahrhunderten immer wieder das eine Ideal verfolgt, von dem es ausgegangen ist.

Ehe wir nun zur Schilderung der Taiping-Revolution übergehen, für welche das Mitgeteilte eine Art erklärender Einleitung ist, haben wir noch zu beachten, in wie hohen Ehren die Chinesen überhaupt alles Wissen halten, ihre Ehrerbietung gegen das Alter, und die Verbreitung der Bildung in allen Schichten des Volkes. Konfucius drückt die Meinung des Landes, die heute noch gäng und gäbe ist, aus, wenn er sagt: „Die Alten, die erhabene Tugend im Reich zu verbreiten wünschten, sorgten zuerst für Ordnung in der eigenen Familie; zu diesem Zweck veredelten sie vor allen Dingen ihre eigene Person; um sich aber zu veredeln, suchten sie ihr Herz zu bessern; um das Herz zu bessern, erstrebten sie Aufrichtigkeit des Denkens; um aber aufrichtig und wahr zu denken, erweiterten sie ihre Kenntnisse.“ In diesem Zusammenhang von Bildung und der so hochgeschätzten Harmonie wurzelt das Prinzip der allgemeinen Prüfungen in China, welche die besten Examinanden zum Beamtenstand zulassen, und selbst dem ärmsten Bauernsohn den Weg zu den höchsten Staatswürden offen halten. Unter den zahllosen Millionen des Reiches sind nur wenige, die nicht lesen und schreiben können; und selbst der gewöhnliche Chinese nimmt lebhaften Anteil am Regierungswesen. Die himmlische Regierung, vom Kaiser an durch den ganzen Beamtenstand, weiß sich daher unter der Aufsicht einer verständigen öffentlichen Meinung, die nicht zu mißachten ist. Überdies ergiebt sich's von selbst, daß bei einem Volk von so allgemeiner Bildung nur die Tüchtigsten ans Ruder kommen.

Der Kaiser ist der Repräsentant des Himmels, aber nicht kraft seines Amtes, sondern lediglich kraft der Art und Weise, wie er seines Amtes wartet. „Das Volk ist die Hauptsache“, lehrt alte chinesische Weisheit; „darnach kommt der Grund und Boden; der Regent folgt zuletzt.“ Das ganze Regierungsgetriebe ist nicht sowohl das Mittel, um des Kaisers Willen zur Geltung zu bringen, als eine Organisation, um die Bedürfnisse des Volkes laut werden zu lassen. Das große chinesische Reich ist oft mit einer gewaltigen Armee verglichen worden, unter einem einzigen Generalissimus, dem Sohn des Himmels, einer Armee, die in zahllose Abteilungen und Unterabteilungen zerfällt, jede mit ihrem besonderen Anführer. Das ist ganz richtig, wenn man die Anführer als die Stimmen betrachtet, durch welche die Untergebenen zu Wort kommen. In der That ist es so, daß jeder Familie, jedem Dorf, jedem Distrikt, jeder Provinz in China die Verpflichtung obliegt, sich selbst zu „harmonisieren“ und die oberste Instanz, die kaiserliche Regierung, mischt sich in nichts, wenn sie nicht speciell von den betreffenden Kreisen zur Entscheidung aufgefordert wird. Giebt es Streitigkeiten, ja selbst Verbrechen in einer Familie, so ist es Sache des Familienoberhauptes, sie zu richten. Giebt es Händel in einer Dorfschaft, so haben die Ältesten eine beinahe unbegrenzte Strafgewalt, und so weiter im Distrikt, in der Provinz. Dies erklärt auch die chinesische Sitte, die Eltern für die Missethaten der Kinder zu strafen, und die Gesamtheit eines Distrikts für Verbrechen innerhalb seiner Grenzen verantwortlich zu machen. Die ganze Wirtschaftspolitik beruht auf einem System gegenseitiger Verantwortlichkeit, was natürlich auch gegenseitige Aufsicht bedingt. Selbst der Kaiser, obgleich nominell unumschränkter Herrscher, hat einen heilsamen Respekt vor öffentlicher Censur und eventuellem Volksaufstand; der Futai oder Gouverneur einer Provinz muß sehen, daß er mit seinen Untergebenen mindestens so gut steht, als mit den Machthabern in Peking, und der Magistrat eines Distrikts ist nichts anderes als der Vollstrecker lokaler Rechtssprüche.

Nun geht es aber in China wie anderwärts, die Praxis bleibt oft hinter der Theorie zurück, und das blumige Land ist keineswegs ein solcher Musterstaat, wie das Ideal ihn aufstellt. Jetzt werden wir einigermaßen die Stimmung des Chinesen verstehen, wenn im Vaterland nicht alles nach Wunsch geht. Alle Bücher der Weisen, jede Vorstellung, die er von Kind auf in sich aufgenommen, scheinen anzudeuten, daß die Regierung, niemals aber das Volk an Mißständen schuld ist. Ihm ist Revolution daher der gebotene Weg, eine übelgeratene Sachlage zu bessern. So lange Wohlstand herrscht, ist man zufrieden mit der Dynastie; kommen aber böse Zeiten, dann betraut der Himmel einen mit dem Ausrottungsbefehl. So ist es von jeher gewesen, und so war es als Hung Sew-tsuen, der Taiping, sich erhob. Verschiedene Ursachen hatten dazu beigetragen, eine gewisse Desorganisation herbeizuführen, mit allerlei Not im Gefolge. Es war um so natürlicher, es der herrschenden Dynastie in die Schuhe zu schieben, als das Kaiserhaus, wie bekannt, ein manchu-tatarisches, also ausländisches ist, und zwar schon seit 1664. Seit dem dritten Decennium des gegenwärtigen Jahrhunderts gab es allerlei Übelstände im Land, zu denen Verwicklungen mit Europa kamen, vorab mit England.

So wünschenswert es jedenfalls war, die chinesische Exklusivität zu brechen, so wenig kann ein Geschichtsschreiber — und kein englischer thut es — den beklagenswerten Versuch billigen, dies durch den verwerflichen Opiumhandel ins Werk zu setzen.

Der englische Krieg zu Anfang der vierziger Jahre war von üblen

Folgen für China. Die Macht der Regierung hatte bislang großenteils auf einem gewissen „Prestige“ beruht. Durch die nötig gewordene Landmiliz lernte nun das Volk seine Wehrkraft kennen, und wo vorher ein Mandarin mit seinen Bütteln ausreichte, zogen jetzt bewaffnete Horden durch das Land. Die von England verlangte Kriegsentschädigung von einundzwanzig Millionen Dollars brachte eine finanzielle Krisis. Verheerende Überschwemmungen des gelben Flusses und des Yangtsze steigerten das Elend und verringerten die Einkünfte der Grundsteuer. Um allem Unglück die Krone aufzusetzen, suchte sich die Regierung damit zu helfen, daß Sträflinge sich mit Geld loskaufen konnten und die öffentlichen Ämter verkäuflich wurden. Infolge davon nahmen die Verbrechen überhand, und die zahlreiche Klasse der „Gebildeten“ erachtete sich beeinträchtigt. So kam es, daß der Himmel voll drohender Wolken hing, als im Jahre 1850 der Kaiser Tau-Kwang starb, oder um es in chinesischer Weise auszudrücken, „als der Kaiser sich aufschwang vom Drachenthron als Gast der obern Räume“, und sein junger Sohn Hien-fung an seiner Statt zu regieren anfing.

In dieser gärenden Zeit erhob sich ein seltsamer Mensch, der bereits genannte Hung Sew-tsuen, eine Personifikation der eingetretenen Umsturzperiode.

Taiping bedeutet großer Friede, und der ein neues himmlisches Reich unter dieser Bezeichnung gründen wollte, war ein Dorfschullehrer der Hakkas oder Fremdlinge, eines untergeordneten Menschenschlags, der vor zwei Jahrhunderten in die Provinz Kwang-tung gekommen, von den Puntis (d. h. Einwohnern) aber immer mit scheelen Augen angesehen worden war. Seine verachtete Herkunft mochte mit der Grund sein, daß er im höheren Examen durchfiel. Das machte ihn halb toll; er hatte Anfälle von Epilepsie mit Zeiten der Verzückung, und in solchen Verzückungen hatte er Gesichte. Bei alledem war er ein Chinese mit einem Kopf voll Aberglauben. Aus seiner Enttäuschung entwickelte sich der Gedanke, warum sollte der „Ausrottungsbefehl“ des Himmels nicht ihm werden, wie schon so manchem „Geringen“ vor ihm? Nach seiner ersten vierzigtägigen Ekstase hatte er daher nichts Eiligeres zu thun, als ein Manifest an seine Thorpfosten zu nageln, betitelt: „Die edeln Grundsätze des himmlischen Königs, des souveränen Königs Tsuen.“ Er wollte eine neue Religion einführen und das Kaisertum stürzen. Und das Merkwürdige dabei ist, daß ein Anflug von Christentum mit unterlief! Die Engländer bekriegten ja die Regierung, die er haßte; er studierte daher christliche Traktate, die ihm in die Hände fielen, und begab sich darauf nach Canton, um sich von einem ungebildeten amerikanischen Missionar Namens Isaschar Roberts unterrichten zu lassen — ein wohlmeinender Mann dieser Roberts, der aber mehr Eifer als Einsicht besaß. Hung hatte in seinen Verzückungen alles Mögliche gesehen und warf nun seine krankhaften Gesichte mit der neuen Lehre zusammen. Ein alter Mann war ihm erschienen — das mußte der Gott der Christen sein; er selbst war in jenen vierzig Tagen im Himmel gewesen und nannte sich den himmlischen Sohn — Christus war deshalb ohne Zweifel der ältere Bruder und er selbst der jüngere. Es ist nicht zu vergessen, daß die Provinz weit und breit verheert war; Banditen plünderten und geheime Gesellschaften unterminierten das Land, all dies infolge des Opiumkrieges. Das Volk war daher bereit, einen Retter mit offenen Armen zu empfangen, besonders einen, der sich von der altehrwürdigen vaterländischen Idee des „Ausrottungsbefehls“ getragen wähnte. Hungs christlicher Firnis über seinem barocken Heidentum hatte den Reiz der Neuheit. Auch lag in den Prätensionen des Mannes, sowie in seinem ganzen Auftreten etwas von der aller Begründung spottenden Gewalt und Anziehungskraft, wie sie ungewöhnlichen Menschen eigen ist. Die Leute glaubten ihm massenhaft. Daß es mit seinem Christentum nicht weit her war, ergiebt sich aus der Thatsache, daß er sich bei erster Gelegenheit bei einem hochgestellten Engländer erkundigte, ob die Jungfrau Maria nicht eine hübsche Schwester habe, die sich entschließen könnte, ihn, den himmlischen König, zu heiraten! Aber mit mehr als gewöhnlicher Klugheit verstand er es, die neue Religion zu seinen Gunsten auszubeuten. Und das Ergebnis ging in der That weit über das Glück eines gewöhnlichen schlauen Betrügers hinaus. Daß sich die Hakkas um ihn scharten, ist begreiflich, aber auch im weitern Sinne rottete sich das Volk um ihn, und bald zählten die Taipings nach vielen Tausenden. Mit Feuer und Schwert verwüstete er das große Thal des Yangtsze und näherte sich der Kaiserstadt Peking. Aus seinen Gesichten wurden himmlische Edikte, die das Los von Millionen entschieden und selbst europäische Kabinette in Atem erhielten. Es kam so weit, daß die schwarzhaarige Nation nahe daran war, sich samt und sonders von der Manchu-Dynastie ab- und ihm gläubig zuzuwenden. Jahrelang lag das Reich in Trümmern, und dann kam ein Ende mit Schrecken. Er beschloß seine Laufbahn als Selbstmörder bei der Belagerung von Nanking; man fand seinen Leichnam in der mit Drachen bestickten gelben Atlaskleidung, und ganz China rief einstimmig: „Es giebt nicht Worte genug, um das Elend zu beschreiben, das dieser Mensch angerichtet hat; das Maß seiner Bosheit war voll, und der Zorn beider, der Götter und der Menschen, erhob sich gegen ihn." Sechzehn Provinzen und sechshundert Städte hatte er verwüstet.

In Nanking, im Schatten des Porzellanturmes, hatte er in königlichem Glanze gethront. Nur Frauen durften ihn in seinem Schloß bedienen, nämlich seine zahlreichen Weiber und noch zahlreicheren Kebsweiber. Seine Verwandten machte er alle zu Wangs, d. h. zu Unterkönigen. Es gab einen Chung Wang oder getreuen König, einen Ostkönig und einen Westkönig, einen Kriegerkönig und einen Geleitskönig, das waren die fünf ursprünglichen; aber bei den Taipings wurde schließlich jeder ein Wang, der es verstand, sich geltend zu machen, und es gab ihrer mit der Zeit über zweitausend. Hung selbst war zwar blutdürstig und herrschsüchtig, aber ein Feigling; es lag daher immer für ihn die Gefahr vor, daß ein im Kriegswesen tüchtigerer Wang ihn überflügeln möchte. So verlor er im Jahre 1856 in purer Selbstverteidigung seine rechte Hand, den Ostkönig. Der kam eines Tages mit der Erklärung, auch er sehe Gesichte, und nannte sich den heiligen Geist; überdies brachte er die fatale Nachricht vom Himmel, Gott Vater sei sehr böse über den Tien Wang und zwar ganz besonders darüber, daß er seine schwangeren Weiber mit Füßen trete; er, der heilige Geist, habe daher Auftrag, ihn mit vierzig Streichen zu züchtigen. Das war ein bißchen stark und selbst für einen Taiping zuviel! Es handelte sich schließlich darum, wer Herr sein sollte, ob der Tien Wang oder der Ostkönig, und obgleich Hung es für politisch hielt, sich der Prügelstrafe zu unterziehen, so traf er doch schleunige Maßregeln, sich des Ostkönigs und seiner Tröstungen ein für allemal zu entledigen. Der Nordkönig wurde damit beauftragt, und es gab ein böses Blutbad.

Der Bericht eines Engländers, der in jener Zeit Nanking besuchte und Gelegenheit hatte, das Rebellenvolk zu beobachten, wie es den „großen Frieden" mit sogenannten Gottesdiensten abhielt, dürfte von Interesse sein.

„Wir wohnten einer nächtlichen Feier bei; es war ihr Sabbathanfang, Freitag nachts zwölf Uhr. Die Versammlung fand in des Chung Wang Audienzsaal statt. Er selbst saß inmitten seines Gefolges — Frauen waren keine gegenwärtig. Zuerst wurde gesungen; darnach wurde ein geschriebenes Gebet verlesen und von einem Offizier verbrannt; dann wurde wieder gesungen und man ging auseinander. Der Chung Wang ließ mich vortreten, ehe er seinen Sitz verließ, und fragte mich, ob ich ihren Gottesdienst verstünde. Ich entgegnete, daß ich einem solchen eben zum erstenmal angewohnt hätte. Darauf wollte er wissen, wie wir es damit hielten. Ich sagte ihm, daß die Christen es sich angelegen sein ließen, ihren Gottesdienst mit der heiligen Schrift in Übereinstimmung zu bringen, und daß wir alles, was gegen die Schrift wäre, verwerfen müßten.

Darauf versuchte er mir zu erklären, daß ihre Verschiedenheit von uns triftige Gründe habe. Der Tien Wang sei im Himmel gewesen und habe mit Gott Vater selbst verkehrt. Unsere Offenbarung sei achtzehnhundert Jahre alt; sie aber hätten eine neue, eine vermehrte Offenbarung, und diese verstatte es ihnen, ihren Gottesdienst nach einer bis jetzt noch nie dagewesenen Art einzurichten. Ich bemerkte, daß wenn dem Tien Wang eine Offenbarung geworden wäre, diese mittels der Bibel leicht auf ihre Echtheit zu prüfen sei: stimme sie mit derselben überein, dann wäre sie eben ein Teil der einen Offenbarung; weiche sie davon ab, dann wäre sie eine unwahre und falsche, denn Gott sei unwandelbar. Er meinte, vielleicht sei es damit wie mit einem Rock: die Chinesen knöpften sich auf der Seite zu, die Europäer vorne, und der Rock sei immerhin ein Rock. Das hieße Gottes Werk mit Menschenwerk vergleichen, sagte ich; unser Werk sei unvollkommen, das göttliche aber herrlich und vollkommen, man könne Gott nur mit sich selbst vergleichen. Die Sonne gehe nicht heute im Osten auf und morgen im Westen; und Winter und Sommer stünden einander immer gegenüber. Gott sei nicht launenhaft und mache heute etwas so und morgen anders. Der Wang schien am Ende mit seiner Weisheit, und ich wurde mit dem Bemerken entlassen, Se. Majestät wolle mich gelegentlich wieder hören.

Mit Tagesanbruch setzte sich der Zug in Bewegung nach dem Palast des Tien Wang. Der Prozession voraus wurden bunte Fahnen getragen und dann folgte eine Reihe bewaffneter Soldaten; darauf kam der Chung Wang in einem großen Tragsessel mit gestickten gelben Atlasdecken. Ihm folgten die Fremdlinge zu Pferd inmitten der berittenen Offiziere. Unterwegs schlossen sich die anderen Könige an, jeder mit einem ähnlichen Aufzug. Pauken und Trompeten verursachten einen Höllenlärm, und neugierige Menschen standen Spalier. Einen „König“ zu sehen mochte nachgerade etwas alltägliches sein, aber über das Gebahren dieser Menschen konnte sich das Volk offenbar nicht genug wundern .... Der Palast des Tien

Wang ist ein großes Gebäude nach Art der Konfutsischen Tempel, nur viel umfangreicher. Wir begaben uns zuerst in eine Nebenhalle, die den Namen „Morgenschloß" führte. Daselbst wurden wir dem Tsau Wang und seinem Sohn und etlichen andern vorgestellt. Nachdem man eine Weile geruht und es mit angesehen hatte, wie zwei Bedienstete ihren Respekt vor den heiligen Räumen in einem Zwischenakt damit bekundeten, daß sie sich gegenseitig in die Haare fuhren, gings weiter nach dem Audienzsaal des Tien Wang. Hier wurde ich seinen beiden Söhnen, zwei Neffen und einem Schwiegersohn vorgestellt, die mit noch andern, welche ich bereits im Morgenschloß gesehen, um den Eingang eines Alkovens saßen, über dem die Inschrift stand: „das erhabene himmlische Thor". Der Alkoven war tief, und ganz im Hintergrund desselben zeigte man uns den Sitz des „himmlischen Königs", der aber vorläufig leer war. Es wurde eine Weile gewartet, bis der Westkönig erschien, ohne welchen es offenbar nicht abging. Er kam denn auch, ein Junge von zwölf bis vierzehn Jahren, durch die „heilige, himmlische Thüre" eintretend, und nahm seinen Platz neben den andern Königen. Nun ging es vor sich. Sie knieten alle nieder, dem Sitze des Tien Wang zugekehrt, und sprachen ein Gebet zu dem himmlischen Bruder; dann drehten sie dem Sitz den Rücken und richteten ihre Rede an den himmlischen Vater; sich wieder umdrehend, und zwar immer auf den Knien, galt das Gebet wieder dem Sitze des Tien Wang. Zuletzt wurde gesungen, wobei alle standen. In der Vorhalle auf einem Tisch lag ein gebratenes Schwein und ein toter Geißbock, während auf dem Räucheraltar vor des Tien Wang Sitz ein Feuer brannte. Er selbst, der Himmlische, war immer noch nicht erschienen; und obgleich nach Beendigung der Feier noch eine Zeitlang gewartet wurde, erschien er überhaupt nicht. Er mochte sich eines bessern besonnen haben und es für ersprießlich erachten, sein Antlitz vor Fremdlingen zu verbergen, auf deren guten Glauben nicht zu rechnen war; vielleicht hatte der Chung Wang ihm unsere Ansicht über unechte Offenbarung referiert, und er zog es vor, uns vorläufig nur einmal einen Vorgeschmack seiner Herrlichkeit zu verstatten mit der Hoffnung, unsere Einbildungskraft möchte bei dem leeren Sitze sich die abwesende Majestät um so erhabener denken. Ins Morgenschloß zurückgekehrt erfreuten sich die Könige nicht minder als die Fremdlinge an einem Frühmahl, das mittlerweile daselbst zugerichtet worden war. Die Prozession trat alsdann in derselben Ordnung, wie sie gekommen war, ihren Rückweg an.

Im Laufe des Nachmittags ließ der Chung Wang mich zu einem Privatgespräch zu sich bitten. Durch eine Reihe von Gemächern führte man mich in sein Zimmer, wo er in einem luftigen Gewand von weißer Seide in einem Armsessel lag und sich von einem hübschen Mädchen fächeln ließ. Um den Kopf hatte er ein rotes Tuch gewunden mit einem Juwel über der Stirne. Er lud mich zum Sitzen ein und fragte mich allerlei über Maschinen, Landkarten, Ferngläser u. s. w., indem er offenbar annahm, daß unser einer über alles Bescheid wisse. Er wurde ganz vertraulich und war von Stund an bereit, mich jederzeit zu sehen. Bei nächster Gelegenheit zeigte ich ihm verschiedene Stellen im Neuen Testament, die mit der Lehre des Tien Wang in unverkennbarem Widerspruch stehen. Er wies es kurzerhand von sich. Im allgemeinen sprach er gern davon, daß alle Menschen Brüder wären, doch war leicht zu sehen, daß seine Religion ihn kalt ließ. Er gab zu, daß die Offenbarung des Tien Wang nicht mit der Bibel übereinstimme, jene sei aber neuer und darum glaubwürdiger . . . ."

Der Berichterstatter meldet weiter, daß er durch Verkehr mit den Leuten einen Einblick in ihr Leben erhielt und es einigermaßen verstehen lernte, in welcher Weise Hungs „Offenbarung" von seinen Anhängern aufgefaßt wurde. Ihr Glaube an den Ausrottungsbefehl schien ihr Gewissen gänzlich abgestumpft zu haben und ihnen alle nur denkbaren Verbrechen gegen Andersgläubige zu verstatten. Einen Anhänger der Manchu-Dynastie zu berauben oder zu ermorden, war ein gutes Werk. Wo sie hinkamen, führten sie die jungen Männer der Landbevölkerung gefangen mit sich und machten sie zu Rekruten, während die vielen hübschen Mädchen und Weiber, die man bei ihnen sah, den thatsächlichen Beweis lieferten, daß bei den Taipings „großer Friede" sich recht wohl mit weiblicher Gesellschaft vertrug.

Übrigens waren die Taipings bei all ihren grotesken Verkehrtheiten, um nicht eine stärkere Bezeichnung zu gebrauchen, doch in einigen Punkten zu loben. So war z. B. das Opium bei ihnen verpönt, ebenso der Sklavenhandel. Die Füße der Weiber durften bei ihnen nicht verkrüppelt werden; die Männer mußten sich das Haupthaar gleichmäßig wachsen lassen; der rasierte Schädel mit dem chinesischen Zopf galt ihnen nämlich als Zeichen der Unterwürfigkeit gegen die auszurottende Dynastie. Auch rühmten sich die Anhänger des Ex-Schulmeisters, die allgemeine Bildung zu fördern; in dieser Hinsicht blieben sie freilich stark hinter dem guten Willen zurück, und wie der vorhin citierte Augenzeuge bemerkt, war von einer Veredlung des natürlichen Menschen wenig bei ihnen zu sehen. Das überall zur Schau getragene Zerrbild des Christentums prägte sich auch dem Unterrichtswesen auf, das als höchstes Wissen den Satz anerkannte: „Der himmlische Vater und der himmlische Bruder (nämlich Hung) sind über alle Pflicht und Sittlichkeit zu verehren." Des Tien Wang Edikte wurden als Lesebücher benutzt, damit es der Jugend schon geläufig würde, in ihm den Auserwählten zu erblicken, der zum Friedensherrscher über die ganze Welt bestimmt sei. Einem Briefe Hungs an jenen amerikanischen Missionar entnehmen wir folgendes: „Stärke deinen Glauben, — halte nicht dafür, daß ich mich selbst betrüge. Ich bin der Heiland der Auserwählten. Warum zweifelst du an der mir gewordenen göttlichen Offenbarung? Als Josua die Feinde Gottes schlug, standen Mond und Sonne still. Als Abraham unter dem Eichbaum saß, standen drei Männer bei ihm. Das beachte wohl. Glaubst du mir jetzt? Ich bin betrübt, denn ich habe viele Edikte über diese Dinge erlassen, und alle Menschen sind meine Brüder. Als der Kan Wang in die Hauptstadt kam, wurde auch ihm eine Offenbarung. Diesen göttlichen Mitteilungen Glauben zu schenken, ist besser als tausendmal getauft werden. Selig sind die, so da wachen. Der Herr kommt wie ein Dieb in der Nacht. Wer da glaubet, der wird selig. Du wirst noch Größeres denn das sehen."

Dieses wahnwitzige Zeug verdient kaum gedruckt zu werden; um so seltsamer nimmt sich die Thatsache daneben aus, daß in gewissen Kreisen Englands ein merkwürdiges Vorurteil zu Gunsten des Hung sich eingeschlichen hatte. Man fragte sich, ob die Taipings nicht am Ende doch Schutz verdienten, ob das Rebellentum nicht möglicherweise der Übergang zur Civilisation, ja Verchristlichung des Landes wäre. Erst nachdem einmal britische Stationen gefährdet waren, wurde man anderer Meinung.

Die Briten hielten sich mit den Franzosen vorläufig neutral, und die Feindseligkeiten bis zum Jahr 1860 verblieben lediglich zwischen den Kaiserlichen und den Rotten des großen Friedens. Es war ein Bürgerkrieg von staunenswerter, riesiger Ausdehnung.

Im Jahr 1859 war die Sachlage die: die Mißhelligkeiten zwischen England und China waren so ziemlich beigelegt, der Friede von Tientsin stand auf dem Plan und, von Canton abgesehen, hatte das britische Militär das Reich geräumt. Die Rebellion, die nun in ihrem neunten Jahre stand, schien ihre besten Tage gesehen zu haben; die Taipings verloren einen Ort nach dem andern und wurden wiederholt in der heiligen Hauptstadt, ihrem Hauptsitze, angegriffen. „Nanking war härter bedrängt denn je", sagt der getreue Wang in der vor seiner Hinrichtung verfaßten Autobiographie. Hung ließ sich das aber nicht im geringsten anfechten; mit größtem Gleichmut fuhr er fort seinen Ministern himmlische Befehle zu geben und innerhalb der belagerten Stadt auf die Anzeichen des großen Friedens ringsum hinzuweisen. Der Chung Wang, der die Stumpfheit der Majestät offenbar nicht teilte, kann nur sagen: „Die Zeit zur Ausrottung der himmlischen Dynastie war eben noch nicht gekommen.“ Fürs übrige war der Getreue ein thätiger Krieger, und nicht weniger als sechsmal brachte ers zu stande, Nanking zu entsetzen.

Die kaiserliche Regierung aber, anstatt nun alles aufzubieten, das allmählich verglimmende Feuer der Rebellion vollends auszutreten, beging den großen Fehler, sich abermals mit den Engländern zu überwerfen. Auf dem Wege nach Peking, wo der Friede ratifiziert werden sollte, fand sich der britische Gesandte an der Mündung des Peihoflusses unerwarteter chinesischer Opposition gegenüber. Die Takuforts waren in aller Eile repariert worden, und man wollte die britischen Schiffe nicht durchlassen. Als die Engländer trotzdem vordrangen, erfolgte eine Salve aus verdeckten Feldstücken, und drei Kanonenboote wurden in den Grund geschossen. Natürlichermaßen brüllte da der englische Löwe ob chinesischer Perfidie, und man stand alsbald wieder auf dem Kriegsfuß. Die erneuten Angriffe der alliierten Engländer und Franzosen im folgenden Jahre übten selbstverständlich ihre Rückwirkung auf die Rebellion, die aufs neue um sich griff. Ein ganz direktes Resultat war ein Angriff der Taipings auf Shanghai. In dieser Stadt aber sind die englischen, resp. europäischen Handelsinteressen mit den chinesischen verwachsen; daraus ergab sich die Notwendigkeit englischer Intervention, mit andern Worten ein direkter englischer Angriff auf die Rebellen. Auch traten britische Offiziere in kaiserliche Dienste, und so wurde man mit der Zeit der Taipings Herr. Es liegt hier ein Stück historischen Ausgleichs vor; wie wir gesehen haben, wurzelte Rebellion teilweise im englischen Opiumkrieg, und englische Waffen mußten schließlich dem zerrütteten Lande wieder zum Frieden verhelfen.

Eine solche Verwicklung der Dinge ist übrigens wohl nur in China möglich, daß, während die zornmutigen Alliierten noch damit beschäftigt waren, ihre Truppenschiffe von Singapore und Hongkong herauf zu bringen, um die Kaiserlichen in Peking zu züchtigen, der General-Gouverneur von Kiangsoo in Person in Shanghai eintraf und die britischen und französischen Behörden daselbst um Hilfe gegen die Rebellen anging. Unterm 30. Mai 1860 meldete der englische Bevollmächtigte dem Ministerium Russell: „Ich beschloß im Einvernehmen mit Mr. Bourboulon, daß es sich sowohl in politischer als humaner Hinsicht empfiehlt, solchen Greuelscenen hier zuvorzukommen, wie sie anderwärts stattgefunden haben . . . und wir können die Küstenstädte schützen, ohne anderweitig Partei zu nehmen."

Indessen hatten sich die reichen Kaufleute von Shanghai schon unter der Hand nach Schutz gegen die zu erwartenden Taipings umgesehen. Ein amerikanischer Abenteurer Namens Ward war erbötig, Truppen zu werben. Es war eine Belohnung ausgesetzt, das etwa zwanzig Meilen*) entfernte Sung-Kiang von den Rebellen zu säubern. Mit einer Bande von Matrosen machte Ward den Anfang, denen sich zusammengelaufenes Volk aus aller Herren Länder anschloß, auch Chinesen waren darunter, und dies war der Ursprung jenes merkwürdigen Söldnerhaufens, der sich in nicht allzuferner Zeit den Namen der „stets siegreichen Armee" erwarb, und unter Gordon dieser Bezeichnung alle Ehre machte. Vorläufig nannten sich Wards Leute nach jener ersten Heldenthat das Sung-Kianger-Korps.

Die Taipings, mittlerweile nicht müßig, unternahmen große Streifzüge in diesem Jahr. Wie bereits erwähnt, hatte der getreue Wang Nanking zum sechstenmal entsetzt, was ihm übrigens nicht einmal ein billigendes Wort von Hung eintrug, auch durfte der streitbare Minister dem Himmlischen nicht vor die Augen kommen. Es ist kaum faßlich, wie dieser Mensch sich seine Unterkönige botmäßig erhielt; freilich waren eben gerade seine Prätensionen das raison d'être der ganzen Bewegung.

Chung Wang, der Getreue, und Ying Wang, der Heroische, auch als vieräugiger Hund bekannt, vertrieben nun die Kaiserlichen aus dem ganzen Yangtszethal, eine Strecke von mehreren hundert

*) Bedeutet hier und anderwärts englische Meilen.

Meilen, Schrecken zog vor ihnen her; in einer Stadt zogen viele Einwohner es vor, ihrem Leben durch Selbstmord ein Ende zu machen, als es hieß: die Taipings sind wieder da! Ein Distrikt nach dem andern ergab sich, und „der Getreue" beschloß seinen Siegesmarsch in Soochow, der Hauptstadt der Provinz Kiangsoo, einer der reichsten Städte des blumigen Landes, die sich fast widerstandslos ergab.

„Im Himmel ist das Paradies", sagt ein chinesisches Sprichwort, „aber auf Erden sind Soo und Hang." „Um in der Welt glücklich zu sein", sagt ein anderes, „muß man in Soochow geboren sein"; denn die Menschen dort sind vor allem ihrer Schönheit wegen berühmt — à la chinoise vermutlich. Die Stadtmauern maßen zehn Meilen im Umkreis, und außerhalb derselben erstreckten sich noch vier ansehnliche Vorstädte. Man schätzte die Einwohnerzahl auf zwei Millionen. In ganz China stand Soochow in fabelhaftem Ruf wegen der Pracht seiner antiken und modernen Marmorbauten, seiner schönen Grabstätten, seiner Granitbrücken. Herrlich seien dort die Straßen, die Gärten, die öffentlichen Plätze; verständiger als anderwärts die Männer, und schöner die Frauen. Auch die Handelsprodukte der Stadt waren berühmt, kostbare Seidenstoffe insbesondere. In dieser Stadt hielt der Getreue seinen Einzug, während die Kaiserlichen in heller Flucht sie verließen, und durch die ganze Provinz Kiangsoo schien damit die Herrschaft des großen Friedens gesichert.

Der Kan Wang oder Schildkönig war zu dieser Zeit Generalissimus; dieser hatte vier Jahre in Hongkong gelebt und urteilte richtig, wenn er meinte, daß es den Taipings förderlich sein dürfte, mit den Ausländern anzuknüpfen. Wichtiger als der Besitz von Soo und Hang erschien es ihm, in der Richtung von Shanghai vorzudringen, um dort europäische Dampfer zu erlangen, die auf dem Yangtsze dienlich sein sollten. Er urteilte praktisch, der Schildkönig, denn die Stimmung unter den Engländern und Amerikanern in den Hafenstädten war selbst zu dieser Zeit noch eine geteilte. Überdies mochten die Taipings wohl auf Beihilfe rechnen, denn die Engländer und Franzosen waren auf dem Wege zu ihrem rendez-vous in der Manchurei, um von dort aus den kaiserlichen Sohn des Himmels aus der Ruhe seines Palastes aufzuschrecken, und ihn für den bei den Takuforts erlittenen Schimpf zu züchtigen. In der That war auch etwas wie ein Waffenstillstand zwischen den Rebellen und den Alliierten zu stande gekommen, wenn von einem Waffenstillstande überhaupt da die Rede sein kann, wo aktive Feindseligkeiten noch nicht ausgebrochen waren. Der englische Admiral Hope war den Yangtsze hinaufgefahren, welcher Fluß durch den Vertrag von Peking europäischen Schiffen zugängig war, und hatte unter den Mauern Nankings mit dem Tien Wang selbst unterhandelt. Das Resultat hiervon war, daß die Rebellen sich verbindlich machten, Shanghai auf Jahresfrist in Frieden zu lassen. Die Alliierten konnten ruhig nordwärts ziehen.

An diesem Punkte mündet das Leben Gordons in den breiten Strom der Welt-Geschichte.

Gordon war im Sommer 1860 nach China beordert worden und nahm teil an der Operation gegen die Kaiserstadt. Er war dabei als der Sommerpalast in Brand gesteckt wurde. Hören wir darüber seine eigenen Aufzeichnungen:

„Am elften Oktober erhielten wir Befehl, in möglichster Eile Schanzen aufzuwerfen und Batterien gegen die Stadt zu richten. Die Chinesen weigerten die Übergabe des Thores, und so lang dies der Fall war, wollten wir nicht mit ihnen unterhandeln. Auch die Gefangenen sollten ausgeliefert werden. Diese waren sehr mißhandelt worden, und zwar, wie gesagt wird, im Sommerpalast selbst in Gegenwart des Kaisers . . . Wir waren bereit, die vierzig Fuß hohe Mauer zu stürmen; die Chinesen hatten Bedenkzeit bis zum 13. mittags. Um halb zwölf ergaben sie sich, und wir nahmen Besitz von der Stadt. Sie erhielten weitere Frist bis zum 23., während welcher Zeit sie für jeden ihrer Mißhandlung erlegenen Engländer zehntausend Pfund Sterling beibringen mußten, und fünfhundert Pfund für jeden Eingeborenen. Die Strafgelder wurden auch richtig gezahlt, und der Vertrag gestern unterzeichnet."

Dem englischen General, Lord Elgin, blieb nun die Entscheidung, ein Exempel zu statuieren. Die Stadt in Brand stecken, hätte tausende von Unschuldigen mit den Schuldigen getroffen. Im Sommerpalast aber hatten sich genügende Beweise der daselbst verübten Grausamkeiten vorgefunden; somit sollte der stattliche Palast zerstört werden. Und so wurde der Yuen-Ming-Yuen (Garten der Gärten) in Brand gesteckt, und der schwarze Rauch hing wie ein Trauermantel über Peking. Gordon beschrieb und beklagte die Zerstörung:

> „Unsere Leute plünderten in fast vandalischer Weise, und was ein Raub der Flammen wurde, wäre nicht durch vier Millionen Sterling wieder herzustellen ... Die Pracht und Schönheit des Zerstörten ist kaum zu beschreiben ... Es that einem im Herzen weh, den furchtbaren Brand mit anzusehen ... es war ein entsetzlich demoralisierendes Geschäft für eine Armee, jedermann wollte nur plündern ..."

Die Franzosen hatten schon vorgesorgt mit der Verheerung und die kostbarsten Gegenstände einfach zusammengeschlagen.

Die beiden Armeen verzogen sich allmählich, die Engländer ins Winterquartier nach Tientsien. Gordons Aufenthalt daselbst verlängerte sich weit über sein Erwarten, nämlich bis zum Frühjahr 1862. Er war damit beauftragt, die Umgegend aufzunehmen. Öfters gabs auch einen Ritt nach den einhundertvierzig Meilen entfernten Takuforts, und einmal einen beträchtlicheren Ausflug mit seinem Kameraden Cardew nach der großen Mauer — ein ziemlich kühnes Unternehmen, denn sie durchritten da weite Gegenden, die noch nie von Europäern betreten waren. Einen vierzehnjährigen Jungen, der etwas Englisch verstand, nahmen sie mit als Dolmetscher. Ein Zelt und Kochgerät führten sie auf einem Karren mit sich. Bei Kalgan erreichten sie die zwölfhundert Meilen lange Mauer des Che Hoangte, die fast so alt ist als die christliche Ära, zweiundzwanzig Fuß hoch, und sechzehn dick. „Es war wunderbar," schreibt Gordon, „die endlose Mauerlinie sich über die Hügel hinziehen zu sehen." Von Kalgan schlugen sie eine westliche Richtung ein nach Taitong, wo die Mauer nicht ganz so hoch ist. Daselbst sahen sie riesige Karawanen von Kamelen, die Thee nach Rußland trugen. In dieser Gegend fanden sie sich genötigt, die Achsen ihres Karrens verlängern zu lassen; denn die Fuhrwerke in jenem Lande laufen breitspuriger als anderswo, und ihre Räder paßten nicht in die ausgefahrenen Geleise der Landstraßen! Der Hauptzweck ihrer Reise war, zu erkunden, ob außer dem Tchatiaou-Paß noch ein anderer vom russischen Gebiet nach Peking führe. Auf einem großen Umweg in südwestlicher Richtung suchten sie lange vergeblich die Straße übers Gebirge ostwärts; erst bei Taiynen fanden sie ihren Rückweg nach Peking und Tientsin. In jener Stadt erlebten sie ihr erstes Mißgeschick. Der Wirt dort machte es wie mancher europäische Hotelbesitzer, er dachte, die Engländer können zahlen und schrieb eine unverschämte Rechnung. Ein Disput war nicht zu umgehen; die beiden Offiziere schickten daher ihren Karren voraus, damit der erst in Sicherheit wäre, ehe sie dem Wirt ihre Meinung sagten. Der aber bestand auf seiner Forderung, und als sie ihre Pferde besteigen wollten, wehrte man's ihnen. Da sagte Gordon: „Nun, so bringt uns zum Mandarin.“ Und die ganze Gesellschaft machte sich auf nach des Richters Haus. Gordon und Cardew führten ihre Pferde am Zügel, ersahen aber unterwegs ihre Gelegenheit aufzusitzen. Vor der Hausthüre des Mandarins gaben die beiden Engländer plötzlich ihren Pferden die Sporen und sausten in gestrecktem Galopp davon, die Wirtsleute mit Geschrei hinter ihnen her, natürlich ohne sie einzuholen. Die flüchtigen Gäste hatten übrigens für ihr Nachtquartier eine reichliche Summe angeboten, die abgelehnt worden war, somit hatten die Chinesen verdientermaßen das Nachsehen. — Die Kälte war damals so groß, daß rohe Eier gefroren als ob sie steinhart gesotten wären, doch erreichten die beiden Kundschafter wohlbehalten ihr Quartier zu Tientsin.

Im Mai 1862 erhielt Gordon Befehl, sich mit einer Abteilung Infanterie nach Shanghai zu werfen, weil dort die Taipings aufs neue die Gegend unsicher machten. Der himmlische König hatte den Engländern sagen lassen, er werde Shanghai attackieren, sobald das Jahr des Waffenstillstandes um sei. Im Januar 1862 hatte er dann auch seinen „Getreuen“ in die Gegenden der Konsulatstadt geschickt, und von da an datiert die feindliche Stellung der Engländer gegen die Rebellen.

Mit dem militärischen Oberbefehl innerhalb des Distrikts betraut, marschierte Gordon zuerst nach Singpoo, erstürmte die Stadt, und vertrieb die Taipings aus verschiedenen Plätzen, wo sie sich festgesetzt hatten. In erster Linie sollte Gordon dafür sorgen, daß der sogenannte „dreißig Meilen Umkreis“ um Shanghai her von feindlichen Überfällen gesichert bleibe.

„Wir hatten einen Besuch von den Taipings“, schreibt Gordon. „In einzelnen Haufen kamen sie bis in die nächste Nähe des Stadtgebietes, steckten in Brand was sie konnten, und trieben die Landleute zu Tausenden vor sich her. Wir zogen ihnen entgegen, aber ohne viel Erfolg. Gräben und Sümpfe hindern allerwärts unser Fortkommen, die Rebellen sind uns in dieser Hinsicht weit überlegen . . . Es ist unfaßlich was für Haufen flüchtigen Landvolkes nach Shanghai kommen, sobald die Taipings in der Nähe sind; mindestens fünfzehntausend Flüchtlinge sind eben hier, und keineswegs nur Weiber und Kinder, sondern stämmige Männer, die sich wohl wehren könnten, aber die Angst lähmt ihnen alle Thatkraft. Weiterhin im Land haben die Leute Unglaubliches zu leiden und viele sterben Hungers. Dieser Aufruhr ist eine entsetzliche Landplage, und unsere Regierung sollte alles Ernstes eingreifen, um ihn zu unterdrücken. Worte können nicht das Elend beschreiben, das überall herrscht, wo die Rebellen hinkommen; die reiche Provinz ist zur Wüste geworden.“

Für die Kaiserlichen hatte das Jahr 1861 schon einen Umschwung gebracht. Der Kaiser Hien-Fung war am 21. August im Jehol, seinem Jagdschloß in der Tartarei, gestorben — im sechsundzwanzigsten Jahre seines Lebens und im elften seiner unglücklichen Regierung. Unfähig mit den großen Schwierigkeiten einer Übergangsperiode zu kämpfen, hatte er wie manch anderer Fürstenschwächling sich durch Befriedigung seiner Genußsucht zu entschädigen gesucht. Er vertrieb sich die Zeit mit seinen Favoriten, während im Reich alles drunter und drüber ging. Schließlich aber, wie das seinen Tod meldende Manifest es ausdrückte, „ergriff seine Krankheit ihn mit erneuter Heftigkeit, und am siebzehnten Tage des Mondes schwang er sich auf mit dem Drachen als Gast der oberen Räume.“ Wohl mochte die arme Seele des untauglichen Monarchen, dessen sterbliche Hülle in einem „cedernen Schloß“ zur Ruhe gebettet wurde, auf ihrem Drachenritt den vorangegangenen Kaisern manches zu klagen haben. Elend und Aufruhr hatte während der ganzen Regierungszeit dieses Jünglings das himmlische Reich verheert, und Rebellen herrschten an seiner Statt; allerwärts hatte das Volk sich von ihm losgesagt, der kaiserlichen Gewalt Trotz bietend, und zur Vollstreckung der heiligen Befehle fanden sich nur schlechte Statthalter, denen die eigne Größe mehr galt als die Wohlfahrt des Volkes. Jahr um Jahr durchzogen die rebellischen Horden das einst so gesegnete blumige Land; die Brandfackel nächtlicher Zerstörung kündete ihren Weg, und der Rauch brennender Städte und Dörfer verhüllte der Sonne Licht am hellen Tage. Ein wahnwitziger Usurpator hatte es nur nicht gewagt, den Drachenthron für sich zu begehren, sondern sich außerdem noch göttlicher Ehre vermessen, während kriegerische Heervölker der abendländischen Barbaren das Kaiserreich demütigten, ja die jungfräuliche Kaiserstadt Peking bezwangen, die noch nie einem Fremdling sich erschlossen, und den Palast des himmlischen Sohnes in Brand steckten.

So mochte der arme Kaiserjüngling gedacht haben. Wir aber erkennen in der mancherlei Trübsal die Wehen einer sich neu gestaltenden Zeit. Des Monarchen Tod öffnete Thür und Thor für neue Dinge. Der Thronerbe war ein Kind, und die Regentschaft neben der Kaiserin-Witwe bestand aus Vertretern der äußersten antifremdländischen Partei. Als daher der Bruder des verstorbenen Kaisers, ein weitsichtiger Prinz, der die Konvention von Peking unterzeichnet hatte, nach dem Jehol citiert wurde, war die Hoffnung daß er lebendig zurückkehren würde, keineswegs stark. Man hielt dafür, daß die Einladung nichts anderes bedeute als die höfliche Erlaubnis, wie sie einem irrenden Mitglied der kaiserlichen Familie zukommt, sich in der Stille mittels einer seidenen Schnur aus der Welt zu befördern. Zum Glück fürs Land aber war die Hauptgewalt in den Händen einer Frau von außergewöhnlichem Verstand und männlichem Charakter. Die Kaiserin-Witwe war Hauptvormünderin; und diese erkannte alsbald, daß Prinz Kung sich besser auf die wahren Interessen des Landes verstand, als die Ratgeber des verstorbenen Kaisers. Und während jedermann von seinem demnächstigen Selbstmord zu hören vermeinte, erschien er unerwartet in Peking, und obgleich er zu schweigen verstand, so wars dennoch klar, daß er sich sicher fühlte. Als Resultat aber erfolgte mit dem Einzug des jungen Monarchen in seine Residenzstadt Peking Kungs berühmter Staatsstreich vom 2. November 1861, wodurch die antifremdländische Partei gestürzt wurde. Ihre Hauptvertreter wurden hingerichtet. Von da an datiert ein freundliches Einvernehmen zwischen den ausländischen Bevollmächtigten und der kaiserlichen Regierung. Die Zeit war in der That gekommen, da die verschiedensten Interessen in natürlicher Weise zusammenwirkten, die Taipings auszurotten, und das himmlische Reich zu einem neuen besseren Stand der Dinge gelangen zu lassen.

Zweites Kapitel.

Die stets siegreiche Armee.

Das Jahr 1861 war britischerseits den Rebellen gegenüber eine Zeit des Waffenstillstandes gewesen, in diesem Jahr aber hatten die Taipings ihre erste empfindliche Niederlage erlitten, ja eine Reihe von Niederlagen. Sie hatten versucht, sich des Yangtszethales wieder zu bemächtigen mit besonderen Absichten auf Hangchow. Aber obgleich dieses Jahr durch Hien-Fungs Tod eine innere Umwälzung der Monarchie mit sich brachte, so hatte die Position der Kaiserlichen doch stetig gewonnen, und die Rebellen sahen sich mit Ende des Jahres wieder in die Gegend von Shanghai zurückgeworfen. Man darf die Vernichtung der Taipings daher nicht ausschließlich britischen Waffen zuschreiben.

Wie bereits erwähnt, hatten die Handelsherren von Shanghai es schon vorher für geraten gehalten, sich durch ein Privatsöldnerheer gegen Überfälle möglichst zu sichern. Der Amerikaner Ward, und nach ihm Burgevine, ebenfalls ein Amerikaner und Glücksritter, befehligte diesen Truppenhaufen, der sich des hochtrabenden Titels der „stets siegreichen Armee" erfreute.

Die Leute des blumigen Landes haben ein besonderes Talent für schöne Redensarten. Ihre Flüsse sind alle wohllautplätschernd, ihre Berge voll himmlischen Weihrauchs; das geringste Dörfchen fühlt sich als eine Pflanzstätte süßduftenden Korns, und jeder gewöhnliche Nachen ist ein Wunder der krystallenen Flut. Der Chinese findet solche Benennungen keineswegs lächerlich, er hält im Gegenteil dafür, daß der pure Wortlaut der Dinge irdisches Geschick oft beeinflusse. In den chinesischen Klassikern wird nichts so sehr betont als die Thatsache, daß Weisheit eine richtige Benutzung der Worte sei. Es fragte einmal einer den alten Mencius, worin er sich auszeichne; „ich verstehe mit Worten umzugehen", war die tiefsinnige Antwort. Und anderswo wird darauf hingewiesen, wie selbst tugend- und talentvolle Menschen durch übelgesetzte Rede sich oft ganz in den Schatten stellen. Konfucius erklärte, der erste Schritt zu einer wohlgeordneten Regierung sei, „die Bezeichnung der Dinge zu verbessern", und fügte bedeutungsvoll hinzu: „einen unpassenden Namen zu haben heißt in ungünstiger Lage verharren, allem Übel ausgesetzt." Derlei Ideen sind gäng und gäbe in China, und jeder Schwarzhaarige läßt sichs daher angelegen sein, sich und den Seinen schöne Namen zu gewinnen. Selbst die Regierung richtet ihre Erlasse nach dem Geschmack des Volkes ein, ob nun vom Sohne der Erde und des Himmels auf dem Drachenthron die Rede ist, oder vom Büttel des geringsten Mandarins. Verbrechen werden mit möglichst malerischen Sentenzen beschrieben, und offizielle Schwachköpfigkeit erhält nur einen faktisch „verblümten" Rüffel von oben; wo aber Lob am Platz ist, da weiß sich die Rede nicht mehr vor Hyperbeln zu helfen. So entstand die Bezeichnung Ch'ang Sheng Chi'un oder stets siegreiche Armee.

Der General-Gouverneur der Kiang-Provinzen war Li Futai oder Li-Hung-Chang, ein tüchtiger Soldat und der berühmteste Staatsmann des modernen China. Man hat ihn seither damit zu ehren gesucht, daß man ihn den chinesischen Bismarck genannt hat. Tseng-kwo-fan*), der kaiserliche Generalissimus, hatte ihm den Oberbefehl von Shanghai übertragen. Der englische General Staveley erklärte ihm bei seiner Ankunft, daß obgleich die Alliierten den Dreißig-Meilen-Umkreis verteidigen würden, die allgemeine Bekämpfung der

*) Der Vater des bekannten Marquis Tseng.

Rebellion doch nach wie vor den Chinesen überlassen bleibe. Li machte sich sofort daran, die vaterländischen Truppen auf europäische Waffen einzuüben. Wards Söldner waren bislang ihren eigenen Weg gegangen, erst nachdem er gefallen war, und sein Nachfolger Burgevine sich mit Li überworfen hatte, amalgamierten die fremden Söldner sich mit chinesischen Rekruten, und Li wandte sich an den englischen General mit dem Gesuch, einen britischen Offizier zum Kommando zu ernennen.

Der rechte Mann war bald gefunden in Gordon, der zwar noch nie im Oberkommando gestanden, der aber mehr denn irgend ein anderer für den verantwortungsvollen Posten geeignet war. Seinen Ruf von Sewastopol her hatte er in Peking und Shanghai aufrecht erhalten, und es spricht sehr für den Mann, daß er dem ehrenvollen Antrag keineswegs in blinder Aufregung Folge leistete, sondern im Gegenteil den gelassenen Wunsch vortrug, seine Arbeit der militärischen Kenntnisnahme des Terrains innerhalb des Dreißig-Meilen-Umkreises zuerst zu Ende bringen zu können, weil das für eventuelle Operationen jedenfalls von Wert sei. In einem Offizier, Namens Holland, ernannte man darum einen zeitweiligen Ersatzmann, unter dessen Führung die „stets siegreiche Armee" von den Taipings bei Taitsan glänzend geschlagen wurde. Erst im Frühjahr 1863 übernahm Gordon den Oberbefehl. Er schreibt darüber an seine Eltern:

„Ich fürchte, es wird Euch unlieb sein, daß ich das Kommando der Sung-Kiang-Truppen übernommen habe; es geschah nicht ohne reifliche Überlegung meinerseits. Ich halte dafür, daß es ein gutes Werk ist, diese Rebellion zu unterdrücken; es ist eine einfache Pflicht der Menschlichkeit und kann außerdem dazu beitragen, dieses Land der Civilisation zugänglich zu machen. Ich will nicht tollkühn handeln, und ich hoffe, bald nach England zurückkehren zu können — ich will nicht vergessen, daß das Euer Wunsch ist.*) Ich kann wohl sagen, daß, wenn ich mich

*) Die Sohnestreue des Mannes giebt sich öfter kund. Ein Missionar, der ihn im Sudan kennen lernte, sagt unter anderem: „Es ist seine Art, rasch

geweigert hätte, den mir übertragenen Posten anzunehmen, die Truppen sich verlaufen hätten und die Rebellion allem Anschein nach das Land noch Jahre lang im Elend erhalten würde. Ich hoffe, daß das nun nicht der Fall sein wird, und daß ich Euch sehr bald Beruhigendes werde schreiben können. Ihr müßt es Euch nicht zu nahe gehen lassen; ich glaube wirklich, daß ich das Rechte thue .... Ihr seid mir stets gegenwärtig und dürft Euch darauf verlassen, daß ich nichts Unbesonnenes thun will. Sobald es mir möglich sein wird, ohne die übernommene Sache leiden zu lassen, will ich zu Euch zurückkehren."

Gordon hatte gerade das dreißigste Jahr zurückgelegt. Sein Heer zählte bei der Übernahme zwischen drei- und viertausend Mann mit etwa hundertundfünfzig Offizieren, war aber später erheblich stärker. Die Uniform war eine halb-europäische, aus dunklem Wollenzeug und grünem Turban bestehend; die Soldaten waren anfänglich nichts weniger als mit ihrer Montur einverstanden, denn ihre Landsleute erblickten in ihnen nur „nachgemachte fremde Teufel"; unter der Bezeichnung „fremde Teufel" faßt nämlich der Chinese schmeichelhafterweise alle Ausländer zusammen. Später aber, als die Armee anfing, sich wirklich als die „stets siegreiche" zu erweisen, wurden die Leute stolz auf ihre eigenartige Kleidung und hätten sich dieselbe nicht wieder nehmen lassen. Ja soweit ging die gute Meinung eines chinesischen Gouverneurs, daß er dafür hielt, schon ihren Fußstapfen folge der Sieg und demgemäß Entmutigung der Rebellen; er ließ daher viele tausend Paare europäischen Schuhwerks unter das Landvolk verteilen, um die Spuren von Gordons Truppen möglichst zu vervielfältigen! Ein Oberst dieses Korps erhielt etwa fünfzehnhundert Mark Gage pro Monat, die Majore, Hauptleute, Adjutanten u. s. w. eine diesem entsprechende Summe in absteigender Linie bis zum Lieutenant, der sich auf sechshundert Mark stellte; die

von einem Gegenstand zum andern überzugehen. Mitten im Gespräch unterbrach er mich z. B. mit der Frage: Haben Sie an Ihre Mutter geschrieben? Und auf meine bejahende Antwort fuhr er fort: Das ist recht; lassen Sie nur immer Ihre Mutter wissen, wie's Ihnen geht. Wie lieb hat meine Mutter mich gehabt!"

Unteroffiziere circa hundert Mark in abnehmendem Verhältnis bis zum Gemeinen, dessen Sold ungefähr vierzig Mark monatlich betrug. Im Feld verabfolgte man außerdem noch Rationen. Der Oberbefehlshaber selbst erhielt eine stattliche Summe — „260 Pfund," schreibt Gordon, „das macht 3120 Pfund im Jahr; aber das ist sehr gleichgültig."

Sämtliche Offiziere waren Ausländer. Amerikaner bildeten die Mehrzahl, dann Engländer, Franzosen, Spanier, Deutsche. Im allgemeinen waren es tapfere Leute, die sich rasch in eine gegebene Lage zu finden wußten, im Feuer meist seltenen Mut entwickelten, im übrigen aber leicht einander in die Haare gerieten. Die Disciplin war so scharf wie thunlich, doch war es nicht oft nötig, summarisch einzugreifen, Gordons persönlicher Einfluß machte sich sehr bald fühlbar. Das Schlimmste war die Trunksucht; innerhalb eines Monats starben einmal elf Offiziere an Delirium tremens. „Man mußte froh sein, überhaupt Offiziere zu kriegen", schrieb einer, der aus Erfahrung reden konnte; „sie schlugen sich gut und das war schließlich die Hauptsache." Ein anderer schreibt: „Es waren sogar offenkundige Freunde der Rebellen unter ihnen, und solche, die alle Landesgesetze in den Wind schlugen; aber Offiziere wie Gemeine lernten sehr bald einen Anführer respektieren, auf dessen Tapferkeit', Kriegsgeschick, Gerechtigkeitsliebe und persönliche Güte sie alle Ursache hatten, sich jederzeit zu verlassen, einen, der sich nie selbst schonte*), wo es Gefahr gab, und der mit fester Hand alle Privathändel darnieder zu halten wußte, die bislang dem Erfolg oft hinderlich im Wege gestanden."

Der Kriegsschauplatz, auf welchem Gordon seine Armee innerhalb anderthalb Jahren dreiunddreißigmal ins Gefecht führte, war

---

*) Schon vor Sewastopol hatte Gordon hiervon einen Beweis gegeben. Er kam einmal dazu, wie ein Korporal seine Leute zum Aufwerfen einer Schanze mitten in den Kugelregen schickte, während er selbst gedeckt stand. Gordon sprang ohne ein Wort zu sagen hinzu und legte mit den Soldaten selbst Hand an. „Man muß die Leute nie etwas thun heißen, wovor man sich selbst scheut," belehrte er nach vollbrachter Arbeit den Korporal.

die von der Yangtszemündung im Norden und von der Bucht von Hangchow im Süden begrenzte Provinz Kiangsoo, eine stumpfe Halbinsel, die von Hangchow bis Nanking am Yangtsze, der Residenz des Taiping, etwa hundertundfünfzig Meilen breit ist, während der Querdurchschnitt in der Mitte zwischen diesen beiden Punkten bis zum Meer an zweihundert Meilen beträgt. Am nordöstlichen Ende, etwa fünfundzwanzig Meilen vom Ufer entfernt, liegt inmitten zahlloser Buchten die Stadt Shanghai. Das von unzähligen Flüssen, Flüßchen und Kanälen durchzogene Land ist von fast lagunenartigem Charakter und, abgesehen von einigen isolierten Hügeln, flach wie Holland, fruchtbar und reich an stark bevölkerten Dörfern und Städten. An manchen Stellen liegt das Land tiefer als der Spiegel des Meeres, und lange Strecken erheben sich nur wenige Fuß darüber. Der Verkehr ist größtenteils zu Schiff. Zum Manövrieren in Kriegszeiten ist es daher ein schwieriges Land, und es kam Gordon gut zu statten, daß er sich eine so gründliche Kenntnis der Provinz verschafft hatte. Ja, er war mit der Topographie des Kriegsschauplatzes besser vertraut als die Rebellen, die das Land seit zehn Jahren durchstreift hatten. Er wußte genau, welche Kanäle zur Zeit schiffbar waren und welche nicht; er wußte, wo der Boden Artillerie tragen würde und wo er versumpft war. Er machte sich auch alsbald daran, sich durch eine kleine Flotte von Kanonenbooten zu verstärken, die in dem wasserdurchzogenen Land seiner Infanterie als Bedeckung dienen konnte, und die überdies durch rasche Truppenbeförderung seine viertausend Mann in der Meinung des Feindes vervielfachte. Eine kaiserliche Armee kooperierte mit Gordons Korps; der dieselbe befehligende General war ein Mandarin Namens Li Adong, ein Mann, vor dessen militärischer Tüchtigkeit Gordon alle Achtung hatte. Gleichwohl hatte sich Gordon völlige Unabhängigkeit vorbehalten, welche ihm auch zugestanden wurde.

Seine „Siegreichen" brannten vor Begierde, die Scharte von Taitsan alsbald auszuwetzen, er aber ließ nichts übereilen. Er hatte das eine große Ziel im Auge, den Aufruhr schnell und gründlich aufs Haupt zu schlagen, und wußte genug von den bisherigen Ergebnissen, um einzusehen, daß hitziges Scharmützeln hier und dort, oder eine Taktik der Defensive — wie z. B. das energische Sauberhalten des Dreißig-Meilen-Umkreises — oder auch wiederholtes Angreifen des Feindes in seinen Verschanzungen wie in Taitsan, durchaus ungenügend sei, wenn es sich darum handle, der Rebellion den Garaus zu machen. Ihm schienen plötzliche Überfälle an Orten, wo man ihn am wenigsten erwartete, der geeignetste Kriegsplan; denn nicht nur gewannen seine Soldaten bei ziemlich sicheren Erfolgen immer mehr an Selbstvertrauen, sondern er zwang die Rebellen sehr bald, sich allerwärts seines Erscheinens gewärtig zu halten, zu einer Stellung der Defensive also, und ließ ihnen weder Zeit noch Mut, Shanghai oder die andern Hafenstädte zu beunruhigen.

Nicht viele Tage gingen ins Land, ehe er mit zweihundert Mann Artillerie und so viel Infanterie, als seine beiden Dampfer befördern konnten, etwa tausend Mann, den Yangtsze hinaufdampfte. Etwa siebzig Meilen aufwärts, am südlichen Ufer, liegt Fushan, ein Piratennest, wo die Taipings sich befestigt und kurz zuvor einen kaiserlichen Angriff zurückgeschlagen hatten. Die Kaiserlichen waren dort verschanzt und unter ihrer Deckung brachte er seine Leute ruhig ans Land, obgleich die Taipings in ziemlicher Stärke seinen Bewegungen aus nächster Nähe zusahen. Er erreichte Fushan und es gab ein dreistündiges Bombardement; einen Ansturm warteten die Taipings nicht ab, sie wandten sich alsbald zurück. Fushan war der Schlüssel zu dem zehn Meilen südlicher gelegenen Chanzu, wo eine kaiserliche Besatzung sich bisher tapfer gehalten hatte.

Die Einwohner dieser Stadt waren selbst Rebellen gewesen, hatten sich aber wieder der kaiserlichen Sache zugewandt. Der getreue Wang hatte darauf die Stadt belagert und als Beweis, was er zu thun vermöchte, die Köpfe von drei bei Taitsan erschlagenen europäischen Offizieren über die Mauern werfen lassen; allein die

Einwohnerschaft hielt aus. Auf dem Wege dahin fand Gordon die Leichname von fünfunddreißig von den Taipings gekreuzigten Kaiserlichen. Er vertrieb die Rebellen mit einem Verlust von nur zwei Toten und sechs Verwundeten auf seiner Seite. Der Feind zog sich nach Soochow zurück; ein gut Stück Land war somit den Rebellen abgenommen. Die Leute von Chanzu empfingen ihren Befreier mit großem Jubel und bedauerten lebhaft, ihm kein Geschenk machen zu können. „Das sei nicht Mode bei ihm", entgegnete Gordon.

Der Kaiser übrigens lohnte den glänzenden Anfang damit, daß Gordon den Titel Tsung-Ping erhielt, was annähernd durch Brigadegeneral wiederzugeben ist. Eine Besatzung von dreihundert Mann in Chanzu zurücklassend, kehrten die Siegreichen nach Sung-Kiang zurück.

Nordwestlich von Shanghai liegt Taitsan, von wo in südwestlicher Richtung der Weg durch Quinsan nach Soochow führt. Das waren die drei Hauptorte der Rebellen, der letztere war der bedeutendere, als die natürliche Hauptstadt der Provinz, in welcher der Krieg sich abspielte. Die Taipings hatten diese Stadt seit 1860 inne. Gordon machte sich marschfertig. Es war unbekannt, welchen der drei Orte er zuerst angreifen würde; man vermutete Quinsan sei das Ziel. Dieser Ort, als Verbindungsglied zwischen den beiden anderen Städten, war strategisch von großer Wichtigkeit; überdies hatten die Rebellen daselbst unter einem hergelaufenen Engländer eine Kugelgießerei in voller Thätigkeit. Auf dem Wege dahin erfuhr Gordon, daß der Kommandant von Taitsan dem Gouverneur Li einen Vorschlag zur Übergabe gemacht habe, daß demzufolge ein kaiserlicher Truppenteil als Besatzung dahin abgezogen sei, daß der Taiping den Kaiserlichen aber damit nur eine Falle gestellt und dreihundert derselben enthauptet habe, deren Köpfe er als Beweis seiner Geschicklichkeit nach Soochow und Quinsan sandte. Gordon nahm alsbald die verräterische Stadt aufs Korn.

Kein leichtes Unternehmen! Die feindliche Garnison war zehntausend Mann stark, darunter waren zweitausend auserlesene Truppen mit französischen, amerikanischen und englischen Überläufern bei den Batterien, während er nur dreitausend Mann befehligte. Aber das war ihm einerlei, er belagerte die Stadt sofort. Nach zwei Tagen war Bresche geschossen und die Stürmenden in vollem Anmarsch. Der erste Angriff wurde jedoch zurückgeschlagen. Darauf hin ließ Gordon seine Artillerie die Bresche über den Köpfen der Stürmenden hinweg beschießen. Dieser zweite Angriff war erfolgreicher; die Flagge der Siegreichen wehte von den erstürmten Zinnen, und die Taipings retteten sich in tollster Flucht. Gordon schreibt darüber an seine Mutter:

„Am 24. April verließ ich Sung-Kiang mit etwa dreitausend Mann, um Quinsan anzugreifen, eine große Stadt zwischen Taitsan und Soochow. Ehe ich aber soweit kam, erfuhr ich, daß die Taipings zu Taitsan vorgegeben hatten, mit den Kaiserlichen zu unterhandeln, die abgesandte kaiserliche Besatzung aber verraten und vernichtet hatten. Ich änderte daher alsbald meine Route und marschierte nach Taitsan; am ersten Tag wurde die äußere Verschanzung angegriffen, am zweiten Tag die Stadt selbst. Die Rebellen wehrten sich tüchtig, aber es half ihnen nichts; die Stadt fiel. Taitsan ist ein wichtiger Ort und die Einnahme nach dem verübten Verrat eine verdiente; der Kommandant hat eine Kopfwunde davon getragen. Diese Stadt erschließt uns ein großes Stück Land. Die chinesischen Behörden sind voll Lobes über meine Leute. Ich bin jetzt ein Tsung-Ping Mandarin (die zweitoberste Würde) und habe viel Einfluß. Nicht daß ich das an sich schätzte, aber ich bin immer gewisser, daß ich recht daran that, das Kommando zu übernehmen. Du würdest mir ebenfalls recht geben, könntest Du Dich mit eigenen Augen von der Niederträchtigkeit der Rebellen überzeugen. Taitsan war stark befestigt, es ist eine Fu oder Hauptstadt."

Die kaiserlichen Mandarine nahmen ihre Privatrache an einigen der Gefangenen, was zu Gerüchten Anlaß gab, die darauf berechnet waren, Gordon zu verleumden. Wieder waren es gewisse sentimentale Kreise in England, die jenen Gerüchten williges Gehör schenkten.

Gordon schreibt mit Bezugnahme hierauf unterm 15. Juli 1863 an den Herausgeber der Shanghaier Schiffszeitung:

„Ich kann bezeugen, daß die Chinesen meines Korps nicht grausamer sind als die Soldaten irgend einer christlichen Nation; als Beweis hiervon erwähne ich die Thatsache, daß siebenhundert der bei Quinsan gefangen genommenen Taipings bei uns jetzt im Dienst stehen. Sie haben sich freiwillig unsern Fahnen angeschlossen und sich bereits gut gegen die Rebellen geschlagen. Nur eine Exekution ist nötig gewesen; sie traf einen Rebellen, der es versuchte, seine Kameraden gegen die Wache aufzuhetzen, und sofort erschossen wurde. Es ist ein großer Irrtum, anzunehmen, daß dieses Korps aus lauter gewissenlosen Menschen bestehe. In der Hitze des Gefechts schlagen sie drauf und halten es für tapfer den Feind zu töten, wie andere Soldaten auch; aber nach der Schlacht heißt es gleich wieder gut Freund .... Wenn ein gewisser (anonymer) „Augenzeuge" und jener „Freund der Barmherzigkeit" ihre beiderseitigen Behauptungen mit wirklichen Beweisen belegen könnten, so wäre es besser, als den Zeitungen Zuschriften zu schicken, wie diejenigen, die den Bischof von Victoria beschäftigen. Und wenn irgend jemand der Meinung ist, das Volk wäre mit der Rebellenwirtschaft zufrieden, so dürfte er sich vom Augenschein hier leicht eines andern belehren lassen. Ich überschätze die Zahl gewiß nicht, wenn ich sage, daß nach der Einnahme von Quinsan fünfzehnhundert der flüchtigen Rebellen von den sich massenhaft erhebenden Landleuten erschlagen wurden."

Wir haben vorgegriffen. Daß die chinesischen Söldner in vollständiger Mannszucht standen, nach europäischen Begriffen, ist kaum anzunehmen; Gordon war ja noch keine zwei Monate im Kommando. Seine Soldaten hatten in Taitsan geplündert, was gegen seine Kriegsverordnung war. Er strafte sie aber damit, daß er ihnen keine Gelegenheit gab, ihre Beute zu verwerten; sie anderweitig zu züchtigen, dafür war es kaum der geeignete Moment, nachdem sie eben einen Sieg errungen, der, so glänzend er war, doch blutige Opfer gekostet hatte. Er überließ es den Mandarinen, die gefallene Stadt zu besetzen, und marschierte mit seinem Korps nach Sung-Kiang zurück. Dort erließ er eine Proklamation, dankte den Truppen für ihre tapfere Haltung bei Taitsan, tadelte die Offiziere aber wegen allzu laxer Mannszucht. Um dieselbe zu bessern, ernannte er an der Gefallenen Statt mehrere englische Offiziere aus einem in Shanghai liegenden Regiment, welche Erlaubnis hatten, ihm ihre Dienste anzubieten.

Und nun gings nach Quinsan. Eine drohende Unbotmäßigkeit in seinem Korps wich seiner Ruhe und Festigkeit. Quinsan war nicht nur der Schlüssel zu dem größeren Soochow, sondern überhaupt zur Hälfte des rebellischen Territoriums. Die Stadt hatte eine ausgezeichnete Lage; in ihrer Mitte erhob sich ein isolierter, mit einer Pagode gekrönter Hügel. Der Angriff konnte somit genau beobachtet werden, und zwei oder drei mit Verstand aufgepflanzte Geschütze hätten die Stadt zur beinahe unnahbaren Festung gemacht. Der Graben um die Stadt her war über hundert Fuß breit. Die Garnison bestand aus zwölf- bis fünfzehntausend Taipings unter einem Anführer Namens Moh Wang. Der kaiserliche General Ching war für einen Angriff von der Ostseite her, aber Gordons Kriegsgenie geriet auf eine andere Taktik, und in der That fiel die Stadt lediglich infolge seiner Manöver mit einem kleinen Flußdampfer.

Er hatte bald entdeckt, daß Quinsan bei seiner ausgezeichneten Lage doch einen schwachen Punkt hatte, indem die Verbindung mit Soochow in einer einzigen Straße bestand, die teilweise an einem See hinführte, teilweise zwischen einem Netz von Kanälen lag. Er brachte seinen Dampfer Hyson zur Stelle, und die Verbindung zwischen den beiden Städten war abgeschnitten. Der Hyson trug einen Zweiunddreißigpfünder und einen zwölfpfündigen Mörser. Der Kapitän war ein kühner Amerikaner, und ihm folgte eine Flotille von etwa fünfzig kleinen Segelboten mit Kanonen. Der Hyson that gute Arbeit und säuberte sehr bald die Wasserstraße von allen Taipings, als wäre er ein mächtiges Kriegsschiff gewesen; ja einmal dampfte das kühne Boot mit Gordon an Bord bis unter die Mauern von Soochow.

Mittlerweile fand im großen Kanal ein hitziges Gefecht statt.

Die Besatzung hatte bis Sonnenuntergang einen Ausfall gemacht. So zahlreich und so verzweifelt waren die Taipings, daß sie unter einem tüchtigen Anführer die „stets siegreiche Armee“ völlig hätten aufreiben können. Mitten im Getümmel erschien der Hyson mit dem Aufblitzen und Donner seiner Geschütze, und — was den Taipings offenbar einen tollen Schrecken einjagte — mit dem schrillen Pfiff seiner Dampfmaschine. Der Feind geriet in verworrene Flucht, und ehe der Morgen tagte, war Quinsan gefallen, ohne nur ein einziges Mal gestürmt worden zu sein. Von da an hatten die Krieger des großen Friedens eine heilsame Furcht vor dem Namen Gordon. Achthundert Mann der feindlichen Besatzung wurden gefangen genommen, und die meisten von diesen nahmen Dienst bei dem Sieger; doch war dies nicht der zehnte Theil der Mannschaft, und nur wenige Flüchtlinge erreichten Soochow; der größte Teil muß unterwegs umgekommen sein. Gordon hatte diesen wunderbaren Erfolg fast ohne Opfer erreicht; zwei im Kampf Gefallene und fünf Ertrunkene war der Verlust auf seiner Seite. Gordons Plan, alle Gefangenen, die es begehrten, in seine Reihen aufzunehmen, war unter den Umständen ein ausgezeichneter. Feinde wurden zu Freunden. Auch gestattete er, so viel an ihm lag, nie, daß die Kaiserlichen Grausamkeiten verübten; Gefangene müßten so behandelt werden, sagte er, wie es Soldaten zukomme, die sich einem britischen Offizier ergeben. Seinen eigenen Bericht entnehmen wir folgendem Brief:

„Die Rebellen haben diesmal tüchtige Schläge gekriegt; ich glaube nicht, daß sie sich noch lange zur Wehr setzen werden, da wir ihnen durch unsere Dampfer so weit überlegen sind. Quinsan ist eine große Stadt, über vier Meilen im Umkreis, ihren Mittelpunkt bildet ein sechshundert Fuß hoher Hügel, von dem man die Gegend fünfzig Meilen weit beherrscht. Es ist ein merkwürdiges Land, voller Wasserstraßen und von großem Reichtum. Durch die Eroberung dieser Stadt ist es der kaiserlichen Regierung nun ermöglicht, die reichen Korndistrikte u. s. w. zu beschützen; die Landleute sind so dankbar, daß es eine Freude ist, sie zu sehen. Sie waren in schlimmer Lage vorher, mitten zwischen den Rebellen und den

Kaiserlichen; sie waren aber schlau genug, sich einigermaßen dadurch zu helfen, daß jedes Dorf sich zwei Bürgermeister hielt, einen kaiserlichen und einen, der es vorgab, mit den Rebellen zu halten. Auf diese Weise entrichteten sie Steuern an beide. Was ich nun weiter zu sagen habe, könnte für Prahlerei gelten, aber ich weiß, daß Ihr alles hören wollt. Der Gouverneur der Provinz, Prinz Kung, und alle Mandarine sind froh, daß ich die Anführerschaft übernommen habe. Ich bin ein Tsung-Ping, d. h. ein Mandarin zum roten Knopf; wie Ihr Euch denken könnt, trage ich die Kleidung aber nicht. Sie schreiben mir sehr schmeichelhafte Briefe und sind äußerst charmant. Ich mag die Chinesen auch gut leiden, aber Takt ist nötig im Umgang mit ihnen, und über ihr Phlegma zornig werden nützt gar nichts; ich lasse es daher bleiben.... Sollten Gerüchte von begangenen Grausamkeiten Euch erreichen, so glaubt sie nicht! Wir haben an achthundert Gefangene gemacht; eine gute Anzahl derselben ist jetzt meiner Garde eingereiht und hat seither gegen ihre alten Freunde, die Rebellen, mitgefochten. Wenn ich Zeit hätte, könnte ich lange Geschichten erzählen, wie Leute aus entfernten Provinzen einander hier treffen; oder wie die Bauern unter meinen Soldaten Rebellen erkennen, die vor noch nicht langer Zeit ihre Dörfer geplündert haben — aber ich habe keine Zeit! Ich nahm einen Mandarin gefangen, der drei Jahre lang bei den Rebellen war; er hat jetzt eine Kugel in der Wange, die er sich neulich im Gefecht gegen die Taipings geholt hat. Die Ex-Rebellen, die ich in meine Garde aufnahm, waren alle Schlangenträger oder Hauptleute. Sowohl bei den Rebellen als bei den Kaiserlichen sind die Schlangenstandarten nämlich die Abzeichen der Anführer. Wo man eine sieht, ist immer ein Befehlshaber in der Nähe. Ihr Verschwinden bedeutet den Rückzug des Feindes. In Taitsan hielten die Schlangen aus bis zuletzt, das bewies, daß der Kampf ein hartnäckiger war. Die Wangs wußten nach der Einnahme von Fushan, daß ein „neuer Engländer im Kommando war, aber sie erwarteten ihn nicht in Taitsan." Äußerst seltsame Gerüchte sind im Umlauf, so z. B. sollen die Rebellen mir zweitausend Pfund geschenkt haben, damit ich Quinsan in Ruhe lasse. Alle Mandarine hatten davon gehört, und wenn sie es glaubten, so mußte es sie wunder nehmen, daß wir trotzdem vor Quinsan erschienen. Bu Wang und zehn andere Wangs ertranken auf dem Rückzug; jener war Befehlshaber von Soochow und schrieb einen großthuenden Brief an General Staveley, wir wären nur ein Krämervolk, und er habe Soldaten wie Sand am Meer. Ich meinesteils hielt die Rebellen nie für so stark als man annahm; es sind nicht viel tüchtige Soldaten unter ihnen. Chung Wang, der Getreue, ist anderwärts beschäftigt und soll nicht beabsichtigen, wieder nach Soochow zurückzukehren. Die Einwohner von Soochow haben ihre Weiber und ihre Habe in die Wassergegend hinter die Stadt geflüchtet. Ich fürchte, die Wangs werden lange Gesichter machen, wenn sie dort auf unsere drei Dampfer stoßen, was ihnen leicht blühen kann.

Eine gründliche Kenntnis des Landes ist alles wert, und ich habe die Gegend genau studiert. Chanzu ist etwa vierzig Meilen von hier. Ich bin öfter dort gewesen; die Leute fühlen sich jetzt sicher dort seit Quinsan gefallen ist. Das Entsetzen der Rebellen über unsere Dampfer ist ein großes, besonders wenn Signal gepfiffen wird, das geht über ihren Verstand ... Wir haben mehrere ehemalige Diener des Yu Wang unter den Gefangenen, und ihre Berichte sind ergötzlich. Die Wangs hatten beschlossen, meinen Dampfer in die Luft zu sprengen, und erließen eine Proklamation, daß Pulver gelegt werde; sie vergaßen nur die Hauptsache, w i e es geschehen könnte — darüber hat allem nach nichts verlautet ...

Ich habe mehrere englische Offiziere, und wir begnügen uns mit der Montur, die wir auftreiben können; die Soldaten sind in hellen Lumpen ... Ja, es ist wie Du sagst, der Bezahlung wegen bin ich nicht hier. Ich halte es immer mehr für ein gutes Werk, den Aufstand zu unterdrücken, und Du würdest ebenso denken, könntest du es nur einmal mit ansehen, mit welch dankbarer Freude die Landleute ihre Freiheit hinnehmen; die Rebellen sind ihre Tyrannen ... Die Verlegung des Hauptquartiers war ein großes Stück Arbeit."

Gordon hatte nämlich beschlossen, Quinsan jetzt zum Mittelpunkt seines Unternehmens zu machen, und zwar ebensowohl der strategischen Lage wegen als mit Rücksicht auf den nicht minder wichtigen Vorteil, daß er sein Korps dort in strammerer Mannszucht würde halten können als in Sung-kiang, wo die Tradition von Ward und Burgevine noch nachwirkte. Seine Leute aber billigten den Beschluß keineswegs. In Sung-kiang konnten sie etwaige Beute besser los werden, während das Plünderungsverbot in Quinsan überhaupt so leicht nicht mehr umgangen werden konnte. Die Unbotmäßigkeit wuchs zur Meuterei. Die Artillerie weigerte sich anzutreten. Sie würden die Offiziere zusammenschießen, ließen sie Gordon schriftlich androhen. Dieser aber war ihnen gewachsen. Er rief sofort sämtliche Unteroffiziere heraus, indem er nicht zweifelte, daß unter diesen die Rädelsführer und Schreiber des frechen Schriftstücks sich befänden. Wer den Brief geschrieben, verlangte er zu wissen, und warum das Regiment sich dem ergangenen Befehl widersetze. Störriges Schweigen war die Antwort. Darauf erklärte Gordon mit ruhiger Bestimmtheit, er werde je den fünften Mann erschießen lassen, was mit wildem Murren aufgenommen wurde. Ein Korporal zeichnete sich hierbei besonders aus. Mit dem ihm eigenen Scharfblick erkannte Gordon hieran seinen Mann. Mit eigener Hand zog er den Korporal aus der Reihe und ließ ihn von zwei dabeistehenden Infanteriesoldaten ohne weiteres erschießen. Die andern erhielten eine Stunde Arrest mit der Erklärung, daß wenn alsdann der Antritt nicht erfolge, und der Verfasser des Briefes nicht genannt würde, je der fünfte Mann unter ihnen erschossen werden sollte. Das wirkte; das Regiment trat an, und als Gordon die verlangte Mitteilung erhielt, ergab sichs, daß der Rädelsführer eben jener Korporal war, dem er die verdiente Strafe hatte werden lassen.

Die Einnahme von Soochow war das nächste Ziel, aber erst im Dezember wurde es erreicht. Quinsan war im Mai gefallen.

Die Pagodenstadt Soochow liegt am großen Kanal und ist von Wasserwegen umgeben. Gordon beschloß, sie allmählich zu isolieren, indem er zu Wasser von allen Seiten näher rückte. Etwa zehn Meilen südlich von Soochow liegt Kahpu am Taihosee, wo die Rebellen zwei starke Forts innehatten, nicht weit davon die Stadt Wokong. Als Schlüssel zu dem etwa fünfzig Quadratmeilen großen Taihosee waren beide Orte von Wichtigkeit, außerdem beherrschten sie die Verbindung zwischen Soochow und den Taipingstädten im Süden. Dahin richtete Gordon deshalb seinen ersten Angriff, und eroberte beide Orte mit etwa zweitausendzweihundert Mann Infanterie und Artillerie, sowie mit Hilfe zweier Kriegsboote, der „Feuerfliege“ und dem „Heimchen“. Auch hier zeigte es sich wieder, daß rasche Bewegung Gordons Stärke war; so gab es z. B. einen ordentlichen Wettlauf nach einer Verschanzung außerhalb Wokongs, welche die Rebellen vergessen hatten zu besetzen. Als sie merkten, daß der Feind sich seine Gelegenheit ersah, wollten sie das Versäumte geschwind noch nachholen und machten sich kopfüber auf den Weg. Zwei Regimenter Gordons aber waren hinter ihnen her, so daß die Taipings eigentlich nur sozusagen zu einer Thür hinein und zur andern wieder hinausgejagt wurden, den Siegreichen den Posten überlassend.

Viertausend Rebellen kapitulierten; fünfzehnhundert derselben sollte Ching unter seine Kaiserlichen aufnehmen, nachdem er sein Wort gegeben hatte, sie gut zu behandeln. Es dauerte aber nicht lange, da hörte Gordon, Ching habe trotz seinem Versprechen etliche derselben enthauptet, eine Wortbrüchigkeit, welche Gordons ganzen Zorn herausforderte. Überdies war er unzufrieden, weil der Sold seiner Truppen seit einiger Zeit im Rückstande war. Er hatte ihnen das Plündern verwehrt mit dem Versprechen einer regelmäßigen Löhnung; nun entbehrten sie beides, und allgemeines Murren wurde laut. Es ist bezeichnend, daß nach der Einnahme von Quinsan, einer Affaire, welche europäische Truppen mit flammender Begeisterung erfüllt hätte, die Siegreichen in ziemlicher Anzahl desertierten. Auch hierin liegt ein Grund, warum Gordon nicht anders konnte, als Taiping-Überläufer zu Rekruten zu machen! Durch Chings zwecklose Grausamkeit wurde das Maß seines Unmuts voll; er beschloß sein Kommando niederzulegen, und ritt in dieser Absicht nach Shanghai. Als er am dritten August dort ankam, fand er indessen eine Nachricht vor, die ihn alsbald umstimmte.

Burgevine mit etwa dreihundert Mann europäischen Pöbels und einem kleinen Dampfer hatte eben die Stadt verlassen, um sich den Rebellen anzuschließen. Burgevine ein Wang! das war allerdings eine Neuigkeit, die den Leuten von Shanghai nicht ganz einerlei war, und Gordon sah, daß er der kaiserlichen Sache nicht den Rücken wenden durfte, wenn er es nicht riskieren wollte, daß die „stets siegreiche Armee“ sich ihrem alten Anführer zuwenden und mit ihm zu den Taipings übergehen sollte.

Gordon kehrte alsbald nach Quinsan zurück, und ernste Gedanken mochten ihn auf seinem einsamen Ritte begleiten. Wie viel hing von der Stimmung seines Korps ab! Die Leute konnten es nicht vergessen haben, wie Burgevine seiner Zeit den kaiserlichen Zahlmeister prügelte, weil er im Rückstande war, und wie er nie Anstand nahm selbst Tempelraub zu begehen, wenn sichs darum handelte, die Siegreichen zu löhnen. Kein Wunder, daß Gordon bei seiner Rückkehr großer Aufregung begegnete; seine Macht über die Geister machte sich aber auch jetzt wieder geltend. Er schickte sich alsbald an, seine Position bei Kahpu zu verstärken, und nicht zu früh, denn die mutig gewordenen Taipings machten einen Überfall, wurden aber zurückgeschlagen; doch verlor Gordon ein Kanonenboot. Burgevine war übrigens nicht bei diesem Angriff; es hieß, er organisiere eine Fremdenlegion in Soochow. Gordon hielt sich fürs nächste auf der Defensive. Er schrieb um diese Zeit nach Hause:

„Daß Burgevine sich den Rebellen angeschlossen hat, wird den Aufstand ohne Zweifel verlängern, der sonst, nach menschlichem Ermessen, wohl noch in diesem Jahr unterdrückt worden wäre, oder doch spätestens im Laufe des Winters. Ich habe zu wenig Leute, um überall sein zu können, auch ist bei der gegenwärtigen Sachlage doppelte Vorsicht nötig. Die Kaiserlichen leiden an der Einbildung, daß sie die Rebellen im offenen Felde schlagen können, was nicht der Fall ist . . . Man sucht mich zu überreden, alsbald die Offensive zu ergreifen, allein das Leben der Leute ist mir anvertraut, und ich will nichts thun, was ich von vornherein für tollkühn halten muß. So weit sind wir gut weggekommen, wir hatten in all diesen Gefechten nicht mehr als dreißig bis vierzig Tote bei sechzig bis achtzig Verwundeten. Es wäre wohl ein Unternehmen, um von sich reden zu machen, wenn ich Soochow eroberte ohne Verstärkung abzuwarten; aber ich will nichts derartiges riskieren. Wokong ist unser, damit ist schon viel gewonnen, und wenn ich durch die Einnahme von Wusieh Soochow von aller Verbindung abschneiden kann, wird es wohl nicht nötig sein, die

Stadt zu stürmen. Ich denke, die Taipings werden sie von selbst räumen. Burgevine ist ein Thor und sieht nicht, was für Elend er übers Land bringt . . . ."

Unterm 11. September heißt es weiter:

„Burgevines kleiner Dolmetscher ist zu uns übergelaufen und sagt, daß sein Herr den Wangs allerlei von uns erzähle, was sie höchlich interessiere. Er sei in guter Gesundheit, aber träge. Seine Anhänger sind größtenteils Gesindel aus Shanghai . . . . Die Gegenwart von Europäern (in China ist diese Bezeichnung ein Kollektivname, der auch Amerikaner in sich schließt) hat die Rebellen in nichts gebessert; sie sengen und brennen nach wie vor, wo und was sie können, und wir haben eine Menge ausgehungerter Leute hier . . . ."

Unterm 25. September schreibt er aus dem Lager bei Soochow:

„Ich habe nun Stellung genommen, um die Kaiserlichen zu decken, die sich in einer Entfernung von etwa fünftausend Fuß vor Soochow verschanzt haben . . . Burgevine ist in Shanghai gewesen — nämlich um sich Munition zu verschaffen, bei welch tollkühnem Unterfangen er beinahe in Gefangenschaft geriet."

Am 30. September konnte Gordon bereits von Erfolg berichten:

„Da die Kaiserlichen durch die Patachower Schanzen gehindert waren, so beschloß ich, dieselben einzunehmen. Die Verteidigung war schwach, und unser Verlust bei der Erstürmung ein kaum nennenswerter — fünf Verwundete . . . . Bei Patachow ist eine merkwürdige Brücke, sie besteht aus dreiundfünfzig Bogen und ist dreihundert Fuß lang. Ich bedaure sagen zu müssen, daß sechsundzwanzig der Bogen gestern zusammenfielen wie ein Kartenspiel, wobei zwei meiner Leute ums Leben kamen, zehn andere retteten sich nur durch schleunige Flucht. Die Bogen stürzten einer nach dem andern mit kolossalem Lärm zusammen, und mein Boot wurde schier mit zertrümmert. Es ist mir sehr leid, denn die Brücke war einzig in ihrer Art und sehr alt, eine wahre Sehenswürdigkeit. Ich fürchte, ich bin am Einsturz schuld; ich wollte nämlich einen Bogen wegnehmen lassen, um Raum für den Durchgang eines Dampfers nach dem Taihosee zu gewinnen, da brach die ganze Geschichte zusammen, weil ein Bogen vom andern getragen war . . . Die Lage der Rebellen wird immer schlimmer; ich denke, es wird nicht lange mehr dauern, bis ich den Fall von Soochow melden kann.

Wir sind hier etwa zwei Meilen davon entfernt, am großen Kanal. Die Dampfer legen den Taipings doch das Handwerk bedeutend.

Was den Sturz der Brücke betrifft, so muß Gordons Bericht einigermaßen ergänzt werden. Er saß eines Abends allein auf der Brüstung jener Brücke und rauchte seine Cigarre, als zwei Kugeln nach einander neben ihm auf den Stein schlugen und abprallten. Diese Flintenschüsse, die ganz „zufällige" waren, kamen aus seinem eigenen Lager, wo man nicht wußte, daß er sich gerade daselbst aufhielt. Nach dem zweiten Schuß erhob er sich und schickte sich an, zurückzurudern, um zu sehen was es gäbe. Er war noch keinen Steinwurf von der Stelle entfernt, als der Teil der Brücke, auf dem er gesessen, mit großem Gekrach einstürzte und sein Boot in nicht geringe Gefahr brachte. Die Hauptgefahr, der er soeben entronnen, war natürlich die gewesen, selbst mit der Brücke zu stürzen. Es ist charakteristisch, daß er die Sache in seinem Briefe mit keinem Wort erwähnt! Diese Begebenheit ist eines jener Ereignisse, die seine Leute auf den Glauben brachten, sein Leben sei gefeit.

Dieser Glaube hatte bei seinen Chinesen in der That tiefe Wurzel gefaßt. In keinem Gefecht sah man ihn selbst Waffen tragen, obschon er es meist nötig fand, den Angriff persönlich zu leiten. Seine Offiziere waren ja im ganzen sehr tapfere Leute, aber nicht immer dazu angethan, dem verzweifelten Feind stand zu halten. Bei solchen Gelegenheiten konnte man Gordon oft sehen, wie er diesen oder jenen Offizier ruhig am Arm nahm und ihn mit sich in den dicksten Kugelregen führte. Er kannte keine Furcht; ihm galt ein Musketenfeuer nicht mehr als ein Hagelwetter. Die einzige „Waffe", die er im Treffen führte, war sein kleines spanisches Rohr, womit er die Leute dirigirte; seine Soldaten aber, die ihn fast nur als Sieger kannten, und ihn mit Staunen immer kaltblütig und unversehrt sahen, meinten, es habe mit dem Röhrchen eine besondere Bewandtnis. Als „Gordons Zauberstab" stand dasselbe denn auch in glänzendem Rufe. Dem Leser, der Verständnis hat für den chinesischen Charakter, ja für das was allerorten die Masse glaubt, wird es erklärlich sein, daß der gute Glaube, der in des Feldherrn Kommandostab ein geheimnisvolles Schutz- und Siegesmittel erblickte, nicht wenig dazu beitrug, den Namen der „stets siegreichen Armee“ zu erhalten und zu erklären.

Die in der Festung eingeschlossenen Europäer fanden sich mittlerweile unter der Herrschaft der Taipings aufs gründlichste enttäuscht, und Unterhandlungen mit Gordons Europäern waren alsbald im Gange; Gordon selbst war nach einiger Zeit willens, mit Burgevine zu verhandeln. Eine Brücke bei Patachow war der neutrale Boden der Zusammenkünfte.

Jener Burgevine war ein amerikanischer Abenteurer vom reinsten Wasser; sein Vater war ein französischer Offizier aus der Zeit des ersten Napoleon, der Sohn ist in Nord-Karolina geboren. Er war nicht ohne Bildung, und der Traum seines Lebens scheint der gewesen zu sein, ein Kaiserreich zu gründen. Kalifornien, Australien, die Sandwichsinseln, Indien und schließlich China waren der Schauplatz seines rastlosen Lebens. Trunksucht soll ihn schließlich zu Grunde gerichtet haben. Seine Entlassung aus dem Sung-kiang-Korps hatte er nicht verwinden können, und er wandte sich den Taipings nur darum zu, um sich an den Kaiserlichen zu rächen. In seiner ersten Unterredung mit Gordon erklärte er, er sei der Rebellen überdrüssig und wolle sie mit seinem Anhang wieder verlassen, wenn er die Gewißheit erhalten könne, daß die Kaiserlichen ihn für seinen Verrat nicht zur Verantwortung ziehen würden. Gordon übernahm es, die Bürgschaft zu leisten, und war alsbald bereit, sowohl Burgevine als andere Europäer, die dazu Lust hätten, unter seiner Fahne dienen zu lassen. Als aber Gordon und Burgevine das zweitemal zusammenkamen, gab der letztere seine wahre Gesinnung kund. Er und Gordon könnten gemeinschaftliche Sache machen, meinte er, mit einander der Stadt Soochow habhaft werden, unter Ausschluß beider, der Rebellen und der Kaiserlichen, sich der in dieser Stadt aufgehäuften Schätze versichern, eine größere Armee heranbilden, nach Peking marschieren und das von den Amerikaner längst geträumte Kaiserreich gründen. Wer diesem Zusammensein anwohnte, dem muß es ein hoher Genuß gewesen sein, Gordons Blick bei der Kenntnisnahme dieser verlockenden Aussicht zu beobachten.

Übrigens desertierten die Europäer in der Stadt einige Wochen später massenweise, und zwar mit Gordons Hilfe. So groß war ihr Vertrauen zu dem feindlichen Landsmann, daß sie ihm sagen ließen, sie gedächten einen Ausfall zu machen, mit der Absicht, sich seinem Schutz zu ergeben. Auf ein Raketensignal hin wollten sie den Dampfer Hyson entern. Dies geschah denn auch mit solchem Eklat, daß Tausende von Taipings hinter ihnen herstürmten, in der Meinung, es handle sich um einen wirklichen Überfall; der Hyson aber trug die Flüchtlinge davon, deren Abschiedsgrüße der Zweiunddreißig-Pfünder energisch vermittelte. Burgevine mit etlichen andern war indessen zurückgeblieben; der Moh Wang habe Verdacht geschöpft, hieß es, weshalb sie die Sache beschleunigt hätten, ohne auf die Säumigen zu warten.

Die Mehrzahl dieser Überläufer waren Matrosen, die nach Soochow gelockt worden waren, ohne zu wissen, wohin sie gingen. Ausgehungert und zerlumpt wie sie waren, wußten sie ihrer Dankbarkeit kein Ende, und fast alle ohne Ausnahme baten um die Erlaubnis, dieselbe dadurch mit der That beweisen zu dürfen, daß sie sich der siegreichen Armee einreihen ließen. Gordon aber, sobald er hörte, daß Burgevine in der Stadt zurückgeblieben und somit der Rache der Taipings hilflos überlassen war, richtete folgende Zuschrift an die beiden Haupt-Wangs der Belagerten:

„Patachower Schanzen, den 16. Oktober 1863.

An die Excellenzen Chung Wang und Moh Wang!

Ew. Excellenzen!

Es kann Ihnen nicht verborgen geblieben sein, daß ich bei jeder Gelegenheit, wo es in meiner Macht stand, Ihren in unsere Gefangenschaft geratenen Soldaten Barmherzigkeit erwiesen habe, und es mir habe angelegen sein lassen, die kaiserlichen Behörden vor Grausamkeiten zurückzuhalten. Die Wahrheit dieser meiner Aussage kann Ihnen von solchen, die persönliche Erfahrung haben, bestätigt werden; denn mancher von Ihren Soldaten muß, nachdem Wokong in unsere Hände gefallen war, wieder nach Soochow zurückgekehrt sein, ich habe es wenigstens keinem verwehrt, der es wünschte.

Hierauf Bezug nehmend erlaube ich mir Ew. Excellenzen zu ersuchen, die Lage der Europäer in Ihren Diensten wohlwollend zu beurteilen. Ein Soldat, er mag kämpfen für wen er will, muß von loyalen Gedanken getragen werden, wenn er seine Pflicht thun soll. Und wenn einer gegen seinen Willen zu irgend einer Fahne gezwungen wird, so wird er nicht nur ein schlechter Soldat sein, sondern außerdem auch ein Unruhstifter im Regiment, den man nur hüten muß. Sollten nun solche Europäer in Soochow sein, so erlaube ich mir, an Ew. Excellenzen die Frage zu richten, ob es nicht viel besser wäre, solche unbehindert ihren Weg gehen zu lassen, ihres Dienstes ledig, wenn das ihr Wunsch ist. Sie selbst würden damit einer ständigen Ursache des Argwohns los werden und sich die Billigung fremder Mächte erwerben; während Sie außerdem die Gewißheit hätten, daß Ihnen nur von außen ein Feind droht und nicht auch im eigenen Lager. Ew. Excellenzen denken vielleicht, daß durch ein paar Hinrichtungen innere Ruhe bald hergestellt wäre; Sie würden dann aber ein Verbrechen auf sich laden, das sich früher oder später rächen müßte. Bei meinen Truppen steht es den Offizieren wie den Gemeinen frei, zu kommen und zu gehen wie es ihnen beliebt; und obschon das manchmal unbequem ist, so bin ich doch andererseits dadurch vor innerem Verrat sicher. Ew. Excellenzen wollen sich darauf verlassen, daß Sie es zu bereuen haben werden, wenn Sie den in Ihrem Dienst sich befindenden Europäern ans Leben gehen oder sie wider ihren Willen zurückhalten. Dieselben haben nichts verbrochen, sie haben Ihnen im Gegenteil eine Zeitlang gedient; und wenn sie nun zu entfliehen suchen, so ist das nichts anderes als was jeder Mensch, ja jedes Thier in mißlicher Lage zu thun strebt .... Persönlichen Vorteil habe ich durchaus keinen dabei, ob die betreffenden in der Stadt zurückgehalten werden oder dieselbe verlassen. Wenn ich ihretwegen an Sie appelliere, so geschieht es lediglich aus Gründen der Humanität .... Daß diese Europäer mir Mitteilungen machen könnten, haben Ew. Excellenzen durchaus nicht zu fürchten; Ihre

Truppenstärke und Kriegsmittel sind mir längst bekannt, ich brauche mich daher nicht erst von ihnen instruieren zu lassen.

Sollte ich hinsichtlich dieser Männer vergeblich an Sie appellieren, so schicken Sie mir wenigstens die Verwundeten unter ihnen und glauben Sie, daß Sie damit eine That thun, die Sie nie bereuen werden.

Ich schreibe dies eigenhändig, da ich mich nicht auf einen dolmetschenden Schriftführer verlassen will. In der Hoffnung, daß Sie meine Bitte gewähren, schließe ich

Ew. Excellenzen gehorsamer Diener

C. G. Gordon.
Major-Kommandant."

Burgevine, der diese Teilnahme an seinem Schicksal durchaus nicht verdient hatte, wurde freigegeben und verschwand für immer. In einem Brief an die Seinen beschreibt Gordon die Sache und fährt fort:

„Moh Wang fragte den Boten reichlich aus, u. a. ob es möglich wäre, mich zu bestechen, und mußte sich mit einem Nein begnügen. „Wird Gordon die Stadt einnehmen?" „Jedenfalls", lautete die Antwort, und er schwieg nachdenklich. Ich höre, daß die Stadt in großer Verwirrung ist; es ist nicht sowohl die Flucht der Europäer, was die Taipings beunruhigt, als vielmehr das Bewußtsein, daß die Europäer die Sache für verloren halten. Burgevine soll gut behandelt werden; ich werde thun, was ich kann, ihn loszubringen, und dann, sobald sich einer findet, der meine Stelle einzunehmen im stande ist, werde ich mich zurückziehen ... an Ruhm und Ehren ist mir nicht gelegen ... Ich hoffe, daß die chinesische Regierung sich hinlänglich davon überzeugt hat, daß ich ehrlich an ihr gehandelt habe, und daß nicht alle Engländer von Geldgier beseelt sind. Daß sie diese Überzeugung in der That gewonnen haben, das glaube ich; wenigstens kommen sie mir mit vollem Vertrauen entgegen."

Während Gordon zu Burgevines Gunsten mit den Wangs unterhandelte, kam der Getreue mit einem starken Zuzug von Taipings von seiner westlichen Streiferei zurück, that aber vorläufig nichts, als sich in der Nähe zu postieren.

Die Tage von Soochow waren gezählt. Die Kaiserlichen hatten südwestlich um die Stadt her feste Stellungen inne, während Gordon mit seinem Belagerungstrain und vor allem mit dem Dampfer Hyson die nördliche und östliche Seite blockierte. Der Hyson erwies sich stets als vorzügliches Kampfmittel; bei einer Gelegenheit wurden dreizehnhundert Taipings gefangen genommen, und ebensoviel ertranken in blindem Fluchtversuch. Es waren aber seine kaiserlichen Verbündeten unter ihrem Anführer Ching, die durch ungeschickte Taktik Gordon immer wieder an der Ausführung eines umfassenden Planes hinderten. In Shanghai und anderwärts wurden Stimmen laut, daß wenn Gordon nicht den Gesamtoberbefehl erhalte, man das Fallen von Soochow nie erleben würde. Aber nicht nur hat Gordon diesen Oberbefehl nie erhalten, sondern sein eignes Korps geriet wieder an den Rand der Meuterei und war außerdem von Krankheit heimgesucht. Aber Gordon hatte in sich die Kraft eines Kriegsheeres.

Zwar zunächst wurden die Siegreichen mehrmals zurückgeworfen, einmal lediglich infolge einer zur unrechten Zeit geleisteten Hilfe. Bald aber kann Gordon wieder ein Gegenteil berichten.

> „Wir mußten die Rebellen aufs neue aus Wokong verjagen, sie hatten trotz ihrer neulichen gründlichen Niederlage daselbst die Kühnheit, diesen Ort abermals zu besetzen. Ich schickte einen Dampfer hin, und der Erfolg war ein exemplarischer Sieg, fast wie der bei Quinsan und auch aus ähnlicher Ursache. Die Rebellen waren nämlich genötigt, ihren Rückzug auf einer engen Straße zwischen dem großen Kanal und anderen Gewässern zu nehmen . . ."

Es war ein Weg, der oft lange Strecken nur drei bis vier Fuß breit war und dann und wann kamen enge Brücken, die nur ein bis zwei Mann auf einmal durchließen. Auf der ganzen Strecke des Rückzugs, zwölf Meilen lang, waren die Flüchtigen unter dem Feuer der Dampfer und hatten die verfolgenden Truppen hinter sich. Der Verlust für die Taipings war entsprechend.

Am 1. November wurde Fort Leeku erstürmt, etwa fünf Meilen nördlich von Soochow. Dabei ereignete sich folgendes. Einige Tage zuvor hatte Gordon zufällig einen beschriebenen Zettel gefunden. Er erkannte die Handschrift als die eines seiner Offiziere, Namens Perry, der offenbar einem Rebellenfreund in Shanghai über das Korps berichtete. Perry leugnete auch gar nicht, entschuldigte sich aber damit, daß seine Mitteilungen nicht aus böswilliger Absicht stammten, sondern nur vertraulicherweise einem Bekannten gelten sollten. „Gut," sagte Gordon, „ich nehme Sie für diesmal bei Ihrem Wort und erwarte von Ihnen, daß Sie beim nächsten ‚hoffnungslosen' Gefecht vorne dran sind." Er selbst vergaß den Fall alsbald wieder, aber nach wenigen Tagen waren beide nebeneinander vorne dran beim Erstürmen einer Verschanzung. Eine Kugel traf Perry in den Mund, Gordon fing ihn in seinen Armen auf — er war tot.

> „Wir eroberten Leeku im Sturmlauf," berichtet Gordon. „Lieutenant Perry ist leider gefallen, er war ein guter Offizier. Sonst nur drei Verwundete. Die Rebellen hielten tapfer Stand: hatten vierzig bis sechzig Tote; wir machten sechzig Gefangene, eroberten drei Kanonenboote und etwa vierzig andere Boote."

Zehn Tage später wurde ein anderer Ort Namens Wanti angegriffen, der so mit Erdwällen verschanzt war, daß das Beschießen kaum einen Eindruck machte; als Gordon aber den Ort eingeschlossen hatte, stürzten die Taipings wie toll daraus hervor, es gab ein hitziges Handgemenge, und nach einer Stunde war Wanti erobert. Gordon hatte zwanzig Tote, darunter einen Offizier; die Rebellen dreihundertfünfzig — sie waren nämlich unter das Feuer der Artillerie geraten — und außerdem gabs sechshundert Gefangene. Bei diesem Angriff auf Wanti kämpften in den Reihen der Siegreichen eine Anzahl der nur zehn Tage zuvor bei Leeku überwältigten Taipings und schlugen sich gut.

So wurde ein immer engerer Kreis um Soochow gezogen. Die Wangs fingen offenbar an mutlos zu werden.

„Uneinigkeit unter den Belagerten kann die Übergabe herbeiführen", schreibt Gordon; „sie haben nichts mehr als für zwei Monate Reis . . . Mouding am großen Kanal beabsichtige ich zunächst durch zwei Dampfer angreifen zu lassen; es ist nur vier Meilen von hier und die Rebellen dort haben gar keine andere Wahl als sich zu ergeben. Die Kaiserlichen reden davon, ihnen Garantie anzubieten, daß ihnen das Leben geschenkt werde; die meisten wären ohne weiteres damit einverstanden!"

Wir werden bald sehen, was es mit derartigen Versprechen kaiserlicherseits auf sich hatte, und daß auch in China ein Treubruch Böses nach sich zieht.

Drittes Kapitel.

Der Fall von Soochow und der Mord der Könige.

Die Belagerung war vollständig; an vierzehntausend Mann umschlossen die Stadt, von denen drei- bis viertausend unter Gordons Befehl waren. Außerdem waren noch etwa fünfundzwanzigtausend Mann kaiserliche Truppen in der Nähe unter Chings Oberbefehl; Fushan war ihr Centrum. Die Taipings zählten vierzigtausend in der belagerten Stadt, zwanzigtausend in Wusieh und weitere achtzehntausend zu Mahtanchiao, wo Chung Wang, der Getreue, den großen Kanal beherrschte.

Gordon wußte all dies, aber er wußte auch, daß der Getreue nur auf die Gefahr hin näher rücken konnte, Nanking bloßzustellen und Hangchow preiszugeben. Chung selbst war sich darüber klar, daß Nanking hart bedrängt war, und daß der Fall der Hauptstadt dem großen Frieden den Todesstoß versetzen würde. Die Außenwerke von Nanking waren zum Teil schon in Feindeshand. Gordon wußte dies, denn die Kaiserlichen hatten eine Staffette abgefangen; und er beschloß Soochow auf der Nordseite zu stürmen. Der Angriff geschah nachts, mißlang aber, denn die innere Reihe der Außenwerke war stark befestigt und wohl bemannt. Die Angreifenden trugen weiße Turbane, um sich nächtlicherweile untereinander zu erkennen. Es schien zuerst als ob der Überfall gelingen sollte. Gordon an der Spitze seiner Vorlinien hatte den Wall schon erstiegen, aber ein mächtiges Feuer der plötzlich in Masse erscheinenden Taipings hinderte seine Unterstützungskolonnen am Vordringen, und so mußte auch er wieder zurückweichen. Ein Kampf bei Nacht mochte den Rebellen übrigens nicht behagen; wirklichen Mut schien nur noch der Moh Wang zu haben, der sich wie ein Löwe in den vordersten Reihen wehrte, ohne Schuhe und ohne Strümpfe mitten unter den Gemeinen kämpfend. Zwanzig Europäer hielten sich zu ihm.

Am andern Morgen hatte General Ching eine Unterredung mit dem Taiping Kong Wang und erfuhr von diesem, daß unter den Wangs in Soochow große Uneinigkeit herrsche; außer dem Moh Wang und fünfunddreißig zu ihm haltenden Unterbefehlshabern, wären die Anführer bereit, mit dreißigtausend Mann zu kapitulieren. Denn trotz der zurückgeworfenen Nacht-Attaque wüßten die Wangs nur zu gut, daß Soochow fallen müsse; sie schlügen daher vor, daß Gordon, um ihnen einen gewissen Schein zu retten, einen zweiten Angriff aufs Ostthor mache, wobei sie dem Moh Wang den Rückweg in die Stadt abzuschneiden gedächten, um dann ihrerseits mit dem Feind zu unterhandeln.

Am 29. November schoß Gordons Artillerie die Pallisadenverschanzung zusammen, und der Angriff erfolgte. Es war eine heiße Arbeit. Gräben voll Wasser mußten durchschwommen und Wälle erstiegen werden. Der Getreue selbst war von Wusieh her zu Hilfe gekommen und verteidigte die Stadt. Da ereignete es sich, daß Gordon, der mit einer Handvoll Leute ungestüm vordrang, plötzlich einen Haufen Taipings im Rücken hatte und so von den Seinen abgeschnitten war. Zurück konnte er nicht, wollte es auch nicht, also vorwärts! Er eroberte eine Redoute und hielt sich, bis Verstärkung sich zu ihm durchschlagen konnte. Die errungene Position, die er fast allein gewonnen, kam einem vollständigen Siege gleich, aber er war teuer erkauft. Neun Offiziere, meist Engländer, waren gefallen, fünfzig Gemeine, und es gab viele Verwundete. Aber am folgenden Tag konnte er eine Proklamation an seine Leute erlassen des Inhaltes, daß Soochow faktisch erobert sei.

Es dauerte nicht lange, so hatten Gordon und Ching eine Zusammenkunft mit den Wangs. Immer noch besorgt, sich den Schein zu wahren, schlugen diese jetzt vor, daß ein Angriff auf die Stadt selbst geschähe, wobei sie versprachen, sich nicht bei der Abwehr zu beteiligen, vorausgesetzt, daß die Kaiserlichen ihnen bei der Einnahme die persönliche Sicherheit garantierten. Selbst unter solchen Umständen war der Angriff mit Schwierigkeiten verbunden; die Stürmenden konnten nicht viel über fünftausend Mann beibringen, ein breiter Graben umgab die Stadt, und vom Ostthore hin zog sich eine unabsehbare Reihe von Schanzen. Als der Na Wang Gordon vorschlug, die Stadt im Sturm zu nehmen, erklärte dieser daher rundweg, daß es dann unmöglich sein würde, den Soldaten das Plündern und Brennen zu verbieten, und fügte hinzu, wenn es den Wangs wirklich ernst sei mit ihren Vorschlägen, sie ihre Aufrichtigkeit damit bekunden sollten, daß sie dem Feinde ein Thor überließen; wollten sie das nicht, so sollten sie die Stadt entweder räumen, oder um den Besitz fortkämpfen, so lange sie sich würden halten können. Daraufhin erklärten sie sich bereit, die Übergabe der Stadt durch Überlassen eines der Thore ins Werk zu setzen; und während General Ching die Unterhandlungen zu Ende führte, machte Gordon sich alsbald auf den Weg, um beim Gouverneur die Sicherheit der Besatzung zu beantragen.

Übrigens war die Übergabe noch nicht vollzogen. Als der tapfere Moh Wang erfuhr, was seine Mitwangs im Schild führten, erfaßte ihn ein gewaltiger Ingrimm, und er versammelte sie alsbald um sich zum Kriegsrat. Er war der Oberbefehlshaber der Stadt. Es mag eine seltsame Scene gewesen sein, den Pseudo-Friedlichen entsprechend, als nach der festlichen Mahlzeit und dem obligatorischen Gottesdienst diese Würdenträger mit ihren Kronen und Königsgewändern sich im Halbkreis um den Moh Wang scharten, der präsidierte. Es kam alsbald zum hitzigen Wortwechsel. „Übergabe!"

schrien die Wangs durcheinander. „Wir halten Soochow bis zum letzten Mann!“ entschied der Moh Wang. Da fuhr der Kong Wang auf, den Königsmantel von sich werfend, und stieß seinen Dolch dem Moh Wang neunmal in den Rücken. Miteinander trugen sie den Gemordeten hinaus und zerstückelten seinen Leichnam. Gordon erfuhr diese Mordthat, als er eben von seinem Liebesritt zurückkehrte und das Versprechen von Li mitbrachte, dem Moh Wang und seinen Gefährten solle kein Leids geschehen. Er hatte den Moh Wang um seiner mannhaften Tapferkeit willen hochgeschätzt.

In jener Nacht ergab sich Soochow.

Um wenigstens so viel an ihm lag die Plünderung zu verhüten, zog Gordon sein Korps auf einige Entfernung von der Stadt zurück, verlangte aber in Anerkennung der durchweg geleisteten Bravour doppelte Löhnung für die Truppen auf zwei Monate. Allein Li handelte die Belohnung auf einen Monat herunter, was die Soldaten so verdroß, daß ihr unzufriedenes Gemurre fast in offene Menterei überging. Ein paar Stunden Plünderung wäre ihnen lieber gewesen als alle Löhnung. Gordon konnte sich nur damit helfen, daß er seine Siegreichen nach Quinsan zurück marschieren ließ.

Was die nun folgenden Ereignisse betrifft, so mochte Gordon füglich erwarten, daß er eine Stimme im Rat habe, besonders rücksichtlich des Schicksals der Wangs. Ohne ihn und seine Leute hätten dieselben noch lange stand gehalten; und er, der sein eignes Leben nie der Gefahr entzog, dessen Todesverachtung die Armee mit Siegesmut erfüllte, mochte wohl denken, daß er vor allen das Recht habe, dem überwundenen Feind das Leben zu schenken. Li und Ching wußten auch recht wohl, daß eine menschliche Behandlung der Überwundenen nach europäischen, respektive christlichen Grundsätzen beobachtet werden müsse, wo Gordon mitzureden hatte. Li hatte es diesem bestimmt zugesagt, daß Gnade vor Recht ergehen solle, hatte ihm sozusagen das Leben der Wangs geschenkt. Wie wurde aber dieses Versprechen gehalten!

Von Quinsan zurückkehrend, betrat Gordon, nichts ahnend, zum erstenmal die gefallene Stadt, von seinem jungen Dolmetscher begleitet. Er begab sich nach des Na Wang Wohnung. Dort fand er sämtliche Wangs im Begriff aufzusitzen. Li erwarte sie außerhalb der Stadt, um die Schlüssel der Thore von ihnen entgegenzunehmen. Es sei alles in Ordnung, versicherte Na Wang, und darauf hin sah Gordon sie ruhig ziehen, um so mehr als Ching ihn erst kürzlich versichert hatte, der Gouverneur habe eine allgemeine Amnestie erlassen. In aller Gemütsruhe schlenderte Gordon durch die Stadt, sorgte für des Moh Wang Begräbnis und erreichte nach einiger Zeit das Ostthor, wo ein Haufen Kaiserlicher ihm lärmend entgegen kam. Er blieb stehen und forderte die Soldaten zu ruhigerem Benehmen auf, damit sie die Einwohner nicht unnötig alarmierten. Während er noch redete, betrat der General Ching selbst die Stadt und erblaßte, als er Gordon sah. Dieser erkundigte sich alsbald nach den Wangs, die der Zeit nach längst von ihrer Audienz zurück sein mußten, worauf Ching etwas her stotterte und sich in Ausreden verwirrte. Da schöpfte Gordon Verdacht und kehrte eiligst nach des Na Wang Hause zurück. Er fand es zerstört; die Plünderung hatte begonnen. Ein Oheim des Na Wang, der ratlos umherlief, bat ihn inständig, mit ihm in seine Wohnung zu gehen um ihm behilflich zu sein, die Frauen des Na Wang in Sicherheit zu bringen. Er zögerte einen Augenblick, waffenlos wie er war, allein das Weibervolk erbarmte ihn; er beschloß der Bitte Folge zu leisten und alsdann mit Hilfe seiner Leute dem Plündern der Kaiserlichen wo möglich zu steuern.

Man sollte denken, daß Li den heldenmütigen Gordon, dem er so viel verdankte, wenigstens hätte warnen lassen, die Stadt zu betreten; aber davon war keine Rede. So hatte sich Gordon in der That unwissentlich als Geisel gestellt, während der treubrüchige Futai die Wangs draußen enthaupten ließ. Die lärmenden Kaiserlichen, denen er begegnete, kamen gerade von der Hinrichtung, der

Ching selbst beigewohnt hatte. Gordons Lage war um so bedenklicher, als er sich in völliger Unwissenheit befand. Hätten die Taipings, die alsbald zu Tausenden das Haus umstellten, mehr gewußt als er, er wäre nicht lebendig aus ihren Händen gekommen. So aber betrachteten sie ihn als Geisel, bis sie ihre Anführer wieder sähen. Bis zum folgenden Morgen befand er sich völlig hilflos unter den Taipings, die von der vertragswidrigen Plünderung wohl auf Schlimmeres schließen mochten; aber es geschah ihm kein Leid. Wer weiß, ob die Leute nicht halb unbewußt in ihm den festen Mann erkannten, der ihnen Treue halten würde, wenn alle anderen sie brächen. Jedenfalls hat wohl selten ein Heerführer inmitten seiner geschlagenen Feinde dem Tod näher ins Auge geschaut als er; allein über Gordon wachte sein Herr, dem er diente, und der ihn für anderes aufbewahrte.

Am Morgen in der Frühe brachte er die Taipings dazu, es ihm zu gestatten, seinen Dolmetscher mit einem Brief an sein Boot zu entsenden, das vor dem Südthor vor Anker lag. Nichts charakterisiert unseren Helden besser als die Thatsache, daß das Schreiben auch nicht ein Wort über seine eigene Lage enthielt, wohl aber den peremtorischen Befehl an den Kapitän seiner Flottille, den Gouverneur Li gefangen zu nehmen und ihn festzuhalten, bis die Wangs in Sicherheit wären. Es war dies im Plan ein prächtiger Streich, aber er mißlang. Der Taipingführer, der den Dolmetscher begleitete, kam allein mit der Nachricht zurück, die Kaiserlichen hätten dem Jungen den Brief abgenommen und denselben zerrissen. Darauf hin gestatteten die Taipings ihrem Gefangenen, sich selbst auf den Weg zu machen. Unterwegs wurde auch er von Kaiserlichen überfallen, die ihn wohl nicht kannten, aber es gelang ihm von ihnen loszukommen und das Ostthor zu erreichen, wo seine Leibwache kampierte. Diese entsandte er sofort zum Schutze der Taipings, die ihn die Nacht durch festgehalten hatten.

Es war immer noch sein Vorsatz, den Li gefangen zu nehmen.

Während er zu diesem Zweck auf seinen Dampfer wartete, stellte Ching sich zu einer Unterredung ein; aber Gordon weigerte ihm das Wort. Da schickte der General einen seiner Offiziere, aber diesem fehlte der Mut, dem entrüsteten Briten die Wahrheit zu sagen. Auf Gordons Frage nach den Wangs entgegnete er, er wisse nichts, doch sei des Na Wang junger Sohn in der Nähe, der werde wohl Bescheid geben können.

Und von dem Sohne eines der Gemordeten erfuhr denn Gordon endlich, daß bei Gelegenheit der Audienz die Hinrichtung stattgefunden hatte. Er ließ sich sofort übers Wasser rudern und fand die kopflosen Leichname der Wangs zerhackt und zerstückt.

„Ich fand sechs Leichen", schrieb er, „und erkannte des Na Wang Kopf."

Wohl selten in seinem Leben ist ihm etwas so nahe gegangen. Er vergoß Thränen vor Leid und Entrüstung, vor Scham und Zorn. Überdies erachtete er seine Ehre angegriffen durch die unmenschliche That. Er hatte den Wangs zwar nicht sein Wort gegeben — das konnte er nicht — aber er hatte von vornherein mit ihnen auf der Basis verhandelt, daß der Gouverneur sie anständig behandeln werde. Und die Plünderung der Stadt gegen seinen Willen und Wissen war eine weitere Kränkung. Seinem Mut und Kriegsgeschick wars in erster Linie zu verdanken, daß Soochow gefallen, und nun hatte man ihn einfach beiseite gesetzt, ja ihn selbst in nicht geringe Lebensgefahr gebracht. Diese ganz perfide Handlungsweise der Chinesen, für die er sich aufgeopfert, ergrimmte ihn so sehr, daß sein Zorn keine Grenzen kannte, und wohl zum erstenmal in der ganzen blutigen Kriegszeit nahm er eine Waffe zur Hand. Er steckte seinen Revolver zu sich, entschlossen, an des Gouverneurs eignem Leben Gericht zu üben, mochten die Folgen für ihn selbst sein, welche sie wollten. Ching aber war ihm zuvorgekommen und hatte den Futai wissen lassen, daß er wohl daran thun werde, dem zornmütigen Engländer aus dem Weg zu gehen. Als Gordon das Boot des Li bestieg, fand er daher, daß dieser sich in die Stadt geflüchtet hatte. Gordon verfolgte ihn dort und versuchte während mehrerer Tage vergeblich, zuerst allein und dann mit Hilfe seiner Garde, des flüchtigen Gouverneurs habhaft zu werden. In bitterm Mißmut kehrte er nach Quinsan zurück. Dort verlas er seinem versammelten Korps einen Bericht über das Geschehene mit dem Anfügen, daß ein britischer Offizier unter dem Gouverneur Li nicht länger dienen könne, es sei denn, daß der Futai von der Regierung zu Peking zur verdienten Strafe gezogen werde.

Von chinesischer Seite aber wurde der Treubruch möglichst glimpflich behandelt. Kein geringerer als Prinz Chung urteilte so darüber: „Hätte man sich nicht der ersten Gelegenheit versehen, die Wangs zu enthaupten, so wären die Kaiserlichen in der Stadt sicherlich niedergemetzelt worden. Die zahlreichen Streitkräfte dieser angeblichen Könige wären nach wie vor Rebellen geblieben, und ein weit größeres Blutbad hätte gedroht, den milden Willen des Himmels und der Erde kränkend, die sich am Leben freuen und der Zerstörung abhold sind."

Gordon schrieb an seine Angehörigen:

„Ihr werdet froh sein zu erfahren, daß wir wieder zu Quinsan im Quartier sind und es wohl so bald nicht wieder verlassen werden. Ich habe weder Zeit noch Lust, Euch von dem Kampf am Ostthor zu berichten, noch von dem kaiserlichen Verrat in Soochow — die Zeitungen werden genug darüber melden. Des Na Wang Sohn habe ich bei mir. Er ist ein gescheiter junger Mensch und sehr lebhaft, etwa achtzehnjährig. Sein armer Vater war ein recht guter Wang, besser als die meisten Kaiserlichen, mit denen ich noch zu thun hatte. Ich kann Euch nicht sagen, wie tief ich die neuesten Ereignisse beklage und zwar um verschiedener Ursachen willen. Hätte man dem Feind, der sich ergeben, Treue gehalten, so wäre es mit der Rebellion jetzt wohl zu Ende, und die anderen Städte, die noch aushalten, wären ohne Zweifel dem Beispiel Soochows gefolgt. Wir hätten uns dann rühmen können, den Aufruhr mit geringem, nicht zu umgehendem Blutvergießen unterdrückt zu haben. Wenn ich nicht mit dem Na Wang unterhandelt hätte, wäre die Übergabe wohl so bald nicht erfolgt, und ich halte jetzt all mein Bestreben für verlorne Mühe. Ich kann mich nur damit trösten, daß alles zum besten dienen muß! Unverständlich ist und bleibt mir die Handlungsweise des Futai; er kennt mich hinreichend um zu wissen, daß ein solches Verfahren mich aufbringen muß, und er handelte mit nicht geringem persönlichem Risiko, denn meine Truppen waren in der Nähe ...."

Während von Regierungs wegen eine Untersuchung eingeleitet wurde, verhielt sich Gordon völlig unthätig in seinem Quartier, — keine leichte Sache bei der Stimmung seines Korps. Li aber hatte sich weiß zu brennen gewußt; überhaupt wähnte man in Peking, das Hauptlob bei der Einnahme von Soochow gebühre ihm. Gordon hatte allerdings eine Position nach der andern, die er mit seinen Siegreichen eroberte, mit Kaiserlichen besetzt. In Anerkennung dieser Thatsache erhielt Li mit der „gelben Jacke" die höchste militärische Auszeichnung im himmlischen Reich. Doch erinnerte man sich auch des englischen Anführers. Ein kaiserlicher Erlaß bestimmte eine Medaille für den tapfern Tsung-Ping und außerdem ein Geschenk von zehntausend Taels, circa siebzigtausend Mark.

Diese Summe mit vielen andern Geschenken und der Versicherung der kaiserlichen Anerkennung wurde Gordon von Li übersandt, außerdem eine erhebliche Extralöhnung für seine Truppen und eine besondere Summe für die Verwundeten. Diese beiden letzten Beträge nahm Gordon an; die für ihn bestimmten Taels aber wies er mit Entrüstung zurück. Ja, als die buchstäblich mit Gold beladenen Schatzträger vor ihn traten, jagte er sie mit seinem spanischen Röhrchen davon. Wahrlich keine schönere That läßt sich von dem „Zauberstab" berichten. Die Chinesen wußten sich nicht zu lassen vor Verwunderung. Wo wars erhört, daß einer solche Schätze von sich wies, und wer durfte es wagen, den kaiserlichen Gesandten mit dem Stock zu begegnen! Dem Kaiser aber entsandte der uneigennützige Held folgendes Schreiben.

„Major Gordon nimmt Sr. Majestät des Kaisers huldvolle Billigung mit Befriedigung entgegen, aber er kann es nur aufrichtig bedauern, daß nach dem, was seit der Einnahme von Soochow vorgefallen ist, es nicht in seiner Macht steht, irgend welche Geschenke kaiserlicher Gnade anzunehmen. Er entbietet kaiserlicher Majestät seinen unterthänigsten Dank für die ihm zugedachte Belohnung, welche abzulehnen man ihm gnädigst verstatten wolle."

In einem Brief an die Seinen spricht er sich so aus:

„Um die Wahrheit zu sagen, begehre ich weder Lohn noch Ehre, weder von den Chinesen, noch von unserer Regierung. Auszeichnung habe ich nie gesucht. Ich habe das Bewußtsein, ein gutes Werk zu vollbringen, und fürs übrige gewährt mir mein Beruf an sich Befriedigung ... Ich würde die zehntausend Taels auch dann zurückgewiesen haben, wenn es mit Soochow anders gegangen wäre ... Ich weiß, daß Ihr Verständnis habt für meine Lage, die keine leichte ist, und daß meine Erfolge Euch freuen. Die Rebellen sind ein grausames Volk. Der Chung Wang hat zweitausend hilflose Menschen umbringen lassen, die nach der Ermordung der Wangs aus Soochow zu ihm flüchteten. Dem Futai habe ich übrigens einen Denkzettel angehängt, den er so bald nicht vergessen wird."

Viertes Kapitel.

Weitere Siege und das Ende der Rebellion.

Die Enthauptung der Wangs hatte Gordons Lage in der That zu einer schwierigen gemacht. Seinen Kriegs- und Siegeszug nach der Gewaltthat zu Ende führen, hieß den Treubruch seines Kollegen billigen, während andererseits seine bisherigen Erfolge nichts gelten würden, wenn er die Kaiserlichen und die Rebellen einander überließe. Im Korps der Siegreichen gab es durch das zeitweilige Einstellen des Kampfes bereits bedenkliche Unruhen. Sechzehn Offiziere hatten kassiert werden müssen, während den Taipings in den westlichen Distrikten offenbar der Mut wuchs. Gordon sah, daß der Zeitpunkt kein geeigneter war, mit seinen Gefühlen zu Rate zu gehen, und beschloß deshalb, dem Gouverneur behufs weiterer gemeinschaftlicher Arbeit die Hand der Versöhnung zu reichen.

In den Augen chinesischer Machthaber war die Hinrichtung der Wangs ein notwendiges Übel, und als Gordon bei ruhigerer Stimmung anhörte, was der Futai zu seiner Entschuldigung beibringen konnte, erschien ihm die That, wenn auch immerhin verabscheuungswürdig, doch minder ruchlos. Nach chinesischen Begriffen hätten die kapitulierenden Wangs sich nämlich alsbald wieder als Kaiserliche gerieren sollen; sie aber erschienen vor dem Gouverneur mit vollem Haarwuchs anstatt mit rasiertem Kopfe, sie kamen auch bewehrt, und ihre Haltung war die von Männern, die auch künftig noch zu herrschen gedachten. Das kam dem Futai unerwartet. Die Unterhandlungen aber aus diesem Grund abbrechen, war keineswegs thunlich, ohne eine Katastrophe herbeizuführen. General Ching, selbst ein Ex-Rebell, kannte seine Leute und hatte dem Li dringend zur Hinrichtung geraten. „Macht die Anführer unschädlich", sagte der, „und die Hunderttausende ihrer Anhänger gelten für nichts; so allein ist Ruhe und Ordnung wiederherzustellen. Waren die Greuelthaten zahllos, so sollte auch die Strafe eine exemplarische sein." Und so erfolgte die Hinrichtung. Gordon mußte sich fragen, ob er berechtigt wäre, ein Werk der Humanität, wie er es mit dem Kampf gegen die Rebellen einmal übernommen, um jener That willen preiszugeben. Er wußte, wie viel in seiner Hand lag; er kannte seine Söldner, die, obwohl ihm persönlich ergeben, doch als in erster Linie habsüchtige Mietlinge im stande gewesen wären, alsbald den Rebellen sich anzuschließen. Er wußte aber auch, daß er die Brandfackel der Rebellion wohl in sechs Monaten austreten könnte; und so beschloß er, das angefangene Werk zu vollenden.

Um aber ehrlich und aufrichtig seinen Weg gehen zu können, machte er sich auf den Weg zu Li, der sich in Soochow befand, und kam mit ihm überein, daß derselbe eine Proklamation erlassen sollte, die ihn von aller Teilnahme und Mitwissenschaft der Hinrichtung losspräche; alsdann wolle er den Kampf wieder aufnehmen, was übrigens nicht ohne einiges Hin- und Herschreiben zwischen dem englischen Bevollmächtigten und den chinesischen Behörden bewerkstelligt wurde.

In seinem Brief an den Botschafter spricht sich Gordon in einer Weise aus, die zu erkennen giebt, wie mannhaft er eine Verantwortlichkeit auf sich zu nehmen im stande war, nachdem er erst einmal mit sich eins geworden, daß er den rechten Weg eingeschlagen. Er sagt unter anderm:

„. . . . Ich weiß wohl, daß ich mich einem Tadel aussetze, allein in Ermangelung höherer Instruktionen und wohl wissend, daß die Regierung zu Peking den Futai unterstützt, habe ich mich entschlossen, es darauf ankommen zu lassen. Wenn ich meiner Neigung folgte, so würde ich das Kommando jetzt niederlegen. Ich bin aus allen Gefahren unverletzt hervorgegangen, und schöne Erfolge sind mein Lohn; aber das zusammengelaufene Volk, das unter dem Namen der „stets siegreichen Armee" bekannt ist, ist eine gefährliche Rotte, und ich halte es für meine Pflicht, das Korps mit aller Vorsicht aufzulösen; so lange es aber existiert, soll es der kaiserlichen Sache dienen . . . Wenn mein Vorhaben Ihre Billigung hat, soll es mich freuen, das zu hören, andernfalls erwarte ich einen Verweis. Übrigens bin ich mir bewußt, daß keinerlei persönliche Interessen mich bestimmen . . . . Dieser Brief wird sie aller Verantwortlichkeit entheben."

Die Proklamation des Li war eine umfangreiche Rekapitulation der Dinge, die Gordon volle Gerechtigkeit widerfahren ließ. Am 19. Februar 1864 zog dieser abermals ins Feld.

Die westlichen Distrikte waren noch immer in den Händen der Taipings und von desperaten Rotten überlaufen. Eine von Soochow durch Yesing, Liyang und Kintang westwärts gezogene Linie durchschneidet das Rebellenland in zwei Teile, mit Nanking am obern Ende und Hangchow am untern. Gordon beschloß auf dieser Linie zu operieren, indem er Hangchow einem französisch-chinesischen Heeresteil unter einem Offizier Namens d'Aiguibelle überließ, während einem Mandarin mit den Kaiserlichen die Belagerung von Nanking oblag.

Strategisch war dies sehr wohl geplant, aber die Ausführung war mit Schwierigkeiten verbunden. Er verließ Quinsan in Schnee und Hagelwetter. Bisher war Shanghai sein Proviantmagazin gewesen, jetzt in Feindesland war er lediglich auf sich selbst angewiesen, auch konnten seine Schiffe ihm nicht überall hin folgen. Überdies bestanden seine Truppen jetzt größtenteils aus Taipings-Überläufern, die zwar allzeit bereit waren, sich zu schlagen, aber von Mannszucht wenig wußten.

Über Wusieh an großen Kanal ging es zuerst nach Yesing, ein trostloser Zug durch Ländereien, welche die Taipings seit Jahren innegehabt und ganz verwüstet hatten. Der Einwohner waren nur wenige übrig geblieben — ausgehungerte Skelette, die oft froh gewesen waren, an den Leichen Verhungerter ihren eigenen Hunger zu stillen. Yesing wurde eingenommen und Liyang, das nächste Ziel, ergab sich ohne Widerstand. An tausend Mann der Garnison wurden dem Korps einverleibt. Glücklicherweise war dieser Ort wohl verproviantiert, und Gordon that sein Möglichstes, es den ausgehungerten Landleuten zu gute kommen zu lassen. Von Liyang ging es nach Kitang. Hier schienen die Taipings entschlossen stand zu halten. Gordon traf seine Vorbereitungen zur Eröffnung einer Kanonade, aber als er eben anfangen wollte, die Stadt zu beschießen, kam schlimme Kunde. Siebentausend Taipings aus Chanchufu, einer Stadt nordwestlich von Soochow, also in seinen Rücken, hatten die Kaiserlichen überflügelt, Fushan überrumpelt, bedrohten Wusieh und belagerten Chanzu, wo Gordon, wie der Leser sich erinnern wird, seinen ersten Erfolg errungen hatte. Die Rebellen hatten somit wieder im „Dreißig-Meilen-Umkreis“ Fuß gefaßt. Gordon beschloß aber, sich vor allen Dingen Kintangs zu versichern, wo eine allen Berichten nach ebenso grausame als hartnäckige Garnison zu überwältigen war.

Eine dreistündige Beschießung erzielte eine Bresche und Gordon ließ stürmen. Aber der erste und zweite Angriff wurde zurückgeworfen. Und hier ereignete sich das in den Augen des Korps Unglaubliche: der „unverwundbare“ Anführer erhielt einen Schuß in den Schenkel. Es war seine erste und einzige Verwundung. Einen seiner Gardisten, der neben ihm stand, hieß er schweigen und fuhr fort, seine Befehle zu erteilen, bis er vor Blutverlust fast ohnmächtig wurde. Daß auch der dritte Anlauf mißlang, war ohne Zweifel eine Folge von Gordons Verwundung, die ihre Rückwirkung nicht verfehlte. Mit einem ziemlich beträchtlichen Verlust von etwa hundert Toten und Verwundeten mußten weitere Versuche, die Stadt zu gewinnen, eingestellt werden. Das Korps zog sich nach Liyang zurück.

Hier gab es eine neue Unglückspost; kein anderer als der Getreue in Person hatte Fushan erobert. Nun hinderte zwar Gordon seine Verwundung am Stehen, aber er wußte sich auch liegend zu schlagen, und es war keine Zeit zu verlieren. Die Taipings erließen eine Proklamation um die andere, daß Shanghai ihr Ziel wäre, und daß sie Soochow auf dem Wege dahin zu überfallen gedächten. Waren sie doch in Wusieh, keine zehn Meilen von Soochow entfernt! Trotz seiner Verwundung machte Gordon sich alsbald auf mit vierhundert Mann Artillerie und etwa sechshundert Mann Infanterie, welch letztere samt und sonders nur wenige Tage zuvor noch Rebellen gewesen, jetzt aber bereit waren, ihm überallhin zu folgen. „Man weiß nicht, was das Erstaunlichere ist", ruft hier mit Recht ein englischer Berichterstatter aus, „ob der Mut, oder das Vertrauen des verwundeten Anführers!"

Das Elend in dem zwischen ihm und seinem Zielpunkt liegenden Distrikten war über alle Beschreibung grauenhaft. Von allen Seiten umdrängte ihn ausgehungertes Landvolk; die noch Lebenden hatten keine Kraft mehr, die Toten zu begraben, die überall die Luft verpesteten. „Es ist entsetzlich!" schreibt ein Augenzeuge, „von Kannibalen zu hören ist schlimm genug, aber mit eigenen Augen Tote zu sehen, denen das Fleisch von den Knochen abgenagt ist, das übersteigt die menschliche Kraft. Man kann hier vor Ekel kaum mehr daran denken, seinen Hunger zu stillen. Die abgezehrten Leute machen Augen wie Wölfe und laufen den Booten nach in der Hoffnung, einigen Abfall zu finden. Die Taipings haben das Land rein ausgeplündert und alles Eßbare mit fortgeschleppt; die armen Landleute können nur Hungers sterben."

Statt weiterer eingehender Berichte — es ist ja nicht möglich, in den Grenzen einer mäßigen Biographie die erstaunliche Aufruhrsgeschichte überallhin ins einzelne zu verfolgen — genüge es zu sagen, daß die Siegreichen ihrem Namen wieder alle Ehre machten und zwar hauptsächlich durch unglaubliche Geschwindigkeit der Bewegungen; auch konnte Gordon wieder mit seiner Flotte manövrieren.

Der letzte Schlag gegen die Rebellen geschah von Waisso aus. Die Taipings zogen sich auf Chanchufu zurück, allerorts aber erhob sich das Landvolk in verzweifelter Rache, ihrer hunderte und tausende erschlagend. Chanchufu wurde von Li belagert, und Gordon zog ihm mit dreitausend Mann zu Hilfe. Zwanzigtausend Taipings unter dem Hu Wang oder Schutzkönig, gemeinhin auch „Scheelauge“ genannt, verteidigten die Stadt bis aufs Blut, sich tagelang wehrend. Aber Li hatte eine Proklamation erlassen, in welcher er allen, welche die Stadt verlassen wollten, Pardon verhieß, den Hu Wang selbst ausgenommen, und siehe da — die Überläufer kamen massenhaft. Schließlich erstürmte Gordon die Stadt; etwa fünfzehnhundert Taipings fielen, aber auch das siegreiche Korps kostete diese Belagerung große Opfer. Es war dies die letzte Kriegsthat von Gordons Truppen. Kurz vor der Einnahme dieser Stadt hatte er an seine Mutter geschrieben:

„Ich werde mich natürlich versichern, daß die Rebellion wirklich unterdrückt ist, ehe ich meine Leute abdanke, da ich sonst eine große Verantwortlichkeit auf mich laden würde .... Auf Weihnachten hoffe ich bei Euch zu sein. Unsere Verluste innerhalb dieser sechzehn Monate waren doch bedeutend: von hundert Offizieren sind achtundvierzig tot oder verwundet, von dreitausendfünfhundert Gemeinen an eintausend tot oder verwundet; aber ich habe die große Befriedigung zu wissen, daß, soweit es in menschlicher Berechnung liegt, es wohl keine sechs Monate mehr dauert, bis auch die letzte handbreit Erde den Rebellen unter den Füßen weggezogen sein wird, während der Aufruhr sonst leicht noch sechs Jahre gedauert hätte. Meine Beförderung und das Lob der Leute ist mir sehr gleichgültig, und im übrigen werde ich China so arm verlassen als ich es betreten habe, doch darf ich das Bewußtsein mit mir nehmen, daß ich als schwaches Werkzeug dazu dienen durfte, achtzig- bis hunderttausend Menschenleben zu erhalten. Ich brauche keinen anderen Lohn. Die Rebellen von Chanchufu gehören zu den ursprünglichen Anstiftern, und obgleich manch Unschuldiger mit dabei sein mag, so verdienen sie doch im allgemeinen das Loos, das ihrer harrt.

Hättest Du eine Vorstellung von den haarsträubenden Grausamkeiten, die sie verübten, so würdest Du wohl auch mit mir sagen: Strafe muß sein. Es sind meist Ausreißer von Soochow, Quinsan, Taitsan, Wusieh, Yesing u. s. w., die sich hier schließlich zur Wehre setzen; sie halten täglich mehrere Dutzend Hinrichtungen ab, um die mit ihnen in der Stadt Eingeschlossenen an der Flucht zu hindern."

Am 11. Mai, zwei Stunden nach der Einnahme von Chanchufu, sandte er in aller Eile folgenden mit Bleistift geschriebenen Brief ab:

„Liebste Mutter! Chanchufu wurde um zwei Uhr heute von meinen Truppen und den Kaiserlichen erstürmt. Übermorgen kehre ich nach Quinsan zurück und werde nicht mehr zu Feld ziehen. Die Rebellen sind jetzt geliefert; sie haben nur noch Tayan und Nanking. Tayan wird wohl in diesen Tagen fallen und Nanking kann sich höchstens noch zwei Monate halten. Es freut mich, Dir zu sagen, daß ich wohlbehalten aus dem Kampfe gekommen bin.

Dein treuer Sohn

C. G. G."

Nach Quinsan zurückgekehrt, fand er daselbst die Nachricht vor, daß die Kabinetsordre, die es einem britischen Offizier verstattete, unter der chinesischen Regierung zu dienen, aufgehoben war. Es war ein Glück für China, daß Gordons rasche Züge das Werk in der kurzen Zeit vollbrachten; die letzte morsche Stütze des Taipingtums konnte ohne ihn zusammenbrechen. Mehrere feste Plätze der Rebellen ergaben sich ohne weiteres auf die Kunde hin, daß Chanchufu gefallen sei. Nanking allein hielt noch aus, trotz Hungersnot. Aber Gordon konnte dem endlichen Sieg dort nicht ohne Besorgnis entgegen sehen, galt es doch den Bestand seiner errungenen Erfolge. Er machte sich daher selbst nach Nanking auf den Weg, wo Tseng Kwo-fan die Operationen leitete. Von einer Anhöhe oberhalb des Porzellanturmes besichtigte er die Stadt. Die Mauer war vierzig Fuß hoch und dreißig Fuß breit. Er sah, wie einige Taipings sich an Stricken herunterließen, um außerhalb Linsen zu sammeln; man wehrte es ihnen nicht. Innerhalb der Stadt waren große leere Plätze, und an vielen Stellen waren die Wälle ganz verlassen. Die kaiserliche Belagerungslinie erstreckte sich weithin mit einer doppelten Reihe von Schanzen und einhundertvierzig Lehmforts, je achtzehnhundert Fuß von einander entfernt und mit je fünfhundert Mann Besatzung.

Die stets siegreiche Armee verabschiedete Gordon auf eigene Verantwortung, jedoch auf Li's Vorschlag hin. Er entledigte sich dieser seiner letzten Pflicht mit derselben charakteristischen Festigkeit und Selbstlosigkeit, die ihn durchweg gekennzeichnet hat. Er behielt sich freie Hand vor, Offiziere wie Gemeine nach Verdienst zu belohnen. Die chinesische Regierung gestattete ihm dies um so bereitwilliger, als er für sich selbst allen Geldlohn ausschlug. Jeder Offizier, der eine Verwundung davongetragen hatte, erhielt die Summe von achtzehntausend Mark; die anderen je nach Verhältnis. Ein Preuße, Namens Schamroffel, der bei Soochow um beide Augen kam, erhielt zweiunddreißigtausend Mark. Die nicht verwundeten Gemeinen erhielten je einen Monat Löhnung und Reisegeld in ihre Heimat. So wurde die stets siegreiche Armee aufgelöst, die während der sechzehn Monate unter Gordons Oberbefehl vier Hauptfestungen und ein Dutzend befestigte Plätze eingenommen hatte, die außerdem in einer Reihe von Gefechten eine Anzahl von Feinden außer Kampf setzte, die, gering gerechnet, fünfzehnmal die eigene Streitkraft überstieg. Und der Aufruhr, dem sie in voller Blüte entgegengetreten, lag nun in den letzten Zügen in der darbenden Hauptstadt des Usurpators.

Die kaiserliche Regierung hatte Gordon selbst eine stattliche Belohnung zugedacht, die Summe nämlich von zweimalhunderttausend Mark; allein er wies sie zurück, wie er vorher die siebzigtausend Mark zurückgewiesen hatte. Aber nicht nur damit hatte er seine Uneigennützigkeit bewiesen, sondern — und fast noch mehr — dadurch, daß er den größten Teil der während der sechzehn Monate von ihm bezogenen bedeutenden Gage zum Wohle seiner Soldaten verwendet hatte. Wohl konnte Gordon von sich sagen: ich verlasse China so arm wie ich es betreten!

Li that was er konnte, seinem scheidenden Freunde mit Auszeichnung zu begegnen. Der Futai hatte die seltene Charaktergröße des Mannes würdigen lernen; nie vorher war ihm ein solcher Mann in seinem eigenen Volke vorgekommen, und die Ausländer, mit denen er zu thun gehabt, waren immer Leute gewesen, die sich für etwaige Dienste gut hatten bezahlen lassen. Nun lernte er die menschliche Natur von einer ganz neuen Seite kennen — daß es die vom Christentum durchdrungene, erneute menschliche Natur war, verstand der Chinese nicht — und eine lebenslängliche Bewunderung und Liebe für Gordon war das Ergebnis. Li hat es bis heute nicht vergessen, daß Gordon ihn einst im höchsten Zorn mit der Pistole verfolgte, weil er sich durch Wortbrüchigkeit eine That hatte zu Schulden kommen lassen, die der edle Sinn des Briten nicht verwinden konnte.

Es bereitete der kaiserlichen Regierung einen ordentlichen Kummer, daß Gordon sich nicht lohnen lassen wollte, aber ihn nach Möglichkeit zu ehren unterblieb nicht. Er wurde zum Range eines Ti-tu erhoben, d. h. zur obersten Mandarinenwürde, auch erhielt er die gelbe Jacke mit der Pfauenfeder, welche letztere Auszeichnung den höchsten Orden im europäischen Sinne gleichkommt. „Mir liegt nichts an diesen Dingen,“ schreibt er an seine Eltern, „aber ich weiß, daß sie Euch Freude machen,“ und er nahm sie an, wie auch eine goldene Kette, die Prinz Kung von seinem eigenen Halse löste mit den Worten: „Dies wenigstens sollen Sie mir nicht abschlagen!“ Gordon ließ sich die Kette umhängen, aber es erging dieser Kostbarkeit nicht besser als manchen anderen Pretiosen, mit welchem man ihm irdische Ehre erwies. Auf der Heimreise nämlich begab es sich, daß auf dem Schiff für eine arme Soldatenwitwe gesammelt wurde. Gordon ging in seine Kajüte, und da er fand, daß seine Barschaft ihm nur eben bis in die Heimat reichen würde, kam er mit jener Ehrenkette zurück und legte sie stillschweigend auf den Teller der Witwe. Diese Handlung ist in der That typisch für sein ganzes Wesen. Es läßt sich ihr eine ähnliche an die Seite stellen. Selbstverständlich fehlte es einem Manne wie Gordon nicht an Medaillen, aber er schlug sie nie hoch an. Nur eine hat er mehrere Jahre lang wert gehalten; es war diejenige, welche die Kaiserin-Mutter von China ihm mit ihrem besonderen Dank übersandt hatte. Aber das Ehrenzeichen verschwand aus seinem Besitz, und nicht einmal seine nächsten Angehörigen wußten, was daraus geworden. Nach Jahren verriet es ein Zufall. Zur Zeit der Hungersnot unter den Fabrikarbeitern in Manchester, welche infolge der Baumwollenkrisis während des amerikanischen Krieges ausgebrochen war, hatte Gordon, dessen Kasse oft durch Liebeswerke erschöpft war, sich seiner Medaille erinnert. Er vertilgte die Inschrift und sandte die schwere Goldmünze als Beitrag einem Geistlichen jener Stadt. Einer, der ihn persönlich kannte, sagt von ihm, daß er sich stets grundsätzlich von Dingen trennte, die ihm wert waren oder die irgendwie der Eigenliebe Vorschub leisten konnten. „Man muß sich auch von seinen Medaillen trennen können," soll späterhin in Freundeskreisen eine Redensart von ihm gewesen sein. Er wollte damit sagen, daß man sich jederzeit von allem irdischen Besitz soll losmachen können, wenn es sich darum handelt, Gutes zu thun.

Prinz Kung ließ Gordon nicht ziehen, ohne ein chinesisches Zeugnis seiner Tüchtigkeit an die englische Regierung zu entsenden. „Wir wissen uns nicht zu helfen", sagte dieser Fürst zum britischen Botschafter, „er nimmt kein Geld an, und was wir an Ehren ihm verleihen können, ist geschehen; aber auch dies schlägt er gering an, und deshalb habe ich Ihnen dies Schreiben an die Königin von England gebracht, damit sie ihm einen Lohn gebe, der vielleicht mehr gilt in seinen Augen." Des Lobes und der Dankbarkeit in diesem Schreiben war in der That kein Ende, und die Zuschrift an die britische Majestät schließt mit den Worten: „Der Titel Ti-tu verleiht ihm den höchsten Rang in der chinesischen Armee; der Prinz möchte aber hiermit die Hoffnung aussprechen, daß wenn die englische Regierung dem Heimkehrenden irgend welche Ehrenbeförderung kann zukommen lassen, der britische Minister es nicht unterlassen möge, solche zu befürworten, damit alle Welt erkenne, daß seine Heldenthaten und seine persönlichen Eigenschaften nicht hoch genug zu schätzen sind."

Der chinesische Brief soll irgendwo „zu den Akten" gelegt worden sein, ohne seine Bestimmung zu erreichen. Die Anerkennung seitens der englischen Regierung war eine langsame. Es wird erzählt, daß dem damaligen Kriegsminister der Name des Oberstlieutenant Gordon ganz unbekannt gewesen sei! Dafür ließ die Stimme des Volkes sich hören, und „Chinese Gordon" lautet der aus jener Zeit stammende Ehrentitel, unter dem der Held wohl im Pantheon der Geschichte seine bleibende Stelle haben wird. „Nie", sagte die Times in jenen Tagen, „hat ein sogenannter soldier of fortune ein feineres Verständnis für die militärische Ehre an den Tag gelegt als der Mann, der nach einer Reihe von glänzenden Siegen soeben sein Schwert niedergelegt hat. Sein Heldenmut gegenüber den Widerstandleistenden, seine Barmherzigkeit gegen die Überwundenen, sind nur durch sein selbstloses Außerachtlassen alles dessen überboten, was ihm persönlichen Gewinn hätte bringen können . . . Das Ergebnis seines chinesischen Feldzugs läßt sich kurz dahin zusammenfassen: er fand die fruchtbarsten Distrikte Chinas verwüstet und in den Händen von räuberischen Rebellen. Die reichen Gegenden der Seidenzucht waren eine Stätte barbarischer Greuel; den altberühmten Städten Hangchow und Soochow drohte das Los Nankings, sie waren nahe daran, im Besitze der Rebellen zu Grunde zu gehen. Gordon hat die Rebellion mitten entzweigeschnitten, die Städte erobert, die Räuberhorden isoliert und gänzlich geschwächt; und all dies vollbrachte er zwar erstlich durch die Macht seines Schwertes, dann aber durch die bloße Wirkung seines Namens."

Sein Tagebuch hatte er vor seiner Abreise nach Hause gesandt. „Ich wünsche aber keine Veröffentlichung", schreibt er dabei, „je bälder diese Geschichte vergessen ist, um so besser; ich weiß nämlich durch aus nicht, ob wir (die Engländer) ein Recht hatten uns einzumischen. Meinesteils bin ich ruhig im Gedanken, ein Werk der Humanität vollbracht zu haben, doch kann ich nicht erwarten, daß Fernstehende es eben so ansehen und billigen." —

Gordon war dringend nach Peking eingeladen worden, aber er lehnte die Aufforderung ab, wohl wissend, daß man ihn dort mit fürstlichen Ehren empfangen würde. In Shanghai aber hielt er sich vor der Abreise noch eine Zeitlang auf, damit beschäftigt, den Chinesen zu einer Armee nach europäischem Begriff zu verhelfen.

„Ich mache hübsche Fortschritte, die chinesischen Offiziere einzuüben," heißt es in seinem letzten Brief aus dem blumigen Land, „es geht leichter, als ich dachte!"

Und in diesen letzten Tagen seiner Anwesenheit, während er als einfacher Exercitienmeister sich bestrebte, Nützliches zu hinterlassen, fiel Nanking. Jeden Fuß breit, bis in den Palast des himmlischen Königs, verteidigten die Taipings mit verzweifeltem Mut. Hung hatte seit Monaten in einer Apathie verharrt, die man nur als eine Phase seines Wahnwitzes betrachten kann. Es durfte ihm niemand sagen, daß die Stadt sich nicht werde halten können; und bis zuletzt bestand er auf seiner göttlichen Herkunft. „Ich bin der Herr von zehntausend Völkern, wen sollte ich fürchten?" rief er. „Ich habe Befehl von Shangte (Gott) und von Jesus selbst, dies Reich zu regieren." Als der Getreue ihm einst dringend zur Flucht riet, entgegnete er charakteristisch: „Fürchtest du den Tod? Ich, der wahre Herr, kann ohne Truppen bestimmen, daß das Reich des großen Friedens sich bis an die äußersten Grenzen erstrecke." Die Berge, die Ströme, die Völker seien sein, sagte er; und ob dies die platte Arroganz war oder die Illusion eines Geistesgestörten, ist ganz einerlei, jedenfalls wähnte er sich sicher auf seinem Thron, bis dieser unter ihm zusammenbrach. Er ließ die andern Wangs für ihn kämpfen, wo und wann sie wollten, und seine Minister hatten in Regierungssachen freie Hand — war dies doch die Essenz des Taipingtums, daß er, der Göttliche, die andern inspiriere! Nur in einem war er unerbittlich, nie durfte man ihn anders als in religiösen Phrasen und mit kriechender Unterwürfigkeit anreden. Einem die Haut bei lebendigem Körper abziehen, war von Anfang an seine Lieblingsstrafmethode gewesen; jetzt wollte er jeden noch dazu gevierteilt sehen, der es unterließ, von ihm anders als von dem „Himmlischen" zu reden. Die letzten Monate seines unglücklichen Daseins verbrachte er unter seinen Weibern mit religiösen Andachten. Als man ihm mitteilte, daß nur die allerwohlhabendsten Leute der Stadt noch zu essen hätten, erließ er eine Verordnung, daß die anderen sich von „duftenden Kräutern" nähren sollten, wozu er selbst ein gutes Beispiel zu geben wähnte, indem er Gemüse aus dem königlichen Garten zur Tafel befahl.

Der getreue Wang wußte wohl wie es stand, aber Untreue gegen seinen Herrn scheint ihm nie als eine Möglichkeit vorgeschwebt zu haben. Nach dem Fall von Soochow war er zum letztenmal nach Nanking zurückgekehrt, zu Anfang des Jahres 1864, in der Hoffnung, diese Stadt abermals zu entsetzen. Ihm selbst gelang es, Eingang zu finden, aber seine Truppen hatte er eingebüßt, weil es weithin an allem Proviant gebrach. Zu Ehren dieses Mannes sei's gesagt, daß er sich mit Aufbieten all seiner Kräfte und Mittel nun bestrebte, die Eingeschlossenen vor dem Verhungern zu schützen. Er erzählt in seinem Tagebuch, daß man sich täglich dem Himmlischen zu Füßen werfe, aber dieser gestattete keinem, das Wort Übergabe auch nur in den Mund zu nehmen. Den Rat des Getreuen, die Weiber und Kinder fortzulassen, verachtete er und wandte sich dem Schildkönig zu. Der Getreue aber that heimlich was er konnte, und zu tausenden verließen Weiber und Kinder die Stadt. Der kaiserliche General Tseng nahm alle auf und ließ ihnen Nahrung reichen. Der Schildkönig war ein Banditenanführer, und täglich gab es Mord und Totschlag unter den unglücklichen Taipings.

Die Tage des großen Friedens waren gezählt. Ob der tolle Schulmeister wohl je an seine Jugend zurückdachte, da er noch von keinem anderen Ehrgeiz beseelt war, als im Examen zu bestehen? Ob er sich sein bisheriges Leben vergegenwärtigte? Ströme von Blut bezeichneten seine Laufbahn durch die Länge und Breite des blumigen Landes. Friedliche Städte hatte er in Räuberhöhlen verwandelt, fruchttragende Felder in Wüsteneien. Und nun das Maß voll war, und er inmitten seiner wilden Horden dem sichern Tod ins Auge sah, krönte er sein entsetzliches Leben damit, daß er eigenhändig seine Weiber aufhängte und dann Gift nahm. Damit wurde wenigstens erreicht, daß in China nicht so leicht ein anderer Fanatiker die Krone wieder an sich reißen wird; denn wenn irgend etwas dazu angethan ist, den populären Glauben an die gottgesandte Mission eines Menschen gründlich zu vernichten, so ist's der Selbstmord des Propheten.

Nach seinem Tod bestieg sein ältester Sohn, Hung Fu-tien, als der „junge Herr" den angeblichen Thron; der aber war ein sechzehnjähriger Jüngling, in vollständiger Unwissenheit aufgewachsen. Die Belagerer bedrängten die Stadt mehr und mehr. Am 8. Juli wagte der Getreue einen Ausfall, wurde aber zurückgeschlagen; am 19. gelang es den Belagerern, mittels einer Riesenmine, die vierzigtausend Pfund Pulver enthalten haben soll, die Mauer zu sprengen; sie drangen unaufhaltsam in die Stadt. Der Getreue leistete zum letztenmal Widerstand, aber die Stunde der Taipings war gekommen; bis Mitternacht hatte er noch den Palast des Tien Wang verteidigt, um den „jungen Herrn" und seine weinenden Angehörigen zu schützen, und als alles zu Ende ging, hatte er den Palast und seine eigene stattliche Wohnung in Brand gesteckt. In der allgemeinen Verwirrung, zwischen Feuer, Totschlag und Fluchtversuchen, legte er eine letzte Probe seiner seltenen Treue ab, indem er den „jungen Herrn", der mit zwei seiner Geschwister ihn flehentlich um Rettung bat, auf sein eigenes tüchtiges Pferd setzte, während er selbst auf einem ausgehungerten Klepper zu entfliehen versuchte. „Obgleich der Tien Wang dahin war und alles verloren", schreibt er in seinem Tagebuch, „so konnte ich doch als einer, dem er einst wohlwollte, nicht anders, als wenigstens den Versuch machen, seinen Sohn zu retten.“ Daß der Tien Wang ihm schließlich nur mit Undank gelohnt hatte, schien dieser beste Mann der Taipings in seiner schönen Hingabe vergessen zu haben.

Es gelang dem „jungen Herrn“ sowie auch dem Getreuen und dem Schildkönig, mit etwa tausend anderen, zu entkommen; sie wurden aber bald von einander getrennt. Als der Getreue fand, daß sein Tier ihn nicht mehr tragen konnte, suchte er Schutz in einem Tempel; dort wurde er von Landleuten erkannt, die ihn knieend baten, sich den Kopf rasieren zu lassen und verkleidet zu entfliehen. „Ich bin der Diener eines Königs, der nicht mehr ist,“ entgegnete er, „es wäre ein Unrecht an den Gefallenen, ließe ich mir das Haar scheren.“ Er fiel in die Gefangenschaft der Kaiserlichen und wurde enthauptet. Während der letzten Tage seines Lebens schrieb er seine Autobiographie, in der er in meisterhafter Weise, in gedrängter, klarer und authentischer Darstellung die Rebellion schilderte. Es wäre eine löblichere That der kaiserlichen Regierung gewesen, ihm das Leben zu schenken, denn am wenigsten von all den Taipings hatte er sich Grausamkeiten zu schulden kommen lassen, und aus seiner Treue gegen den Tien Wang, selbst als dieser ihn mit Geringschätzung behandelte, hätte man schließen können, daß er ein Vertrauen rechtfertigen würde, das ihn auf sein Ehrenwort hin freigäbe. Indem er dem „jungen Herrn“ sein Pferd überlassen, hatte er in der That seiner Treue die Krone aufgesetzt, denn nach menschlichem Ermessen hätte er auf seinem eigenen Tiere sich retten können. Der Schildkönig wurde mit ihm enthauptet.

Was den „jungen Herrn“ betrifft, so brachte des Getreuen Pferd ihn in vorläufige Sicherheit. Aber weder seine Erziehung noch sein genußsüchtiges Leben in der Gesellschaft seiner jungen Königinnen hatten ihn dazu geschickt gemacht, mit dem Unglück zu kämpfen. Nachdem er sich etliche Wochen im Gebirg herum getrieben und angefangen, im Hunger sich den Tod zu wünschen, fiel auch er den

Kaiserlichen in die Hände. Trotz seiner inständigen Bitte, ihn am Leben zu lassen, „damit er noch etwas lernen könne, und sein Examen mache,“ wurde er alsbald hingerichtet. Das Verlangen des armen, der Krone verlustigen Jünglings nach der bescheideneren Würde eines guten Examens klingt ordentlich wie ein Hohn auf seinen grauenhaften Vater, den durchgefallenen Schulmeister.

Übrigens gilt ebenso von Hung, wie von anderen Auswüchsen der Menschheit, daß sie eine Frucht ihrer Zeit sind. Wenn ein Volk auf der schiefen Linie abwärts geht, dann ersteht meist aus dem Volke selbst das nötige Strafmittel; und die Taipingzeit in China ist als ein verheerender Sturm zu betrachten. Ein Sturm aber kann auch ein reinigender Prozeß sein. „Tugend ist die Wurzel,“ heißt's in einem der chinesischen Klassiker, „und Reichtum die Frucht.“ Solang die Kinder des blumigen Landes dies festhielten, blühte in der That das Land. Es wurde anders, und Reichtum drohte das herrschende Prinzip zu werden: Ämter und selbst die Gerechtigkeit wurden käuflich; die Strafe konnte daher nicht ausbleiben. „Es ist die Güte des Himmels,“ sagt Konfucius, „die mit allen Dingen nach ihrem eigenen Wesen handelt, den gesunden Baum ernährend, den faulen Baum zerstörend.“ Wir erinnern nur, daß anderswo geschrieben steht: „Laß ihn noch dieses Jahres, bis daß ich um ihn grabe, und bedünge ihn.“ Ein Volk ersteht aus schwerer Zeit, ob es noch Frucht bringe für den himmlischen Gärtner.

Im November des Jahres 1864 schickte sich Gordon zur Heimreise an. Die Kaufleute von Shanghai faßten seine Verdienste um China in einer äußerst anerkennenden Denkschrift zusammen, die besonders auch darauf Wert legt, daß seine edle Selbstlosigkeit viel dazu beitragen werde, die Chinesen von ihrem Mißtrauen gegen alle Ausländer abzubringen. „Kann China je vergessen, was es Gordon schuldet?“ rief eine andere Stimme aus. „Könnten zwanzig Millionen Taels ihm lohnen?“ Als Gordons Tod in London bekannt wurde, kamen Zeugnisse aus dem fernen China, daß man seiner dort in

Liebe gedenke; und der Kaiser und Li und andere, die ihm ihren Dank bewahren, schickten erhebliche Beiträge zu der vom Lord Mayor eröffneten Sammlung eines Gedächtnisfonds, aus dem ein würdiges Denkmal für den gefallenen Helden erstehen soll.

Aber das schönste Zeugnis stellte ihm ein Taipinganführer selbst aus. Derselbe schreibt nach dem Fall von Soochow: „Fern sei es zu behaupten, daß Gordon um die Greuelthaten wußte. Bei aller Kenntnis des brutalen Verfahrens, dessen mancher, den Namen Engländer entehrend, sich schuldig macht, glauben wir doch keinen Augenblick, daß der ehrenwerte Anführer der Armee, die sich die siegreiche nennt, jene mörderischen Greuel guthieß ... Wir wissen, daß Gordon es stets bitter beklagte, wenn Grausamkeiten verübt wurden, die er nicht verhindern konnte, und daß in seinem Herzen der Gedanke brennen muß, wie in seinem Heimatland über dem westlichen Ocean solche Greuel vielleicht ihm zur Last gelegt werden. Möge es ihm eine Genugthuung sein zu wissen, daß unter seinen Feinden, die lieber seine Freunde wären, jene Thaten ihm nicht zugerechnet werden. Gefiele es doch dem Himmel, daß irgend ein unwürdiger Abenteurer seine Stelle einnähme, einer, den man nicht betrauern müßte, wenn er erschlagen würde! Statt dessen kann ich es bezeugen und hab's mehrmals mit eigenen Augen gesehen, wie im Schlachtgetümmel einem niederträchtigen Engländer, den Geldgier in unsere Reihen führte, die Flinte aus der Hand geschlagen wurde, wenn er von gedecktem Standpunkt aus auf den stets furchtlos sich bloßstellenden Gordon zu zielen sich unterstand. Und der solchem Meuchelmord wehrte, war immer einer unserer Anführer, ja einmal kein anderer als der Schildkönig selbst!"

— — —

Drittes Buch

In der Stille.

„Es ist einer auf dem Heimweg“, schreibt Gordon an seine Mutter im November 1864, „aber es ist ihm nicht darum zu thun, daß es bekannt werde.“ Gefeiert zu werden war, wie wir wissen, nicht nach seinem Geschmack; wozu auch? meinte er, er habe nur seine Pflicht gethan. Der Verfasser der Geschichte der stets siegreichen Armee sagt, daß er über die Persönlichkeit Gordons von ihm selbst wenig Auskunft erhalten, und daß der Leser, in dem die Berichte von Krieg und Sieg mit der Verherrlichung Gordons unwillkürlich zusammenfließen, sich ohne Zweifel wundern würde, wenn er den jungen Mann und seine ruhige, zurückgezogene Art sehen könnte. Freude an energischer Thätigkeit, Selbstaufopferung und Pflichtbewußtsein seien offenbar die Triebfedern seines Wesens. Äußerlich aber habe der tief fromme Soldat nichts von all dem an sich, was sonst den kühnen Anführer einer irregulären Soldateska kennzeichne.

Kaum war Gordon im Kreise der Seinigen in Southampton angelangt, da regnete es auch schon Einladungen aus der vornehmen Welt. Er hatte den Mut, sie alle abzulehnen. Daraus ist ersichtlich, daß er nicht die Weltklugheit besaß, die es versteht, den eigenen Vorteil zu verfolgen. Manch anderer hätte sich sicher einladen lassen und hätte die großen Herren, Minister und Herzöge nebst Herzoginnen kultiviert, um auf solcher Leiter der Gunst zu hohen Ehren zu steigen. Er aber war ganz zufrieden damit, den chinesischen Krieg in Vergessenheit geraten zu lassen, und erstrebte kein anderes Vorrücken, als es jedem Offizier des Ingenieurkorps offen steht. Im engen Familienkreise nur ließ er sich herbei, die romantische Karriere im „blumigen Land“ zu beschreiben; und die so glücklich waren, es mit anzuhören, fanden die Berichte fast märchenhaft, fast wie eine Heldensage aus vergangener Zeit. Mit Ingrimm konnte er da wohl die Greuel des Rebellentums beschreiben, aber seine Stimme wurde stets leise, wenn von Sieg die Rede war, denn dann gewann neben der Bescheidenheit des Erzählers Mitleid mit den Überwundenen die Oberhand. Niedergeschrieben wurde nichts von all dem, außer was bewunderndes Interesse in die Herzen der Hörer eingrub. Selbst das Tagebuch, das Gordon aus China nach Hause gesandt hatte, fiel seiner Demut zum Opfer. Er wünschte keine Veröffentlichung, wie er bei der Übersendung schrieb. Leihweise fand es indessen seinen Weg in die Hände eines der Minister, und dieser war daran, es privatim drucken zu lassen, damit seine Kollegen es auch lesen könnten. Eines Abends hörte Gordon zufällig davon und begab sich stehenden Fußes nach der Wohnung des betreffenden Herrn, traf ihn aber nicht zu Hause; doch erfuhr er den Namen des Druckers, eilte zu diesem und verlangte sein Manuskript zurück mit dem Befehl, das bereits Gesetzte zu zerstören. Was jenes Tagebuch betrifft, so hat es niemand wieder gesehen; ohne Zweifel hat er es zerrissen. „Ich besitze wenig auf der Welt“, pflegte er zu sagen, „meinen Namen könnten die Leute mir jedoch als Privateigentum lassen“. Von wie viel tausend Zungen aber ist der Name Gordon seither nicht genannt worden!

Im folgenden Jahre wurde ihm die Ernennung als königlicher Ingenieur-Kommandant zu Gravesend, wo in Aussicht auf einen möglichen Krieg mit Frankreich neue Forts an der Themse aufgeführt werden sollten. In Anerkennung seiner Verdienste erhielt er um diese Zeit den Ritterorden of the Bath.*) Er war mittlerweile zum Obersten avanciert.

In Gravesend war er sechs Jahre; es ist die schönste Zeit seines Lebens gewesen — arm nach außen in den Augen der Welt, reich nach innen an den christlichen Früchten der Hingabe und zwar unbewußter Hingabe und der edelsten reinsten Menschenliebe. Er selbst hat es ausgesprochen, daß es die glücklichsten, friedlichsten Tage seiner Wallfahrt waren, und damit giebt er sich selbst ein hohes Zeugnis. Wie ergreifend, wie herrlich ist das Bild des Mannes, der Thaten vollbracht wie wenige, und der nun seine ganze Freude darin findet, in der Stille an den Armen, den Kranken, den Verlassenen, den leiblich und geistig Darbenden Gutes zu thun. Und wie that er es! In aller Einfachheit, ohne Wesen und Aufheben. Es war die natürliche Blüte seines wahrhaften Christentums. Seinem Herrn und Meister folgend ging er helfend umher. Als eine Art Heiliger soll der Mann keineswegs gezeichnet werden, das wäre eine Übertreibung, die er selbst am meisten beklagt hätte. Er hatte seine menschlichen Gebrechen wie alle Menschen diesseit des Grabes, so unterlag er z. B. hin und wieder seiner zum Ausbruch kommenden Heftigkeit; seine Gleichgültigkeit gegen das Urteil der Leute grenzte zuweilen ans Rücksichtslose, und wenn er sich eine Meinung in den Kopf gesetzt hatte, so war es nicht immer leicht, ihn eines anderen, vielleicht besseren, zu belehren; trotzdem aber kann der Leser aus folgenden Zügen reichlich erkennen, daß Christus in diesem Manne eine Gestalt gewonnen hatte, die den meisten Menschen, ja den meisten Christen ein beschämendes, aber andererseits auch aufmunterndes Beispiel sein kann.

Gordon war ein ideal angelegter Mensch, aber das Ideale wurde in ihm sofort zum Realen, Praktischen. Sein Christentum war kein enges, frömmelndes, sondern eine große, tiefe, treue Liebe zu seinem Heiland,

*) Von Heinrich IV. zur Belohnung für ausgezeichnete Kriegsdienste gestiftet und so benannt, weil die Ritter als Sinnbild ihrer geistigen Reinigung vor der Aufnahme ein Bad nehmen mußten.

die alle Menschen als Brüder umschloß, und neben seiner Aufrichtigkeit war seine Einfalt am bewundernswürdigsten. Siehe, ein rechter Israeliter, in welchem kein Falsch ist! Ob und wann es in seiner Lebensentwicklung einen Zeitpunkt gab, den man in formaler Weise seine „Bekehrung“ nennen könnte, ist nicht ersichtlich; das aber ist nicht zu verkennen, daß ihm Gravesend zum Patmos wurde, wo sein Glaube sich höher schwang und seine Liebe sich vertiefte, wo er nach dem Worte lebte: „Simon Johanna, hast du mich lieb? Weide meine Schafe.“

Er lebte nur für andere. Sein Haus — und es war ein großes, viel zu groß für seine bescheidenen Junggesellenbedürfnisse — war Schule, Kranken- und Armenhaus in einem; ein zufälliger Besucher hätte es eher für die Behausung eines Stadtmissionars gehalten als für die Dienstwohnung eines Offiziers. Kein Notleidender klopfte je vergebens an seine Thüre; alle Hilfsbedürftigen hatten ein Anrecht an ihn, aber am meisten zog sein Herz ihn zu den sogenannten Straßenjungen. Nie ging er an einem vorüber ohne ihn anzureden. Er lud sie ein, zu ihm zu kommen, und versammelte sie bei sich in Klassen, wozu mehr als ein Zimmer seines Hauses herhalten mußte. Die verkommenen und heimatlosen behielt er eine Zeitlang bei sich, kleidete und reinigte sie, um sie dann, am liebsten als Schiffsjungen, unterzubringen. Er nannte sie seine „Könige“ — als Deutscher hätte er wohl „Prinzen“ gesagt. Einer seiner Bekannten, der ihn einmal besuchte, wunderte sich, warum auf der Weltkarte in seinem Arbeitszimmer so viel Stecknadeln mit Fähnchen angebracht waren, und erfuhr, daß Gordon auf diese Weise seine „Prinzen“ auf ihren Fahrten begleite; und er vergaß keinen in seiner täglichen Fürbitte. Seine Prinzen vergalten ihm die Liebe aber auch mit begeisterter Anhänglichkeit. Sie vertrauten ihm und lernten von ihm mit der Wahrheit umgehen; und wenn einer unrecht that, so wußten sie, daß sein Mitleid immer größer war als sein Mißfallen. Drei der Jungen hatten einmal das Scharlachfieber in seinem Hause; er pflegte sie und verbrachte mehrere Stunden der Nacht an ihrem Bette.

Auch die Armenschule besuchte er; an den Sonntag-Nachmittagen konnte man ihn sicher daselbst antreffen, und die es mit Augen gesehen haben, sagen, kein erhebenderes Bild lasse sich denken als den Helden Chinas, der den armen Kindern mit heiliger Wärme biblische Geschichten erzählte, ja mit einem Enthusiasmus, als führe er sie durch Kampf zum Sieg. Für jedes einzelne interessierte er sich persönlich, kannte ihre Lage, ihre Sorgen, suchte sie in ihrer Armut auf und ließ sie zu sich kommen. Der Armenschule in Gravesend hat er seine chinesischen Trophäen geschenkt, nämlich die seidenen Fahnen, die seine Siege bekundeten. Ein anderer hätte sie allenfalls einem Monarchen zu Füßen gelegt; ihn freute es, daß seine Armenschüler damit eine Auszeichnung gewannen. Manch einer jener armen Jungen, der jetzt ein gemachter Mann ist, und, was besser ist, ein Christ, ist ein schöneres Denkmal für den gefallenen Helden als irgend eines, das seine Nation ihm zu errichten vermöchte.

Einer seiner „Prinzen“ schreibt unterm 12. März 1885: „Nichts freut mich mehr, als es bezeugen zu dürfen, was der liebe gute General für mich und andere gethan hat, während er in Gravesend lebte. Zu der Zeit, als ich in seinem Hause Aufnahme fand, traf ich dort noch eine Anzahl anderer Jungen, die alle gleich mir kränklich waren; unsere Eltern hatten nicht die Mittel, uns hinreichende Nahrung zu gewähren. Der General aber hatte uns fast täglich bei sich zum Mittag- und Abendbrot, und wir durften mit ihm am gleichen Tisch essen. Drei von uns (darunter ich), die es am nötigsten hatten, schickte er in das Seebadkrankenhaus nach Margate, wo er je sechzehn und achtzehn Schillinge wöchentlich Kostgeld für uns zahlte. Ich war ein volles halbes Jahr dort, die beiden anderen, ein Junge und ein Mädchen, jedes drei Monate. Ich danke jetzt noch dem lieben Gott dafür; denn von jener Zeit datiert meine Gesundheit . . . Später hat er mich auf dem Wasser untergebracht und die Lehre bezahlt; ich kann ihm nie genug danken. Ein anderer Junge, der mit mir dort war, ist jetzt Lotse, und das verdankt er auch dem General ... Es drängt mich, dies bekannt zu machen als ein Beispiel von dem, was der liebe General an vielen that. „Seine Jungen" nannte er uns. Kaum ein Abend verging, daß er nicht ein Dutzend von uns bei sich hatte, meist Fischerjungen, die nicht zur Schule gehen konnten; er unterrichtete uns, und wenn das Lernen vorbei war, durften wir Domino oder Schach spielen, und im Sommer gab es Cricket. Wenn die Jungen alt genug waren, brachte er sie auf Kauffahrteischiffen unter, manchmal auch in der Marine. Keinen ließ er gehen, ohne ihn mit der nötigen Kleidung zu versorgen."

Auch später, als Gordon selbst wieder in weite Ferne zog, verlor er keineswegs das Interesse an seinen „Prinzen". Mit manchen korrespondierte er, nach anderen ließ er sich erkundigen, und wo Hilfe not that, schickte er auch Geld. Hier sind einige Sätze aus einem der vielen Briefe, die er an einen Freund in Gravesend richtete:

Galatz, 27. Februar 1872.

„Es freut mich zu hören, daß Georg P. verheiratet ist und daß Billy Arbeit gefunden hat ... Ich habe meinen Wagen und die Pferde verkauft — ganz unnötiger Luxus ... Meine Grüße an Birls und Ridley; diese beiden Jungen könnten manchen aus den besseren Ständen zum Muster dienen. Was den M. betrifft, so sollte er als Junggeselle bei 25 Sh. wöchentlichem Verdienst etwas zurücklegen können; ich lasse ihm weniger  und mehr Fleiß empfehlen. Ich bedaure, daß Sie, wie Sie sagen, beinahe angeschwindelt worden sind. Weisheit in Geldsachen geht uns beiden ab; doch ist es ein Trost, zu wissen, daß Gott uns immer wieder durchhilft, und wenn wir nicht selbst manchmal Mangel empfänden, so wüßten wir nicht, was Geben ist; von unserem Reichtum geben ist keine Kunst. Ich lasse dem Harry A. für seinen Brief danken, es freute mich von ihm zu hören. Auch der Frau K. meinen Dank — hat Karl Arbeit? Sie ist ein braves Frauchen, und es würde ihr wohl thun, wenn Sie sie besuchen wollten. Auch nach dem jungen Fordham könnten Sie sehen, erkundigen Sie sich doch was er vorhat; in seiner Schule wird es zu erfragen sein. Das Kunstwerk von Brief ohne

Unterschrift ist wohl von dem kleinen Arthur W . . ., sagen Sie ihm, er müsse vor allen Dingen wachsen, bis er über den Tisch sehen kann, und danken Sie ihm für den Brief. Sagen Sie der Frau M. ein tröstliches Wort . . .; es thut mir sehr leid, zu hören, daß E . . seine Stelle verloren hat; sagen Sie es ihm mit einem herzlichen Gruße . . . ."

Es erhellt schon aus diesem Briefe, daß er sich nicht nur der Jungen annahm. An Sonntagen hielt er regelmäßig eine Bibelstunde für alle Armen, die kommen wollten. Gepredigt im eigentlichen Sinne hat er dabei nicht, aber wie er ihnen die Bibel auslegte und was er ihnen von der Liebe Gottes sagte, das kam vom Herzen und ging zum Herzen. Als er Gravesend verließ, haben die Armen, denen er auf diese Weise Gutes gethan, aus eigenem Antrieb ihre Scherflein zusammengelegt und ihm eine schöne Bibel geschenkt; es war eine Gabe dankbarer Liebe wie selten etwas.

Auch der Kranken nahm er sich an. Furcht vor Ansteckung kannte er nicht; er besuchte Häuser in den Armenquartieren, wohin andere zu gehen sich scheuten. Wenigstens einmal wöchentlich erschien er im Armenspital, und nie kam er mit leeren Händen. Was seine Freunde etwa ihm zuschickten, schöne Trauben oder Erdbeeren zu früher Jahreszeit, das wanderte zu den Kranken. Und die Liebe, die aus seinen Augen strahlte, und die liebliche Art seines Wesens war den Leuten erquicklicher noch als seine Gaben. Da las er denn auch ein paar Bibelworte und betete mit ihnen und verließ sie getröstet. Und sie zählten die Tage bis er wieder kam, sie richteten sich auf an seiner wahren Teilnahme, und manches geprüfte Herz sah den Himmel offen und lernte an den Heiland glauben, der alle Schmerzen auf sich genommen hat.

Seine einzelnen Samariterdienste sind nicht zu zählen. Er hatte eine leidenschaftliche Freude an Blumen, hatte auch einen schönen Garten zu Gravesend, wo er sie pflegen konnte, aber wenn sie erblüht waren, trug er sie in die Krankenzimmer der Armenquartiere. Er hört von einer kranken Frau und geht hin, findet sie in Kälte und Elend, da zündet er eigenhändig ein Feuer an und macht ihr eine Tasse Thee. Dann schickt er ihr eine Wärterin und bezahlt den Doktor. Die Frau lebt heute noch, voll Lobes über seine Liebesthat. Ein andermal hört er, daß eine Familie in Gefahr ist, aus ihrer Wohnung gewiesen zu werden; er zahlt die rückständige Miete und entzieht sich dem Danke. Unter seinen besonderen Schützlingen war ein alter Mann, der seit Jahren gelähmt war; nur die linke Hand konnte er noch bewegen, auch konnte er liegend lesen. Gordon sorgte dafür, daß ihm täglich eine Zeitung zukam. Es ist dies nur eine Kleinigkeit, aber es beweist die unerschöpfliche Tiefe seiner Herzensgüte. Derselbe gelähmte Mann klagte ihm einst, daß die Fliegen ihn so quälten, weil er sich ihrer nicht erwehren könne. Gordon sagte nichts, aber am andern Tage erschien ein den Leuten anfänglich unerklärliches, mit Schleierstoff überzogenes Gestell. Es war eine Vorrichtung, den Kopf des Mannes vor den Fliegen zu schützen, ohne ihn am Lesen zu hindern.

Ja die Armen und Kranken zu Gravesend, denen er nie, wie manche Fromme, vorpredigte, ihr Elend sei der Wille Gottes, erinnern sich seiner mit lebenslänglicher Dankbarkeit. Ein alter Mann erzählt, seiner damals leidenden Frau, die seither von allem Übel erlöst worden ist, seien kräftige Suppen und Wein verordnet worden, die er aus seinen Mitteln nicht bezahlen konnte, aber der gute Oberst aus dem Forthaus habe, als er davon hörte, täglich eigenhändig Suppe oder Wein gebracht, und als es ihr wieder besser ging, hätte er ihnen aus der Bibel vorgelesen, und es wäre schön gewesen. Niemand beklagte seinen Tod aufrichtiger als dieser alte Mann, wenn es nicht jene alte Frau war, an deren Jungen er Gutes gethan hatte. Diese hatte schwer mit Armut zu kämpfen gehabt. Als es bekannt wurde, Gordon sei tot, meinte die fromme Einfalt, sicherlich würde er in London begraben werden, und schickte sich an, ihren ganzen Besitz, ein paar Fischernetze, zu verkaufen, um die Mittel zu einer Reise nach London aufzutreiben. „Ich muß sein liebes

Gesicht noch einmal sehen," sagte sie, „es mag kosten was es will, und wenn ich nachher Hungers sterbe."

Gordon war lange in Gravesend, ehe die Leute dahinter kamen, daß der freundliche Oberst im Forthaus und „Chinese Gordon" ein und derselbe waren. Äußerst bezeichnend, sowohl für ihn als für gewisse Leute, ist folgende kleine Thatsache. Er hatte von Anfang an Sonntags seinen Sitz auf der Emporkirche unter den Armen genommen. Niemand kümmerte sich darum; als es aber nach und nach bekannt wurde, was für einen berühmten Mann man in der Gemeinde habe, würdigten die Kirchenältesten ihn einer solennen Aufwartung, und baten ihn, er möge doch herunterkommen und sich eines der gepolsterten Sitze bedienen, die für die Vornehmeren bestimmt sind. Er dankte für die Rücksicht, zog es aber vor, unter den Armen auf hölzerner Bank sitzen zu bleiben.

Es ließen sich leicht noch Dutzende von Beispielen beibringen, die sein Leben in der Stille kennzeichnen, doch dürfte das Vorstehende genügen. Was eine zu Gravesend wohnende Dame, die ihn kannte, über ihn schrieb, sei jedoch nicht unterdrückt:

„Seine barmherzige Liebe umschloß alle; daß einer elend und arm war, war ihm genug, er erkundigte sich nie, ob man seine Hilfe auch verdiene. Wenn er dabei auch einmal hintergangen wurde, so wars nur selten*), denn er hatte ein Auge, das die Leute zu durchschauen schien; es schien nutzlos ihn belügen zu wollen. Ich habe mich oft gefragt, ob es seinem natürlichen Scharfblick zuzuschreiben ist, oder vielmehr seiner eigenen schlichten Einfalt und Selbstlosigkeit, daß er Menschen und Dinge meist in ihrem wahren Licht sah. Im Armen- und Krankenhaus war er ein ständiger Gast, und Empfänger für seine Liebesthaten gab's unzählige in der ganzen Umgegend. Mancher Sterbende schickte lieber nach ihm als nach

*) „Die ihn angeschmiert haben," sagte ein Armer, „haben's selber am meisten bereut, wenn sie merkten wie gut er war; und erst recht leid mußte es ihnen thun, als sie hörten er sei tot!"

dem Pfarrer, und weder Entfernung noch Wetter hielt ihn je ab, einem solchen Ruf zu folgen. Einen Armengottesdienst zu leiten, dazu war er immer bereit, und wo man die Hungernden zum sich satt Essen versammelte, ließ er sich nie zweimal bitten, ihnen biblische Geschichten zu erzählen. Aber in Versammlungen, religiöser oder philanthropischer Art, sah man ihn nie als Vorsitzenden, und öffentliches Redenhalten haßte er, besonders wenn es dazu gedient hätte, ihn persönlich zu verherrlichen. Und nichts war ihm gleichgültiger, als Essen und Trinken, sofern es ihn selbst betraf. Wir begegneten ihm einmal gegen Abend, und er nahm uns mit nach Hause, wo der Tisch für ihn gedeckt stand — eine Kanne Thee und ein trockenes Laibchen Brot. Ich machte eine scherzende Bemerkung, ob er auf trockenes Brot reduziert sei; da nahm er das Laibchen (kein großes), drückte es in ein Schüsselchen und goß den Thee darüber. ‚So, nun wird es bald weich sein,‘ sagte er, ‚und nach einer halben Stunde ist es einerlei, was ich gegessen habe.‘ Um ein humoristisches oder witziges Wort war er nie verlegen, und noch seh' ich ihn mit den Augen zwinken, als er mir erzählte, was für enttäuschte Gesichter es manchmal unter seinen Jungen gebe, die, von ihm aufgenommen, sich einbildeten, künftig herrlich und in Freuden zu leben, und dann die Entdeckung machen müßten, daß Pökelfleisch und Kartoffeln auch ein gutes Mittagessen abgebe. Zu seinem Garten überließ er uns freundlicher Weise den Schlüssel, damit unsere Kinder darin spielen könnten. Als wir zum erstenmal davon Gebrauch machten, bewunderten wir die frühen Erbsen und andere leckere Gemüse, die darin wuchsen, und da eben seine Haushälterin hinzu trat, machten wir eine darauf bezügliche Bemerkung. Sie erklärte uns alsbald, daß der Oberst nie dergleichen auf seinem Tisch hätte; er überlasse fast den ganzen Garten armen Leuten, die ihn anpflanzen und den Ertrag dann verkaufen dürften. So kam es, daß es bei uns zu einer Redensart wurde, „der Oberst hat kein Ich.“ All sein Thun war selbstlos, und darin folgte er seinem

Herrn. Nie oder selten war er dazu zu bringen, von sich selbst zu reden. In jener Zeit wurde das erste Buch über ihn geschrieben. Er lud den Verfasser zu sich ein und half ihm nach Kräften, sofern es die Einzelheiten über die Taiping-Rebellion betraf, wozu er ihm seine eigenen Aufzeichnungen gab. Als er aber, durch irgend eine Bemerkung, die gemacht wurde, auf den Verdacht kam, daß in dem Buche von ihm selbst und seinen Thaten viel die Rede sein könne, da bat er sich das Manuskript aus und zerriß eine Seite nach der andern zu des Verfassers nicht geringem Entsetzen. Es war mir ein Anliegen, den Mann und seine ungewöhnliche Abneigung gegen alles Lob zu verstehen, und so befragte ich ihn einmal darüber, indem ich hinzufügte, er habe ja alles Recht, auf diese Dinge stolz zu sein. Da entgegnete er, niemand habe ein Recht, auf irgend etwas stolz zu sein, da wir alles empfangen hätten und von Natur in keinem Menschen Gutes wohne. Er setzte hinzu, daß jeder nur immer alle Ursache habe, sich zu demütigen, daß alles Medaillentragen, aller äußere Schmuck des Körpers, wie überhaupt alle Selbstverherrlichung ganz übel angebracht sei. Auch hätte keiner ein Recht, irgend etwas sein zu nennen, der sich ein für allemal dem Herrn als Eigentum ergeben habe. Was sollte er da zurückbehalten? ‚Des lieben Gottes Eigentum zu sein,‘ sagte er zu mir, ‚sollte auch Sie hindern, diese goldene Kette da zu tragen; sie sollte für die Armen verkauft werden.‘ Indessen gab er zu, daß nicht alle Menschen je nach ihrer verschiedenen Lage es so leicht finden möchten wie er, irdischen Besitz in solchem Licht zu betrachten. Sein Geldbeutel war immer leer infolge seiner Freigebigkeit. Ein silbernes Theeservice, das Geschenk seines Verwandten Sir William Gordon bewahre er auf, sagte er einmal; der Wert desselben werde ausreichen, früher oder später seine Begräbniskosten zu bestreiten, ohne anderen zur Last zu fallen. So verhaßt es ihm war, von seinen Thaten zu reden, so freigebig war er mit seinen Gedanken, und manche interessante Unterhaltung führten wir mit ihm. Ein gewisser mystischer Zug, der ihm eigen war, verlieh seiner Rede einen eigenen Reiz; wir haben viel von ihm gelernt. Er besuchte uns oft, aber es war eine ausgemachte Sache, ohne daß je ein Wort darüber verloren worden wäre, daß man ihn nie auffordern dürfe, länger zu bleiben, wenn er sich zum Gehen anschickte. Ihn je zu Tisch zu bitten, wäre ordentlich eine Beleidigung gewesen: ‚Ladet die Armen und Kranken ein,‘ hätte man da zur Antwort erhalten, ‚ich kann zu Haus essen.‘“

Daß er neben seinen Berufsarbeiten und täglicher fleißiger Beschäftigung mit Gottes Wort so viel Zeit fand, Gutes zu thun, verdankte er einerseits seiner Gewohnheit früh aufzustehen, andererseits seinem methodischen Fleiß, der nie auf einen anderen Tag verschob, was sofort geschehen konnte. „Warum sollte man etwas hängen lassen, was man gleich erledigen kann,“ pflegte er zu sagen. Immer beschäftigt sein, war offenbar die äußere Bedingung seiner Zufriedenheit. Einer Dame, die sich bei ihm über die Langeweile des fashionablen Lebens beschwerte, gab er den guten Rat, sich doch einmal am Waschzuber ordentlich müde zu schaffen. Einer seiner Untergebenen, der über die Arbeiten seines Berufes in Gravesend berichtet hat, schreibt unter anderem: „Wenn Gordon an der Arbeit war, dann war's Arbeit, und keiner von uns hätte es sich beikommen lassen, ihn auf irgend etwas einen Augenblick länger warten zu lassen als absolut nötig war. ‚Schon wieder fünf Minuten verloren, die wir nie wieder haben werden!‘ konnte er ausrufen. Er hielt strenge Ordnung, aber das hinderte keinen, mit völliger Liebe und Verehrung an ihm zu hängen.“

Gordons äußere Erscheinung soll durchaus nichts Überwältigendes gehabt haben. Er war nicht groß, hatte kein stattliches Auftreten; man sah ihm den Soldaten nicht an. Wer ihm zum erstenmal begegnete, konnte aus seinem bescheidenen Äußeren nicht schließen, daß er es mit einem der tüchtigsten Offiziere zu thun habe. Daß er „Chinese Gordon“ war, stand ihm nicht auf der Stirn geschrieben. Ein gewisses jugendliches Aussehen soll er bis ins mittlere Alter bewahrt haben, im Sudan und unter den Sorgen jener Zeit soll er aber früh ergraut sein. Die ihn kannten, stimmen darin überein, daß seine Macht über die Menschen von seinen blauen Augen ausging — seine Augen hatten jenes glänzende Blau, wie man's unter den Bergschotten findet. Man habe sich mit unwiderstehlichem Vertrauen zu ihm hingezogen gefühlt als zu einem Mann, der es gut mit einem meine; man habe ihm nur ins Auge zu sehen brauchen um zu wissen, daß man sich felsenfest auf ihn verlassen könne, selbst wenn alle andern einen im Stich ließen. Neben der Sanftmut und Güte seines Wesens, die alle rühmen, die je mit ihm zu thun hatten, konnte er aber auch herzhaft zornig werden, wie schon angedeutet wurde. Er kannte diese seine schwache Seite wohl, und wenn einer seiner Untergebenen einen Verweis verdiente, so suchte er für den zu erlassenden Tadel gern einen Stellvertreter, aus Furcht, von der Hitze mit fortgerissen zu werden.

Wohl der schönste Zug in seinem Charakter war seine wunderbare Demut, die nie heller leuchtete als in seinem Umgang mit den Armen und Niedrigen. Solchen erzählte er auch mit größter Bereitwilligkeit aus seinem Leben in China und anderwärts, worüber seinesgleichen ihn nie reden hörten. Er war höflich gegen den Geringsten und konnte einen Bettler um Verzeihung bitten, wenn er ihm eine Münze hastig hingeworfen. Wer zu jener Zeit in Gravesend wohnte, der konnte hin und wieder sehen, wie er auf der Straße plötzlich stehen blieb, um vielleicht einem armen Waschweib ihre Last abzunehmen, sei's Bündel oder Korb, und ihr tragen zu helfen, und war einer seiner Freunde in der Nähe, vornehm oder gering, so konnte der gewärtig sein, auch aufgefordert zu werden, mit Hand anzulegen.

Gordon war ein Christ in des Wortes vollster Bedeutung, aber einer besonderen Gemeinschaft im englischen Sinn hat er nicht angehört. Dies ist schon durch seine Lebensführung begreiflich. Auch darf man wohl sagen, daß einer, der so in der Allgegenwart, ja

Gemeinschaft Gottes wandelt, über die Unterschiede hinaus ist, die uns andere, die wir noch Schüler sind, in Klassen abteilt. Er hat sein Leben, wie wir gesehen haben, nach dem Wort Jakobi eingerichtet: Ein reiner und unbefleckter Gottesdienst vor Gott dem Vater ist der, die Waisen und Witwen in ihrer Trübsal besuchen und sich von der Welt unbefleckt erhalten. Er hielt übrigens dafür, daß das Christentum eines Menschen sich vor allen Dingen in der gewöhnlichen Berufs- und Pflichterfüllung des Lebens bethätigen müsse. Das ist's, was der seltenen Energie zu Grunde liegt, die ihn zum großen Mann gemacht hat; das auch, was in der Gerechtigkeit, Festigkeit, Milde und Umsicht seinen Ausdruck fand, die seine Verwaltung des Sudans so rühmlich kennzeichneten. Er war überall und in allen Dingen ein Christ. Sich selbst für besser halten als andere, war nicht seine Sache. „Wir sind alle voll Schwären," konnte er sagen, „manche verdecken ihre Schäden mit seidenen Lappen, andere haben nur Lumpen; reißt beides weg, und die Krankheit ist dieselbe."

Auf sein inneres Leben und seine Stellung zur christlichen Lehre werden wir späterhin Gelegenheit haben zurückzukommen. Die Früchte, die aus seinem Glauben erblüten, sind mit der kurzen Schilderung aus Gravesend wohl zur Genüge dargethan.

Im Jahr 1871 wurde Gordon nach Galatz geschickt, in keine ihm unbekannte Gegend, wie wir aus seiner früheren Geschichte wissen. Es gab für ihn eine ähnliche Arbeit an der Donaumündung, wie daheim an der Themse. Die „öffentliche Meinung" aber fing an sich zu wundern, warum die Kräfte eines so eminent zum Kriegführen geschaffenen Mannes wie Gordon an eine Arbeit verschwendet würden, die jeder andere Ingenieuroffizier auch erledigen könnte. Es war die Zeit der Ashantee-Sorgen, und die Zeitungen fingen an sich zu erkundigen, wo der Chinese Gordon stecke und warum man nicht ihn absende, um dem König Kofi Kari das Handwerk zu legen. Unter den vielen Zuschriften an die öffentlichen Blätter in jener Zeit verdient ein „Mandarin“ unterzeichneter Brief, den die Times brachte, hier wenigstens im Auszug wiedergegeben zu werden.

„Es ist zum Verwundern,“ sagt der Schreiber, ein ehemaliger Offizier der stets siegreichen Armee, „wie wenig die erstaunlichen Thaten des Mannes, der als Chinese Gordon öfters genannt worden ist, in diesem Land bekannt geworden sind. Als einer, der in der stets siegreichen Armee unter ihm diente — welche Bezeichnung ganz gewiß nicht aus seinem Munde stammt — könnte ich lange Spalten füllen mit den Beweisen seiner unglaublichen Thatkraft, seiner über alles Lob erhabenen Um- und Vorsicht, seiner anspruchslosen Bescheidenheit, seiner Ausdauer und Herzensgüte, seines überlegenen Mutes, ja Heldenmutes. Es ist die einfache Wahrheit, daß alle, die je unter ihm gedient haben, seine militärische Tüchtigkeit, um nicht zu sagen sein Kriegsgenie, in alle Himmel erheben. Es giebt nicht viele Heerführer, denen ein ganzes Offizierkorps solch einstimmiges, enthusiastisches Lob zollt. Und noch wunderbarer ist die völlige Hingabe, mit der die chinesischen Truppen ihm anhingen, das unbedingte Vertrauen, das sie in irgend welches Unternehmen setzten, wenn nur er es persönlich leitete. In ihren Augen war er einfach ein Zauberer, dem alles möglich war .... In ihrem Glauben an seine gefeite Unverwundbarkeit bestärkte sie seine Gewohnheit, plötzlich zu erscheinen, wenn die Truppen unter Feuer waren, wo er dann im dichtesten Kugelregen ganz ruhig dastand. Außer seinem spanischen Rohr, das die Soldaten seinen Zauberstab nannten, trug er nur ein kurzes Fernrohr, nie Waffen; oder richtiger, was er an Waffen trug, war unsichtbar. . . Einmal nur erinnere ich mich Zeuge gewesen zu sein, wie Gordon einen Revolver zog. Es war bei Quinsan, nachdem die Truppen ein Vierteljahr lang während der Sommerhitze im Quartier gelegen hatten. Man benutzte diese Zeit, sie einzuexercieren, mit dem Gedanken an die projektierte Einnahme von Soochow. Die Hitze war entsetzlich. Ruhr und Cholera lichteten die Reihen, und die Disziplin war nicht ganz so stramm wie sonst. .... Als gegen Ende

September Befehl zum Abmarsch gegeben wurde — es galt die Forts und Schanzenwerke zwischen Quinsan und Soochow — war's besonders die Artillerie, die den Gehorsam weigerte. Eine Kompagnie wurde störrig und wollte sich nicht einschiffen ... da erschien Gordon mit seinem Dolmetscher. Er war zu Fuß, dem Anschein nach unbewaffnet und wie gewöhnlich sehr gefaßt. Sobald er zur Stelle war, erließ er durch den Dolmetscher die Ordre, daß jeder Soldat, der gesonnen sei, sich nicht einzuschiffen, vortreten solle. Nur einer trat vor. Da zog Gordon eine Pistole aus seiner Brusttasche, richtete sie gegen des Mannes Kopf und ließ ihm durch den Dolmetscher zurufen: „Marsch!" Der Mann gehorchte auf der Stelle, und die ganze Kompanie ihm nach. Sage einer — das hätte jeder andere kaltblütige und entschlossene Offizier auch erreicht! Durchaus nicht! Wenigstens gab's unter uns damals nur eine Meinung, daß der Gehorsam in diesem Fall lediglich der grenzenlosen Achtung, ja Ehrfurcht, zuzuschreiben war, mit welcher das ganze Korps zu Gordon aufsah. In der That war die Stimmung der Truppen damals eine solche, daß wenn irgend ein anderer Offizier es gewagt hätte, zu handeln wie Gordon handelte, offene Meuterei und die Ermordung der Offiziere die Folge gewesen wäre. . . . Die wahre Ursache der beispiellosen Erfolge des Korps ist einerseits wohl in der militärischen Tüchtigkeit des Anführers zu suchen, andererseits aber in seinem Charakter und seinem ganzen Wesen, welches der Art war, daß alle, die mit ihm in Berührung kamen, unbegrenztes Vertrauen in seine Fähigkeit setzten neben dem festen Glauben, daß er mit den besten ihm zu Gebot stehenden Mitteln die besten Resultate zu gewinnen der Mann war.*) Wer Gordon kennt mit seiner anspruchslosen

*) Obschon ein Kriegsheld wie wenige, so war er's doch keineswegs aus Liebe zum Krieg. Er selbst sagt: „Die Leute irren sich, wenn sie meinen, ein Krieg sei etwas Glorreiches. Es ist nichts anders als organisierter Totschlag, Plünderung, Grausamkeit. Und es sind nicht die Soldaten, auf die die schlimmste Last fällt, sondern Frauen und Kinder und alte Leute. Man mag's betrachten wie man will, so ist der Krieg ein rohes, grausames Handwerk."

Persönlichkeit, seiner ruhigen zurückhaltenden Art, kann von seinem wunderbaren Einfluß über ein Heer von unwissenden Soldaten und aus aller Herren Länder zusammengelaufenen Offizieren nur auf die höchsten Eigenschaften seines Charakters schließen. Um einen Vergleich zu ziehen, so möchte es scheinen, daß die unwissenden Chinesen den Mann besser zu würdigen verstanden, als gewisse wohl unterrichtete Leute hierzulande."

Allein die Regierung hatte taube Ohren; einer aus dem Ingenieurkorps, und wäre er selbst der „stets siegreiche General," wie das Volk ihn neuerdings nannte, sei nicht fürs Kommando bestimmt, war die Entschuldigung. Als der Khedive aber nach einiger Zeit einen Kommandanten nötig hatte und sich dazu den Oberst Gordon ausersah, fand die englische Regierung nichts dagegen zu erinnern.

— —

Viertes Buch.

Im Lande der Schwarzen.

Die Sudanländer sind insbesondere durch deutsche Reisende allgemeiner bekannt geworden. Der Name „Sudan“ bedeutet nichts anders als das Land der Schwarzen und stimmt also mit der alten Bezeichnung „Äthiopien“ überein, woraus sich ergiebt, daß der Sudan, heutzutage ein Land des Elends und der Knechtschaft, schon eine bessere Vergangenheit gekannt hat. Wir erblicken in ihm das Mohrenland der Bibel, das Land der Königin vom Reich Arabien, die mit kostbaren Schätzen beladen zum König Salomo zog. Im Propheten Jeremia ist zu lesen: Lasset die Helden ausziehen, die Mohren! Memnon, ein König von Äthiopien, zog mit zehntausend Mann den Trojanern zu Hilfe. Und auch neuerdings haben sich die Sudanesen als Soldaten bewährt, die man zu fürchten hat. Aber der Fluch Hams liegt auf dem Lande.

Sudan ist der Gemeinname, er umfaßt die ungeheuren mittelafrikanischen Ländergebiete zwischen Ägypten im Norden und den Seen (Nyanza) im Süden, zwischen dem Roten Meer im Osten und dem Lande Darfur im Westen. Khartum am Zusammenfluß des Blauen und Weißen Nils liegt so ziemlich in der Mitte zwischen dem Mittelländischen Meer und dem Viktoria Nyanza, von Meer und See je zwölfhundert Meilen entfernt. Von Khartum nach der Ostgrenze des Sudans, nämlich bis zu den Hafenstädten Sauakin und

Massaua am Roten Meer, beträgt die Entfernung etwa vierhundert Meilen, nach der Westgrenze bis Darfur sind es achthundert. Die Hauptstationen zwischen Khartum und Ägypten sind Berber und Dongola, beide am Nil. In Berber mündet die Wüstenstraße von Sanakin her, und zwischen diesen beiden Orten ist die Eisenbahnlinie projektiert, die den Sudan vom Roten Meer aus leichter zugänglich machen soll. Um die Entfernungen durch einen Vergleich zu veranschaulichen, so ist es von Kairo nicht weiter nach Petersburg als nach Gondokoro, der Hauptstadt der ägyptischen Äquatorialprovinz, während es von Khartum nach Gondokoro etwa so weit ist, als von Berlin nach Rom. Khartum und Gondokoro sind durch den Nil verbunden, durch den „Ssett“ aber, eine Massenanhäufung von schwimmenden Wassergewächsen, sind diese Städte trotz Dampfer oft monatelang außer Verbindung.

Ägypten hat sich während der letzten sechzig Jahre in den Sudanländern ausgebreitet. Mehemet Ali mochte es redlich meinen oder nicht, als er sich anschickte, die herrschende Anarchie im Sudan mit einer geregelten Regierung und den Wohlthaten der Civilisation zu vertauschen, und seinen Sohn Ismail mit einem großen Soldatenhaufen und etlichen Gelehrten hinsandte, um von dem Lande Besitz zu nehmen. Dieser aber wurde mitsamt seinem Gefolge von einem Häuptling verbrannt. Man wußte sich furchtbar zu rächen und ägyptische Gewaltherrschaft wurde eingeführt. Die geregelte Regierung bekundete sich in Unterdrückung und Aufstand, und die eingeführte Civilisation beschränkte sich hauptsächlich auf Elfenbeinhandel, wogegen nichts zu erinnern gewesen wäre, wenn nicht das „schwarze Elfenbein“, der Negerhandel, zur Goldquelle geworden wäre. Der Sklavenhandel nahm nach und nach so zu, daß er zum offenkundigen Skandal wurde. Die arabischen Händler zahlten eine beträchtliche Abgabe an die ägyptische Regierung, die deshalb ein Auge zudrückte. Das Elend im Land spottete aller Beschreibung; ein ehrliches Gewerbe konnte neben den Menschenräubern nirgends aufkommen.

Europäische Händler waren die Urheber des Greuels. Um das Jahr 1860 mußten sich diese aber angesichts der öffentlichen Meinung zurückziehen. Seither haben die Araber die Negerjagd und den Negerhandel ins Unglaubliche getrieben. Die Einwohnerschaft der Sudanländer besteht nämlich aus zwei Hauptklassen, von welchen die eine, die eingewanderten Araberstämme, die natürliche Unterdrückerin der andern, der Neger ist. Schweinfurth beobachtete die Sklavenhändler mehrere Jahre lang. Vor zwanzig Jahren, schreibt er, gab es Hunderte von Denka-Dörfern auf dieser (der östlichen) Seite des Flusses, jetzt ist die ganze Strecke zur Einöde geworden. Man stößt allenthalben auf Spuren, daß Dörfer und angebaute Gegenden da zu finden waren, wo jetzt alles verwüstet ist; die Bevölkerung muß wenigstens um zwei Drittel abgenommen haben. Sir Samuel Baker ist der Ansicht, daß niemand anders als die ägyptischen Paschas an der Verwüstung des Denkalandes schuld seien. „Das Land ist vollständig entvölkert, infolge der Razzien der vom Statthalter von Faschoda begünstigten Sklavenjäger." Er durchreiste das Land nach allen Richtungen und kam allerwärts auf Spuren zerstörter Dörfer. Im Jahre 1864 sah er die Gegend des Viktoria-Nils zum erstenmal; das Jahr 1872 brachte ihn wieder dahin. „Die in diesen Jahren stattgefundene Veränderung ist nicht zu beschreiben; damals war die Landschaft ein Garten, dicht bevölkert und voll reicher Produkte. Jetzt ist alles zur Wüstenei geworden! Niemand ist schuld daran, als die Khartumer Händler, welche Weiber und Kinder in die Sklaverei führen und nur plündern und zerstören, wo sie hinkommen." „Man sieht meilenweit keine Menschenseele", schreibt Gordon, als er den Sobat hinaufdampfte: „die Sklavenhändler haben die ganze Bevölkerung aufgerieben und die Gegend zur vollständigen Wildnis gemacht."

Während einer Reihe von Jahren geschah nichts, um dem infamen Handel zu steuern. Zwar wurden Proklamationen erlassen, aber, wie Schweinfurth sagt, schien eine unüberwindliche Neigung zum Sklavenhandel jedem Türken oder Ägypter angeboren, der im Dienste der Regierung den Sudan verwalten half. Und als der Greuel dem Khedive endlich zu arg wurde, war dies nicht sowohl eine Regung von Mitleid mit den armen Negern, als vielmehr Furcht vor einem sich erhebenden Machthaber, der seine Oberherrschaft im Sudan bedrohte. Die Sklavenhändler zählten nach Tausenden; mit bewaffneten Horden zogen sie durchs Land, ja so mächtig wurden sie, daß sie die Abgaben an die Regierung nicht länger zu entrichten für nötig fanden. Auch das war ein Grund, ihnen das Handwerk zu legen. Unter den Sklavenhändlern war besonders einer, der durch seinen unglaublichen Reichtum, seine aus Sklaven rekrutierten Truppen, sowie durch die beträchtliche Anzahl seiner befestigten Stationen fast die Stellung eines Königs einnahm. Es war dies der berüchtigte Sebehr Rachama, der schwarze Pascha. Schweinfurth fand ihn von fürstlichem Hofstaat umgeben. Seine Gäste wurden von reichgekleideten Sklaven in mit kostbaren Teppichen behangene Vorzimmer geführt, und um den königlichen Glanz seiner Umgebung zu erhöhen, wurden Löwen herbeigebracht. Sein Reichtum und sein Aberglaube schienen einander die Wage zu halten, wenigstens wird erzählt, daß er einmal fünfundzwanzigtausend Maria-Theresia-Thaler einschmelzen ließ, um Kugeln aus Silber zu gießen, mit denen ein Feind beschossen werden sollte, der angeblich gegen Blei gefeit war. Ursprünglich ein Elfenbeinhändler, hatte er sich auf das „schwarze Elfenbein“ verlegt. Er war Herr von nicht weniger als dreißig Stationen, die sich bis ins Innere von Afrika erstreckten, und sein Name verbreitete Schrecken durch den ganzen Sudan. Von den einzelnen Stationen aus wurden Streifzüge auf die Neger unternommen; auf den Stationen fanden sich die Kleinhändler ein, welche ihm die Sklaven abkauften und durch die Wüste an die Grenze schleppten. Als Schweinfurth im Jahre 1871 die Raubhöhle Scheka, Sebehrs Hauptstation an der Südgrenze Darfurs, besuchte, fand er daselbst nicht weniger als zweitausendsiebenhundert solcher Händler, die gekommen waren, um sich mit Sklavenbedarf zu versehen. Schon 1869 hatte es die ägyptische Regierung versucht, Sebehrs großer Macht einen Zügel anzulegen. Eine Truppenabteilung unter einem Anführer Namens Bellal folgte dem Sklavenräuber in die Bahr el Ghasal. Es kam auch zu einem Gefecht, in welchem Bellal, sowie die meisten seiner Soldaten umkamen. Sebehr selbst trug eine Fußwunde davon. Der Khedive war nicht wenig entrüstet, mußte sich aber vorläufig damit zufrieden geben, daß nicht er, sondern Sebehr Herr im Sudan war, den Tausende von Sklavenhändlern als solchen anerkannten. Zwar dem Namen nach war Sebehr ägyptischer Unterthan, aber in Wirklichkeit souveräner Herr.

Die Eroberung Darfurs war eines der mit Bellals Unternehmen in Aussicht genommenen Projekte. Dieses Land war damals noch frei. Es hatte seit vierhundert Jahren seine eigenen Sultane. Darfur ist der Kornspeicher für den westlichen Sudan, und der regierende Sultan hatte dem drohenden Überfall Bellals eine Ausfuhrsperre entgegengesetzt, was nicht nur seinem offenen Feinde, sondern auch den Sklavenhändlern ungelegen kam. Sebehr war Manns genug, einen Gegenschlag zu führen. Er plante seinerseits eine Einnahme Darfurs. Das konnte dem Khedive nicht einerlei sein. Fiel Darfur in Sebehrs Hand, dann war nichts wahrscheinlicher, als daß der ganze Sudan sich ihm ergeben würde. Der Khedive nahm zur Politik der Feigheit seine Zuflucht und beschloß, lieber mit als gegen Sebehr zu handeln, worauf ägyptische Truppen unter Ismail Pascha Yacoub vom Norden her in Darfur einfielen, während die Sklavenhändler es im Süden bedrängten.

In einer Schlacht wurde der Sultan von Darfur erschossen, und als seine beiden Söhne den Leichnam decken wollten, fielen auch sie. Ihr jüngerer Bruder war ein Kind, und ein entfernterer Verwandter Namens Harun beanspruchte die Thronfolge. Darfur aber wurde unterjocht und Sebehr zum Pascha gemacht. Diese Ehre war ihm keineswegs genügend; er und seine Horden hätten das Land erobert, sagte er, ihm komme es daher zu, als Generalgouverneur die neue Provinz zu verwalten. Er hatte sogar die Kühnheit, selbst nach Kairo zu gehen, um seine Ansprüche dort geltend zu machen. Zwei Millionen Mark soll er mit sich genommen haben, um die Paschas zu bestechen. Es half ihm nichts, er hat Kairo nicht wieder verlassen. Soliman, Sebehrs Sohn, beunruhigte an seines Vaters Statt das Land und war die Seele eines gewaltigen Aufstandes. Wie derselbe von Gordon und seinem kühnen Stellvertreter Gessi unterdrückt wurde, werden wir später hören.

Der Khedive, der den Sklavenhandel geduldet, wo nicht geschützt hatte, so lange er ihm eine Rente abwarf, nahm seine Zuflucht zu philanthropischen Motiven, sobald seine Oberherrschaft gefährdet war. Durch ganz Europa posaunte er die Nachricht, daß er gesonnen sei, den greulichen Handel auszurotten. Nur zu diesem Ende habe er Sir Samuel Baker an den Äquator geschickt, und nun auch den genialen Gordon berufen. Das ganze Nilbecken bis zu den Seen am Äquator wurde zu einem Teile von Ägypten erklärt. Selbst an jenen äußersten Grenzen — so lautete das vielverheißende Manifest — müßten Leib, Leben und Freiheit fürderhin als heilige Dinge gelten. Unter dieser Maske der Menschenliebe wurde Gordon, der als einer der aufrichtigsten Menschenfreunde, als einer der kühnsten Heerführer bekannt war, für den neuen Gouverneurposten in Aussicht genommen. Oberägypten sollte einen Regierungsbezirk für sich bilden, und der Elfenbeinhandel innerhalb seiner Grenzen wurde zum Staatsmonopol erklärt.

Gordon war noch in Galatz, als ihm die neue Thätigkeit angeboten wurde. Im Jahre 1872 war er in Konstantinopel mit dem ägyptischen Minister Nubar Pascha zusammengetroffen, und dieser, von seiner Tüchtigkeit überzeugt, hatte ihn gefragt, ob er nicht einen Nachfolger für Baker zu empfehlen wisse. Gordon erblickte in dem sich eröffnenden Wirkungskreise eine Möglichkeit, den geknechteten Schwarzen zu dienen, und bot im folgenden Jahr seine Dienste an, vorausgesetzt, daß der Khedive bei der englischen Regierung um ihn einkommen wolle und diese nichts dawider habe. In England schien man seiner nicht zu bedürfen, und so machte er sich auf den Weg zur Ausrichtung eines großen Berufs im Innern des schwarzen Weltteils. Es ist bemerkenswert, daß Gordon London am Abend des Tages verließ, der die Nachricht vom Tode Livingstones nach England brachte. Dieser war mit dem Gebete auf den Lippen gestorben, daß der Herr sich des Elends in jenen Ländern erbarmen und einen Befreier senden möge. War es nicht wie eine Antwort auf diese Bitte, daß Gordon sich rüstete, um den Kampf mit dem großen Unrecht aufzunehmen, das jener ans Licht gebracht hatte? Die Namen Livingstone und Gordon sind wie zwei Sterne am Nachthimmel Afrikas, sie sind untergegangen; wann wird der Tag anbrechen, dem beide entgegensahen?

Der Khedive setzte seinem neuen Statthalter denselben Jahresgehalt aus, den Baker bezogen hatte, nämlich zehntausend Pfund Sterling, aber Gordon selbst bestimmte nur zweitausend. Das war dem Khedive und noch andern Leuten ein Rätsel. Wer den Mann aber kannte und überdies wußte, auf welche Weise Ismail seine Schatzkammer füllte, dem war die Handlungsweise erklärlich. Gordon verabscheute einen Gewinn, der, wie er wohl wußte, dem Schweiße und der Not der Fellahs erpreßt wurde; es wäre ihm wie Blutgeld vorgekommen; er nahm daher nur so viel, als zur Bestreitung seiner Ausgaben nötig war. „Wie Moses, so verachte auch ich den Reichtum Ägyptens," schreibt er. „Wir haben einen König, der mächtiger ist, denn diese alle, und bessere Güter in ihm, als die Welt uns bieten könnte. Ich beuge mich keinem Haman."

Gordons Auftrag bestand darin, eine fast unbekannte Provinz zu organisieren, in der bewaffnete Händler bislang ihr Wesen trieben und durch Elfenbein und Schwarze sich bereicherten. Die eingeborenen Stämme hatten sie grausam unterdrückt und gezwungen, mit ihnen Handel zu treiben, ob sie wollten oder nicht. Einige dieser

Tyrannen hatten Erlaubnis, im Lande zu wohnen, vorausgesetzt, daß sie sich des Sklavenhandels enthielten; man hatte sie dem Gouverneur vom Sudan unterstellt. Dieser aber war von Khartum aus nicht im stande gewesen, seine Autorität geltend zu machen, und aus diesem Grunde hatte der Khedive die neue Äquatorprovinz gebildet. Wenn der Sklavenhandel und das Raubwesen erst einmal abgeschafft wäre, dann sollte aller rechtmäßige Handel frei sein. Gordon sollte eine Kette von Stationen durch die ganze Provinz errichten, sollte versuchen, das Vertrauen der Stämme zu gewinnen und der Sklavenjagd auf alle mögliche Weise entgegenarbeiten.

Aber bei seinem kurzen Aufenthalte in Kairo hatte er mit dem ihm eigenen Scharfblick den Khedive und seine Pläne durchschaut. „Ich glaube, den wahren Beweggrund entdeckt zu haben," schreibt er, „man hofft, uns Engländern Sand in die Augen zu streuen." Trotzdem schwankte er keinen Augenblick, vorzugehen und zu thun, was in seiner Macht stünde, das Los der seufzenden Stämme zu bessern. Nichts als Schwierigkeiten und Gefahren lagen vor ihm, er bestand sie alle. Es war die seltene Energie und Willenskraft, sein allen Lagen gewachsener Unternehmungsgeist, was ihn stark machte, aber das allein war es nicht! Wir erkennen die wahre Kraft, die ihn beseelte, wenn er späterhin angesichts einer Schwierigkeit schreibt:

„Wer dürfte es wagen, der nicht den allmächtigen Gott auf seiner Seite hat? Ich kann es und will es thun, denn mein Leben achte ich für nichts — ich würde nur viel zeitlichen Verdruß mit dem ewigen Frieden vertauschen!" Und weiter: „Wer doch den Tod immer als Erlöser vor Augen hätte! Welche Ruhe ist des Menschen Teil, der so denkt, und was für Thaten kann er vollbringen — nichts kann ihn mehr beunruhigen, in welchem Amt er auch stehe!"

Es war Gordons Wunsch, als gewöhnlicher Passagier sich nach Sauakin zu begeben; allein Nubar Pascha erklärte, der Gouverneur von Oberägypten müsse mit Gepränge reisen. Ein Gefolge wurde ernannt, und, von einem Adjutanten des Khedive begleitet, sollte

Gordon mit einem Extrazug nach Suez fahren. Aber unterwegs versagte die Lokomotive, und die Reise mußte mit dem gewöhnlichen Zug fortgesetzt werden. Das war ein Hauptspaß für Gordon. „Wir haben groß angefangen und dürfen klein aufhören," berichtet er darüber. Von Sauakin gings durch die Wüste nach Berber; etwa zweihundertundzwanzig Mann Militär, die mit ihm an Bord waren, bildeten die Eskorte für den vierzehntägigen Marsch, dessen Länge Gordon keineswegs beklagte, denn es war ihm vor allen Dingen darum zu thun, seinen Soldaten, die nichts weniger als discipliniert waren, Gelegenheit zu geben, ihn kennen zu lernen. Er wußte, was er in China durch persönlichen Einfluß erreicht hatte.

Sein Generalstab bestand aus einem kühnen und in jeder Beziehung tüchtigen Italiener, dem nachmals so rühmlich bekannt gewordenen Romulus Gessi, den er als Dolmetscher schon in der Krim kennen gelernt hatte; ferner aus mehreren anderen Europäern, Namens Kemp, Russell, Anson und zwei Brüdern Linant, dem Amerikaner Long und Abu Saoud, einem gewesenen Sklavenhändler und niederträchtigen Menschen, den er in Kairo als Gefangenen vorfand, und dem er mit einem gewissen Eigensinn zutraute, daß er sich künftighin der Redlichkeit befleißigen und sich nützlich erweisen werde. Der Khedive wußte nicht recht, was er mit diesem Gefangenen anfangen, der am oberen Nil als „Sultan" bekannt war, aber nichts weniger als einen guten Namen dort hinterlassen hatte. Gordons Vorschlag, sich seiner Kenntnis des Landes zu bedienen, hielt der Khedive für sehr gewagt; Gordon aber ließ sich in diesem Vertrauen nicht irre machen, und der ehemalige Sklavenjäger wurde seinem Stabe einverleibt. Die Gewohnheit Gordons, Feinde durch gutes Zutrauen zu Freunden zu machen, hat sich in seinem Leben zwar oft als die richtige Politik erwiesen, Abu Saoud aber hat die ihm entgegengebrachte gute Meinung nicht gerechtfertigt und Gordon viel zu schaffen gemacht, bis dieser sich durch einen Machtspruch seiner wieder entledigte.

Über Gordons Zeit im Sudan liegt ein umfangreicher Band seiner, hauptsächlich an seine Schwester gerichteten Briefe vor; wir folgen ihm ins Land der Schwarzen an der Hand dieser Briefe. Khartum wurde am 13. März 1874 erreicht.

„Der Generalgouverneur kam in voller Uniform Deinem unter dem Donner der Geschütze landenden Bruder entgegen. Gestern stand dieser noch mit nackten Beinen im Nil und half das Boot flott machen — trotz der Krokodile, die einem nichts thun, so lange man in Bewegung ist — heute salutiert ihn die Garde, so oft er sich blicken läßt . . . Ich habe seit meiner Ankunft schon Musterung gehalten und das Spital und die Schulen besucht; die kleinen Schwarzen lachten, als sie mich sahen. Ich wollte, die Fliegen suchten sich ein anderes Quartier, als die Augenwinkel dieser Kinder! Khartum ist eine schöne Stadt, was die Lage betrifft. Die Häuser sind von Lehm und haben flache Dächer . . . Ich bin wohlauf, bei ruhiger Zeit, trotz vieler Arbeit. Übrigens ist es wahr, Herr Selbst ist der beste Diener, den einer haben kann.“

In Khartum scheint er seinen neuen Titel ausfindig gemacht zu haben, und zwar keinen geringeren als „Se. Excellenz General Oberst Gordon, Generalgouverneur am Äquator“, ein Titel, den er mit Recht ein sonderbares Gemisch nennt. Von Khartum aus erging auch sein Erlaß an die neue Provinz, worin er den Elfenbeinhandel als Monopol der Regierung erklärte, die Einfuhr von Waffen und Pulver, sowie unbefugtes Waffentragen überhaupt verbot, und außerdem ankündigte, daß in Zukunft niemand ohne Paß die Provinz bereisen dürfe.

Am 22. März trat er die Reise nach seiner Hauptstadt Gondokoro an. Er erwähnt der großen glitzernden Krokodile, die allabendlich mit weitoffenem Rachen auf dem Ufersand liegen, der vielen Zugvögel, die sich anschickten, den brennenden Süden mit dem Norden zu vertauschen. Hier gab es Störche, schwarze und weiße, zu Tausenden, dort Pelikane und Flamingos, auch große Nilpferde — doch sieht er vorläufig nur ihre Nasen, denn sie stehen mitten im Fluß. Die Affen kommen herdenweise und tragen ihre kerzen=

gerade in die Höhe gerichteten Schwänze wie Speere hinter sich; die Giraffen erscheinen ihm wie wandernde Türme. Offenbar hatte er seine Freude an all dem Neuen, Ungewohnten und beschreibt es gern der fernen Schwester. Eines Abends, als er beim stillen Mondlicht die vor ihm liegenden Schwierigkeiten zu vergessen sucht und halb träumerisch der Heimat gedenkt, erschreckt ihn ein lautes Gelächter.

„Ich war nahe daran, es für eine Beleidigung zu halten," erklärt er spaßhaft, „aber es waren nur ein paar überschlaue Vögel, die guter=dinge schienen und es gar zu lächerlich fanden, daß unsereiner den Weg nach Gondokoro unternimmt, in der Meinung, dort etwas Gutes zu schaffen."

An den ersten Wilden, die er sieht, bemerkt er die Folgen der Mißhandlung.

„Wir kamen an einem Dorfe der Schilluk vorüber, die sich über unsern Anblick wunderten und erschreckt davonliefen, wenn man ein Fern=rohr auf sie richtete."

Am 22. April lief er in den Sobat ein, welcher unterhalb Faschoda in den Weißen Nil mündet. Hier präsentierten sich ihm die ersten seiner Unterthanen — ein Stamm der Denka. Es waren harmlose Leute, ein Hirtenvolk, deren Häuptling nur schwer dazu zu bringen war, an Bord zu kommen.

„Dann aber erschien er in seinem ganzen und besten Staat — einer Halskette von Glasperlen. Wir machten ihm einige Geschenke. Darauf trat er auf mich zu, nahm erst meine rechte Hand und dann meine linke, leckte sie tüchtig, packte mein Gesicht und that, als ob er mich anspeien wollte."*)

*) Diese etwas eigentümliche Begrüßungsformel beschreibt der englische Afrikareisende Petherick folgendermaßen: „Der Häuptling ergriff meine rechte Hand und spuckte herzhaft hinein; dann blickte er mir ernsthaft ins Gesicht und wiederholte die Ceremonie mit aller Umständlichkeit. Im ersten Augenblicke stand ich verblüfft, dann erfaßte mich ein wütendes Verlangen, den Menschen zu züchtigen; er guckte mich aber so leutselig an, daß ich statt der ihm zugedachten Prügel mich damit begnügte, ihm seinen Gruß mit gleicher Münze heimzugeben, und zwar mit reichlichen Zinsen. Da überkam ihn eine gewaltige Freude: ich müsse ein großer Häuptling sein! sagte er zu seinem Hofstaat." —

Man trug zu essen auf; als Häuptling verzehrte er außer seinem auch seines Nebenmannes Teil. Zum Dank wollte er Gordon die Füße küssen, aber das wurde ihm nicht gestattet; er brüllte daher mit seinem Gefolge einen Lobgesang und trug sein Geschenk, eine Kette Glasperlen, vergnügt davon; d. h. der gewandlose Herrscher war viel zu erhaben, um sie eigenhändig zu tragen, er überließ sie einem Geringeren, der sie vor ihm hertrug.

Wo der Bahr el Ghasal in den Weißen Nil einmündet, bildet das Gewässer einen See und Sümpfe. Gordons Dampfer drang stetig vor. Die Eingeborenen, die er jetzt sah, hatten sich die Gesichter mit eingeriebener Holzasche grau gefärbt, elende Menschen, die offenbar kaum zu leben hatten.

> Es ist ein Rätsel, warum sie erschaffen sind! . . . ihr Leben schwankt zwischen Furcht und Not. Kein Wunder, daß sie den Tod nicht fürchten . . . Ich freue mich auf meine Arbeit, denn ich glaube, ich werde manche Gelegenheit finden, das Elend der armen Leute zu lindern."

Er fuhr an einer verlassenen österreichischen Missionsstation vorüber, wo innerhalb dreizehn Jahren fünfzehn Missionare dem Klima erlegen waren, ohne auch nur einen Schwarzen gewonnen zu haben; „die Sklavenhändler hatten den Teufel hingebracht," sagt ein Berichterstatter. Die nächste Station war Bohr, ein Sklavenjägernest, „wo man uns nicht allzu höflich empfing." Am 16. April, also nach einer Fahrt von dreiundzwanzig Tagen, ankerte das Boot bei Gondokoro zum Erstaunen der Leute, die von ihrem neuernannten Gouverneur noch gar nichts gehört hatten. Seine Residenzstadt fand er in verwahrlostem Zustand, und unbewaffnet hätte er sich anfänglich in der nächsten Umgebung nicht zeigen können; die Eingeborenen waren durch lange Mißhandlung allerwärts voll Mißtrauen. Gordon aber war der Hoffnung, sie mit der Zeit zu gewinnen und bessere Zustände einzuführen.

Man sieht aus seinen Briefen, wie er fleißig von Ort zu Ort zieht, vorab darauf bedacht, sich die Herzen seiner schwarzen Unterthanen geneigt zu machen. Hier bringt er den Leuten Korn, dort bringt er sie dazu, selbst Mais anzupflanzen.

„Sie verstehen es ganz gut und thaten es nur deshalb nicht, weil der Ertrag ihnen gewaltsam entrissen wurde; sie pflanzen nur so viel, daß sie nicht geradezu Hungers sterben, und dies nur in entfernt liegenden versteckten Plätzen."

Die Schwarzen erkannten bald einen Helfer in ihm, und einer der ersten Beweise des ihm entgegengebrachten Vertrauens war das Verlangen eines Vaters, seine Kinder, die er nicht ernähren konnte, um eine Handvoll Durra*) zu übernehmen! Gordon nahm die Kinder auch an und kleidete sie. Der Vater kümmerte sich von Stund an nicht mehr um dieselben und erkundigte sich nicht einmal nach ihnen, als er wieder in die Nähe kam. Ein anderes Beispiel von elterlicher Gleichgültigkeit in jenem Lande der Knechtschaft erzählt Gordon so:

„Ein Mann mit seiner Frau und zwei Kindern (unsere ersten Kolonisten!) haben sich nahe bei der Station niedergelassen. Ich verabreiche ihnen täglich etwas Durra, bis das von ihnen gesäete Korn zur Ernte reift. Ich hoffe, ihr Vertrauen zu gewinnen" . . . .

Nach einiger Zeit lautet der weitere Bericht:

„Es scheint, daß der Mann, ehe er hierherkam, eine Kuh gestohlen hatte und deshalb seinen Wohnsitz veränderte. Allein der Eigentümer der Milchspenderin machte ihn ausfindig und verlangte die längst geschlachtete und verzehrte Kuh zurück. Auf meiner Runde kam ich bei der Hütte vorüber und sah nur eins der Kinder. Das andere, erzählte mir die Mutter mit befriedigtem Lächeln, hätten sie dem Mann gegeben, dem sie die Kuh gestohlen hatten. Es wäre ihnen auch gar nicht leid, sagte sie, die Kuh wäre besser!"

Wenn die Mutter eine Spur von Verlangen nach ihrem Kind an den Tag gelegt hätte, so würde Gordon es ihr wieder verschafft haben; aber sie war nichts weniger als betrübt, der Verlust einer Handvoll Durra wäre schmerzlicher gewesen. Um dieselbe Zeit kaufte

*) Eine Art Sorghumkorn, die Mohrenhirse.

Gordon einen Jungen, dessen Bruder ihn um ein Körbchen voll Korn feilbot. Die schwarzen Jünglinge hatten es offenbar miteinander ausgemacht, denn der eine lächelte so vergnügt wie der andere. Gordon nennt derartige Vorkommnisse Experimente; er wollte vor allen Dingen Land und Leute kennen lernen.

Die Sklaverei hat die Stämme so heruntergebracht, daß, wie es Gordon scheinen will, die Eltern- und Kindesliebe kaum mehr bei ihnen existiert. „Organisierte Auswanderung wäre das Beste für dieses Land." Aber so elend das Leben jener Schwarzen ist, so hält Gordon doch mit Recht dafür, daß es anderwärts trotz der gepriesenen Civilisation im Grunde oft nicht besser ist.

„Für junge Leute ist dieses Klima ein äußerst niederdrückendes; wer aber einmal über die Mittagshöhe hinaus ist und gelernt hat, das Leben lediglich als eine Prüfungszeit zu würdigen, der erträgt es und freut sich sogar der Einförmigkeit. Wir sind immer selbst daran schuld, wenn wir unglücklich sind. Wir verlieren die besten Jahre unseres Lebens, indem wir nach einem Glück jagen, das auf Erden nicht zu finden ist. Das Geheimnis des Glücklichseins liegt darin, daß wir lernen, mit dem zufrieden zu sein, was uns beschert ist . . . Die Schwarzen sind mit einer Handvoll Mais zufrieden und Wohlleben ist ihnen ein unbekannter Zustand; sie haben kaum einen Fetzen, um sich die Blöße zu decken, und sind trotzdem glücklicher zu nennen als Hunderte von unzufriedenen Menschen bei uns zu Lande mit ihrer erbärmlichen Vergnügungssucht, wo alles hohl ist . . . Heutzutage wäre niemand weniger willkommen in der Welt als unser Heiland. Man würde ihn für altmodisch erklären . . . Wahres Glück besteht darin, daß man den Willen Gottes annimmt, was dieser auch sei. Wer so weit kommt, hat die Welt und ihre Trübsal überwunden . . . Der stille Friede im Leben unseres Herrn wurzelte lediglich in seiner völligen Ergebung in den Willen Gottes. Freilich giebt es Zeiten, die uns Kampf bringen, aber je nach der Größe des Kampfes ist dann auch das Maß der verliehenen Kraft . . . Ich habe kürzlich ein elendes klapperdürres Weib aufgenommen und sie seither gefüttert; gestern hat der Tod sie ganz still geholt, und jetzt weiß sie alle Dinge. Sie hatte ihren Tabak bis zuletzt und starb sehr leicht. Welch ein Wechsel aus ihrem Elend! Ich denke, sie genügte ihrem Lebensberuf so gut, wie eine Königin Elisabeth."

Ein andermal erzählt er der Schwester:

„Es schwankt eine Gestalt die Straße herauf — so dünn, daß der Wind nicht viel Mühe hat sie umzuwerfen; es ist eine Deiner schwarzen Schwestern, ich sehe, sie bleibt stehen und läßt den Regen über sich ergehen. Ich schicke ihr etwas Durra, das wird ihrem abgezehrten Leichnam eine Freude sein. Sie hat nicht einmal einen baumwollenen Rock an, ja ihre ganze Kleidung ist keinen halben Heller wert."

Am folgenden Tage heißt's weiter:

„Ich muß dir doch schreiben, wie's der schwarzen Dame ferner erging, der ich gestern in Wind und Wetter zu helfen versuchte. Ich schickte meinen Diener hinaus, daß er sie in einer der Hütten unterbringe, und dachte nicht anders als es wäre geschehen. Die Nacht war naß und kalt, und ich hörte mehrmals ein Kind schreien, stand deshalb auf und ging hinaus; da lag Deine und meine Schwester tot in einer Pfütze. Ihre schwarzen Brüder waren hin- und hergegangen und hatten keine Notiz von ihr genommen. Ich ordnete an, daß sie begraben werde und ging weiter; fand ein etwa einjähriges Kind im Gras, das wohl die ganze Nacht in der Nässe gelegen hatte, ohne Zweifel von seiner eignen Mutter ausgesetzt — Kinder sind hier immer eine Last! Ich trugs zurück, und da die Leiche noch immer in der Pfütze lag, machte ich mich selber daran, sie mit Hilfe einiger meiner Leute zu beerdigen. Zu meiner Verwunderung fand ich das Geschöpf lebend, brachte ihre schwarzen Brüder aber nur mit großer Mühe dazu, mit Hand anzulegen, um sie aus der Pfütze aufzunehmen. Ich ließ sie in eine Hütte tragen, ein Feuer anzünden, gab ihr etwas Branntwein ein und wusch ihr den Sand aus ihren lebensmüden Augen. Nun liegt sie da, keine sechzehn Jahre alt! Ich kann nicht anders als hoffen, ihr Schiffchen schwimmt dem Hafen ihrer Ruhe entgegen. Das Kind ist um eine tägliche Portion Durra von einer Familie angenommen worden. Ich zweifle nicht, bin sogar gewiß, daß Du Deine schwarze Schwester einmal finden und dann von ihr hören wirst, daß die ewige Weisheit alles geleitet hat. Ich weiß, daß das nicht leicht zu glauben ist, aber es ist doch wahr! Ich meinesteils ziehe ein Leben unter den Elenden einem Leben trägen Genusses vor. Und es giebt überall Elend. Mancher ist in seinem Reichtum ganz so beklagenswert wie diese arme Sterbliche. Wie schlecht ist dieser Senf angemacht, sagte einer meiner Offiziere neulich, während unsere schwarzen Brüder um uns herlaufen und man ihnen alle Rippen zählen kann!“ ...

Vierundzwanzig Stunden später:

„Laß Dirs nicht zu nahe gehen. Deine schwarze Schwester ist heute nachmittag aus diesem Leben erlöst worden, nur von mir betrauert; ihre schwarzen Brüder sind froh sie los zu sein.“

Neben solchen Erlebnissen finden wir aber den Gouverneur alles Ernstes damit beschäftigt, den Sklavenhändlern hinderlich zu sein, bald macht er jedoch die Entdeckung, daß den Schurken von den Regierungsbeamten Vorschub geleistet wird. Ein seinem Dolmetscher in die Hände gefallener Brief von einer Bande Menschenjäger an den Mudir (Bezirksstatthalter) von Faschoda lautete folgendermaßen: „Wir sind auf dem Weg mit zweitausend Kühen und allem anderen nach Wunsch.“ Die Kühe waren von verschiedenen Stämmen gestohlen, und das ‚alles andere‘ bedeutete eine Anzahl Sklaven. Die ganze Sendung wurde abgefangen, und die Sklaven soweit es möglich war in ihre Heimat zurückgeschickt; einen Teil derselben behielt er. Die Sklavenhändler erhielten wohlverdiente Gefängnisstrafe; nach einiger Zeit aber nahm er die brauchbaren unter ihnen in seine Dienste, so z. B. einen gewissen Nassar, der ein Haupttyrann in jener Gegend war. Diesem jagte er eine Karawane von mehreren hundert Sklaven ab, die derselbe mit einer Bande bewaffneter Schwarzer nach Faschoda zu bringen hoffte; ihn selbst setzte er vierzehn Tage hinter Schloß und Riegel und schrieb dann:

„Ich habe dem Hauptsklavenhändler Nassar verziehen und ihn in meinen Dienst genommen; er ist nicht schlimmer als die andern, und die Leute sind bisher in ihrem Thun nur bestärkt worden. Er ist ein tüchtiger Mensch und kann was leisten.“

Als er nach einiger Zeit seine Station an einen gesünderen Ort verlegte, berichtete er:

„Nicht ich, habs zu Stande gebracht, sondern die gewesenen Sklavenhändler, die ich in meinen Dienst genommen.“

Wie mit den Taipings in China, so verfuhr er hier: zuerst überwältigte er den Feind und dann benutzte er ihn.

Im Mai hatte er den ganzen Weg nach Berber zurückmachen müssen, um seine dort liegen gebliebene Ausrüstung flott zu machen. Und dann gings wieder zurück nach dem Sobat. Es dauerte lange, bis seine Dampfer ihm nachkamen. Mittlerweile ist er aber nicht müßig, gewinnt mehr und mehr das Vertrauen der Schilluk und weiß sich in allen Lagen zu helfen, von der Verfertigung einer Rattenfalle an bis zum eigenhändigen Nähen einer Hose für einen seiner Schwarzen, an welchem wohlgelungenen Kunstwerk er seinen Spaß hat. Und wenn alle anderen in der trostlosen Wildnis mutlos werden, so bewahrt er die gute Stimmung. „Ich bin längst über den Graben des Mißmuts hinaus,“ kann er sagen, denn sein Herz hat einen festen Ankerpunkt. Als er einst nach viertägiger Abwesenheit auf seine Station zurückkam, drängten die Schwarzen sich um ihn, die er den Sklavenhändlern abgejagt hatte, sie wollten ihm alle die Hand geben. Das freute ihn. „Ich kann jetzt allein umhergehen und alle grüßen mich.“ Kein Araber durfte das wagen, so fürchteten sie die von ihnen unterdrückten Neger. Daß die Scheiks um Gondokoro her sich ihm zuneigten, verdankte er übrigens teilweise dem Einfluß Abu Saouds. Er machte ihn zu seinem Vakiel oder Unterstatthalter.

In Gondokoro geriet Gordon mit Raouf Bey, einem Beamten, in Konflikt; derselbe war Statthalter gewesen, aber nur auf seinen Gewinn bedacht, hatte er nichts gethan, das Gordon ihm nachrühmen konnte. Zwischen ihm und Abu Saoud entspannen sich auch alsbald aus Eifersucht Zwistigkeiten. Gordon fand es rätlich, ihn mit Briefen nach Kairo zu senden, mit andern Worten sich seiner zu entledigen. Und mit Abu Saoud mußte er bald ähnlich verfahren. Dieser hatte sich allerlei Betrügereien zu Schulden kommen lassen, auch hatte er Elfenbein unterschlagen, das für die Regierung bestimmt war. Außerdem gebärdete er sich den andern Offizieren gegenüber, als ob er Statthalter wäre. Gordon sah, daß er sich in seinem Vertrauen getäuscht hatte. Er gab ihm den Laufpaß, nicht zu früh, denn es stellte sich heraus, daß Abu Saoud eine Meuterei unter den von ihm befehligten schwarzen Truppen anzuzetteln im Begriff war. Diese erklärten, sie würden ohne ihn nicht nach Dufli gehen, wohin sie das Dampfboot in Teilen tragen sollten, damit es dort wieder zusammengestellt werde. Gordon, der unlängst erklärt hatte, daß die Losung der Provinz „Hurryat," d. i. Freiheit, sei, erwiederte, sie könnten bleiben wo sie wären, aber keine Macht der Welt würde ihn zwingen, Abu Saoud mit ihnen zu schicken, denn das würde seine „Hurryat" beeinträchtigen. Da sie übrigens von der Regierung Sold nähmen, so versähe er sich ihres Gehorsams. Seine feste Haltung stellte die Ruhe her, und Abu Saoud ging seiner Wege, ohne jedoch sofort die Provinz zu verlassen. Nach einigen Wochen kamen Gessi und einer der anderen Offiziere um seine Begnadigung ein, weil die Kenntnisse des Schurken eben doch dienlich waren. Gordon gab nach; „braucht doch jeder selbst Gnade," schreibt er, „und kriegt sie auch, so er darum einkommt." Die Zurückberufung des Menschen war aber ein Fehler; bald darauf mußte er doch nach Kairo zurückgeschickt werden.

Auch mit Krankheit hatte Gordon zu kämpfen. Er selbst, zwar zu einem Schatten abgemagert, war der einzige Gesunde unter all seinen Offizieren. Sein Zelt nannte er ein Lazaret, und Tag und Nacht wartete er der Siechen. Der eine der beiden Linant und zwei andere starben, mehrere mußten zurückgeschickt werden. „Ich bin wohl, aber sehr überreizt," erklärte er, „was schlimm ist, wenn mir etwas quer kommt." Damit meinte er die kleinen Widerwärtigkeiten, die immer wieder einen Teil seiner Last ausmachten. Er mußte sich um alles selbst kümmern.

„Die Hauptsache ist immer gerecht und gradaus zu verfahren; keinen Menschen zu fürchten; alle Winkelzüge zu vermeiden, selbst wenn man für den Augenblick dabei verlieren sollte, und allen, die nicht parieren wollen, mit vollster Strenge zu begegnen. Es ist nicht immer leicht!"

Auf dem Wege nach Rigaf oberhalb Gondokoros wurde er von einem Scheik aufgefordert, bei ihm Quartier zu nehmen; er lehnte es ab und fand in der Nacht sein Zelt von diesem Häuptling und seiner Truppe umstellt. Mit dem Gewehr in der Hand hieß er sie ihrer Wege gehen, und die beträchtliche Anzahl gehorchte dem „zum Schatten abgemagerten" Mann.

Ein großer Fortschritt mit den Eingeborenen war, daß er ihnen den Gebrauch des Geldes beibrachte. Vorher hatte nur Tauschhandel existiert; und es war der Häuptling, der beispielshalber ein Geschenk von Glasperlen oder Kattun beanspruchte, wenn der Stamm zum Lastentragen bestellt war. Gordon entdeckte, daß die Leute schlecht dabei wegkamen, und nahm sich vor die Vorrechte der Scheiks in etwas zu verringern. Bei nächster Gelegenheit gab er jedem Lastträger selbst einige Glasperlen; am folgenden Tage lohnte er sie mit Kupfergeld ab — jeder erhielt einen halben Piaster. Darnach bot er ihnen Glasperlen zum Verkauf an. Sie merkten den Witz auch alsbald und erklärten, sie wollten erst noch mehr Kupfer verdienen und sich dann eine größere Anzahl Perlen dafür geben lassen. Er richtete einen förmlichen Laden ein, wo allerlei zu haben war, was den Eingeborenen begehrlich erschien; wie bei allen Neuerungen ging es auch hier keineswegs ohne Widerspruch ab.

Unter viel Krankheit der Stabsmannschaft ging das erste Jahr zu Ende. Gordon beschloß das Hauptquartier auf die andere Seite des Flusses nach Lado zu verlegen, um der Sumpfluft bei Gondokoro zu entgehen. Um diese Zeit kam sein Ingenieur Kemp, der in Dufli, etliche hundertdreißig Meilen weiter oben am Nil, damit beschäftigt war, den Dampfer zusammenzufügen, mit dem der Albert Nyanza erreicht werden sollte, mit der Nachricht zurück, daß von dem Unternehmen vorläufig abgestanden werden müsse. Die Stämme waren mit seiner moralisch ganz ungenügenden Mannschaft ins

Treffen geraten. Doch brachte Long, der Amerikaner, bessere Kunde, der mittlerweile bei dem König Mtesa von Uganda gewesen war und sich einer guten Aufnahme bei der schwarzen Majestät erfreut hatte. Außerdem hatte er die Wasserverbindung zwischen Urondogani und Foweira entdeckt, wofür ihm Gordon großes Lob zollte.

Die eignen Erfolge Gordons faßt ein Sachverständiger mit folgenden Worten zusammen: „Gordon hat Wunder vollbracht in der kurzen Zeit. Bei seiner Ankunft fand er siebenhundert Mann Soldaten in Gondokoro vor, die sich nur truppweise und bewaffnet in die nächste Umgebung wagten; mit diesen hat er nicht weniger als acht Stationen besetzt. Sir Samuel Bakers Äquatorzug hat die ägyptische Regierung über eine Million Pfund Sterling gekostet, während Gordon bereits genug Geld nach Kairo geschickt hat, um alle Unkosten seines Unternehmens nicht nur für dieses Jahr, sondern auch für das kommende zu decken.“ Es war dies lediglich ein Resultat seiner getreuen und umsichtigen Verwaltung der rechtmäßigen Einkünfte, hauptsächlich des Elfenbeinmonopols. Ein schönerer Erfolg aber war der, daß trotz seiner Strenge gegen die Araber, oder vielmehr gerade wegen dieser Strenge, die Schwarzen landauf landab angefangen hatten, in ihm ihren einzigen Helfer gegen die Unterdrücker zu erblicken. Er hatte ihr Vertrauen gewonnen, so unmöglich es anfangs schien.

Der Hauptplan für das Jahr 1875 war die Verbindung Gondokoros mit dem südlicheren Foweira, die durch eine Reihe von befestigten, je eine Tagereise von einander entfernten Stationen hergestellt werden sollte. Foweira konnte zur Zeit nur durch eine beschwerliche, sechs Monate in Anspruch nehmende Reise erreicht werden und eine Karawane mußte mindestens hundert Mann stark sein. Später waren zehn Mann ausreichend, um den Weg in Sicherheit zurückzulegen, und statt der Monate genügten Wochen. Außerdem hoffte Gordon, den Äquatorbezirk von einer neuen Richtung her zugänglich zu machen, hatte er doch selbst die Schwierigkeiten der Verbindung mit Ägypten über Khartum reichlich erfahren. Nach seinem Plan sollte die Mombasbay am indischen Ocean zur Kopfstation werden, von wo aus eine Karawanenstraße durch Mtesas Land an die Nyanzas führen sollte. Dem Khedive war der Vorschlag nicht unwillkommen, denn es stand mit auf seinem Programm, die ägyptische Flagge auf dem Albert Nyanza wehen zu lassen. Es wurde auch ein Anfang gemacht, nämlich ein Pascha entsandt, um den Plan zu verwirklichen, zur Ausführung kam er aber nicht.

Gordons nächste Briefe erzählen von einem König und einem Häuptling, die ihm zu schaffen machten. Von Foweira war Nachricht gekommen, daß Kaba Rega, der König von Unyoro, sich mit den Sklavenhändlern verbündet hatte und einen Überfall auf jene Stadt beabsichtigte. Er beschloß diesen Kaba Rega seines „Stuhls"*) zu entsetzen, und einen gewissen Rionga zum König zu machen; es war dies aber schon der Entfernung wegen leichter geplant als ausgeführt und blieb einstweilen ein Vorhaben. Der unruhige Häuptling, Scheik Bidden, war näher bei der Hand; diesem hatte Gordon im Herbst einen Boten mit Geschenken zugeschickt. Den nächsten Boten werde er umbringen, hatte der schwarze Machthaber zurückmelden lassen. Bidden beherrschte einen Distrikt in der Nähe von Rigaf, und Gordon sah, daß er nicht weit würde vordringen können, ehe er sich Bidden botmäßig gemacht hätte, der überdies ganz kürzlich einen dem Statthalter freundlich gesinnten Häuptling überfallen hatte. Das einzige Mittel, ihn Respekt zu lehren, bestand darin, ihm sein Vieh abzujagen. Gordon beschreibt diese Razzia folgendermaßen:

„Ich ließ sechzig Mann auf der Ostseite des Flusses vordringen und

---

*) Sir Samuel Baker erzählt in seinem Buch „Ismailia", daß der Thron der Könige von Unyoro aus einem sehr kleinen und alten, aus Holz und Kupfer verfertigten Stuhl besteht, der seit Generationen von König auf König übergeht und als ein „Kogur" oder Talisman gilt. Gelänge es einem Feind, des Stuhles habhaft zu werden, so würde der König in so lange aller Autorität verlustig sein, als der kostbare Sessel nicht wieder zurückerobert würde. Der König und sein Sitz sind deshalb fast unzertrennlich, und wo jener hingeht, nimmt er diesen mit.

hundert Mann auf der Westseite, während ich selbst mit einem Offizier und zehn Mann ein Boot bestieg in der Absicht, nach den Inseln zu rudern, wo die Viehseriben*) sich befanden. Um zehn Uhr abends stießen wir ab, es war eine wunderschöne Mondnacht. Die Entfernung bis zu Biddens Inseln betrug etwa fünf Wegstunden; und dort fangen die Stromschnellen an. Nach einiger Zeit geriet das Boot in eine Untiefe und mußte zurückbleiben. Der Offizier mit acht Soldaten marschierte voraus, mich zurücklassend . . . Wir waren nicht weit von einer der Inseln, und ich allein mit nur zwei Mann und einem Dolmetscher! Wir gingen eine Strecke weiter und setzten uns dann nieder; man konnte Stimmen in der Seriba unterscheiden" . . .

Sowohl die westliche als östliche Abteilung seiner Leute sollte hier mit ihm zusammenstoßen; die sudanische Mannschaft war aber nicht sehr zuverlässig. Es war vier Uhr und in weniger als zwei Stunden mußte es tagen. Gordon sagt, militärisch sei die Lage eine ganz schlimme gewesen, aber sie war nicht zu ändern. Er legte sich daher ruhig hin und schlief eine Weile; als er aufwachte, stand das Morgenrot am Himmel und man hörte eine Trommel in der Seriba, das Signal zum Melken.

„Das Vieh ist nur nachts in der Seriba; die Umzäunung hat einen einzigen Eingang und die Krieger schlafen in der Mitte. Für den Angriff empfiehlt sich folgende Methode: man postirt ein paar Mann am Eingange, die bei Tagesanbruch, ehe die Herde hinausgetrieben wird, mit drei Schüssen ein Zeichen geben. Wartete man, bis das Vieh im Freien ist, so kriegte man nicht leicht ein Stück. Die Helden von Herdenwächtern suchen das Weite, sobald sie schießen hören, geben aber den Alarm mit der Kriegstrommel, wenn die Flucht keine zu eilige ist. Die Seriba zu verteidigen, fällt ihnen nicht ein; und es ist immer am besten, sie laufen zu lassen, denn die Kühe sind die Hauptsache. Während ich also die rote Glut im Osten aufsteigen sah, ertönten uns gegenüber drei Signalschüsse, und alsbald wirbelte die Trommel in der Seriba. Es war aber ein schwacher Wirbel, und die anderen Nozans oder Trommeln schwiegen dazu . . . Nach einiger Zeit erschienen unsere Alliierten, der freundlich gesinnte Scheik und seine Leute. Biddens Krieger, meldeten

*) Seriba oder Kral, eine Umzäunung.

diese, hielten stand inmitten ihrer Kühe und schössen ihre Pfeile ab. Bald aber liefen sie doch davon, und die Herde war gewonnen. Ich entschädigte den Scheik mit dem, was keineswegs unser Eigentum war" . . .

Die andere Abteilung hatte ähnlichen Erfolg, und so wurde der widerspenstige Bidden ohne Blutvergießen oder Dorfverbrennen durch einen Verlust von zweitausendsechshundert Stück Vieh gezüchtigt.

Etwa vierzehn Tage später machte Gordon einen Ausritt und, auf einen Trupp Eingeborner stoßend, fragte er sie, ob sie Biddens Leute wären. Da wiesen sie auf einen alten Mann, der unter einem Baume saß, und sagten bedeutungsvoll: „Bidden!" Der gefürchtete Scheik war ein blinder Greis! Gordon ging sofort auf ihn zu und schenkte ihm seine Pfeife (übrigens ein Blas-, kein Rauchwerkzeug) und eine Portion Tabak. Das freute den Alten, und er versprach dem Gouverneur einen freundschaftlichen Gegenbesuch. Als er sich einfand, gab Gordon ihm eine Anzahl seiner Kühe zurück, welche Großmut den günstigsten Eindruck auf die Stämme machte. Bidden, der Greis, war indessen nur dem Namen nach Scheik, sein Sohn war der wirkliche Machthaber.

Seine Arbeit während der nächsten Monate faßt Gordon so zusammen:

„Ums kurz zu sagen, ist's wenig genug — an einem Fluß hin befestigte Stationen errichten, und Boote durchzwingen, wo die Schiffahrt fast unmöglich ist — das ist so ziemlich alles, und die Mühe ist größer als der Erfolg."

Aber ob es auch wenig scheint, so weiß Gordon doch, daß durch anscheinend geringe Dinge oft Großes erreicht wird. Zwar weiß er nicht, daß er in der Vorbereitung auf Größeres steht, aber im Glauben, daß Gott ihn an jenen Posten gestellt hat, dringt er vorwärts, und als sein Motto für diese Zeit kann das Wort des Predigers gelten: „Alles, was dir zu thun vorkommt, das thue frisch!" Der Held von China, der Mann von Gravesend, thut überall sein Bestes, mag die übernommene Arbeit äußerlich eine glanzvolle sein oder nicht.

Die Nilbarken, „Nuggers“ genannt, durch die Stromschnellen und zwischen Felsen flußaufwärts zu bringen, scheint eine Riesenarbeit gewesen zu sein; er spricht von sechzig bis achtzig kohlschwarzen, atlashäutigen Eingeborenen, die jedem Boot vorgespannt sind. Die Stämme sahen es erstaunt mit an und ließen ihre Zauberer das Wasser schlagen, teils freundlich, teils feindlich gesinnt. Und wenn die Lage oft eine verzweifelte zu sein schien, so war sie doch so, daß Gordon in seiner eigentümlichen Weise schreiben konnte:

„Ich wußte mir selbst oft nur damit zu helfen, daß ich mir die Nuggers herbetete, wie einst die Truppen in China, wenn sie nicht mir nach in die Bresche wollten.“

Energie und Glaube waren bei ihm eng verschwistert! Er hat in jenen Tagen und Wochen lange Briefe geschrieben, die eine Kette von Schwierigkeiten berichten, aber er bewältigte sie, und nacheinander wurden die Stationen Kerrie, Muggi, Labore und Dufli erreicht. Ob der Khedive mit ihm zufrieden ist oder nicht, darnach fragt er nicht.

„Ich danke Gott, daß ich's längst aufgegeben habe, mich um die Gunst oder Ungunst von Menschen zu kümmern. Ich kann ehrlich sagen, ich weiß keinen, der die Verbannung und Quälerei meines gegenwärtigen Lebens ertrüge . . . Ich thue mein Bestes, soweit mein Verstand mir's zeigt, und suche gegen alle gerecht zu sein . . . Was würde ich hier zurücklassen, wenn es Gottes Wille wäre mich zurückzurufen — ein Zelt, Hitze bei Tag und feuchte Kälte bei Nacht, die geringste Nahrung, die sich denken läßt: trockenen Zwieback, gedörrtes Fleisch, etwas Maccaroni, das ist alles. Mit Tagesanbruch an die Arbeit und früh zu Bett (ich lege mich um sieben oder acht Uhr, der Moskitos wegen, und wollte, sich legen hieße schlafen!) Nichts zu lesen, ein Buch ausgenommen, und dieses nicht so oft als man wünschte, weil die Ruhe fehlt, die zu andächtiger Betrachtung der göttlichen Geheimnisse nötig ist; den lieben langen Tag nichts als Plackerei, an alles selbst denken, alles selbst thun, wenn's geschehen soll, das ist zur Zeit mein Leben ... Die arme Excellenz ist der Hauptsklave."

Und während der ganzen Zeit lassen seine von Khartum ihm folgenden Dampfer auf sich warten. Zuletzt kann er aber doch schreiben:

„Wie froh bin ich, daß die Verbindung hergestellt ist! Gestern kam ein Mann allein von Bidden her; vor einiger Zeit wagten die Leute nur zu zwanzig und dreißig den Weg. Die Schwarzen würden sich im hohen Gras versteckt haben und hätten den Hintermann angespießt. Jetzt sind sie ganz freundlich. Ein Bari in meinem Dienst hat dieser Tage ein Schaf gestohlen, und alsbald kamen die Beschädigten zu mir, um Recht und Gerechtigkeit zu erlangen, und sie kamen nicht umsonst. Ist das nicht schön? Auch unter meinen Leuten hat eine Veränderung stattgefunden; sie fürchten die Schwarzen nicht mehr wie früher, es herrscht ein besseres Einverständnis ... Die Stämme haben viel Verkehr miteinander, und auch solche, die uns nicht kennen, wissen es jetzt, daß wir nicht zu fürchten sind."

Allerdings hatte er die Eingeborenen auch von der feindlichen Seite kennen zu lernen, so z. B. schreibt er zwischen Muggi und Labore:

„Es herrscht große Aufregung auf der anderen Seite des Flusses; ein Scheik in einem roten Hemd mit zwanzig Bewaffneten läuft hin und her und Zauberfeuer sind zu sehen. Sonderbar, daß all dies Entsetzen dadurch hervorgerufen scheint, daß ich in einem Nachen überfuhr. So viel Vorstellung mußte der Anblick der Nuggers ihnen doch geben, daß wir überfahren können, wenn wir wollen .... Mein Fernglas zeigte mir eine Anzahl Eingebornene, die unter einem Baume saßen. Nach einiger Zeit stand einer auf und wandte sich gegen Norden, pflückte einige Kräuter und schwenkte sie fortwährend gegen unser Lager; darnach lief er südwärts und machte eine ähnliche Bewegung, als ob er Hilfe herbeiwinke. Ohne Zweifel war er ein Prophet, der Israel verfluchen sollte. Sie waren etwa dritthalbtausend Fuß von uns entfernt. Um ihnen ein bißchen Schrecken einzujagen, schoß ich eine Kugel so ab, daß sie etwa fünfzig Schritte zu ihrer Rechten in den Boden schlug. Da hörte das Zaubern sofort auf, und sie wunderten sich offenbar, dabei ertappt zu sein."

Linant, der Bruder des in Gondokoro dem Fieber Erlegenen, kam um diese Zeit von einem Streifzug nach Makade zurück. Vorher war er bei Mtesa gewesen und hatte Stanley, den bekannten Afrikareisenden, dort getroffen. Gordon sollte nun abermals erfahren, was seine Araber wert waren. Er hatte etliche dreißig Mann über den Fluß geschickt, weil Nachricht eingetroffen war, daß einer der längst erwarteten Dampfer in einiger Entfernung fest säße. Kaum waren aber die Leute gelandet, als sie von einem Trupp Eingeborener, die sich im hohen Grase verborgen gehalten hatten, überfallen und zurückgeworfen wurden. Gordon fuhr alsbald selbst über und versuchte, durch seinen Dolmetscher eine Unterhandlung anzuknüpfen. Die Schwarzen wollten aber nichts davon wissen. Als den „Häuptling" erkannten sie ihn an seinem Schirm und suchten ihn zu umringen. Er ließ sie ruhig näher kommen und schickte dann eine Ladung Kugeln unter sie. Zu treffen waren sie übrigens nicht leicht, denn sobald sie den Feind schußfertig sahen, lagen sie auch schon auf dem Leib. Am folgenden Morgen schlug Linant vor, mit einem Teil der Mannschaft überzusetzen und den Eingeborenen ein paar Häuser in Brand zu stecken. Gordon gab es zu, denn es war zu fürchten, die kampflustigen Gesellen möchten den Dampfer überfallen. Er selbst blieb zurück. Gegen Mittag hörte er schießen und erblickte Linant, den er an dem roten Hemd erkannte, das er ihm geschenkt hatte. Er konnte auch seine Mannschaft beobachten, es waren gegen vierzig Mann. Mit einemmale aber waren sie verschwunden, und sein Fernrohr zeigte ihm ungefähr dreißig Schwarze, die eiligst flußabwärts liefen. Er vermutete, sie suchten den Dampfer, und schickte einige Kugeln unter sie. Nach einiger Zeit erblickt er einen einzelnen Mann von seinen Leuten, der ohne Waffen daherkam; er sandte alsbald einen Nachen über den Fluß und ließ ihn holen. Die Eingeborenen hätten ihn entwaffnet, erklärte er, und die andern wären alle tot. Gordon hatte nur noch dreißig Mann bei sich, und diese waren hilflos vor Angst. Trotzdem beschloß er zu handeln. Die Station war unbefestigt und es galt Weiber und Kinder in Sicherheit zu bringen; er mußte sich nach der nächsten Station durchschlagen. Dies ließen die Eingeborenen ruhig geschehen, nur daß ihr Zauberer von einem Felsen herunterschrie: „Ha ha! ta ta a!“ soviel als „Geschieht euch recht!“ Gordon belehrte aber den Hexenmeister mit einer Kugel, daß es unklug sei, den Feind in Schußweite zu verwünschen. Leider stellte es sich heraus, daß nicht nur fast die ganze Mannschaft, sondern Linant selbst dem Überfall erlegen war; und zwar war dieser offenbar ein Opfer seines roten Hemdes geworden, das den Schwarzen als begehrenswerte Beute erschien. Er fiel zuerst, von seiner Mannschaft verlassen, die vor Schrecken zu schießen vergaß; und als einer dahin und ein anderer dorthin lief, wurden die meisten durchspeert. Gordon betrauerte Linant um so mehr, als er ihm das unselige Hemd selbst geschenkt hatte. Aber trotz des empfindlichen Verlustes kann er die Eingeborenen nicht verdammen; er kann es vielmehr begreifen, wenn sie sagen: „Wir brauchen eure Glasperlen und euren Kattun nicht — laßt uns in Frieden.“ Und er denkt daran, wie ernsthaft sie zauberten, ehe sie den Überfall wagten; er sagt sogar, er hätte eine Ahnung gehabt, daß der Sieg diesmal nicht auf seiner Seite sein würde.

„Es war ihnen offenbar ernst mit ihrem Beten“, schreibt er, „sie wußten, daß sie Hilfe nötig hatten und wendeten sich an den unbekannten Gott. Denn wenn der Schwarze auch den wahren Gott nicht kennt, so kennt Gott doch ihn; und Gott ließ sie merken, daß sie beten müssen, und erhörte ihr Gebet. Rosse werden zum Streittag bereitet, aber der Sieg kommt vom Herrn.“

Trotzdem er aber so denkt, weiß er, daß die Schwarzen gezüchtigt werden müssen, was dadurch geschieht, daß er ihnen zweihundert Kühe und fünfzehnhundert Schafe entführt. Da auch des Häuptlings Tochter eingefangen wurde, ließ er dem Vater sagen, wenn er versprechen wolle, sich künftig ruhig zu verhalten, könne er sie wieder haben. Die Köpfe Linants und seiner Gefährten hatten die Schwarzen an Pfählen aufgesteckt, die Leiber aber aus Furcht vor Gespenstern begraben. Es blieb bei diesem einen Überfall, aber noch eine gute Strecke begleiteten sie Gordon in gehöriger Entfernung am Ufer hin; und mehr wie einmal konnte er „Balak und Bileam“ auf den Anhöhen beobachten, wie sie ihm von Herzen alles Böse wünschten.

Im September endlich wurde Dufli erreicht, wo der Nil in einem engen Thal zwischen Hügelreihen fließt; der Fluß, dessen Wassermassen an mehreren Stellen einem See gleichen, ist dort nur etwa hundert Fuß breit. Alles umsonst! war Gordons erster Eindruck, als er nach unsäglichen Mühen so weit gekommen war. Es hieß: bis hierher und nicht weiter, die Folafälle waren die Grenze. Doch konnte er sich damit trösten, daß er die Schiffahrt wenigstens so weit als möglich nachgewiesen hatte, und die errichteten Stationen von bleibendem Wert waren. Nachdem er sich vierzehn Tage in Dufli aufgehalten hatte, das er als eine Insel in einem Meer von Riedgras beschreibt, zog er landeinwärts nach Faschelie, wo er eine Bande Dongoleser Sklavenjäger aufhob. An diesem Ort erreichte ihn ein „kühler“ Brief des Khedive. Gordon, den es ohnehin verlangte, eine Statthalterschaft niederzulegen, die ihn lediglich zum Entdeckungsreisenden machte, gab alsbald Befehl zu packen und schickte sich an, eine Depesche abzufertigen, die seine Rückkehr melden sollte. Als nach wenig Tagen aber ein Brief in anderer Tonart von Kairo den ersten zu vernichten schien, hatte er nicht das Herz, sein Amt Knall und Fall niederzulegen. Dahin aber hatte er sich entschlossen, daß er einem andern die Ehre überlassen wolle, den Albert Nyanza zu erforschen. Vielleicht könne Stanley diesen Ruhm seinen anderen Thaten anreihen, meinte er. Wenige, die so weit gedrungen wie er, hätten es sich wohl versagt, auch noch die letzte Strecke zu bewältigen; er gehörte aber nicht zu den Leuten, die den Nilquellen oder sonst einer Entdeckung zu lieb — Neugierde nennt er es — Leben und Gesundheit einer Mannschaft aufs Spiel setzen. Die Geographen könnten sich auch später noch einigen, sagte er, und die Seen würden mittlerweile nicht austrocknen. Ihm genügte es, daß er für andere den Weg geebnet hatte. Am letzten Tag des Jahres kann er schreiben:

„Endlich ist der Dampfer in Sicht, d. h. die Lastträger, welche die einzelnen Teile daherschleppen. Die Arbeit war eine entsetzliche, und das ganze Jahr ist eine Last gewesen, die manch sauren Schweißtropfen gekostet hat."

Man kann es begreifen, wenn Gordon seiner Schwester erklärt, die schönste Entdeckungsreise, die er sich noch denken könne, wäre der Rückweg in die Heimat.

Ein Ergebnis seines Fleißes in jener Zeit sind seine Nilkarten.

„Wir haben den Fluß (im halben Zoll-Maßstab per Meile) von Khartum bis Dufli und wider von Foweira bis Mruli, und ich hoffe, entweder ich oder einer meiner Offiziere wird die Strecke von Dufli bis zu den Murchisonfällen auch noch aufs Papier bringen."

Somit blieben drei Lücken: 1) von Kositza nach Mruli, 2) von Foweira nach den Murchisonfällen und 3) der Albertsee. Trotz seinem Vorhaben, den Geographen zu lieb seinen Truppen nicht weitere Entdeckungsfahrten zuzumuten, füllte er doch diese Lücken noch aus. Die Folafälle bei Dufli, wo der Fluß etwa eine Stunde lang durch tiefe Schluchten sich stürzt, sind die einzige Strecke des ganzen Nils, die er nicht zu durchschiffen vermochte.

Ende Januar 1876 erreichte er Fatiko und Foweira im Lande Unyoro; dort hörte er, daß Kaba Rega mitsamt seinem Sessel sich nach Massindi davongemacht hatte. Foweira wurde nach einem fünftägigen Marsche durch dornenbewachsenes Land erreicht. Von dort ging er nach Mruli, um dann nach Urondogani vorzudringen. Die kurze Strecke von diesem Ort bis zum Viktoriasee ist das „einzige Stückchen" Nil, das Gordon schließlich nicht selbst bereiste.

Im Februar traf er mit seinem Unterbefehlshaber Gessi in Dufli zusammen. Letzterer machte sich von dort mit zwei Booten nach den Seen auf den Weg. Er umschiffte den Albert Nyanza in neun

Tagen und fand ihn hundertvierzig Meilen lang und fünfzig breit. Durch einen Sturm wurde er an eine Insel verschlagen, die voll von Kaba Regas Truppen war, die sich aber weigerten, mit seinen Leuten anzubinden, weil sie den weißen Mann für einen Teufel hielten. Gessi errichtete des Khedive Flagge am See, und die Stämme ergaben sich nacheinander. Die Schwarzen in jener Gegend waren gekleidet, während in den vorher durchreisten Nilstrecken die Menschen nackt gingen.

Die nächsten Monate bis zum August waren für Gordon eine Zeit verhältnismäßiger Ruhe; er reiste zwischen den gewonnenen Stationen hin und her, und seine Briefe bezeugen es, daß seine Gedanken in stillen Tagen sich am liebsten den ewigen Dingen zuwenden, die ihm vor allen die wichtigsten sind.

Im September war er wieder auf dem Marsche nach Massindi. Kaba Rega hatte die meisten seiner Anhänger verloren, während Rionga und ein anderer Häuptling sich um die Herrschaft stritten. Längere Zeit vorher hatte Gordon Mannschaft nach Massindi abgefertigt und aus erhaltener Botschaft konnte er nur schließen, daß dieser Ort von den betreffenden Truppen besetzt sei. Als er aber in die Nähe kam, fand er, daß seine Araber ihn betrogen hatten und nie dort waren, obschon der Anführer seine Meldungen von dorther datierte. Er selbst kam mit einer kleinen Anzahl und geriet durch diesen Verrat der nichtswürdigen Mannschaft förmlich in eine Falle.

Die Stämme lauerten ihm von allen Seiten her auf.

„Ich danke Gott nicht nur mit Worten, sondern aus tiefster Seele,“ schrieb er, „daß er uns glücklich durchbrachte.“

Er hatte nicht hundert Leute bei sich, und von diesen war ein Drittel kaum sechzehnjährig. Die Mannschaft, die er nach seinem Befehl in Massindi wähnte, lag die ganze Zeit auf der faulen Haut in Keroto, eine Tagereise davon entfernt. Als er hinkam, brach er in einen „wütenden Zorn“ aus, dann aber beruhigte er sich.

„Als einer, dem selbst Erbarmung widerfahren ist, konnte ich nur

Gnade vor Recht ergehen lassen", sagte er. „Sie sind ein erbärmliches Volk, was kann man von ihnen erwarten!"

Während der nächsten Wochen errichtete er noch verschiedene Stationen, von welchen aus der ägyptische Einfluß sich geltend machen sollte. Es blieb den Besatzungen überlassen, den Kaba Rega in Ordnung zu halten.

Die drei Jahre seiner persönlichen Statthalterschaft am Äquator waren eine Zeit der Pionierarbeit und der Vorbereitung für weitere drei Jahre, die nun folgten. Er sollte erst zu dem Kampf gestählt werden, der ihm bevorstand. Nur durch innerliches Wachstum eilt ein Mann wie Gordon von Sieg zu Sieg.

Am 29. Oktober schrieb er von Khartum aus: „Es giebt englische Spatzen hier, was für eine Freude, sie zu sehen." Anfangs Dezember war er in Kairo und am heiligen Abend des Jahres 1876 begrüßten ihn die Seinen in der Heimat.

Fünftes Buch.

Der General-Gouverneur des Sudan.

Erstes Kapitel.

Als Ritter ohne Furcht.

„Man wirft mir vor, den Engländern nicht zu trauen," sagte der alte Khedive Ismail, als es sich um seine Absetzung handelte, „habe ich nicht noch immer dem Gordon Pascha vertraut? Der ist ein ehrlicher Mann, ein guter Landverwalter und kein Diplomat!" Ismail war darum auch keineswegs damit einverstanden, einen so tüchtigen Mann zu verlieren. Gordon aber hatte als Ultimatum erklärt, daß er nur dann zurückkehren werde, wenn ihm die Gesamtstatthalterschaft der Sudanländer übertragen würde. Seine drei Jahre am Äquator waren ja keineswegs verlorene Zeit gewesen, er hatte die Sklavenjagd in seinem Bezirk geschwächt, wenn nicht unterdrückt, aber von der Hauptstadt Khartum aus hatte der General-Gouverneur Ismail Yacoub Pascha seinen Bestrebungen stets entgegengearbeitet. Er mußte in Zukunft ganz freie Hand haben. Daß man ihm so weit entgegenkommen werde, dachte er keineswegs, als er sich zu einer Besprechung nach Kairo begab, der Khedive aber war zu allem bereit. Yacoub wurde beseitigt, und Gordon verließ die Residenz als Oberstatthalter einer von Südägypten bis zum Äquator, und vom Roten Meer bis Darfur sich erstreckenden Provinz.

Er sollte drei Vakiele oder Untergouverneure haben, einen im eigentlichen Sudan, einen in Darfur, und einen am Roten Meer. Als die beiden Hauptzwecke seiner Verwaltung war „die Vervollkommnung der Verkehrsmittel und eine völlige Unterdrückung des Sklavenhandels“ in Aussicht genommen. Außerdem hieß es im neuen königlichen Bestallungsschreiben: „Il y a sur la frontière d'Abyssinie des disputes; je vous charge de les arranger.“

Am 18. Februar 1877 machte sich Gordon zu seiner zweiten größeren Berufserfüllung im Lande der Schwarzen nach dem Sudan auf den Weg, nicht auf sich selbst vertrauend, wohl aber stark in der Kraft seines Herrn.

„Ich ziehe allein hinauf mit dem allmächtigen Gott, der mich führen und leiten wird; wie gut ist's, sich so völlig auf ihn zu verlassen und nichts zu fürchten, ja ‚und des Gelingens gewiß zu sein!“

Nach des Khedive Erklärung betraf die abessinische Mission Grenzstreitigkeiten. Die Lage war kurz die: nach König Theodors Tod hatte ein gewisser Kasa, unter dem Namen Johannes, sich zum Herrscher aufgeworfen, allein Johannes war, wie Gordon treffend bemerkte, da König, wo er sich gerade befand, anderwärts galt er nichts. Im Trüben fischend hatten die Ägypter darauf Bogos annektiert, während der rechtmäßige Regent, Walad el Michael, von Johannes gefangen gehalten, aber aus Frucht vor dem allzunah heranrückenden Nachbar unter der Bedingung freigelassen wurde, daß auch er sich gegen den gemeinsamen Feind zur Wehre setzen werde. Die Abessinier hatten zuerst die Oberhand, Walad aber fand seine Gelegenheit, den Ägyptern sich anzuschließen und andere abessinische Häuptlinge aufzuwiegeln. Als nun Johannes sich von Anarchie umgeben sah, schickte er einen Gesandten nach Kairo und bot das südlich von Bogos gelegene Hamasen als Friedensopfer an. In Kairo ignorierte man aber den Botschafter vollständig und überließ es dem Pöbel, ihn auf offener Straße zu insultieren, worauf man ihn zurückschickte. Natürlicherweise war Johannes voll Ingrimm und im Bewußtsein, nicht zum besten gehandelt zu haben, sandte der Khedive Gordon als Bevollmächtigten, die Mißhelligkeiten beizulegen.

In der Wüste zwischen Massana am Roten Meer und Keren (Senheit) spricht sich Gordon über seine Lage so aus:

„Nun ich wieder in dieser weiten Einsamkeit auf meinem Kamel bin, überdenke ich meine Lage. Dem Johannes habe ich annehmbare Bedingungen geschickt und hoffe, mit seinem einflußreichen General Aloula in Senheit zusammenzutreffen. Gelingt es mir, die Sache abzuwickeln, dann gehe ich alsbald nach Khartum und von dort nach kurzem Aufenthalt nach Darfur, das in Aufruhr sein soll, doch glaube ich das nicht recht . . . Die Wohlgeneigtheit des Khedive ist über alle Begriffe. Er hat Zeila, Berberah und Harrar meiner Provinz beigefügt. „Was du wirst von mir bitten, will ich dir geben, bis an die Hälfte meines Königreichs.“ Was aber ist die Kehrseite? Das Opfer eines Lebens, das man erst selbst durchkämpfen muß. Sein Leben zu sofortigem Tod hingeben, ist nicht das schwerste! Aber ich habe den Kampf übernommen und will mein Leben nicht in Anschlag bringen. Und es ist mir dabei, als ob ich mit dem Khedive nichts mehr zu thun hätte. Gott der Herr muß den Kampf selbst unternehmen, ich bin zur Zeit sein Werkzeug. Die Ehre, die der Khedive mir erzeigt, hat mich gar nicht, oder richtiger nur sehr wenig bewegt; ich bin doch wohl ein bißchen stolz auf das Vertrauen, das er mir schenkt. Mancher möchte die große Verantwortlichkeit scheuen, aus Furcht ihr nicht gewachsen zu sein; ich habe nicht daran gedacht. Ich weiß gewiß, daß mir's gelingen wird, denn ich verlasse mich nicht auf meinen Verstand — Er leitet meine Wege. Sind doch alle zukünftigen Ereignisse für einen jeden von uns vorherbestimmt. Des Negers, des Arabers, des Beduinen Laufbahn, ihr Zusammentreffen mit mir u. s. w. ist längst beschlossen. Wie kann da einer sich viel darauf einbilden, wenn er etwas zu stande bringt!“ . . .

Er hatte eine Zusammenkunft mit Walad, und kam durch Aloula zu einem Einverständnis mit Johannes, der mittlerweile von Menelek, dem König von Shoa, im Süden bedrängt war; eigentliche Erfolge konnte er aber nicht abwarten. Seine Anwesenheit in Khartum war dringend notwendig, denn die Sklavenjäger im Sudan thaten ihr

Möglichstes, die noch verstattete Frist auszunützen. Er beeilte sich daher. Schon auf dem Wege verschaffte er den Leuten Recht, wo er konnte. Die Thatsache, daß der neue Gouverneur einen jeden anhöre, der etwas zu klagen habe, ging wie ein Lauffeuer durchs Land. Er mußte zuletzt eine Art wandernder Briefkasten einführen, in welchen die Bittsteller ihre Anliegen an ihn sozusagen zur Post geben konnten. Auch das Unangenehme der Würde eines „großen Herrn" erfuhr er.

„Wenn ich absteigen will, so sind gleich acht oder zehn Mann bei der Hand, mich vom Kamel zu heben, als ob ich ein Todkranker wäre. Und wenn ich eine Zeitlang zu Fuß gehen möchte, so steigt die ganze Karawane ab; dann werde ich ärgerlich und sitze wieder auf!"

In Khartum wurde er gleich einem Könige mit Kanonenschüssen empfangen und eine feierliche Installierung fand statt. Statt der von ihm erwarteten Thronrede sagte er mit seiner gewohnten Einfachheit: „Mit Gottes Hilfe will ich die Wage gerecht halten!" und das gefiel den Leuten besser als die glänzendste Rede, die er hätte halten können; war doch das Gewicht der Gerechtigkeit das, was dem armen Lande am meisten not that. Nach der Feier ließ er den Armen Almosen verabreichen. Er verschenkte innerhalb drei Tagen an tausend Pfund aus seiner eignen Kasse.

Als Repräsentant des Khedive hatte er einen überaus stattlichen Palast mit einem Schwarm von Dienern, die ihn „hüteten wie einen Klumpen Gold"; das verdroß ihn. Auch hier war es den Leuten etwas ganz Neues, daß man den Statthalter sprechen konnte, ohne erst eine Menge von Schranzen zu bestechen. Bald war er so von Hilfesuchenden belagert, daß er auch hier einen Briefkasten einführen mußte, und zwar an seiner eignen Hausthüre, wo jeder sein Begehren schriftlich einreichen konnte. Das erste, was er abschaffte, war die Peitsche (Kurbatsche), mittels welcher seine Vorgänger regiert hatten. Gewaltherrschaft war nicht seine Sache. Übrigens war er nicht allgemein populär; sein Vorgänger Ismail Yacoub hatte Verwandte in Khartum, auch eine zornmütige Schwester, die zur Begrüßung des ihr verhaßten neuen Statthalters an etlichen hundert und dreißig Fenstern im Regierungspalast die Scheiben einschlug, und in den Gemächern die Divans durchlöcherte. Auch war sein Vakiel, Halid Pascha, von Anfang an widerspenstig. Mit dem machte Gordon aber kurzen Prozeß, er telegraphierte nach Kairo und verlangte, daß er entfernt werde; der Wunsch wurde erfüllt.

Die Aufgabe, den Sklavenhandel in einem Land zu unterdrücken, wo Menschenware seit Jahrhunderten als ein legitimes Mittel zum Reichwerden galt, war in der That eine große; Gordon weiß das und setzt hinzu:

„Wie Salomo bitte ich Gott um Weisheit, dies Land zu regieren; und nicht nur wird er mir sie geben, sondern alles übrige dazu. Und warum? Weil mir an dem übrigen nichts gelegen ist.“

Aber er weiß auch, daß er die Sache nicht übers Knie abbrechen kann. Auch Sklaven sind Besitz, der sich nicht ohne weiteres antasten läßt. Sie sollen mit der Zeit frei werden, und mittlerweile sind's die Sklavenjäger, welche immer neue Zufuhr bringen, denen er Krieg auf Tod und Leben ankündigt, er, der eine Mann, kann man sagen, denn sein Militär ist fast wertlos. Sechstausend türkische Baschi-Bosuks, seine Grenzwächter, beschließt er abzudanken; denn er sieht, daß sie ein Auge zudrücken und mit den Händlern unter einer Decke stecken. Sechstausend Soldaten aber den Laufpaß geben, in einem Land, wo sie sich alsbald wieder als Banditen zusammenrotten können. —

„Wer dürfte es wagen, der nicht den Allmächtigen auf seiner Seite hat? Ich will es thun, denn mein Leben achte ich für nichts, ich würde nur viel Last mit der ewigen Ruhe vertauschen . . . Ich bin an seiner (des Khedive) Statt hier, mit unumschränkter Gewalt, und weiß es jetzt, wie machtlos er in Kairo dem Sklavenhandel gegenüber ist. Aber mit Gottes Hilfe will ichs vollbringen und habe das Bewußtsein, daß er mich dazu bestimmt hat. . . Die Arbeit ist riesengroß, aber das ficht mich nicht an ... ich kenne meine Schwäche und verlasse mich auf ihn, der stark ist. Ich kann nur gradaus meinen Weg gehen, den Erfolg überlasse ich ihm ... Es ist in der That eine Riesenprovinz, die ich zu verwalten habe; wie froh bin ich zu wissen, daß Gott der Herr Verwalter ist; es ist sein Geschäft, nicht meines. Wenn ich unterliege, so ists sein Wille; gelingt es mir, so gebührt ihm die Ehre. Jedenfalls hat er mir's gegeben, die Ehre der Welt für nichts zu achten, und die Gemeinschaft mit ihm über alle Dinge hochzuschätzen. Möge mir alles mißlingen, und ich in den Staub gedemütigt werden, wenn nur er verherrlicht wird. Die hohe Stellung, die ich bekleide, will mich manchmal drücken, und ich kann mich nach der Zeit sehnen, wo er mich beiseite legen wird und einen andern Wurm dies Werk thun läßt. Ich wollte, die Kampfhitze meines Lebens wäre vorüber; aber er hält mich aufrecht und wird mich davor bewahren, je wieder an Irdisches mein Herz zu hängen."

Wer so denkt, wie kann der anders als große Thaten thun! Ein an Gott sich haltender Mensch ist immer ein Held.

Wir haben Gordon den Ritter ohne Furcht genannt. Wie ein Recke in den alten Heldensagen zieht er aus, mit dem starken Arm seines Gottvertrauens ein Beschützer seiner Heerde zu werden, und das Loos der Armen in diesem traurigen Land zu mildern. Eine Armee hat er nicht, er muß sie sich erst schaffen, und zwar aus erbärmlichem Material, und einen Hauptsieg erringt er, wie wir sehen werden, ohne Armee. Er soll die Bahr el Ghasal der Macht Sebehrs, des schwarzen Paschas, entreißen; er soll einem Lande Frieden bringen und ehrlichen Handel einführen, wo die Menschen durch Unterdrückung fast vertiert sind und die Religion in Fanatismus besteht.

Er war noch keine drei Wochen in Khartum, da konnte er bereits der Schwester schreiben:

„Ich glaube, die Leute haben mich gern; es ist auch schön, daß, wo früher täglich zehn bis fünfzehn Menschen durchgepeitscht wurden, jetzt dies nicht bei einem mehr vorkommt."

Damit ist nicht gesagt, daß er nicht strenge Ordnung hielt und Herr war im Amt. Die erste äußere Wohlthat, die er der Stadt erwies, war die Errichtung einer Wasserleitung; vorher mußte das

Wasser aus dem Fluß herauf getragen werden. Dabei geriet er mit katholischen Missionaren in Konflikt, die flüchtigen Sklaven Versteck gewährten. Als Gordon ihnen sagte, er brauche dieselben zur Arbeit, begegneten sie ihm mit Anmaßung. Da schrieb er einen Brief an den Papst mit der Bitte, dieser möge seinen Dienern begreiflich machen, daß Angelegenheiten der vicekoniglichen Administration außerhalb ihres Bereichs lägen. Als der Brief fort war, sagte er den Missionaren, er habe nach Rom geschrieben, was sie zwar aufbrachte, die gewünschte Wirkung aber nicht verfehlte.

Ende Mai verließ er Khartum. Es war der Anfang eines fünfmonatlichen Kamelrittes. Seine Anwesenheit in Darfur war dringend notwendig. Das Land war in Aufruhr, und die ägyptischen Besatzungen der Städte Fascher, Dara, Kolkol u. a. von den Rebellen eingeschloßen. Eine Heeresabteilung war schon im März nach Fascher geschickt worden, von Erfolgen hatte aber noch nichts verlautet.

„Ich rechne im Lauf dieses Jahres meine fünftausend Meilen zu reiten," schreibt Gordon. „Ich bin ganz allein, was mir lieb ist. Ich bin ein Fatalist geworden, wie die Leute es nennen; d. h. ich überlasse es dem lieben Gott mir durchzuhelfen. Die großartige Einsamkeit der Wüste läßt einen fühlen, wie schwach der Mensch ist. Alles Gott anheimzustellen giebt allein Kraft, und ich kann den Tod als eine Erlösung erwarten, wenn es sein Wille ist. In meiner gegenwärtigen Lage, auf manch langem, heißem Ritt kann ich meine Gedanken um so besser ausdenken, weil ich allein bin. Ich gewöhne mich nach und nach ans Kamel, es ist ein wunderbares Tier, das weich und still geht wie auf Teppichen, recht angenehm."

Natürlich folgte ihm die statthalterliche Leibgarde von zweihundert Berittenen. Sein Kamel, ein besonders schnelllaufendes Tier, trug ihn aber öfters weit voraus, so z. B. ganz gegen seinen Willen wie im Sturmlauf in die Grenzstadt Fodja, was ihn auf die Vermutung bringt, daß die Kamele und die Gordons als eigensinnige Geschöpfe verwandter Rasse sein möchten.

„Ich habe ein prächtiges Tier, so giebts keines mehr; es fliegt nur so dahin, selbst zur Verwunderung der Araber. Wie ein Blitz fuhr ich in die Stadt hinein, und ehe die Besatzung sich recht besinnen konnte, wie ich zu empfangen sei, war ich da. Nur ein Araber hatte Schritt mit mir gehalten, und der sagte, es wäre der Telegraph! Die andern kamen anderthalb Stunden später."

Gordon hatte im Gedanken an einen der Erwartung der Leute entsprechenden Einzug seine Marschallsuniform angelegt.

„Welch tolles Bild," ruft er scherzend aus, „wenn die goldbetreßte Excellenz so im Sturm anlangt, als wären alle Feinde hinter ihr her! Der Mudir war sprachlos!"

Das Land nennt er eine elende, sandige, strauchbewachsene Wüste. Den Aufruhr schreibt er lediglich schlechter Verwaltung zu. Wo vorher ein Mann den Weg nach Fascher allein zurücklegen konnte, genügten bei der jetzigen Unsicherheit kaum zweitausend Mann Militär von der Art, wie es ihm zu Gebot stand. In Omschanga findet er die erste Nachricht von der Heeresabteilung vor, mit der er das Land erobern soll. Die Truppen lagen hier und dort zerstreut. Es waren im ganzen etwa zweitausendsiebenhundert Mann; er nennt sie Soldaten von der „unbeschreiblichen" Sorte, mit denen er schließlich auch nichts ausrichten kann, unbeschreiblich, weil sie an Waffen trugen, was sie wollten. Verlassen fühlt er sich aber keineswegs, und seinen Eroberungsplan legt er sich so zurecht:

„Ich denke, Gott wird mirs ermöglichen, die Stämme zu gewinnen, und mit seiner Hilfe werde ich dann mit den Häuptlingen nach Fascher ziehen, die jetzt noch Rebellen sind."

Wo in der ganzen Weltgeschichte findet sich ein ähnliches Beispiel, daß ein Feldherr auf seine Feinde rechnet, um mit ihnen Thaten zu thun! Bei ihm ist das von jeher so gewesen; es ist der Sieg des Rechts über das Unrecht, des Guten über das Böse. Und wie er in China öfters mit überwundenen Taipings die Taipings besiegte, so verläßt er sich mit seinem großartigen

Vertrauen auch in Darfur auf die erst zu überwältigenden aufrührerischen Stämme.

„Nichts giebt mir größere Kraft,“ sagt er, „als für die Leute zu beten; und es ist wunderbar, wenn ich dann mit einem Häuptling zusammen komme, für den ich vorher gebetet habe, so ist es immer, als ob er schon gewonnen wäre. Darauf gründe ich meine Hoffnung auf einen siegreichen Zug nach Fascher. Truppen habe ich lediglich keine, aber der Allerhöchste geht mit mir, und ich verlasse mich so viel lieber ganz auf ihn, und nicht auf Menschen. Solches Vertrauen könnte ich ja nicht haben, wenn er mir's nicht gäbe und mich nicht dazu ermutigte; ich erachte daher, daß gerade dieses Vertrauen eine Art Angeld auf Sieg ist.“

Und bezüglich seines Vorhabens, mit gewonnenen Rebellen nach Fascher zu ziehen, sagt er weiter:

„Vielleicht läßt er's auch nicht gelingen, und Kampf mag bevorstehen. Die Herzen der Menschen sind in seiner Hand, und er lenkt sie wie er will. Er kann es aber thun, so es ihm wohlgefällt; und wer möchte etwas anderes wünschen, als daß er nach Seiner Weisheit alles leite. Die Gefahr für mich dabei ist die, daß es mich aufblasen möchte, so er's thut. Aber auch das kann und wird er verhindern. Ich mag meine Laufbahn überdenken wie ich will, so finde ich nirgends besonderen Verstand, oder Geschicklichkeit, oder Weisheit meinerseits. Meine Erfolge bisher waren eigentlich immer, was man im gewöhnlichen Leben Glücksschüsse nennt ... Ich bin nichts, gar nichts, als einer, der von Gott Almosen empfängt. Ein Sack voll Reis, den ein Kamel durch die Wüste schleppt, kann soviel vollbringen als ich oft meine, daß ich vollbringe. Aber wie verschieden urteilt die Welt!! Ich meinesteils danke Gott, daß er mich als ein Werkzeug benutzt, und freue mich auf die vorbehaltene Ruhe. Und ich kann mich freuen, mit seiner Freude, wenn den armen Menschen Hilfe wird — durch ihn, nicht durch mich, obwohl er sich meiner bedient.“

Und so zog er durch die Wüste als ein unverwundbarer Glaubensheld, der wie David mit seinem Gott über Mauern springt, der Völker besiegt und Städte einnimmt und dabei meint, er vollbringe gar nichts, das ihm selbst zur Ehre gereiche! Er war noch in Fodja, als ihn ein Telegramm erreichte: man brauche in Kairo sofort zweiunddreißigtausend Pfund Sterling Einkünfte aus seiner Provinz! Über diese Erwartung seines irdischen Oberherrn schreibt er in die Heimat:

„Soviel ist sicher, daß ich vor der Hand in einem Sumpfe bin mit dem Sudan, aber wenn ich bedenke, wer als mein Oberschatzmeister, mein Heerführer, mein Landverwalter im Regiment sitzt, so wäre es merkwürdig, wenn ich darin stecken bliebe. Ja, hätte ich den Allmächtigen nicht zur Seite mit seiner Weisheit, ich wüßte mir wahrlich keinen Rat!"

Dabei legt er aber nicht die Hände in den Schoß, sondern gürtet auch in dieser Hinsicht seine Lenden zu dem ungleichen Kampfe.

„Mit unsäglicher Anstrengung kann es mir gelingen, in zwei bis drei Jahren aus diesem Lande eine ordentliche Provinz zu schaffen mit einer tüchtigen Armee und regelmäßigen Einkünften, mit hergestelltem Frieden und aufblühendem Handel, und vor allem mit unterdrückter Sklavenjagd; und dann — ja dann gehe ich heim und lege mich ins Bett und stehe nie auf bis Mittag, und marschiere nie mehr als höchstens eine Meile per Tag. Und esse Austern zu Mittag!"

Diese scherzenden Zeilen an seine Schwester beweisen nur, daß er eine fast unübersteigliche Arbeitslast vor sich sieht.

Während er noch in Omschanga durch seine „Unbeschreiblichen" hingehalten war — keine geringe Geduldsprobe für den energischen Mann — hatte er Zeit, sich die endlose Schwierigkeit des Sklavenhandels weiter zu überdenken. Die Wüstenstrecken von Darfur und Kordofan sind von Beduinenstämmen durchzogen, von denen mancher mehrere tausend Mann ins Feld stellen kann, die unter ihren kriegstüchtigen Scheiks keine verächtliche Macht bilden. Diese Stämme haben von jeher Streifzüge auf die Neger im Süden unternommen, oder sich Sklaven im Tauschhandel mit anderen Stämmen verschafft. Zu Gordons Zeit aber wurden die Sklaven selten mehr in großen Karawanen, wohl aber von einzelnen Händlern, die sie den Stämmen abgekauft, in vielen kleinen Trupps durchs Land getrieben. So begegnete er eines Tages einem Manne, der sieben schwarze Weiber vor sich hertrieb und sie samt und sonders für seine Ehe-

10*

weiber ausgab; die Kinder, die nebenherliefen, nannte er seine Nachkommenschaft. Wer sollte ihm das widerlegen! Vor der Hand aber wars fast noch mehr das von den türkischen Grenzsoldaten übers Land gebrachte Elend, das Gordon Tag und Nacht beschäftigte. Und als die unterdrückten Landbewohner kamen und ihm demütig ihre Unterwerfung zu Füßen legten, sagte er ihnen, wie's ihm ums Herz war, daß sie vielmehr erwarten könnten, er, als Statthalter des Khedive, bäte sie um Verzeihung. Des Khedive Grenzwächter, die Baschi-Bosuks, dankte er seinem Vorhaben gemäß ab.

„Ich habe mich auf einen Felsen gestellt und thue was recht ist, ohne mich um die Folgen zu kümmern ... Wenn Angestellte ihre Pflicht nicht thun, so besinne ich mich keinen Augenblick, sie ihrer Wege gehen zu heißen, mag man in Kairo denken was man will. Es ist jedenfalls ein großer Vorteil, ganz furchtlos zu sein. Und wenn ich selbst abgesetzt würde, so wäre es ja keine Strafe, denn ich opfere mein Leben in diesem Land."

An vierzehn Tagen wartet er auf seine saumselige Mannschaft, ohne nur zu wissen, wo die Helden sind. Er nennt's ein trostloses Geschäft, und bei der furchtbaren Hitze in dem jammervollen Land ist's kein Wunder, wenn er ausruft: „Wollte Gott, ich wäre in der andern Welt!" Er meint, mehr als andere Menschen hätte er immer wieder durch die Mangelhaftigkeit seiner Streit- und Arbeitskräfte zu leiden; so sei's in China gewesen, und so sei's hier. Das unnötige Wartenmüssen ist es, was dem thatkräftigen Mann so schwer fällt.

„Aber es ist nicht recht, es hat jeder sein Kreuz zu tragen. Wir sind alle Knechte; heute giebt der Herr uns Arbeit, und morgen will er, daß wir warten können. Dieses Hinliegen ist mir aber sehr gegen die Natur. Und ich kann auch gar nicht sehen, was in diesem Lande schließlich zu gewinnen ist!"

Endlich kamen etliche fünfhundert seiner Helden. Fascher hatte er, wie er's vorausgeglaubt hatte, ohne Schwertstreich gewonnen; die Stämme hatten sich ihm einer nach dem andern ergeben.

Nun macht er sich nach Tuescha auf den Weg, wo er eine Garnison von dreihundert mitnehmen will. In Dara warten weitere zwölfhundert. Auf diese Weise kann er ein Heer von zweitausend Mann zusammenbringen. Unterwegs findet er allerwärts Arbeit, das aufrührerische Banditenvolk aus seinen Schlupfwinkeln zu vertreiben. Zuletzt beabsichtigt er, sich auf Schekka zu werfen, das er die „Höhle von Adullam“ nennt, wo Räuber und Mörder hausen, nämlich die Horden Sebehr Paschas, des großen Sklavenhändlers, und dessen Sohn Soliman. Diesem gegenüber, der ihm mit elftausend Mann begegnen kann, rechnet er im Hinblick auf seine numerisch und moralisch ganz ungenügenden Truppen auch auf einen innerlichen Sieg.

„Ich bin gar nicht unruhig,“ schreibt er, „und hoffe, es wird ohne Blutvergießen abgehen.“

Ins Gefecht geriet er nun allerdings; aber nicht sowohl seinen Waffen, als seinem gewaltigen Geist und seiner demutstarken Seele wurde der Sieg.

In Tuescha fand er die dreihundertfünfzig Mann Garnison, welchen seit drei Jahren kein Sold bezahlt worden, beinahe ausgehungert. Das war nicht sehr ermutigend, aber Gordon war dergleichen gewohnt. Wars diesem seltenen Kriegshelden doch gegeben, seine glänzendsten Thaten einem Chaos von Unmöglichkeiten abzugewinnen. Der Aberglaube der Chinesen erblickte in seiner Hand einen Zauberstab und nannte seine Erfolge Wunder. Wohl hatte er einen Zauberstab, es war derselbe, mit dem einst Moses in der Wüste aus dem Felsen Wasser schlug. Die Besatzung von Tuescha war in der That so erbärmlich, daß er beschloß, ihrer Beihilfe zu entbehren, sie nach Kordofan zu schicken und mit seinen ursprünglichen Fünfhundert samt ihren schlechten Steinschloßgewehren weiterzuziehen. Ein Scheik, der versprochen hatte zu ihm zu stoßen, ließ ihn im Stich, während die Umgegend voll von kampflustigen Schwarzen war, die recht gut wußten, daß der Generalgouverneur nur mit einer Handvoll

Leute des Weges komme, und ihn ernstlich bedrohten. Aber zu einem Angriff kam es nicht. „Gottlob, die Gefahr ist vorüber," kann er schreiben. Wie groß sie war, weiß er nicht einmal; aber das weiß er, daß nur wenige es begreifen können, was es heißt Truppen anzuführen, in die man nicht die Spur von Vertrauen setzt.

„Ich habe von ganzer Seele um einen Ausweg gebetet; es gab mir ordentlich einen Stich ins Herz, wie damals, als ich mich bei Massindi verraten fand. Nicht, daß ich den Tod fürchte, aber aus Kleinglauben fürchte ich die Folgen meines Todes; das ganze Land stände wieder in Aufruhr. In solcher Lage zu sein, kommt einem wirklichen Schmerz gleich, es macht mich in einer Stunde um ein Jahr älter ... Auch ist es eine Demütigung. Aber gottlob! es ist vorüber ... wohl sage ich mir, daß alles zum guten Ende führen wird, aber das macht dergleichen nicht weniger schmerzlich. Ich glaube, ich habe in dieser Hinsicht in meinem Leben mehr gelitten als die meisten Menschen. Heute morgen z. B. (nach der überstandenen Gefahr) kam mir ein Wild schußgerecht und ich ließ mir meine Flinte reichen. Der Kerl, der sie trug, hatte sie mittlerweile zerbrochen; also hätte ich in einem Überfall nicht einmal meine Waffe gehabt!"

Die Charakterzeichnung Gordons wäre eine unvollständige, wenn man zu bemerken vergäße, wie er oft gerade in der schwierigsten Lage auch eine komische Lichtseite erblickte, deren er gerne Erwähnung that. Wer weiß, in wiefern solches ihm nicht hilfreich war! Der Brief, der von der vorübergegangenen Gefahr berichtet, schließt:

„Wir hatten auch dreißig oder vierzig Esel bei uns. Und wenn einer anfing, dann wußte ich, daß sie alle schreien mußten; es war ordentlich eine Wohlthat, den vierzigsten endlich zu hören. Da fing der erste die Reihe wieder an, und so gings die Nacht durch! Die Darfur-Esel brummen aber nur ganz tief in die Tonleiter; die hohen Töne, die sein englischer Bruder aus frohem Herzen ausstößt, kennt er offenbar nicht."

Als Gordon nach Dara kam, gabs auch dort Enttäuschung. Die Hilfstruppe, auf die er gerechnet hatte, war ihm entgegen gezogen und hatte den Weg verfehlt.

Zweites Kapitel.

In der Räuberhöhle.

Die Leute von Dara waren nicht wenig erstaunt, den Generalgouverneur in ihrer Mitte zu erblicken; sie wußten sich seit einem halben Jahr von der Außenwelt abgeschnitten. Die Stämme umher waren im Aufstand; Harun, der als Anverwandter des gefallenen Sultans von Darfur die Herrschaft beanspruchte, bedrohte die Stadt, und in Schekka saß der Sohn Sebehrs mit sechstausend bewaffneten Sklaven. Gegen Harun schickte Gordon eine ziemlich starke Truppenabteilung, die auch ins Gefecht geriet und Beute machte, sonst aber keine Heldenthaten verrichtete. Ein Offizier war damit beauftragt, eine zweite Abteilung gegen die Stämme zu führen, und Gordon selbst blieb vorläufig in Dara, um den schlimmsten der Feinde, Soliman, im Auge zu behalten. Den Einwohnern der Stadt war seine Anwesenheit eine Schutzmauer, aber sie fanden auch sonst noch Ursache, derselben froh zu sein. So gab er ihnen z. B. ihre Moschee zurück, die von den Ägyptern in ein Pulvermagazin verwandelt worden war; ihn freute es, wenn die Muselmänner Gottesdienst hielten, sofern sie es redlich meinten. Das Land weithin war nach dreijähriger Anarchie im Elend der Hungersnot. Er beschreibt die Kinder als „nur Bäuche mit Gliedmaßen wie Fühlfäden;“ es war dies eine Folge des Grasessens.

Um Solimans habhaft zu werden, tauchten verschiedene Vorschläge auf. Gordons schwarzer Schreiber z. B. ersann einen Plan, wie man ihn nach Dara locken könne, um ihn daselbst, sofern er sich nicht ergeben wolle, zu ermorden. Statt dieses „asiatischen" Einfalls, wie Gordon denselben bezeichnete, kam ihm selbst ein anderer, wie nur seine Großmut ihn ersinnen konnte: er wollte den Sohn Sebehrs mit Vertrauen entwaffnen.

„Es ist mir der gute Gedanke gekommen, den Soliman zum Statthalter von Dara zu machen, und ihn damit von dem Räubernest Schekka zu entfernen. Das wird ihn auch an fernerer Sklavenjagd hindern, denn seine sechstausend werden genug zu thun haben, das Land gegen die Stämme zu halten."

Der Plan war nicht ausführbar; dennoch hoffte er Soliman ohne Waffen zu besiegen. Aus der Höhle Adullam erhielt er mittlerweile durch die Häuptlinge El Nour, Awad und Edrees Kenntnis, die zwar Sebehrs Herrschaft anerkannten, sich aber die Regierung geneigt zu machen suchten, indem sie dem Statthalter verrieten, was dort vorging. So wußte er z. B., daß Soliman beständige Verbindung mit seinem Vater in Kairo unterhielt, und daß der Aufruhr in Darfur aus Gehorsam gegen Sebehr ins Werk gesetzt wurde, als dieser seinen Anhängern sagen ließ, sie sollten „das jetzt ausführen was unter dem Baum beschlossen worden sei." Der schwarze Pascha regierte selbst als Gefangener noch das unglückliche Land.

Ehe Sebehr nämlich mit seinen zwei Millionen „Backschisch"*) nach Kairo ging, um die Paschas zu bestechen, hatte er alle Sklavenhandel treibenden Häuptlinge seines Gebietes unter einem großen Baum an der Straße zwischen Schekka und Obeid versammelt und ihnen einen Eid auf den Koran abgenommen, daß sie sich allerorts gegen die Regierung erheben sollten, wenn er ihnen das Wort sende. Als nun Gordon nach seiner Arbeit am Äquator die Statthalterschaft des Sudan übernahm, und sich nach kurzem Aufenthalt in Khartum

*) Trinkgeld, der Haupthebel nach türkischen resp. ägyptischen Begriffen, wo es auf einen Erfolg abgesehen ist.

nach dem Hauptsitz des Greuels aufmachte, um die Sklavenhändler in der bis jetzt sichern Burg ihrer Schlupfwinkel zu bekämpfen, wo die Bande sich um Soliman geschart hatte, da wußte der alte Menschenräuber, daß es damit seiner Hoffnung an's Leben ging, den Handel, von dem er seine Macht und seinen Reichtum hatte, je wieder zur alten Blüte zu bringen. So erging sein Mandat an die Raubgesellen in Schekka. Und aus der allgemeinen Anarchie des Landes wurde ein Sklavenhändleraufstand gegen Gordon, als den Beschützer und Rächer der Schwarzen.

El Nour und Edrees hatten sich beide mit Hinterlegung einer Strafsumme aus Schekka fortgemacht. Von ihnen erfuhr Gordon, daß Soliman festsäße bis nach der Regenzeit und sich in seiner Höhle vor einem Überfall gesichert erachte. Daraus ergab sich indessen keine Ruhezeit für unseren Helden. Er war noch nicht vierzehn Tage in Dara, als er schrieb:

„Heute haben sich sechshundert der Razagats mit ihrem Scheik zu mir geflüchtet."

Dieser Stamm hatte seinen Wohnsitz in der Nähe von Schekka und war einer der gewaltigsten im Land, der siebentausend Krieger ins Feld bringen konnte. Aber infolge der fortwährenden Plünderungen von Sebehrs Bande fingen sie an, sich zu Gordon zu schlagen; und er hörte, daß es nur der Anfang einer Einwanderung sei, indem noch andere Stämme ähnliches beabsichtigten. Sie konnten über Nacht kommen, denn „Gepäck haben sie keines und reiten wie der Blitz, ohne Bügel." Der Vorteil einer solchen Verstärkung war aber ein zweifelhafter — wo Nahrung hernehmen für so viele in dem ausgeplünderten Land?

Eine weitere Schwierigkeit, die sich ihm um diese Zeit darbot, verstattet einen Einblick in die Ratlosigkeit, die ihn angesichts des von ihm bekämpften Greuelwesens mehr wie einmal befiel. Eine seiner Streifkolonnen hatte ihm zweihundertundzehn Sklaven in die Stadt gebracht, ausgehungerte Menschen, die ihn so flehentlich anblickten, daß ihm die Augen übergingen. Was soll er mit ihnen anfangen? wem soll er sie überlassen? Selber behalten kann er sie nicht und füttern kann er sie auch nicht. Selbstverständlich läßt er ihnen für den Augenblick etwas Durra reichen, denn sie haben seit sechsunddreißig Stunden nichts gegessen. „Ich wollte heute mein Leben hinlegen," ruft er aus, „um das Elend dieser Menschen zu lindern; wie viel mehr muß Gott sich ihrer erbarmen!" Und immer mehr wird es ihm zur Klarheit, daß das Schwerste des von ihm unternommenen Kampfes nicht sowohl die Unterdrückung der Händler selbst sei, als die Versorgung der hilflosen Sklaven.

Es ist ihm öfters zur Last gelegt worden, daß er selbst Sklaven, als solche, seinen Truppen einverleibe, ja sie gegebenenfalls sogar kaufe. Er, der sein Leben für nichts achtete in dem großen Kampf gegen das Unrecht, konnte es ruhig der Zeit überlassen, sein Thun ins rechte Licht zu setzen. Er braucht Truppen gegen die Sklavenhändler, woher soll er sie nehmen? Wenn er es unterläßt, Sklaven zu nehmen, und ihre Eigentümer zu entschädigen, so gehören sie nach wie vor, d. h. vertragsmäßig noch zwölf Jahre lang ihren jeweiligen Herren. Sie mit Gewalt frei machen, hieß den Aufruhr verallgemeinern. Es schien ihm der beste Weg, die Banden bewaffneter Sklaven im Land möglichst unter seine Disziplin zu bringen. Das Urteil der Leute hat ihn nie viel angefochten. Seiner Schwester formuliert er Anklage und Entschuldigung mit den kurzen Worten:

„Ich möchte, daß Du es richtig verstehst — ‚Oberst Gordon kauft Sklaven an von Regierungs wegen, und läßt die Gellaba nach wie vor ihr Wesen treiben', heißts in den Zeitungen. Ja, er thuts, denn nur mit Hilfe von Sklaven kann er die Sklavenhändler bekämpfen und die bewaffneten Banden unter sich bringen. Die Sklaven, die ich kaufe, sind längst ihrer Heimat entrissen, ich kann sie nicht zurückschicken, selbst wenn ich wollte. Es ist nicht, als ob ich dem Handel dadurch Vorschub leistete, nicht einmal indirekt, denn gerade dadurch gewinne ich ein Mittel ihn zu unterdrücken."

Die Gellaba — er nennt sie selbst Geier — sind die kleinen Händler, welche die Ware im einzelnen den Jägern abkaufen.

„Wenn wir mit Rußland im Krieg sind,“ sagt er, „benutzen wir diese Gelegenheit nicht, um in Indien Mißstände zu unterdrücken? Ich wäre tollkühn, wollte ich mir die kleinen Leute verfeinden, ehe ich mit den Hauptsündern fertig bin.“

Er weiß, daß in Schekka an viertausend Sklaven liegen, die ihm in die Hände fallen werden, sobald er jenes Nest aushebt.

„Was soll ich mit ihnen anfangen, mit Weibern und Kindern? Ich kann sie nicht in ihre Heimat zurückschicken (weithin ins Innere von Afrika, selbst wenn er im einzelnen Fall immer wüßte, wo die Geraubten zu Hause sind!) ich kann sie nicht erhalten. Ich muß sie entweder den Stämmen überlassen, oder meinen Truppen, oder den kleinen Händlern. Ich habe keine andere Wahl. Wenn ich sie freigebe, so überlaufen sie das Land, und ein herrenloser Sklave ist wie ein verlaufenes Schaf — das Eigentum dessen, der ihn findet. Ich muß suchen den Ausweg zu ergreifen, der für die armen Sklaven der beste ist. Was Europa dazu sagt, ist nicht die Hauptsache: das ist vielmehr der Sklave, der leidet, nicht der Europäer. Das weiß ich wohl, daß wenn ich jene viertausend Sklaven den Stämmen oder den Gellaba, oder auch meinen Truppen überlasse, man in den nächsten Monaten um so viel mehr von Sklaventransport hören wird; aber dann ist wenigstens das damit gewonnen, daß die Ärmsten auf die beste Art ihre Bestimmung erreichen und nicht hier Hungers sterben.“

Als ihre Bestimmung kann man, neben dem Orient überhaupt, auch Ägypten betrachten, wo merkwürdigerweise der Ankauf von Sklaven auch dann noch gestattet war, als der Handel im Sudan unterdrückt werden sollte. Die Dienerschaft in Ägypten ist großenteils leibeigen und nicht schlecht behandelt.

„Ich könnte die Verantwortung von mir abwälzen, und die Sache sich selbst überlassen — das hieße die Sklaven dem sichern Elend und dem Hungertod preisgeben. Soll ich ein solcher Feigling sein, aus Furcht vor der Meinung des besser unterrichteten Europa? Nein, ich werde dem Transport fürs nächste Vorschub leisten, die Leute sollen in die Zeitungen schreiben was sie wollen. Hier sind die Sklaven, um sie her die

Geier, und hier bin ich, der eine Mann, der keine Nahrung für sie hat und keine Möglichkeit, sie in ihre Heimat zurückzuschicken. Hätte ich einen tüchtigen Mann mit starkem Arm, der mir helfen könnte, jeden einzelnen Sklaven nach seinem Wunsche zu behandeln — es wäre mir lieber. Denn merkwürdigerweise haben selbst diese elenden Sklaven noch Wünsche in dieser Hinsicht — manche vertrauen sich lieber den Gellaba an, manche den Stämmen, manche meinen Truppen; nach ihrer verwüsteten Heimat verlangen sie indessen nicht zurück, denn sie wissen, daß sie dann nur anderen Stämmen zum Opfer fallen und wieder Sklaven werden. Ihre Dörfer sind zerstört; es würde lange dauern, ehe sie nur wieder auf eine Ernte hoffen könnten. . . . Angesichts dieser Thatsachen steht man hilflos dem Erlaß gegenüber, daß alle Sklaven nach zwölf Jahren frei sein sollen. Wer will sie frei machen? Man könnte gerade so gut erwarten, daß Steine und Bäume das Gesetz erfüllen, als daß die Stämme unter sich ihre Sklaven aufgeben. Man kann lediglich nichts thun, als sie an der Jagd auf neue Sklaven hindern . . . Ich habe so wenig Korn hier, daß ich nicht weiß was anfangen. Bei solcher Sorge vergeht einem der hohe Mut. Aber das weiß ich, daß ich um keinen Gewinn der Welt die übernommene Arbeit jetzt aufgebe; es wäre eine Feigheit . . . Ich höre von Fascher, daß nach einem Ausfall auf Harun das Volk zu Hunderten Hungers starb oder den Pocken erlag — arme Kinder und Weiber, deren jedes sein Leben lieb hat wie wir! Schön war, daß meine Araber ihre Gefangenen freiließen — es seien ihrer zweihundertfünfunddreißig gewesen, die Arm in Arm in einer langen Kette davonwankten. Es geschah in der Hoffnung, sie vor den Gellaba zu retten, was hoffentlich gelungen ist . . .

Eine Truppe ausgehungerter Menschen ist in meinen Hof eingebrochen, ich habe sie fortschicken müssen bis morgen, in der Hoffnung, bis dahin etwas Durra aufzutreiben."

Mittlerweile verhielt sich der von Dara abgesandte Offizier ganz unthätig, ja Gordon hörte, daß er sich vom Feind habe bestechen lassen. Kein Wunder, daß Gordon allen Mut verlor, sich auf seine Truppen zu verlassen. Er beugt sich unter diese Thatsache als unter eine Fügung Gottes. Dies hindert ihn aber nicht, sich vorzunehmen, den Mann im Betretungsfalle kriegsrechtlich erschießen zu lassen. Wie seine Truppen sich ferner verhielten, ergiebt sich aus folgendem. Die Leparden, ein zahlreicher Stamm, hatten sich gegen ihn aufgeworfen und die Verbindung zwischen Dara und Tuescha abgeschnitten. Er beschloß daher, seinen Besuch in der Räuberhöhle Schekka noch hinauszuschieben und mit einer Abteilung seiner „Unbeschreiblichen" und einer Anzahl verbündeten Mascharins den Leparden entgegenzuziehen. Es war eine schlimme Nacht, voll Sturm und Regen.

„Ich zog meinen Mantel an und setzte mich unter meinen Schirm und wünschte es wäre Tag. Angenehm war die Lage nicht, aber ich wickelte mich ein und konnte schlafen."

Es war ein Regen, der einem die halbe Kraft aus dem Körper spülte, sagt Gordon, aber nichtsdestoweniger führt er seine Leute am folgenden Tage in den Kampf — den Teil wenigstens, der bei der Hand war, und das waren nicht seine „Unbeschreiblichen," die langsam hinterdrein kamen. Seine Verbündeten, die Mascharins, waren es, die, obgleich geringzählig, sich nicht halten ließen und die Leparden, d. h. ihre einhundertsechzig Mann starke Vorhut, gänzlich aufrieben. Als seine Truppen herankamen, besetzten sie das gewonnene Lager des feindlichen Stammes, und während Gordon mit dem Häuptling der Mascharins Kriegsrat hielt, stürmten die Leparden in zwei Abteilungen von je dreihundertfünfzig Mann daher. Sie wurden zurückgeworfen, aber wieder nicht von seinen Truppen, sondern von den tapfern Mascharins, deren Anführer Ahmed Nurra tödlich verwundet wurde. Seine Helden hielten das Palisadenwerk von der sichern Seite! Gordon befand sich in einem Zustand der peinlichsten Entrüstung. Das Einzige, was ihn zurückhielt, sich selbst unter die anstürmenden Leparden zu werfen, war der Gedanke, daß seine elenden Truppen dann gar nicht mehr wüßten, was thun. Aber gründlich verhaßt wurden ihm die Baschi-Bosuks mit ihrem Waffengeklirr, wenn der Feind nicht da war, und ihrer maßlosen Feigheit, wo's Ernst galt.

„Kein Mensch hat eine Vorstellung davon, was meine Offiziere und Soldaten für Kerle sind — ihr bloßer Anblick regt mir die Galle auf!"

Der kurze Feldzug endete damit, daß er die Leparden von drei Wasserstationen abschnitt, so daß nur eine einzige, vierte Quelle ihnen blieb. Den Feind in jenen Wüstenländern vom Wasser abschneiden, heißt ihn besiegen. Die Brunnen liegen stundenweit auseinander.

„Gern hätte ichs den Frauen und Kindern und dem armen Vieh erspart, aber ich habe keine andere Wahl, wenn ich den Stamm bewältigen will."

In der glühenden Hitze kamen sie denn auch bald mit hängenden Zungen und verdorrten Lippen und baten um Gnade. Gordon nahm ihnen die Speere ab, ließ sie auf den Koran Treue schwören und schickte sie dann allesamt an die nächste Quelle.

„Sie waren einen Tag ohne Wasser, ich kanns nicht ändern. Der Krieg ist ein grausames brutales Geschäft. Wie oft lesen wir in den Kriegen Israels, daß das Volk ohne Wasser war? (2. Kön. 3, 9). Es ging damals nicht anders zu als jetzt . . . Einer, der in seiner Bibel bewandert ist und sich aufs Bücherschreiben versteht, könnte hier Stoff finden. . . . Meine Berittenen fingen einen Scheik ein, er war über die Maßen durstig; wie gern hab ich ihm Pardon gewährt und ihn mit seinen Leuten ans Wasser geschickt . . . er sagte, der Stamm sei auseinandergesprengt. Auch des Häuptlings Sohn war dabei, ein fünfzehnjähriger Junge, und wie sie gebunden in meinem Zelt hockten, sah ich, wie der arme Bursche nach Wasser lechzte. Was für eine Freude wars, ihn sich satt trinken zu lassen!"

Aber auch Streitigkeiten mußte er beilegen. Der Zankapfel war oft nur eine Handvoll Korn, oder ein irdener Topf. Ob solcher Beute gerieten zwei hintereinander, die verschiedenen Stämmen angehörten, und der eine erschoß den andern.

„Ich ließ die Stammesangehörigen des Getöteten vortreten, und auch den Gefangenen; und dann fragte ich sie, ob ich ihn erschießen sollte, oder ob sie ihn haben wollten, damit er für die Hinterbliebenen des Ermordeten arbeite. Und ich war froh zu finden, daß sie auf den letztgenannten Vorschlag eingingen. Der Mann war vorher schon der Sklave eines der Soldaten (das Wort ist mir entschlüpft, ich wollte ihn nicht so nennen!) ich habe ihn daher nur einem andern Herrn gegeben. Das Entsetzen der Leute war unbeschreiblich, als ich mich mit meinem Gewehr vor den schwarzen Mörder stellte und den Hahn spannte — es war gar nicht geladen. Ich wußte auch, daß sie seinen Tod nicht verlangen würden, denn selbst in diesen armen wilden Menschenherzen wohnt Gutes. Sie glaubten aber fest, ich würde ihn erschießen, wenn sie nicht um sein Leben einkämen, und so thaten sie's einstimmig.

Die Leparden hielten nicht lange Frieden, kaum länger als bis ihr Durst gestillt war, und dann entführten sie Gordons Verbündeten eine Anzahl Sklaven, wofür er ihnen tausend Stück Vieh wegnahm und einen weiteren Theil des Stammes entwaffnete. Er rückte durchs Lepardenland nach Duggam vor, wo ein Gemisch von Stämmen hauste. Die Leparden gingen nach Gebel Heres zurück; er zog ihnen nach und hörte, daß Harun sie unterstützte, indem er ihnen vierzig Berittene nach Gebel Heres zur Verstärkung geschickt habe, während er selbst das Land weiter nördlich verwüstete. Seinem Truppenteil, den er in jener Gegend vorfand, kann Gordon das gewohnte Lob gänzlicher Untüchtigkeit ausstellen. Eine ganze Menge Fragen hinsichtlich eingebrachter Sklaven harrten seiner Erledigung.

„Ich wollte die Gesellschaft zur Unterdrückung der Sklaverei wäre hier“, ruft er nicht ohne Ironie, „und sagte mir was zu thun ist!“

Während er seine erbärmlichen Streitkräfte beklagt, gabs Meuterei; sein Leben war nicht sicher in ihrer Mitte. Fascher war so nahe, daß man seine Wachtfeuer von der Stadt aus sehen mußte; dort waren achttausend Mann ihm dienstpflichtiger Truppen eingesperrt — oder sollten doch dort sein. Er machte sich auf den Weg, um ihnen das Gewehr zu visitieren, und erreichte mit etlichen hundert Mann die Stadt gegen Abend nach einem „schmählichen Ritt“ durch Sumpfland. Man hatte keine Ahnung von seinem Kommen und war „angenehm überrascht“. In der Stadt selbst waren viermal so viel Truppen als er bei sich hatte, und zehnmal so viel kampierten unter Hassan Pascha Helmi drei Tagmärsche entfernt; aber von diesem Militär war nicht der geringste Versuch gemacht worden, sich nach Dara oder sonst wohin durchzuschlagen, während der Feind noch vor kurzem bis in die Nähe von Fascher Streifzüge unternommen hatte. Hassan Pascha, der die Besatzung befehligte, hatte sich schon vor Wochen in aller Gemütsruhe mit dem Hauptteil der Truppen davon gemacht. Gordon verschrieb sich den Mann. Mittlerweile konnte er von einem anderen seiner Offiziere folgenden Streich erzählen.

„Ein Muezzin oder Gebetsschreiber in der Stadt war gewohnt, die Gebetsstunde nah bei der Stelle auszurufen, wo jetzt mein Zelt steht. Mein Oberstlieutenant hieß ihn schweigen, weil es mich störte; zum Glück erfuhr mein schwarzer Schreiber die Sache. Es lag nichts anderes zu Grunde als der Wunsch, den Fanatismus der Leute gegen mich aufzustacheln. Ich schenkte dem Schreier zwei Pfund, meinen gefälligen Freund, den Oberstlieutenant, aber schickte ich nach Kedaref in die Verbannung, wo er Zeit finden wird, ähnliche Pläne auszuhecken. Ich besinne mich nie einen Augenblick, solche Kerle zu züchtigen. Der Gebetsrufer schreit jetzt noch einmal so laut, eben während ich dies schreibe . . . Ich gebe mir alle Mühe, jenen anderen Tapfern, der sich bestechen ließ, um den Feind nicht anzugreifen, und mich neunzehn Tage in Dara hinhielt, seiner Thaten zu überführen; aber die Zeugen sind nicht besser als er selber, so wird mir nichts übrig bleiben, als meine despotische Gewalt in Anwendung zu bringen. Er nahm zweihundert Pfund in Geld, den Wert von fünfzig Pfund in Straußenfedern und zehn Kamelladungen Durra als Geschenk hin, um den Stamm nicht anzugreifen . . . Sebehrs Sohn ist jetzt bereit, sich mir anzuschließen in der Hoffnung, das Land um so besser zu plündern; und Harun plündert auf seine Rechnung im Norden. Ich sitze mitten zwischen diesen beiden, und um mich her sind die Stämme, die jenem feindlich sind, und teilweise auch mir feindlich, während sie dem Harun günstig sind und von mir erwarten, daß ich ihnen gegen Sebehrs Sohn beistehe — das nennt man einen dreiseitigen Zweikampf."

Es war in der That eine unerquickliche Lage, die täglich drohender wurde. Von den drei Feinden, mit denen er im Zweikampf stand, wäre der selbstgekrönte Sultan ohne Zweifel am leichtesten zu unterwerfen gewesen, wenn er ihn nur in offenem Felde hätte stellen können; aber abgesehen von seinem Mangel an tüchtiger Mannschaft, war er anderwärts zu sehr in Anspruch genommen, und Hassan Pascha mit seinen fünftausend Unthätigen hatte nicht den Mut, ohne die Gegenwart Gordons den Angriff zu wagen.

Es waren die Stämme, die dem Feldherrn so hinderlich waren. Manche in nächster Nähe verhielten sich noch feindlich, und die entfernteren thaten ihr Bestes, die von ihm zur Ruhe gebrachten wieder aufzustacheln. Er befand sich daher in einem Centrum von kleinen Feindseligkeiten und sah vor der Hand keine Möglichkeit zu größeren Operationen, sei es gegen Harun, sei es gegen Soliman. Außerdem wurde sein Schreiber krank und für alle Kleinigkeiten der Verwaltung mußte er selbst einstehen. Wegen jeder Lapalie drängten sich die Leute unangemeldet in des Generalgouverneurs Zelt und meinten, er könne sich ihrer nicht schnell genug annehmen. Wenn er aber einen Befehl erteilte, so erfüllte man denselben im Leichenschritt. Seine Dienerschaft war so hilflos wie seine Truppen. „Ich erledige täglich einen Berg von Geschäften", schreibt er, trotz der furchtbaren Hitze, die so sengt und brennt, daß er „alle vierzehn Tage eine neue Haut im Gesicht hat." Und wenn er von einem Ausritt müde heimkommt, so findet er Skorpione in seinem Zelt, oder dasselbe von einem tropischen Sturmwind niedergeblasen, während seine Diener dabei sitzen, als ob es sich von selbst wieder aufrichten werde. Dann ist er wohl manchmal niedergeschlagen und meint, es helfe alles nichts, er müsse dieses verzweifelte Land sich selbst überlassen, aber sein hoher Mut gewinnt auch in solcher Lage die Oberhand, und er sieht durch den grauen Himmel doch wieder die Sonne scheinen.

Er hatte sein Hauptaugenmerk zur Zeit auf Harun gerichtet, denn der Verdacht war ihm gekommen, ob Hassan mit seinen fünftausend nicht ähnlichen Verrat treibe wie jener andere, der sich hatte bestechen lassen. Und obschon es fast täglich Unternehmungen gegen die feindlichen Stämme, oder Streifzüge auf höchstnötigen Proviant zu leiten gab, so traf er doch energische Vorbereitungen, einer etwaigen Krisis zuvorzukommen. Da hieß es mit einemmal, der Sultan sei verschwunden und niemand wisse wohin. Somit hatte er neben verlorener Mühe vorläufig das Nachsehen.

Während er so sein Bestes thut, der kleinen wie der großen Mühseligkeiten Herr zu werden, kommt ihm überdies die Nachricht, daß sein schlimmster Feind aus der Räuberhöhle ausgebrochen ist und sich anschickt, Dara zu belagern. Gordon weiß, daß Soliman sechstausend bewaffnete Sklaven mit sich führt, während er selbst zwar seine „unbeschreiblichen“ Helden hat, sich aber nicht im geringsten auf sie verlassen kann. Das war eine Wendung der Dinge, vor der alle bisherigen Schwierigkeiten erblaßten. Gordons Genie erweist sich aber nie glänzender als in einer Lage, die völlig hilflos erscheint. Da gürtet sich der Held zum Einzelkampf und erringt einen Sieg, der durch Waffen allein nicht zu gewinnen wäre. Schrieben wir einen Roman, es ließe sich nichts Romantischeres denken als solche Siege über große Bedrängnis; da es sich aber um Thatsachen handelt, so ist es eben die großartige Kindeseinfalt des heroischen Mannes, die stets mitten ins Feuer geht, den Umstand vergessend, daß er einer ist gegen viele. Gordon verlor keinen Augenblick. Seine Armee und alles zurücklassend, bestieg er sein Kamel und ritt allein und unbewaffnet nach Dara. Von diesem gewaltigen Ritt, eine der wunderbarsten Leistungen in seiner ganzen wunderbaren Laufbahn, lassen wir ihn selbst in einem Briefe an seine Schwester erzählen. Es ist hierbei nur zu bemerken, was übrigens von allen seinen Briefen gilt, daß er stets frisch nach der That schrieb und natürlich nicht im entferntesten daran dachte, daß je ein größerer Leserkreis an seinen Berichten sich erfreuen würde.

„Etwa um vier Uhr nachmittags erreichte ich Dara, lang vor meinem Gefolge, nachdem ich in anderthalb Tagen fünfundachtzig Meilen zurückgelegt hatte. Etwa zwei Stunden vor Dara geriet ich in einen Schwarm von Fliegen, die mich und mein Kamel so quälten, daß wir mit immer größerer Eile vorwärts drängten. Ich denke mir, die Königin des Geschmeißes muß darunter gewesen sein. Wenigstens dreihundert umschwärmten den Kopf des Kamels und ich ritt einfach in einer Wolke. So hatte ich doch wenigstens ein Gefolge von Fliegen, wenn sonst keines. Die Leute in Dara waren sprachlos, ich überfiel sie wie ein Blitz aus heiterm Himmel. Als sie sich erholt hatten, feuerten sie eine Salve ab. Mein armes Gefolge! wo das war, wußte kein Mensch. Denke Dir Deinen Bruder, einen einzelnen, staubigen, sonnverbrannten Menschen auf seinem Kamel und über und über mit Fliegen bedeckt, wie er so ganz unerwartet im Divan erscheint. Die Leute starrten mich an wie gelähmt. Zu essen gabs nicht viel nach meinem langen Ritt, aber eine ruhige Nacht, in der ich alles Elend vergessen konnte. Bei Tagesgrauen stand ich auf, zog die goldene Uniform an, die der Khedive mir geschenkt hat, und ging hinaus, um meine Truppen zu besichtigen. Darnach bestieg ich mein Pferd, und mit einem Geleit von meinen Räubern von Baschi-Bosuks ritt ich hinaus in das Lager der anderen Räuber, das ich in einer halben Stunde erreichte. Der Sohn Sebehrs kam mir entgegen — ein ganz hübscher Junge, etwa zwanzigjährig — und ich ritt mit ihm durch das Räuberlager. Ich schätze, es waren ihrer dreitausend, Männer und Burschen, die er bei sich hatte. Ich ritt mit ihm bis an sein Zelt; dort waren die Häuptlinge versammelt und nicht wenig überrascht, mich unter ihnen zu sehen. Ich ließ mir ein Glas Wasser geben und kehrte dann zurück, indem ich den Sohn Sebehrs einlud, mich mit seinen Angehörigen in meinem Divan zu besuchen. Sie kamen denn auch richtig und hockten im Halbkreis um mich her, während ich ihnen in gewähltem Arabisch meine Meinung beibrachte: erstens, daß ich wohl wüßte, daß sie neuen Aufruhr gegen die Regierung im Schild führten, und zweitens, daß sie mir glauben dürften, daß ich lediglich dazu gekommen sei, sie zu entwaffnen und zu vernichten. Diesen Bescheid nahmen sie stillschweigend entgegen und entfernten sich dann, um sichs zu überlegen. Es dauerte nicht lange, so erhielt ich ein Schreiben mit der Zusicherung ihrer Unterwerfung und dankte Gott dafür! Rings umher haben sie das Land verwüstet, und ich konnte es nicht ändern. Mich dauern nur die armen Leute, die es traf, darunter die mir Verbündeten, die mit mir nach Wadar (gegen die Leoparden) zogen und ihr Eigentum unbeschützt zurückließen. Was für Jammer überall! Aber der Allerhöchste sieht es und kann ihnen helfen. Ich kann's nicht. Die verblüfften Gesichter der Schurken, als sie meine Anklagen vernahmen, und die merkwürdige Gebärdensprache bei meinem ungenügenden Arabisch hättest du mit ansehen sollen! Es ist noch keine drei Tage her, daß Sebehrs Sohn seine Pistole dreimal auf meinen Kavaß*) abfeuerte, weil der Ärmste krank war und ihm nicht entgegenkommen konnte ... Du hättest sein Gesicht sehen sollen und seine Versicherungen der Treue mit anhören, als ich ihm dies vorrückte. Schließlich habe ich ihm verziehen. Maduppa Bey hat mir seither erzählt, daß der Sohn Sebehrs sich nach der Unterredung mit mir hingelegt und kein Wort gesprochen hätte, und daß die Araber meinten, ich hätte ihn mit Kaffee vergiftet! ... Man sieht ihm an, daß er ein verwöhntes Kind ist, dem die Rute nicht schaden würde. Ich habe mir Mühe gegeben, freundlich mit ihm zu reden, aber er wirft mir nur wütende Blicke zu. Armer Junge! er wird noch manch bittere Erfahrung machen müssen, ehe er die Nichtigkeit des Irdischen erkennt; bisher war er Herr inmitten einer kriechenden Schar von Sklaven, konnte thun was er wollte, Leute umbringen, wann es ihm einfiel, und soll nun auf einmal nichts sein! Indessen — ‚fahret mir säuberlich mit dem Knaben Absalom‘ — ich will suchen nach diesem Wort zu handeln. Er ist ein zierlicher Bursche in einer Jockeijacke von blauem Sammet. Die ganze Sippschaft kam bis an die Zähne bewaffnet, als sie sich in meinem Divan einstellten."

Nachdem Gordon Soliman und seiner Horde seine Meinung beigebracht hatte, beschloß er, die Höhle Adullam auszufegen, und sandte eine Abteilung seiner Truppen ab, um Schekka zu besetzen. Im feindlichen Lager war man übrigens keineswegs einer Meinung, ein Teil der Sklavenjäger war für Unterwerfung, der andere für Krieg. Soliman selber, den Gordon, seit er ihn kennen gelernt hatte, nur den Jungen**) nannte, war in einem Zustand unbändigster Wut, und wenn er nur die Scheiks zu gemeinsamem Handeln hätte bringen können, so wäre ein neuer Aufstand erfolgt. Die Leute waren aber moralisch überwältigt; einer nach dem andern erklärte dem Generalgouverneur seine Unterwerfung, und dem Sohn Sebehrs blieb zuletzt

*) Eine Art Polizeisoldat.

**) Eigentlich cub — junger ungeleckter Bär.

nichts übrig, als sich Gordons Befehl zu fügen, der ihn nach Schekka zurückkehren hieß. Er wolle das thun, sagte der Bursche, wenn Gordon ihm zuerst Feierkleider schenke nach dem herkömmlichen Brauch und als Beweis, daß er mit ihm zufrieden sei. „Ich habe keine Feierkleider," erwiderte jener und fügte hinzu, daß sein Betragen ein viel zu anmaßendes sei; er wisse ja nicht einmal, was sich des Khedive Statthalter gegenüber schicke, der ihn — einen eingebildeten Jungen — mit ganz unverdienter Freundlichkeit behandelt habe. Das war dem Sohne Sebehrs eine bittere Pille, aber er mußte sie schlucken. Von Schekka aus sandte er dann einen Brief, in dem er sich Gordons getreuen Sohn nannte und eine Statthalterschaft begehrte. Darauf wurde ihm die Antwort, daß ehe er in Kairo gewesen sei, um sich dem Khedive persönlich zu unterwerfen, oder sonst eine nicht mißzuverstehende Probe der Treue abgelegt habe, der Generalgouverneur ihm keinen Posten anvertrauen werde, und wenn es ihn sein Leben koste. Diesen Bescheid schickte ihm Gordon durch die Scheiks. Ehe diese sich verabschiedeten, fragte Gordon einen derselben, ob er Kinder habe; der Mann bejahte es. „Nun," rief Gordon, „sagen Sie selber, ob eine Tracht Schläge dem Burschen nicht heilsam wäre!" Und der Scheik gab es zu.

Das Merkwürdige war, daß alle anderen Sklavenhändler Sebehrs Sohn als ihren Herrn anerkannten und er wie ein Tyrann über sie herrschen konnte. Gordon sagte einmal, er fürchte, es werde keine Ruhe geben, ehe er diesen Absalom hinter Schloß und Riegel setze. So nannte er ihn, und wie aus seinen Briefen aus dieser Zeit ersichtlich ist, hatte er ein väterliches Mitleiden mit dem Jungen, dem ein gewisser Mut nicht abging und der fürs übrige doch nur das war, wozu Herkunft und Erziehung ihn gemacht hatten. Die Bande war aufs Haupt geschlagen, moralisch und ohne Blutvergießen; man fühlte Gordons feste Hand und das genügte.

Während er so mit den Sklavenhändlern fertig wurde, hörte er, daß sein schwarzer Schreiber, dem er bis dahin aufs vollkommenste vertraut hatte, eben so wenig „backschischfest“ war, als die meisten seiner Untergebenen, er hatte dreitausend Pfund Bestechungsgelder angenommen. Dergleichen Erfahrungen waren Gordon ein wahrer Schmerz. Dann kam ein Eilbote von Fascher, wo er doch über fünftausend Mann Militär wußte, mit der Nachricht, daß ein panischer Schrecken die Stadt befallen habe; Harun hatte nämlich von weither von sich hören lassen. Da verlor Gordon ob solcher bodenlosen Feigheit die Geduld. Er ließ ihnen zurücksagen, sie sollten nicht sterben vor Angst, die Sklavenhändler würden ihnen demnächst zu Hilfe kommen.

In der zweiten Septemberwoche machte er sich selber auf mühsamer Straße nach Schekka auf den Weg. Als Soliman von seinem Kommen hörte, lud er ihn ein, in seinem Hause abzusteigen, was Gordon auch ohne weiteres annahm. Er und die anderen Raubgesellen empfingen ihn mit aller Unterwürfigkeit, ja sie kamen ihm wie ihrem König entgegen. Sebehrs Sohn war sogar ganz bescheiden und trug diesmal keine Sammetjacke; seinen Wunsch nach einer Statthalterschaft konnte er jedoch nicht unterdrücken. Gordon ließ sich aber auch nicht durch Unterthänigkeit bestechen, sondern erklärte dem Bittsteller, er müsse vor allen Dingen Vertrauen zu verdienen suchen. Doch war er persönlich freundlich gegen ihn und schenkte ihm sein eigenes Gewehr.

Er hielt sich nur zwei Tage in dem Räubernest auf, was gut war, denn er war ohne Schutzwache, und wie es sich später herausstellte, wurde während seiner Anwesenheit Kriegsrat gehalten, ob es thunlich und ratsam sei, sich an ihm zu vergreifen. Daß es nicht geschah, ist ein Wunder, das sich nur damit erklären läßt, daß seine vollständige Gleichgiltigkeit gegen persönliche Gefahr wie lähmend auf seine Feinde wirkte; es war die Großartigkeit seines Wesens, die sie entwaffnete. Und wie Daniel aus der Löwengrube, so ging er aus dem Nest der Sklavenräuber hervor.

Es war auf dem Weg nach Schekka, als er folgendes schrieb*):

„Weiterhin im Land hausen noch an sechstausend Sklavenhändler, die sich wohl ergeben werden, nun ich den Sohn Sebehrs und seine Häuptlinge überwältigt habe. Es ist nicht zu sagen, wie groß die Schwierigkeit ist, mit all diesen bewaffneten Horden das Rechte zu treffen. Ich trenne sie in einzelne Haufen und hoffe sie so mit der Zeit alle zu bewältigen. Man kann sie doch nicht alle totschießen! Haben sie nicht auch ihre Rechte, die man ihnen lassen muß? Hatten die Pflanzer (in Amerika) keine Rechte? Hat nicht selbst unsere Regierung einst Sklavenhandel gestattet? Ich hätte fünfhundert Pfund darum gegeben, Sie und die Herren von der Gesellschaft zur Unterdrückung des Sklavenhandels in jenen drei Tagen in Dara zu haben, als man nicht wußte, ob die Sklavenhändler sich zur Wehre setzen würden oder nicht. Eine schlechtbefestigte Stadt, eine feige Besatzung, unter der nicht einer war, der nicht vor Angst zitterte; und auf der andern Seite eine handfeste entschlossene Bande, die sich aufs Kriegshandwerk versteht, gut schießen kann und zwei Feldstücke bei sich hat. Ich hätte gern gehört, was Sie und die anderen dazu gesagt hätten! Ich sage dies nicht um mich zu rühmen, denn Gott weiß, wie groß meine Sorge war — nicht um mein Leben, denn ich bin längst dem abgestorben, was einem das Leben lieb macht, den Annehmlichkeiten und der Ehre und Pracht dieser Welt — sondern meiner armen Schafe wegen hier in Darfur und anderwärts. Mein Vertrauen**) ist ein begrenztes. Ihr sagt dies und das und handelt nicht darnach; ihr gebt Beiträge und meint, ihr habt eure Pflicht gethan; ihr lobt einander u. s. w. Es ist auch natürlich. Gott hat euch Dinge gegeben, die euch an diese Welt binden, ihr habt Frauen und Kinder. Ich habe keine und bin frei — gottlob. Verstehen Sie mich recht: wo es mir nötig erscheint, da kaufe ich Sklaven und ich hindere es nicht, wenn gefangene Sklaven nach Ägypten verbracht werden; und im Punkte der dienstpflichtigen Sklaven will ich Freiheit haben, das zu thun, was mir recht scheint und was Gott selbst in seiner Barmherzigkeit mir nahe legt; aber den Sklavenjägern will ich das Genick brechen, und wenn es mich mein Leben kostet. Ich kaufe Sklaven für meine Armee und mache sie zu Soldaten gegen ihren Willen, damit sie mir helfen die Sklavenjagd unterdrücken. Ich thue dies am hellen Tag

*) Offenbar an ein Mitglied der in diesem Briefe erwähnten Gesellschaft.

**) Der Gesellschaft gegenüber.

aller Welt gegenüber, und trotz all euren Beschlüssen. Meint ihr, es würde mir das Herz brechen, meiner Würden entsetzt zu werden? ich würde mich nach der entsetzlichen Ermüdung des ewigen Kamelreitens zurücksehnen nach all dem Elend, das ich mit ansehen muß, nach der Hitze, und nach der Plackerei meines persönlichen Lebens? Stellt euch einmal meine Reisen vor in diesen sieben Monaten! Tausende von Meilen zu Kamel, und es wird so fortgehen, wenigstens noch für ein Jahr. Sie finden es nur hie und da, daß man sich auf Gott verlassen muß — ich fortwährend, Tag und Nacht. Ich will damit sagen, daß Sie nur hie und da eine schwere Prüfung haben — etwa wenn Ihnen ein Kind krank ist — die Sie erkennen läßt, wie völlig schwach und hilflos Sie sind. Ich bin fortwährend in solcher Lage. Der Körper lehnt sich dagegen auf — es ist oft mehr als man tragen kann. Zeigen Sie mir den Mann — und ich will mir von ihm helfen lassen — der Geld, Ruhm, Ehre verachtet, dem es einerlei ist, ob er je seine Heimat wieder sieht, der sich allein auf Gott verläßt als die Quelle alles Guten und den Machthaber über alles Böse, einen der bei gesundem Körper und mit thatkräftigem Geist dem Tod entgegensieht, der ihn einst von allem erlösen wird. — Sie sagen, Sie wissen keinen? nun dann lassen Sie mich in Ruhe. Ich habe wahrlich genug an meinem Leben zu tragen und brauche keine weitere Last.

Auf einen Unterschied zwischen hier und Amerika muß ich Sie aufmerksam machen: man hört hier nie davon, daß Eigentümer ihre Sklaven zu harter Feldarbeit benutzen. Sie sind entweder Dienstboten, oder im Truppendienst der Händler; es sind meist muntere flinke Kerle, gewandt wie Antilopen, auch wieder wild und schonungslos, ein Schrecken dieser Länder, und mit einem Prestige weit über das Militär der Regierung hinaus. Sie sind die Stärke der Sklavenhändler. — In Kedaref sollen sich ein paar Griechen niedergelassen haben, die eine Menge Sklaven auf Plantagen beschäftigen. Ich habe vor, sie aufzuheben. Kurz, der Zustand der Neger hier ist ein weit besserer, als er je in Westindien war, und ich behaupte, daß die Leute hier nicht so herzlos sind als einst die Pflanzer mit all ihrer Bildung und ihrem Christentum.

Ihre Ansicht über den Muhamedanismus teile ich nicht. Nach meiner Ansicht giebt es Muselmänner, die christlicher sind als manche Christen. Wir alle sind mehr oder weniger Heiden. Haben Sie je das Buch gelesen „Das moderne Christentum ein civilisiertes Heidentum"? Ich war dieser Ansicht lange, ehe ich es las. Ich mag einen rechten Muselmann wohl leiden; er schämt sich seines Gottes nicht und sein Privatleben ist ein ziemlich reines; allerdings erlaubt er sich viele Weiber, auf der anderen Seite aber begnügt er sich mit seinen eigenen. Kann man das immer von den Christen sagen?

Was geht mich das Ministerium des Äußeren an, oder ich das Ministerium? Ich brauche seine Hilfe nicht; es wäre unrecht gegen den Khedive, wollte ich sie annehmen. Außerdem „derer ist mehr, die bei mir sind, denn derer, die bei ihnen sind." Ich brauche keine Helfer außer dem Allmächtigen ... Nein, mein Lieber — richten Sie Ihr Leben in Wahrheit nach dem Christentum ein, dann erst wird es Sie befriedigen. Das Christentum der meisten Leute ist ein schales, kraftloses Ding und führt zu gar nichts. Ein gutes Mittagessen ist ihnen wichtiger; es giebt nur einige wenige, die Gott dazu antreibt, sich wirklich um ihre schwarzen Brüder zu kümmern. ‚Ach die armen Sklaven!' heißt es da und ‚darf ich Ihnen noch ein Stückchen Salm anbieten?' ..."

Mitte September zog er nach Obeid, weil sein Diener das feuchte Klima bei Schekka nicht ertragen konnte. Da kam' ihm sehr bald der Gedanke, als ob seine Karawane einen ungewöhnlichen Zuwachs habe. Es dauerte nicht lange, so entdeckte er den Sachverhalt — etliche achtzig Männer und Weiber und Kinder in Ketten. Natürlich stellte er den Sklavenhändler; es war einer der Geier. Da hieß es, es sei dessen eigene Familie! Hätte Gordon sie befreit, so wären sie liegen geblieben und Hungers gestorben. So kam er dazu einem Sklaventransport den oberstatthalterlichen Schutz zu gewähren. Aber er ließ ihnen die Ketten abnehmen.'

Diese Reise scheint für ihn eine besonders ermüdende gewesen zu sein.

„Keine Sonntage für mich," schreibt er, „es ist Last und Hitze jeden Tag, ob ich auf meinem Kamel bin oder in meinem Zelt."

Und überall unterwegs findet er Sklaven; manche kauft er, andere, die in der Glut fast verdursten, schickt er ans Wasser. Ihr Elend bekümmert ihn, und er hätte sein Leben gelassen, nicht einmal, sondern wieder und wieder, um den Handel mit Menschenware von der Erde zu vertilgen. Und doch weiß es niemand besser als er, daß er nichts thun kann, als neue Einfuhr möglichst verhindern. Daß er mit dem Räubernest in Schekka fertig geworden war, leuchtete wie ein Stern am Horizont seines Lebens und gab ihm die Hoffnung, daß bessere Tage kommen würden. In seinen Briefen, die sein Tagebuch sind — und es vergeht kaum ein Tag, an dem der einsame Held nicht treulich mit den fernen Seinen verkehrt — schreibt er alles nieder, was ihn bewegt, seine ernsten Gedanken, seine mühevollen Kämpfe, seine Einfälle und Erlebnisse. In Schekka war ihm eine Albino-Negerin vorgekommen und er nahm sie mit, um sie als Seltenheit dem Khedive zu schenken. Unterwegs aber änderte er seinen Plan:

„Ich werde sie im Kloster zu Obeid lassen und einen weißen Neger kommen lassen, von dem ich in Darfur gehört habe. Die müssen sich heiraten — ich bin doch begierig, was es für Kinder giebt! Sie ist nicht schön und sieht kränklich aus, ist es aber nicht."

Ein andermal schreibt er:

„Gestern kam ein schwarzer Soldat zu mir mit einem schwarzen Mädchen, das, wie er sagte, ihm gehöre; aber ein Araber behauptete, er habe sie für vier Pfund gekauft. Mit dem Araber wurde ich fertig, indem ich ihm seine vier Pfund vergütete. Dann sagte ich zu dem Mädchen: ‚So, du gehörst jetzt mir, ich hab dich gekauft — willst du bei mir bleiben oder mit dem schwarzen Soldaten gehen?‘ Sie zog ihren schwarzen Soldaten mir vor, und die beiden gingen vergnügt ihrer Wege. Das ist alles, was an Kopulation hier Sitte ist. Daß ich nicht vorhatte, sie ihrem schwarzen Liebhaber abspenstig zu machen, kannst Du Dir denken."

Und wieder: „Als ich gestern in meinem Zelt lag, kroch ein schwarzes Weib herein. Ich sah sie zuerst nicht, aber ich hörte sie stöhnen. Es stellte sich heraus, daß sie nicht länger bei einem Beduinen bleiben wollte, dem sie gehörte; da ließ ich den Mann kommen und gab ihr dreißig Thaler und hieß sie dieselben ihm einhändigen. Darauf erwählte sie sich einen andern Herrn und hatte somit ihren Willen. Sie ist ein Riesenweib mit einem hübschen schwarzen Gesicht."

Ende September gelangte er nach Obeid und war vierzehn

Tage später in Khartum. Der Ruhm seines Siegeszugs war vor ihm hergegangen. Die Leute konnten sich nicht genug über seine Kühnheit wundern; solcher Mut, solche Willenskraft, solche unwiderstehliche Energie war den schlaffen Menschen in jenem schlaffen Land unfaßlich. Und die Geschwindigkeit, mit der er seine riesengroße Provinz bereiste, wäre jedem andern als eine Unmöglichkeit erschienen. Seine Beamten fühlten sich ordentlich ihrer Trägheit nicht mehr sicher. „Der Pascha kommt!“ war ihnen ein Schreckschuß, der besser wirkte, als Aussicht auf die Peitsche. So beherrschte der freundliche, wohlwollende Mann mit seinem felsenfesten Willen das Land.

Drittes Kapitel.

Weitere Kämpfe und der Aufstand in der Bahr el Ghasal.

Am 14. Oktober war Gordon nach Khartum zurückgekehrt und schon am 23. begab er sich auf eine neue Reise. Die Arbeitslast, die er vorfand, hatte er in einer Woche bewältigt. Er sei nur noch ein Schatten seiner selbst, schreibt er; und jene Woche nennt sogar er eine harte Zeit. Auf Schritt und Tritt belagerten ihn die Leute mit Bittschriften, ihn mit Geschrei verfolgend. Sich ihrer mit Gewalt entledigen, das vermochte er nicht.

„Ich lasse sie eben schreien, denn wie kann ich jedem seinen Willen thun, oder jeden Gefangenen frei geben? Hätte ich nicht meinen Gott zum Trost," fährt er fort, „und das Bewußtsein, daß Er Generalgouverneur ist, wie sollte ichs weiter führen?"

Nachdem er seine Regierungsgeschäfte in Khartum erledigt und einen Mörder hatte hinrichten lassen, machte er sich über Berber nach Hellal auf den Weg, um daselbst mit Walad el Michael zu verhandeln. Die Reise den Nil hinunter war die erste wirkliche Ruhezeit, die ihm seit dem Vorfrühling 1874 im Sudan zu teil wurde. Und während er so mit stillem Gemüt den Nil hinabsegelt, spricht er sich brieflich über seinen Beruf aus. Sein englischer Biograph bemerkt hierzu, man höre da zum erstenmal ein Wort von ihm, das für Selbstüberhebung gelten könnte.

„Wie köstlich war die Ruhe heute auf dem Nilboot. Voriges Jahr um diese Zeit war ich auf meiner Heimreise vom Äquator her. Wieviel ist seither geschehen, bei Dir, bei mir, und in Europa! Mir ist so wohl zu Mut. Wenn ein Stern seine Höhe erreicht, so sagt man: er kulminiert; nun, mir ist auch, als ob ich kulminiert hätte — ich möchte weiter und höher hinauf. Doch weiß ich, daß ich hier bin so lange es Gottes Wille ist; mit diesem Bewußtsein fuße ich wie auf einem Felsen und bin zufrieden. Mancher andere möchte wohl auch hoch steigen, aber ohne die damit verbundene Last; mir macht umgekehrt die Last die Ehre lieb und ich danke Gott dafür. Er hat mirs gelingen lassen, und wenns auch kein sehr glänzender Erfolg ist, so ists ein handgreiflicher, der bleibenden Wert hat. Jene Stelle im Propheten Jesaia habe ich mir zugeeignet, und soweit es in meiner Macht steht, suche ich sie zu bewahrheiten."*)

Warum aber sollte das Selbstüberhebung sein? Ist es nicht vielmehr die Rede eines Menschen, der mit Paulus sagen kann: Ich habe mehr gearbeitet denn sie alle; nicht aber ich, sondern Gottes Gnade, die mit mir ist?

In Berber wurde zu seiner Ankunft die Stadt festlich erleuchtet, und der Generalgouverneur, „der Beklagenswerte, mußte zwei Stunden umherlaufen und den Leuten zulieb ihre trüb brennenden Ampeln besehen — ein wahres Opfer!" Hierin fügte er sich, aber die acht oder zehn Hofschranzen, mit denen man ihn umgab, hieß er ihrer Wege gehen. Sich bewachen lassen, war nicht seine Art. Auch in Berber war an Arbeit kein Mangel — Bittschreiben, Briefe, Telegramme zu Dutzenden. Im ganzen Land meinten die Leute, er sei nur dazu da, ihre Privatangelegenheiten zu erledigen. Von hundert Meilen weit her telegraphiert einer, es sei ihm ein Sklave entlaufen; ein anderer, er habe Händel mit seiner Frau und ein Nachbar hätte sich drein gelegt — als ob es nirgends Bezirksgouverneure gebe. Jenem flüchtigen Sklaven wird der Generalgouverneur nicht nach-

*) Welcher wird ein Zeichen und Zeugnis sein dem Herrn Zebaoth in Ägyptenland. Denn sie werden zum Herrn schreien vor den Beleidigern; so wird er ihnen senden einen Heiland und Meister, der sie errette. Jes. 19, 20.

gegangen sein, auch jene Ehehändel wird er ignoriert haben, aber Spital und Gefängnis besuchte er, um zum Rechten zu sehen.

Auf der Weiterreise nach Dongola mußte er sich über schlechte Kamele beklagen, die schlecht gefüttert und folglich wenig brauchbar waren. Die Ruhe und Stille der Wüste mit ihren klaren taulosen Nächten war ihm eine Erquickung, ja eine wahre Erholung nach der Kampfzeit und feuchten Hitze im Lande Darfur. In Meraui, dem angeblich südlichsten Grenzpunkt altägyptischer Civilisation, erreichte er den Fluß wieder. Hier hatten die Leute seit Jahren keinen Statthalter zu Gesicht bekommen und verfolgten ihn mit Klaggeschrei. In Dongola hörte er, daß Walad el Michael Senheit bedrohe, und Gordon hatte keine Truppen. Auch ein Telegramm vom Khedive fand er vor, in welchem seine Anwesenheit in Kairo begehrt wurde. Er machte sich daher nach Ägypten auf den Weg, aber schon nach einer Tagreise bestürmten ihn Telegramme vom Sudan mit der Nachricht eines abessinischen Einfalls. Ras Arya, ein Heerführer des Johannes, bedrohte Sennaar und Fazolie, südlich von Khartum. Es schien ihm unglaublich, aber in Khartum war auch nicht ein Mensch, auf den er sich nötigenfalls verlassen konnte, und so eilte er nach Dongola zurück und von dort durch die Bajuda Wüste in fünftägigem Ritt nach Khartum. Es war blinder Lärm gewesen; man hatte ein paar abessinische Grenzmänner gesehen und sie auch zurückgeworfen.

Drei Tage hielt er sich in Khartum auf, dann bestieg er abermals sein Kamel, um über Abu Haras, Kedaref und Kassala nun doch erst den Walad el Michael aufzusuchen, ehe er nach Kairo ginge. Gordon hätte gewünscht, den König Johannes zu einem Einverständnis mit Walad zu bringen, wonach der König dem unruhigen Häuptling Hamasen überließe, das überdies sein angestammtes Erbe war, allein Johannes war eigensinniger Natur. Walad war für die Ägypter ein böser Grenznachbar; man war seiner nie sicher. Das einfachste wäre gewesen, ihn dem abessinischen König in die

Hände zu liefern, aber selbst ägyptische Politik hätte nach dem Vorausgegangenen dies für schmählich gehalten. Man hoffte, Gordon würde es zu stande bringen, die ägyptische Ehre mit möglichstem Gewinn zu retten. Somit war er denn auf dem Wege nach Senheit, wo Walad lag.

Unterwegs fand er wie gewöhnlich Ursache, sich über sein Gefolge zu beschweren, er hatte es zu eilig für seine gemächlichen Araber, und wo sie konnten, erwiesen sie sich hinderlich.

In Kassala sah er den heiligen Mann Scherief Seid Hacim, einen Abkömmling Muhameds, mit dem er schon einmal zusammengetroffen war, und der bei jener ersten Gelegenheit sich in seiner Würde verletzt fand, weil sein unwissender europäischer Gast sich neben ihn auf den Ehrendivan setzte. Diesmal war der Heilige etwas herablassender und ließ sich sogar eine Zwanzigpfundnote schenken. Als Gegengeschenk that er Gordon die Ehre an, ihn zu bitten, sich zum Turban zu bekehren und ein Muselmann zu werden. Er war nicht der erste, der dem Generalgouverneur diese Bitte vortrug!

Als er Senheit erreichte, fand er, daß Walad sich in seinem Lager zu Hellal befand, und mußte zwei hohe Berge übersteigen, um dasselbe zu erreichen. Es war ein ähnliches Unternehmen wie sein Besuch in der Räuberhöhle zu Schekka. Er schreibt darüber:

„Die Leute in Senheit waren so furchtsam, daß ich beschloß, mich in Gottes Hand zu stellen und hierher zu reiten. Der Weg über zwei Berge war über alle Beschreibung; den zweiten zu übersteigen war eine entsetzliche Arbeit. Walad el Michael und seine Banditen lagern auf einem hohen Berg. Er hat volle siebentausend Mann bei sich, die alle bewehrt sind. Sie standen in Reih und Glied um mich zu empfangen, und sein Sohn kam mir entgegen. Michael, hieß es, sei krank, oder gab vor es zu sein. Darnach begrüßte mich ein Trupp Priester mit heiligen Bildern. Michael empfing mich liegend — er habe ein böses Knie; aber die Leute zu Senheit sagen, es wäre nicht wahr. Dann führte man mich in mein Zelt, und ich muß sagen, ich gedachte der Löwengrube. Wir waren miteinander in einer zehn Fuß hohen Umzäunung eingesperrt. Ich wurde zornig, denn ich sah wohl, was meine Leute (zehn Soldaten) davon hielten. Ich wandte mich an den Dolmetscher und sagte ihm, daß wenn Michael vorhabe mich als Gefangenen zu betrachten, es ihm frei stünde, daß er es aber würde büßen müssen. Das war Kleinglaube von mir, dies zu sagen! Der Dolmetscher und Michaels Sohn waren indessen so überaus höflich und voller Entschuldigungen, daß ich vorläufig wohl noch kein Gefangener bin. Ich erläuterte meine Bemerkung dahin, daß wenn es in Senheit bekannt würde, wie man mich hier logiere, man dort allerdings für meine Sicherheit fürchten müßte, und der Telegraph würde solches nach Kairo melden."

Die Nacht verlief ungestört, abgesehen von quälenden Flöhen, welches Ungeziefer in jenen Himmelsstrichen nur in hoher Bergluft gedeiht. In der Morgenfrühe sammelten sich die Priester um des Gastes Gefängnis her und sangen ihre Hymnen — „wahrscheinlich um den bösen Geist zu bannen," meinte Gordon. In einem späteren Brief heißt es übrigens:

„Die Priester (in Abessinien) versammeln sich morgens um drei Uhr und singen eine Stunde lang in eigentümlich melodischer Weise davidische Psalmen. Es hat für den aus dem Schlaf erwachenden Hörer etwas tief Ergreifendes."

Am folgenden Tag hatte er eine Unterredung mit Walad und machte ihm den Vorschlag, beim König von Abessinien um Pardon einzukommen. Der „Patient" wies dies energisch von sich und meinte im Gegenteil, die ägyptische Regierung thäte wohl daran, ihm weitere Distrikte (zum Plündern) zu überlassen; auch erklärte er sich bereit, die abessinische Stadt Adowa zu überfallen. Zwar wußte Gordon, daß er den listigen Verbündeten auf diese Weise leicht dem Johannes in die Hände spielen könnte, aber Verrat war nicht seine Politik, und er brachte Walad durch eine beträchtliche Geldsumme fürs nächste zur Ruhe. Er war froh, diese Banditenhöhle wieder verlassen zu können.

„Wie verhaßt mir diese Abessinier sind," schreibt er, „den Walad mitgerechnet; sie haben auch gar nichts Anziehendes. Ihr Christentum ist ein totes; und was ihre Civilisation betrifft, so sind sie nicht viel besser als die Stämme am Äquator. Wäre es nicht der europäischen Regierungen wegen, ich kümmerte mich nicht um diesen Johannes. Meine Beduinen von Darfur und hier herum sind andere Leute. Manche der jüngeren Leute haben Haltung, die man ordentlich beneiden möchte. Ich könnte nie durch mein Äußeres imponieren, aber diese jungen Ismaels sind lauter Prinzen."

Er war offenbar froh, den Abessiniern den Rücken kehren zu können und begab sich nach Massaua am Roten Meer, um dort eine Antwort von Ras Bariou, dem abessinischen Grenzgeneral, abzuwarten. Er hatte nämlich dem Könige den Vorschlag gemacht, wenigstens Walad el Michaels Truppen Pardon zu gewähren, damit sie sich nach Abessinien flüchten könnten, wenn er sich etwa zu einem Angriff genötigt sehen sollte. Die Antwort aber blieb aus. Johannes lag zu Feld gegen Menelek, den König von Schoa, und so wenig umfangreich das Land ist, wußte niemand genau zu sagen, wo das wäre. Gordon wartete eine Zeitlang und trat dann über Sauakin und Berber den Rückweg nach Khartum an. Unterwegs erhielt er einen zweiten Befehl vom Khedive, sich in Kairo einzufinden, um an Finanzberatungen teilzunehmen. Der bloße Gedanke daran war ihm verhaßt; überdies meinte er, nach seinem Nomadenleben im Sudan sei er weniger als je dazu geeignet an höfischem Leben Gefallen zu finden. Es war Ende Dezember; über viertausend Meilen Wüstenritt lagen hinter ihm in diesem Jahr. Er hatte es unterlassen, die Binde um Brust und Hüfte zu tragen, die beim Kamelreiten der fortwährenden Erschütterung wegen nötig ist; er beschreibt die Wirkung folgendermaßen:

„Ich habe mir das Herz oder die Lungen verrüttelt und habe ein Gefühl in der Brust als ob alles verrenkt wäre . . . Wahrlich, obwohl ich lieber hier bin als sonstwo auf der Welt, es wäre besser tot sein, als dies Leben führen. Ich habe meinem Schreiber mit der Bitte Entsetzen verursacht, mich zu begraben wo ich sterbe und jeden Araber einen Stein auf mein Grab werfen zu lassen, damit ich doch auch ein Denkmal hätte.

Es ist sonderbar, Fatalisten wie die Leute hier sind, ist eine solche Anspielung ihnen doch ein Greuel; sie meinen, es hieße den Tod mit Namen rufen, obschon sie zugeben, daß es vorherbestimmt ist, wann einer sterben soll."

Gordon begab sich nach Kairo. Mit Dampf und Segel gings nilabwärts und die Residenz wurde anfangs März erreicht. Der Khedive hatte seinem Oberstatthalter eine Aufforderung zum Diner entgegentelegraphiert, aber der Zug hatte Verspätung, und als Gordon den vicevöniglichen Palast erreichte, fand sichs, daß die Hoheit anderthalb Stunden auf ihren Gast gewartet hatte. Staubig wie er war, mußte Gordon sich an die Tafel setzen, und alle Auszeichnung wurde ihm zu teil. Er wurde aufgefordert, als Präsident der Finanzkommission zu figurieren. Sein Platz bei der Tafel war zur Rechten des Khedive, und sein Quartier war die Kasrel Kausa, ein Palast, in dem sonst nur fürstliche Gäste untergebracht werden. Aber die Pracht seiner Umgebung und die glänzende Bedienung waren für Gordon verlorene Liebesmüh.

„Meine Leute wissen sich nicht zu helfen vor Verwunderung, und ich auch nicht. Ich wollte, ich wäre wieder glücklich auf meinem Kamel."

Einem Engländer, der ihn besuchte, erklärte er, er komme sich vor wie eine Fliege in diesem großen Haus. Und seiner Schwester schrieb er, es sei die helle Quälerei; er lege sich um acht Uhr schlafen, das sei noch das beste, denn er gehe abends nicht in Gesellschaft. Die Leute lachten ihn wohl aus, aber das sei ihm einerlei. In der Finanzkommission erwartete man Wunder von ihm, man hatte eben vergessen, daß Gordon der allerletzte war, der sich in Geldgeschäften „gebrauchen" ließ; mit seiner Meinung den Ministern gegenüber scheint er auch nicht hinter dem Berg gehalten zu haben. Es stellte sich heraus, daß er ein Finanzrat nicht war*), und er war froh wieder seiner Wege gehen zu können.

---

*) Als Streiflicht hierzu dient folgendes: Gordon schreibt auf dem Weg nach Kairo anläßlich der von ihm nicht gebilligten Anstellung eines Mannes, den er nicht mit Namen nennt: — „Ich habe meinen Gehalt von sechstausend Pfund auf die Hälfte reduciert; ich habe genug mit dreitausend, und die andern

„Ich verließ Kairo wie ein gewöhnlicher Sterblicher, ohne Extrazug, und bezahlte mein Billet. Die Sonne, die so glanzvoll aufging, hatte einen ganz bescheidenen Untergang .... Die Last ist groß — ich wünsche die Zeit der Ruhe wäre da; aber die kommt nicht, bis ich sein Werk vollbracht habe. Hier bin ich — sende mich!“

Die Reise ging über Suez, Aden, Berber, Zeila nach Harrar; er wollte den Raouf Pascha, der als grausamer Tyrann dort schaltete, abermals seines Amtes entsetzen; es war derselbe, dem er vier Jahre vorher eine Züchtigung hatte zu teil werden lassen. In Harrar blieb er nur so lang als nötig war, um Ordnung herzustellen, und kehrte dann nach Zeila zurück, wo er nach „achttägigem fürchterlichem Marsch“ am 9. Mai anlangte. Müde wie er war, gings alsbald weiter nach Massaua und Berber. Ihn verlangte nach Khartum zurück, wo ein Berg von Arbeit seiner harrte. Das Volk freute sich seiner Rückkehr und treulose Beamte zitterten; nicht weniger als acht seiner hochgestellten Untergebenen entsetzte er ihrer Würden. Aber nur zu gut wußte er, daß er mit eingefleischter Veruntreuung im ungleichen Kampf stand, weil Ägypten wie die Türkei im Regierungswesen von oben bis unten durch und durch faul ist; und Menschenkraft, selbst die eines Gordon, reicht da nicht aus, etwas besseres auf die Dauer zu schaffen.

Die erste Nachricht von außen, die ihn in Khartum erreichte, war die, daß Walad el Michael in Abessinien eingefallen sei und sich des Ras Barion bemächtigt habe. Somit waren Gordons Briefe an Johannes jetzt in Walads Hand, was dem Schreiber übrigens kein

dreitausend können dem Land das wieder ersetzen, was jene Anstellung kostet. Aber ich fürchte, ich thue dies mehr aus Zorn als in Liebe ... Je älter man wird, um so besser lernt man so an seinen Nebenmenschen handeln, als wären sie leblose Gegenstände, d. h. für sie thun was man kann, ohne sich im geringsten darum zu kümmern, ob sie es einem Dank wissen oder nicht. So handelt Gott gegen uns. Er läßt regnen über Gerechte und Ungerechte. Dank findet er selten; im Gegenteil, er wird selbst meist vergessen.“

großer Kummer war. Walad wußte nun, wessen er sich zu versehen hatte, und daß Gordon, obschon er sich von ihm lossagte, bei Johannes um sein Leben eingekommen war.

Die zweite ungleich bedenklichere Nachricht war ein erneuter und verstärkter Aufstand der Sklavenjäger. Soliman hatte sich in die Bahr el Ghasal zurückgezogen, wo die ganze Bande der aus ihren Nestern verjagten Sklavenhändler sich zur letzten verzweifelten Gegenwehr um ihn scharte. Während Gordon den Menschenhandel im Norden im Schach hielt und die Verbindungen der Räuber mit ihren Märkten abschnitt, erhob sich Soliman im Süden, und seine Horden überfluteten die Bahr el Ghasal.

„Ich habe den ganzen Besitz der Sebehrfamilie konfisziert," schrieb Gordon, als er dies vernommen, „und sende eine Truppenabteilung gegen den Sohn."

Diese Unterwerfung persönlich zu leiten war ihm schon deshalb nicht möglich, weil durch Anhäufung des Ssett in den Flüssen und Seen die Verbindung der Bahr el Ghasal mit Khartum oft monatelang abgeschnitten ist. Der Generalgouverneur durfte seine Provinz auf eine solche Möglichkeit hin nicht verlassen. Aber außerdem war eine Zeit der Schwierigkeiten für ihn angebrochen, der selbst seine Energie oft manchmal erliegen wollte. Die Paschas in Ägypten arbeiteten ihm geradezu entgegen.

„Ich stehe so ziemlich mit ganz Kairo auf dem Kriegsfuß, und Dornen sind mein Teil. Aber diese Arbeit ist mir nun einmal übertragen, ich will sie durchführen, und Gott wird mich von allem Übel erlösen. Wenn man sich von den irdischen Dingen nur immer innerlich frei halten und sie dem göttlichen Walten überlassen könnte, wie viel leichter wäre dann alles! Ich verzweifle nicht, aber wenn ich sehe, daß trotz aller Anstrengung kein wirklicher Fortschritt erreicht wird, dann überfällt mich ein Überdruß, und ich wollte ich wäre daheim . . . Seit die einsamen Kamelritte hinter mir liegen, habe ich keine erquicklichen Gedanken mehr . . . Die fortwährenden Händel sind sehr niederdrückend und täglich möchte ich rufen: Wie lang, Herr, wie lang! Ich habe nie einen ruhigen Tag . . . Aber so schwer es auf mir liegt, so ist es doch besser hier arbeiten, als anderwärts ein nutzloses Leben führen."

Man sieht hieraus und aus ähnlichen Stellen, daß selbst ein Glaubensheld wie Gordon seine Stunden hat, wo er innerlich gebrochen ist und wie David und Hiob und andere Gottesknechte zu Zeiten meint, daß das Böse siegen werde. Auch war er leidend in jenem Sommer, denn obgleich er selten von seiner Gesundheit spricht, so schreibt er doch im September:

„Ich war mehrere Tage recht unwohl und so allein in meinem großen einsamen Haus. Und dann schleppte ich mich von einem Zimmer ins andere, weil die Gedanken mir keine Ruhe ließen. Bei all dem hab ich den großen Trost, mich nie vor dem Tod zu fürchten." Und einige Wochen später: „Gottlob ich bin wieder fast wohl, aber ich war zwei Tage recht elend. Die ganze Stadt ist krank dieses Jahr. Aber so krank ich war (und zwar gleichzeitig mit meiner Dienerschaft — alles lag darnieder) war es mir doch lieb, in meinem großen Haus allein zu sein und niemand zur Last zu fallen . . . Ich glaube, mein armer Kopf hat nie mehr nutzlose Arbeit vollbracht als in jenen beiden Nächten. Bittschriften verfolgten mich und wenn ich meinte sie erledigt zu haben, so waren sie von neuem da; es war entsetzlich." Und hieran knüpft er die nicht leicht zu beantwortende an seine Schwester gerichtete Frage: „Was möchtest du lieber, nach einem kampflosen Leben die ewige Seligkeit in geringerem Maße erreichen, oder durch ein Meer von Prüfungen hier durch müssen, um die ewige Seligkeit in größerem Umfang zu gewinnen? Merke, die ewige Seligkeit, also eine vollständige, in beiden Fällen! Ich weiß nicht, was ich wählen würde, ich möchte lieber nicht wählen, obschon ich ein abgehärteter Mann bin, denn dies Leben ist eine fürchterliche Schule."

Unter den äußeren Schwierigkeiten, mit denen er zu kämpfen hatte, war der trostlose Zustand der Sudanfinanzen nicht die geringste. Dieser läßt sich kurz dahin schildern: das Volk war über und über besteuert, aber mehr als zwei Drittel der Schatzung gingen nie ein. Die Steuereinnehmer waren wie die weiland römischen Zöllner, die nebenher ihre eigenen Geschäfte machten. Gebt uns ein Sechstel als „Backschisch," sagten sie den Leuten, dann stellen wir euch ein

Zeugnis aus, daß ihr nicht mehr zahlen könnt. Jeder Beamte betrachtete das Land nur als eine Anstalt, um seinen eigenen Säckel zu füllen. Als Gordon die Verwaltung antrat, fand er, daß es vorher allgemein üblich war, den Gouverneur zu bestechen, um z. B. eine vakante Stelle zu erhalten, und zwar so, daß ein Bewerber sechshundert Pfund „Backschisch" für eine Anstellung zahlte, die ihm kaum mehr als ein Drittel dieser Summe an Jahresgehalt eintrug. Natürlich lag der Schluß nahe, daß die Beamten auf ganz andere Einkünfte als ihren Gehalt ihr Augenmerk richteten. Gordons Wachsamkeit legte manchem das Handwerk, und bestechen ließ er sich natürlich nicht; das System war aber so eingerissen, daß er sich anfänglich der ihm zukommenden „Backschisch"-Gelder gar nicht erwehren konnte, er legte sie in die Verwaltungskasse. Aber Ägypten selber betrachtete das abhängige Land nur als eine Geldquelle, und nicht zufrieden mit legitimen Einkünften, wie z. B. dem Ertrag des Elfenbeins, war es unter den ägyptischen Paschas ganz üblich, ihr eigenes Deficit aus dem Sudan zu decken. Selbst der Khedive telegraphierte seinem Statthalter Gordon so oft er sich in Geldverlegenheit befand. Sowohl er als seine Minister fanden aber in Gordon ihren Mann.

„Ich bin hinter den Büchern gewesen," schreibt dieser, „und habe einen guten Streich geführt. Die Finanzverwaltung von Kairo telegraphierte um dreißigtausend Pfund, die der Sudan dorthin schulde. Ich habe die (alten) Abrechnungen nachgesehen und finde, daß Kairo umgekehrt dem Sudan neuntausend Pfund schuldet!"

Er ließ sich nie dran kriegen, von keinem Vicekönig und von keinem Minister. Im ersten Jahr seiner Verwaltung fand er ein Deficit von zweimalhundertneunundfünfzigtausend Pfund in seinen Finanzen, im zweiten Jahr hatte ers auf fünfzigtausendsechshundert reduziert, und mit der Zeit hoffte er der Schulden Herr zu werden und rechtmäßige Überschüsse nach Kairo zu schicken. Er hatte oft kein Pfund mehr in der Kasse und dabei die fortwährenden Schwierigkeiten mit dem Sklavenhandel — „wahrlich, man ist hier nicht auf Rosen gebettet!“ rief er aus.

Denn bei aller übrigen Not hatte er ein wachsames Auge auf die Sklavenwirtschaft. Im Juli meldete er:

> „Wir haben in diesen zwei Monaten zwölf Sklaventransporte abgefangen; auch ist mir ein Brief von einem Händler in der Bahr el Ghasal in die Hände gefallen, worin dieser seinen Abnehmern schreibt, er habe eine Menge Sklaven bereit, wisse aber nicht wie sie landabwärts bringen. Er wird sich wundern, die Antwort von mir zu erhalten ... So weit es in meiner Macht steht, soll dieser Handel aufhören.“

Einige Wochen später wurde von seinen Leuten eine Karawane von neunzig Sklaven aufgefangen, die Überbleibsel von einer viermal größeren Anzahl, die über fünfhundert Meilen weit durch die Wüste hergeschleppt worden waren; die wenigsten davon waren über sechzehn Jahre alt, die meisten ganz junge Kinder.

> „Es fällt mir schwer, die Händler nicht nach Verdienst zu züchtigen (ihm selbst waren ja die Hände über ein gewisses Maß hinaus gebunden); aber ich darf nicht vergessen, daß Gott es zuläßt, und ich muß nach dem Gesetz handeln. Ich thue mein Bestes, und fürs übrige ist Er Generalgouverneur.“

In der Bahr el Ghasal waren, wie bereits angedeutet, die Sklavenjäger in erneutem Aufstand, und zwar abermals infolge eines geheimen Aufruhrs Sebehrs, jener Geißel Central-Afrikas, von welchem der ganze Greuel ausging. Der schwarze Pascha hoffte seiner Gefangenschaft in Kairo dadurch ledig zu werden, daß man ihn als den einen Mann, der die Bahr el Ghasal zu beschwichtigen vermöchte, nach dem Sitz des von ihm selbst hervorgerufenen Aufruhrs schicken würde. Sein Sohn Soliman war sein Stellvertreter. Und daß er so rechnete, war keineswegs weit vom Ziel geschossen; Gordon erlebte es in den nächsten Monaten, daß rücksichtlich des Sudaner Budgets Nubar Pascha ihm von Kairo aus den Vorschlag machte, ihm den Sebehr als eine Art Finanzbeirat zu schicken. Derselbe hoffe den Sudan so zur Blüte zu bringen, daß Ägypten in kurzer

Zeit auf fünfundzwanzigtausend Pfund Einkünfte von dorther werde rechnen können. Gordon meldete zurück: ja, fünfundzwanzigtausend Pfund aus Sklaventransporten, er begehre solcher Hilfe nicht.

Der Umfang des Aufstandes in der Bahr el Ghasal war anfänglich weder in Kairo noch in Khartum bekannt; später stellte es sich heraus, daß die Hauptsklavenhändler die Provinzen des Sudans von vornherein unter sich verlost hatten und sich mit der Hoffnung trugen, ihre Standarten auf den Mauern Kairos wehen zu lassen. Keineswegs ein unmöglicher Traum! Auch als jener Aufstand unterdrückt war, erklärte es Gordon als seine Meinung, daß irgend ein entschlossener Anführer den Sudan gegen Ägypten aufwiegeln könne. Daß dies seither durch den Mahdi geschehen, ist bekannt. Es sind nicht nur die Sklavenjäger, die das Brandmaterial in jenen unglücklichen Ländereien ausmachen, obschon diese an sich zu jener Zeit mächtig genug waren, um Ägypten in Atem zu erhalten, ein weiterer Zündstoff ist in den arabischen Stämmen vorhanden, die vor Hunderten von Jahren übers Rote Meer herüberkamen und sich im Innern von Afrika festsetzten. Diese Araber sind kriegstüchtige Leute, stolz auf ihre Abkunft und nach moslemischen Begriffen von sittlicher Lebensart. Diese sind es hauptsächlich, die sich dem Mahdi anschlossen, um die verhaßten Ägypter zu vertreiben, und sie waren es, die in jenem Aufstand Solimans Horden verdoppelten und verdreifachten. Fürs übrige stehen sie den Negern, mit denen sie das Land teilen, näher als den Ägyptern; sie selbst aber treiben Sklavenhandel, und Solimans Banditen waren zum Teil Angehörige dieser Stämme. „Unser ist das Land," war der Schlachtruf jener Araber, „wir brauchen keinen Effendina (Khedive) hier!" „Wären Sebehr und seine Leute nicht so verruchte Sklavenjäger," schrieb Gordon, „und hätten sie sich nicht solch furchtbare Grausamkeiten zu schulden kommen lassen, es wäre für den Sudan vielleicht besser gewesen, die Aufrührer hätten ihren Zweck erreicht. Und — fügte er fernsichtig bei, — wenn England und Frankreich sich nicht besser vorsehen und für eine gerechte Ver=

waltung sorgen, so ist ein sich Losreißen des Sudans von Ägypten über kurz oder lang zu erwarten."

Gordon verlor keinen Augenblick, den Aufruhr zu dämpfen, und da er nicht selbst den Rebellen entgegenziehen konnte, so entsandte er Gessi, seine rechte Hand, einen tüchtigen Soldaten, der uns schon vom Äquator her bekannt ist und den Gordon bei dieser Gelegenheit folgendermaßen beschrieb:

„Romulus Gessi, Italiener, neunundvierzig Jahre alt; kurz, von gedrungener Gestalt; ein kaltblütig entschlossener Mann, und in praktischen Dingen ein geborenes Genie."

Auf seinem Wege nilaufwärts stieß dieser tapfere Soldat auf reichliche Beweise, daß die ägyptischen Beamten eigenen Gewinnes halber mit den Händlern unter einer Decke steckten. Nicht nur begegneten ihm bei jeder Wendung mit Menschenware beladene Nuggers, sondern sogar Dampfer, die unter der Flagge der Regierung dem Sklaventransport Vorschub leisteten. Auf einem der Boote fand er zweihundertzweiundneunzig Schwarze und unter diesen einige Lastträger, die als freie Menschen mit Ladungen von Elfenbein und Getreide nach Lado gekommen waren. Ibrahim Fansi aber, der dortige Statthalter, bemächtigte sich ihrer und verschiffte sie auf seine Rechnung in die Sklaverei. Zum Glück begegneten sie einem handfesten Befreier. Gessi war auf dem Wege nach den Äquatorialdistrikten, um auf den verschiedenen Stationen seine Streitmacht zu vervollständigen. Auf dem Rückwege landete er seine Mannschaft in Gaba Schambil, aber erst mit Anfang September konnte er durch das überschwemmte Land westwärts ziehen und infolge der Regenzeit mußte er wochenlang in Rumbehk am Bahr el Rohl bleiben. Dort erreichte ihn die Nachricht, daß der Sohn Sebehrs sich zum Herrn der Bahr el Ghasal aufgeworfen habe, daß er in Dem*) Idris die ägyptische Besatzung überfallen und vernichtet habe, wodurch ein beträchtlicher Vorrat von

*) Dem oder Dehm = Stadt.

Kriegsbedarf in seine Hand gefallen sei. Die Häuptlinge der Araber in der Umgegend wandten sich ihm auf diesen Erfolg hin massenweise zu, und solche, die es nicht thaten, metzelte er nieder. Weiber und Kinder erlagen entweder seiner Grausamkeit, oder wurden in die Sklaverei geschickt. Rings umher hatte er die Leute ihrer Kornvorräte beraubt, so daß sie zu Hunderten Hungers starben.

Soliman hatte sechstausend Mann und es verlautete, er beabsichtige einen Überfall auf Rumbehk; Gessi hatte nur dreihundert reguläre Truppen mit zwei Feldstücken und etwa siebenhundert schlechtbewaffnete Irreguläre. Er erwartete noch bis dreihundert Mann Verstärkung und machte sich alsbald daran, Rumbehk zu befestigen. Seine von Gordon erwartete Hilfe blieb deshalb aus, weil sein Schreiben an den Generalgouverneur fünf Monate lang durch den Ssett nach Khartum unterwegs war. Hilfe von den benachbarten Bezirksstatthaltern erhielt er nicht. An Beamten scheint die Provinz keinen Mangel gelitten zu haben. In Dem Idris hatte sich eine „fabelhafte Anzahl“ derselben die Langeweile mit Tricktrackspielen vertrieben, während Yussuf Bey, der Bezirksgouverneur, ein ruchloses Leben führte, worin seine Subalternen, die sämtlich seine Neffen und Vettern waren, ihn nach Kräften unterstützten. Ägyptische Wirtschaft! Unter diesen Umständen hatte Gessi von Anfang an mit Desertion zu kämpfen; er half sich damit, daß er die Anstifter niederschoß und die anderen durchpeitschte. Am 17. November verließ er seine feste Stellung, und das war der Anfang eines Kriegess- und Siegesmarsches, das Ergebnis einer Energie, wie sie nur aus Gordons Schule hervorgehen konnte. Unaufhaltsam durch das Land der Ströme vorwärtsdringend und auf Flößen übersetzend — einmal inmitten von Krokodilen — verschanzte er sich in dem am gleichnamigen Fluß gelegenen Dorfe Wan. Dort kamen ihm die Eingeborenen seine Hilfe suchend von allen Seiten entgegen. Über zehntausend Menschen hatte Soliman aus den Dörfern der Bahr el Ghasal geraubt. Ein Araberhäuptling schloß sich ihm mit siebenhundert Bewaffneten an und nun warf er sich auf Dem Idris, welche Stadt er befestigte, eines Überfalls von Soliman gewärtig.

Der Sohn Sebehrs aber hatte sich überraschen lassen; bei dem überschwemmten Lande wähnte er Gessi noch in weiter Ferne und war selbst in Begriff in seine Höhle zu Schekka zurückzukehren. Als ihm aber die Nachricht von der Nähe des Feindes kam, sammelte er rasch seine Streitkräfte, über zehntausend Mann, und warf sich auf Dem Idris. So sicher war er seiner Sache, daß er schon die Stricke in Bereitschaft hielt, um Gessi und seine Handvoll Leute zu binden. Viermal kam es zum Angriff, und viermal wurde er zurückgeschlagen, das erstemal am 27. Dezember, wobei er tausend Tote und fünf Standarten zurückließ. Aus Mangel an Munition konnte Gessi den zurückgeworfenen Feind nicht verfolgen. Dieser machte vierzehn Tage später einen neuen Angriff und wurde abermals zurückgeschlagen. Soliman und seine Häuptlinge hatten sich vorher im Kriegsrat mit einem Eidschwur auf den Koran zu Sieg oder Tod verbündet. Durch Überläufer wußte Gessi davon und verband sich seinerseits mit seinen Leuten, ihr Leben so teuer als möglich zu verkaufen. So wenig Kriegsbedarf hatte Gessi, daß er nach dem ersten Angriff die Kugeln des Feindes sammeln und wieder gießen lassen mußte. Er sah aber, daß den schwarzen Soldaten der Sklavenhändler der Mut gebrach, daß die Araber mit gezückten Schwertern hinter ihnen standen und den Zagenden den Garaus machten. Am folgenden Morgen kam es zum dritten Angriff und sieben Stunden lang wütete der Kampf; endlich wichen die Horden Solimans. Dieser war in verzweifelter Wut von seinem Pferd gesprungen und weigerte sich zu fliehen; wenn der Tod ihn nicht finde, wolle er ihn suchen, schrie er, aber seine Leute schleppten ihn mit Gewalt davon. Abermals nach vierzehn Tagen, in der Nacht des 28. Januar 1879, stürmte der Feind heran. Eine von Solimans Bomben setzte ein Strohdach in Brand und in kurzem stand das Lager in Flammen. Gessi war dadurch gezwungen, den Kampf im offenen Feld zu wagen, aber nach drei Stunden hatte er die Sklavenhändler in die Flucht geschlagen.

Im März erhielt er Zufuhr von Pulver und Blei und konnte es wagen, den Feind in seiner Verschanzung anzugreifen. Solimans Lager bestand aus einem Verhau von Baumstämmen, im Centrum war eine feste Verschanzung, die sechs- bis achttausend Mann deckte, und darum her standen statt der Zelte Reisighütten. Eine Rakete der Angreifenden fiel ins Lager, und im Augenblick brannte alles lichterloh. Die Rebellen suchten mit verzweifelten Anstrengungen des Feuers Herr zu werden, aber bald stand auch die äußere Einpfählung in Flammen, und den Banditen blieb keine Wahl als einen Ausfall zu machen. Sie wurden auf ihr brennendes Lager zurückgeworfen und retteten sich zuletzt in wilder Flucht. Ihr Verlust war ein beträchtlicher. Die Nacht senkte sich auf Gessis müde Schar, die seit dreizehn Stunden der Nahrung ermangelte. Am andern Morgen bemächtigten sie sich des halbverbrannten Lagers; verkohlte Leichen bedeckten die Stätte und weithin lagen die auf der Flucht Umgekommenen. Mangel an Schießbedarf verhinderte Gessi abermals, seinen Sieg auszubeuten. Der Statthalter von Schekka als der nächste, der Zufuhr hätte verschaffen können, ließ ihn im Stich, und als die Pocken in Dem Idris ausbrachen, war seine Lage in der That eine wenig ermutigende.

Während der tapfere Italiener den Sohn Sebehrs auf diese Weise im Schach hielt, war Gordon, wie wir gesehen haben, an der Arbeit in Khartum. Der Anfang 1879 brachte ihm nicht weniger als drei Einladungen nach Kairo; er umging sie mit der Antwort, daß der Zeitpunkt ein kritischer und eine Folgeleistung für ihn mit der Niederlegung seines Amtes gleichbedeutend sei. Während er täglich seine wirkliche Rückberufung erwartete, erhielt er die Nachricht vom Fall seines Gegners, des Nubar Pascha selbst. Gordon hatte dem Gessi deshalb keine Verstärkung schicken können, weil Nubar ihm das Militär verweigert hatte. Es war bei dieser Gelegenheit, daß dieser ihm statt eines dringend nötigen Regiments Soldaten den Sebehr anbot! Gordons Sorge um Gessi nahm täglich zu, und wiederholt telegraphierte er dem Khedive um Genehmigung eines Zuges seinerseits nach Kordofan und Darfur. Mitte März machte er sich dann nach Schekka auf den Weg.

Den Zweck seines die Unterstützung Gessis bezweckenden Unternehmens beschreibt Gordon folgendermaßen:

„Erstens galt es, die Anhänger des Sohnes Sebehrs in Kordofan zu verhindern, den Sklavenhändlern Hilfe zuzuführen, mit welchen sie zu Gunsten des Sklavenhandels sympathisierten;

zweitens, dem Feind den Rückzug abzuschneiden und Sebehrs Horden zu verhindern, in Darfur einzufallen und sich daselbst mit dem angeblichen Sultan zu vereinigen, der im Hügelland noch sein aufrührerisches Wesen trieb;

und drittens, Gessi moralischen Beistand zu gewähren, sowie ihm den nötigen Kriegsbedarf zukommen zu lassen.“

In größter Eile drang Gordon vorwärts nach Schekka. Durch Gluthitze bei Tag und empfindliche Kälte bei Nacht, über sandige Strecken und verdorrtes Gras trug sein Kamel ihn durch die wasserlose Wüste. Der Weg ging über Obeid, wo die Leute „sauer sahen, weil er Handel und Gewerbe durch Unterdrückung der Sklavenjagd beeinträchtigte.“ Da und dort faßte er unterwegs Sklavenkarawanen ab, konnte die Händler aber nur durchpeitschen und ihnen die verbotene Ware abnehmen.

„Es war lediglich das Gesetz,*) das es ihnen ersparte, auf dem Rücken liegend den Himmel anzustarren, denn persönlich hatte ich keinen sehnlicheren Wunsch als sie zu erschießen.“

---

*) Der ungenügende Zustand des Gesetzes ergiebt sich aus folgender Mitteilung Gordons: „Ich besitze vier Erlasse,

1. einen persönlichen Befehl des Khedive, alle Sklavenhändler mit dem Tod zu bestrafen;

2. den Vertrag (zwischen der englischen und ägyptischen Regierung, zur Unterdrückung des Sklavenhandels, Alexandrien 4. August 1877), welcher Sklavenjagd als Raub, beziehentlich als Raubmord kennzeichnet;

Auf einem nächtlichen Ritt in jener Zeit aber sah er einen Ausweg, den Greuel besser als bisher zu unterdrücken.

„Von halb sieben gestern abend bis halb vier diesen Morgen saß ich auf meinem Kamel. Und auf diesem langen Ritt zeigte sich mir eine Möglichkeit den Sklavenhandel zu vernichten, dadurch nämlich: 1) wer im Lande Darfur wohnt, muß eine Aufenthaltskarte haben; 2) niemand darf das Land betreten, oder es verlassen ohne Paß für sich und sein Gefolge. Auf diese Weise kann niemand im Land verweilen, ohne seine Erwerbsquelle nachzuweisen, und niemand kann ohne Kenntnisnahme der Regierung darin umherreisen. Ein Zuwiderhandeln dieser Verordnung wird mit Gefängnis oder durch Beschlagnahme des Besitzes der Schuldigen bestraft."

Er berichtete dies der Schwester als einen guten Nachtgedanken, den er aber nicht seinem eigenen klugen Kopf zuschrieb, denn es steht in Klammern daneben: „So aber jemand unter euch Weisheit mangelt, der bitte von Gott, der da giebt einfältiglich jedermann, und rückt es niemand auf." Am 8. April erreichte er Schekka, „diese Sündenhöhle."

„Das Entsetzen der Sklavenhändler (es waren mehrere hundert beisammen) als sie hörten, daß ich gekommen sei das Nest auszufegen, war groß."

Am Tage vorher hatte ihn die Nachricht von Gessis Erfolgen erreicht, dem um diese Zeit auch die ersehnte Verstärkung geworden war. Während Gordon in Schekka dem Greuel den Boden sozusagen unter den Füßen wegzog, errang Gessi in der Bahr el Ghasal neue Siege. Er konnte melden: „la population est au paroxysme du contentement," die armen Schwarzen wußten sich nicht zu lassen vor Glück! Ein Dorf ums andere wurde ihnen zurückerobert, und ihre grausamen Unterdrücker fanden die verdiente Strafe. Mehr als zehntausend jener Unglücklichen schenkte er ihre Heimat wieder.

---

3. eine gleichzeitige Verordnung des Khedive, welche dieses Verbrechen mit Gefängnis von fünf Monaten bis zu fünf Jahren bestraft haben will;
4. ein Telegramm des Nubar Pascha folgenden Wortlauts: ‚Der An- und Verkauf von Sklaven in Ägypten ist gesetzlich gestattet.'"

Einmal brachten seine Späher ihm acht Sklavenjäger ins Lager und mit ihnen achtundzwanzig zusammengekoppelte Kinder. Er ließ die Schurken sofort erschießen. Ein paar Tage später hängte er eine ganze Reihe derselben im Wald auf. Kein Tag verging, daß nicht ein Negerhäuptling kam und sich ihm mit Dankesthränen zu Füßen warf; jetzt endlich konnten sie's glauben, daß es eine Regierung gebe, der es obliege sie zu schützen.

Am ersten Mai verließ er Dem Idris und suchte den Sohn Sebehrs in seinem eigenen Nest auf, das seinen Namen trug — Dem Soliman. Der Überfall war in Plan und Ausführung ein so glänzender, daß der junge Bandit um ein Haar in seine Hände fiel; aber seine Stadt mit reichen Vorräten fiel Gessis Truppen zu. Gessi erfuhr, daß der Sohn Sebehrs sich zu einem andern Sklavenjäger geschlagen habe, einem der mächtigsten Rebellen, namens Rabi. Mit sechshundert Mann machte er sich alsbald auf den Weg, ihn zu verfolgen. Durch das verwüstete Land, das nach Rache gegen den Feind schrie, drängte der Rächer. Der Hunger folgte ihm auf den Fersen, zog vor ihm her, er achtete es nicht. Er erreichte ein Dorf, das noch die Spuren der vor kurzem verschwundenen Einwohner trug; es war spät am Abend, er fand Obdach vor dem strömenden Regen, aber nicht eine Handvoll Durra. Da ging seinen Leuten der Mut aus. Mit Tagesanbruch rief er sie zusammen und sagte ihnen, daß er keine Nahrung für sie habe, daß aber der Feind nicht weit sei, und was sie ihm abjagen könnten gehöre ihnen. Da feuerte der bleiche Hunger die Mannschaft an und weiter gings im Sturmschritt. Sie kamen an Gräbern vorüber und scheuchten Raubvögel von ihrem Fraß auf, fanden unbeerdigte Leichen und frische Fußstapfen, dann Häuser und ein ausgestorbenes Dorf. Da stürzte ihnen ein weißes Weib mit aufgelöstem Haar und fast ohne Kleidung entgegen, sie trug ein Kind an der Brust, und ihr abgehärmtes Gesicht sprach von Schrecken und Jammer. Mit strömenden Thränen sank sie dem Anführer zu Füßen. Ihr Mann, ein ägyptischer Offizier, war bei dem Überfall von Dem Idris niedergemetzelt und sie als Beute entführt worden. Von ihr erfuhr Gessi auch, daß der Feind nicht weit war.

In den Häusern gabs wenigstens genug Durra, die ausgehungerten Soldaten zu sättigen. In der folgenden Nacht lagerten sie in einem dichten Wald; Kundschafter wurden ausgeschickt. Die brachten nach zwei Stunden Nachricht von weithin leuchtenden Wachtfeuern. Gessi hielt dafür, daß er auf eine Sklavenkarawane gestoßen sei, denn die Hauptbande vermutete er in einem noch entfernteren Dorfe. Er teilte seine Mannschaft mit dem Plan, die Karawane zu umgehen und sich zuerst der Rebellen zu versichern; aber die eine Abteilung verfehlte ihren Weg und kam mit Sklavenhändlern ins Gemenge. Schüsse fielen, und in wenig Augenblicken war die Bande auseinandergesprengt. Einige Händler fielen ihnen in die Hände und diesen wurden dieselben Ketten angelegt, unter denen eben noch ihre Opfer geseufzt hatten. Ihr Anführer war Abu Snep*), einer der berüchtigtsten Sklavenhändler in der ganzen Bahr el Ghasal. Aber der Rebellenhaufe hatte die Schüsse vernommen, und plötzlich, es war noch dunkle Nacht, erleuchtete eine Feuersbrunst den Himmel; die flüchtigen Banditen hatten das Dorf angezündet, und als Gessi es in der Morgenfrühe erreichte, fand er einen rauchenden Trümmerhaufen. Nirgends eine Menschenseele, nur ein kleines Sklavenbübchen, das sich in der Verwirrung versteckt hatte. Das Kind berichtete, daß Soliman selbst keine vierundzwanzig Stunden vorher im Dorf gelagert hatte.

In der folgenden Nacht stellten sich sieben Männer in Gessis absichtlich nicht erleuchtetem Verhau ein, seine Truppen für die Bande Rabis haltend, die sie in der Nähe wußten; sie sagten, sie seien vom Sultan Idris entsandt, der alsbald hinterdrein käme und Rabi möchte ihn zum Anschluß erwarten. Gessi schickte durch einen der sieben die

*) So nennt ihn Gessi, vielleicht der von Schweinfurth öfter erwähnte Abu Sammat.

Antwort, daß er den Sultan da und da zu sehen hoffe. Die anderen sechs wurden zu Gast gebeten und sahen sich in kurzem als Gefangene.

Gessis Plan war alsbald entworfen; er beabsichtigte sich Rabis zu versichern und dann den nachkommenden Sultan Idris zu empfangen. In größter Eile gings vorwärts. Mit Tagesanbruch überfiel er jenen in seinem Lager, vernichtete seine Horde, bemächtigte sich aller seiner Vorräte und seiner Flagge, und nur der Häuptling selber entkam durch die Schnelligkeit seines Pferdes. Dann, in der Richtung zurückfallend wo er seinen „Verbündeten" wußte, ließ er sein Zelt aufschlagen und Rabis Standarte daneben pflanzen. Seine Leute legte er im Umkreis in Hinterhalt; darnach schickte er ein halb Dutzend Schwarzer aus, die wie von ungefähr dem Sultan in die Hände gerieten. Wem sie gehörten? war die Frage. Dem Rabi, lautete die Antwort, und sie wären auf der Jagd. Da sandte Idris sie zurück, um seine Ankunft binnen einer Stunde zu melden. Ein plötzlicher Sturmwind und Regenguß trieb ihn mit seinen Leuten in Eile vorwärts, und Schutz suchend lief die Bande im Durcheinander in die Falle. Da krachte ein Signalschuß und Musketenfeuer knatterte um sie her. So groß war ihre Verwirrung, daß nicht einer die Gegenwehr versuchte. Idris und etliche seiner Araber allein entkamen, und dies nur, weil sie sich im Wetter unter einen Baum geflüchtet hatten und dadurch etwas zurückgeblieben waren. Reiche Beute fiel in Gessis Hand. Er kehrte nach Dem Soliman zurück, das er vor neun Tagen verlassen hatte, seine Rückkehr glich einem Triumphzug. Die Sklavenhändler in der Umgegend schienen in alle Winde zerstreut. Das Volk hatte sich erhoben und die Flüchtigen mit Pfeil und Speer verfolgt. Die gefangenen Anführer brachte Gessi in Ketten mit sich, während die besiegte Mannschaft Lasten von Elfenbein hinter ihm herschleppte, die er mit der Beute erobert hatte. In Solimans Dem fanden die Rächer eine wohlverdiente Ruhe.

Kehren wir zu Gordon nach Schekka zurück. Als tapferer Ritter kämpfte er weiter mit den fast unbezwingbaren Schwierigkeiten seiner Verwaltung. Auch um diese Zeit schrieb man ihm wieder von Kairo und begehrte zwölftausend Pfund aus dem Sudan. Er meldete zurück: „Wenn die zerlumpten Truppen hier Kleidung und Löhnung haben, dann kann man wieder davon reden.“

In Darfur fand er die alte Mißwirtschaft: „Ich verzweifle am ägyptischen Regiment!“*) Immer wieder ist's ihm sonnenklar, daß das Hauptelend des Landes von der Gewinnsucht der Beamten ausgeht.

„Ich habe dem Khedive telegraphiert, den Sohn des Sultans Ibrahim herzuschicken (der in Kairo festgehalten wurde) und mit ihm die rechtmäßige Sultansfamilie hier wieder einzusetzen, denn mit diesem Diebspersonal von Beamten ist eine gerechte Regierung unmöglich . . . Mich kennen die Leute von Darfur und haben Vertrauen zu mir . . . ich werde dann dem Harun, der noch immer seine Ansprüche behauptet, schreiben, daß es ihm nichts nützt länger gegen Ägypten und den rechtmäßigen Sultan aufkommen zu wollen, daß ich ihn angreifen könnte, daß das aber nur neues Elend übers Land brächte und daß ich ihn deshalb auffordere, mir zu helfen Land und Leute für den jungen Sultan zu gewinnen.“

Es war immer wieder Gordons Politik, mit Großmut den Feind zu gewinnen, dem geschlagenen Feinde voran zum nächsten Siege zu eilen und den noch gegen ihn ankämpfenden aufzufordern, ihm zu helfen, zu thun was recht ist! Oft ist ihm diese wunderbare Taktik gelungen, manchmal auch nicht. Harun wollte nichts davon wissen. Wir werden sehen, daß gerade aus dieser — wir dürfen wohl sagen gottähnlichen — Eigenschaft des Mannes die ihm entgegentretende Politik sich entwickelte oder, sagen wir richtiger, ihre Handhabe fand, um den Helden fallen zu lassen. Seine Großmut war oft zu gut für die

---

*) Mit welcher Klarheit Gordon in die Zukunft sah, ergiebt sich aus diesem im April 1879 geschriebenen Satz: „Wenn die Befreiung der Sklaven i. J. 1884 im eigentlichen Ägypten stattfindet, und die Regierung in ihrem gegenwärtigen System verharrt, dann ist ein Aufstand hier (im Sudan) zu erwarten; unsere (die englische) Regierung aber schläft ruhig weiter, bis es zu spät ist, und dann handelt man à l'improviste.“

Welt und darum ihr unverständlich; Krämerseelen nannten ihn einen Enthusiasten. Ja, es war der göttliche Enthusiasmus, der den Sünder für seine Sünde züchtigt, ihn selbst aber wieder aufrichtet, der den Saulus zu Boden schlägt und im Paulus sein Rüstzeug gewinnt.

Und wieder der Sklavenhandel:

„Gott ist mein Zeuge, wenn ich diesen Greuel vernichten könnte, ich ließe mich heute nacht noch erschießen; dies beweist wenigstens mein heißes Verlangen, aber ich mag kämpfen wie ich will, ich sehe wenig Hoffnung, dieses Übel zu überwältigen."

In Stunden des Kleinmuts war ihm in dieser Zeit der erste Gedanke gekommen, sein Amt als Generalgouverneur niederzulegen, weil er fühlte, daß er das Land nicht so regieren konnte, wie es seinem eigenen Herzen genügte. Daran knüpfte sich für ihn die Frage: soll er, wenn er die glänzendere Würde niederlegt, sich nach Darfur zurückziehen und sein Leben dort opfern? Durch dauernde Anwesenheit in jenem Land, in dem das ganze Greuelwesen wurzelt, könnte er vielleicht das ersehnte Ziel erreichen. Manch einer (besonders wenn die Frage ihm nicht selbst gilt) möchte hier sagen, das ist ja ein schöner Beruf, für den man gern sterben könnte! Es ist auch nicht der Tod, den Gordon fürchtet, sondern die „lange Kreuzigung in diesem fürchterlichen Land." Seine Körperkräfte sind geschwächt und der physische Mut gebricht ihm, solch ein Kreuz auf sich zu nehmen.

„In den Tod gehen, ja, aber ach! es wäre ein langes, langes Hinsterben, und ich vermag es nicht!"

Mittlerweile ist er rüstig wie immer, wenigstens das Beste zu thun, was in seiner Kraft steht.

„Diesen Abend wurden sieben eingefangene Händler mit dreiundzwanzig Sklaven vor mich gebracht; das Elend dieser letztern war unsäglich — es waren Kinder von kaum drei Jahren darunter, die durch diese Wüste hergetrieben worden sind, vor der es mir auf meinem Kamel bangt ... Ich höre, daß andere auf dem Weg sind, und manche von den armen

Weibern haben nicht einen Fetzen, um sich zu decken. Wir haben in diesen neun Monaten wenigstens zweitausend abgefangen, und das ist wohl nicht der fünfte Teil der Karawanen, die hier durch sind. Und wie viele sind unterwegs umgekommen? . . . Ich habe mit einigen Häuptlingen gesprochen, es ist trostlos zu hören, daß mehr als ein Drittel der Bewohner dieses Landes in die Sklaverei geschleppt worden ist . . . Ich höre, daß Kalaka in großer Aufregung ist, seit mein Kommen in Aussicht steht. Ein Sklavenhändler dort soll einen Mann erschossen haben; ich werde ihn dafür erschießen lassen, wenn ich hinkomme. Ich werde wohl eine beträchtliche Anzahl dort wegfangen. Sie wissen sich nicht zu helfen, kein Schlupfwinkel ist mehr übrig, denn die Beduinen helfen mit."

Diese notgedrungenen Freunde fingen eine Menge Händler weg, und die Sklaven liefen umher wie herrenlose Schafe, wurden auch immer wieder von Händlern aufgeschnappt, die sie gern als ihr Eigentum betrachteten. Die aufgegriffenen Sklavenhändler züchtigte er stets nach dem zwar ungenügenden Gesetz; wo er konnte, setzte er sie hinter Schloß und Riegel; er ließ sie durchpeitschen, auch verfuhr er in einem Fall, dessen Einzelheiten nicht hier mitzuteilen sind, nach dem Worte „Auge um Auge" und jagte sie alles Trostes bar, nackt wie Adam in die Wüste.

Ehe er Schekka verließ, um nach Kalaka weiter zu ziehen, hörte er noch von Gessis namhaften Erfolgen. Die Straße nach Kalaka trug überall Spuren, daß die Händler des Weges gezogen waren. An manchen Orten bleichten Schädel und Menschenskelette zu Hunderten; hier und dort lagen die Schädel aufgehäuft, ein grauenhaftes Denkmal des entsetzlichen Handels. Wie viel Tausende von armen Schwarzen mochten da vorbei getrieben worden sein! Man fragt sich, wohin in der weiten ägyptischen oder türkischen Welt sie nur alle geschleppt werden? — Soll man sagen: es ist ein Glück, daß die meisten unterwegs erliegen? In Kalaka hob er ein ganzes Nest von Händlern aus und wenigstens tausend Sklaven; die letzteren in solcher Anzahl, daß er sie nur den eingebornen Stämmen überlassen konnte. Und weiter zog er durch die Wüste nach Dara, nach Fascher und Kobeh an der obersten Grenze des Landes. Was für Reisen! Er sagte einmal in jener Zeit: nur kraft seines Kamels sei er einigermaßen Herr im Land. Auf dem Weg nach Kolkol an der äußersten Nordwestgrenze wurde er mit seiner Schar von etwa hundertundfünfzig Banditen überfallen und mehrere Stunden lang ging es ihm mit seinen Leuten hinderlich, wie er sagte; aber schließlich zogen die Räuber, die „seine Kamele und seine Sachen" wollten, den kürzeren. Indem er Kolkol erreichte, hatte er die Länge und Breite der ägyptischen Herrschaft durchreist. Er faßte seine Eindrücke in die Worte zusammen: „Das Elend dieser verkommenen Länder ist unsäglich — die Regierung selbst hat sie in eine Wüstenei verwandelt." Kolkol nannte er ein Gefängnis; es hatte seit zwei Jahren niemand den Weg dahin gefunden. Die Garnison war in entsetzlichem Zustand. Von diesem verlassenen Nest sandte er eine ganze Bande der hilflosen Besatzung nach Khartum, vierhundert Araber mit Weibern und Kindern. Von dieser äußersten Grenze des Elends trat er den Rückweg nach Khartum an, zunächst über Fascher, Omschanga und Tuescha. Während seiner kurzen Abwesenheit hatten sich die Banditen wieder in Schekka gesammelt und von dort sich ins Innere des Landes geschlagen. Obschon er auf diesem Zuge etliche tausend Sklaven weggefangen und unzählige Händler bestraft hatte, so stand der greuliche Betrieb doch alsbald wieder in Blüte. Es ist als ob der auf jenen Ländern liegende Fluch aller Anstrengung, ihn zu heben, spottete. Ein Stärkerer als Gordon muß ihn wenden, wenn die Schale des göttlichen Zornes voll ist. Indem wir ähnliche Einzelheiten auf dem Wege übergehen, fügen wir noch an, daß er in Tuescha an hundert Händler auffing und ihnen dreihundert Sklaven wegnahm. Jene hatten sich in der Umgegend versteckt und hofften ihn zu täuschen; dadurch aber, daß er die Wasserplätze besetzte, fielen sie alle nach und nach in seine Hand. Ein solcher Fang war ihm allemal eine Erquickung. In jener einen Woche befreite er an sechshundert Sklaven aus den Händen ihrer Räuber.

„Es ist anzunehmen, daß in diesen zwei Jahren allwöchentlich so viel hier durch sind! Während meiner Amtszeit! Habe ich Ursache stolz zu sein?“

Bei dem vorhandenen Wassermangel war das Elend der Ärmsten oft über alle Beschreibung. Auch diese sechshundert konnte er nur den dortigen Eingeborenen überlassen, die wenigstens ihnen verwandten Geschlechts waren. Er ließ sie alle vor sich kommen und sagte ihnen, daß er keine Möglichkeit hätte, sie in ihre Heimat zurückzuschaffen, daß sie aber jetzt frei wären. Sie waren alle damit einverstanden, sich den Leuten dort anzuschließen. Drei schwarze Weiber wurden vor ihn gebracht, um über die Händler ausgefragt zu werden, und als Beweis, daß selbst im größten Elend die Eitelkeit oft oben auf ist, erzählt er, daß eine derselben sorgfältig eine Ecke des schmutzigen Fetzens aufknöpfte, den sie als Kleidungsstück um sich gewickelt hatte, und etliche Glasperlen daraus zum Vorschein brachte; die hing sie sich um den Hals und guckte dann um so zufriedener in die Welt. Aber von anderen, besonders von einem kaum vierjährigen Bübchen sagt er, daß das Lachen ein Ding sei, das ihn nie ankäme, die Bitterkeit seines jungen Lebens sei zu groß!

In Tuescha sah er Gessi wieder, der ihm um Jahre gealtert schien; vielleicht konnte Gessi dasselbe von ihm sagen. Wie wir gesehen haben, hatte Gessi dem Räubervolk in der Bahr el Ghasal tüchtige Schläge versetzt und nebenbei reiche Ladungen an Elfenbein erobert. Aber Soliman selbst war ihm bis jetzt noch immer entkommen, doch waren seine Tage gezählt! Gordon belohnte den heldenmütigen Italiener, indem er ihn zum Pascha der Osmanlie zweiter Klasse ernannte und ihm zweitausend Pfund dazu schenkte. Während er selbst nach Khartum zurückkehrte, zog sich der neue Pascha in sein Kampfgebiet zurück. Schon nach wenigen Tagen brachte ein Überläufer ihm die Nachricht, daß Soliman im Schild führe sich mit

Harun zu vereinigen. Alsbald machte er sich auf, dies zu verhindern. Der Sohn Sebehrs versuchte sein Heil in der Flucht in der Richtung von Gebel Marah, einem schwierigen und wenig bekannten Hügelland. Neunhundert seines Gesindels waren mit ihm; Rabi mit siebenhundert entrann auf andern Wegen. Gessi, der seine Streitkräfte noch nicht zusammengezogen hatte, konnte mit nur zweihundertundneunzig Mann zur Verfolgung sich aufmachen; aber diese waren wohlbewaffnet und durch die unlängst errungenen Siege moralisch in bester Verfassung. Durch einen mit bewundernswerter Kühnheit ausgeführten Eilmarsch überraschte er Soliman und die Seinen in einem Dorf Namens Gara zu früher Morgenstunde im Schlaf. Drei Tage und drei Nächte hatte der unaufhaltsame Pascha sich und seiner Schar kaum Ruhe gegönnt und dem Feind auf Querpfaden den Weg abgeschnitten. Wie manches friedliche Dorf hatte die ruchlose Horde Solimans auf ähnliche Weise zur Nachtzeit überfallen! Wie manche Wohnstätte hatten sie mit Feuer verwüstet und die nichtsahnenden Bewohner mit sich geschleppt! Das Blut war in Strömen geflossen, wo auch immer sie erschienen, und wie viele Tausende von Menschen waren durch sie im Elend der Sklaverei erlegen, deren Seufzen gen Himmel schrie um Rache an den Räubern! Die Stunde der Rache aber war gekommen.

Mit seiner geringen Streitmacht wagte Gessi es nicht, das Dorf zu umstellen. Er wagte es nicht einmal, sie dem Feind zu zeigen, sondern hielt sie im Wald zurück, um jenen über die Anzahl zu täuschen. Dem Soliman gab er zehn Minuten Bedenkzeit, die Waffen zu strecken; ergebe er sich in der kurzen Frist nicht, so habe er keine Gnade zu erwarten. Die schlaftrunkene Bande glaubte sich von Gessis ganzer Streitkraft umringt und ergab sich im Schrecken der Überraschung. Einige wenige Sklavenhändler hatten sich beim ersten Alarm in den Wald geflüchtet, die meisten aber, und unter ihnen Soliman, gehorchten dem Befehl und legten ihre Waffen nieder. Als der Sohn Sebehrs entdeckte, mit wie wenig Leuten Gessi ihn überwältigt hatte, erfaßte ihn ein wilder Ingrimm. „War das eure ganze Anzahl?“ schrie er. „Sie genügte!“ entgegnete ihm Gessi kaltblütig. Da brach jener in Zornesthränen aus — „wäre mein Vater hier gewesen, wir wären nie erlegen! Es sind ihrer nur dreihundert, und ihr (seine Häuptlinge) meintet, es wären dreitausend!“

Den Tag über ließ Gessi sie im Dorf bewachen; sie verhielten sich ruhig, als es aber dunkel wurde, schien Leben über sie zu kommen, und er vermutete, daß Botschaft zwischen ihnen und ihren entlaufenen Gefährten hin- und hergehe. Sie planten ein Entkommen in der Nacht, in der Hoffnung, ihren Verbündeten Abdulgassin zu erreichen, der mit seiner Bande nicht allzuweit entfernt war. Gessi entdeckte die Pferde seiner Gefangenen, die gesattelt bereit standen. „Nun“, schrieb er, „sah ich, daß die Zeit gekommen war, diese Schurken ein für allemal unschädlich zu machen.“ Er traf eine Auswahl. Ihren bewaffneten Sklaven war er erbötig Leben und Freiheit zu schenken, wenn sie zu ihren Stämmen zurückkehren wollten. Dazu waren sie mehr als bereit und er ließ sie unter dem Geleite seiner Mannschaft ziehen. Die kleineren Sklavenhändler, etwa hundertfünfzig an der Zahl, machte er zu Gefangenen. Die Haupträdelsführer aber, es waren ihrer elf und unter ihnen Soliman, wurden erschossen. Dazu hatte er Gordons Vollmacht. Zwei Jahre vorher in der „Höhle Adullam“ hatte dieser sie gewarnt, daß sie die Sklavenjagd mit ihrem Leben würden büßen müssen, sofern sie nicht davon abließen. Sie hatten die Warnung in den Wind geschlagen, und nun war das Maß ihrer Bosheit voll. Keiner zeigte Reue, berichtete Gessi. Dem Sohn Sebehrs schien der Mut zu entfallen, denn er sank vor dem Schuß zu Boden; ein anderer vergoß Thränen, die übrigen aber gingen ohne Spur von Rührung in den Tod. Auf diese Nachricht versprengte der Schrecken Abdulgassins Horde und auch Rabi mit den Seinen floh.

Damit war der Sklavenhandel aufs Haupt geschlagen, und da

die Eingeborenen sich nun auch allerwärts gegen ihre Bedrücker erhoben, so fanden die flüchtigen Händler nirgends einen Schlupfwinkel. Abdulgassin, die Hyäne dieses Landes, der ganze Dörfer entvölkert hatte, wurde später eingefangen und erschossen. Rabi entkam — wohin wußte niemand. Nun war Friede und eine Zeit der Ruhe kam über die gequälten Neger, die sich in ihren Heimatstätten wieder ansiedeln konnten; sie wußten ihrer Freude kein Ende, schrieb Gessi.

So wurde die Macht Sebehrs in seinem Sohne gebrochen, aber noch war er selber unbestraft. Der schwarze Pascha war ein König gewesen, der mächtigste aller Sklavenhändler in der Welt. Weithin, bis ins Innere von Afrika hinein, hatte er seine festen Plätze und Raubhöhlen; ganze Länder hatte er verwüstet, wo vorher die schwarzen Stämme in verhältnismäßigem Wohlstand ihr Naturleben führten. Mit fürstlichem Glanz hatte der greuliche Menschenräuber im Lande geherrscht; aus einem Strom von Thränen und Blut war sein Reichtum gewonnen worden und nun war der Strom versiegt. Ihm selbst schien der verdiente Lohn zu werden; denn unter dem Nachlaß seines Sohnes fanden sich Briefe von seiner Hand, die ihn als den Anstifter des ganzen Aufstandes verrieten. Er wurde in Kairo vor Gericht gestellt und zum Tode verurteilt. „Es wird ihm nichts geschehen,“ sagte Gordon, als ers vernahm; und es war so. Er blieb nicht nur am Leben, sondern wurde sogar eines Gnadengehaltes würdig erachtet. Warum? muß ein Rätsel bleiben. Wie Agag hätte man ihn in Stücke hauen sollen, aber das Richtschwert eines Samuel existiert nicht in Ägypten; und der abgesetzte König der Sklavenhändler hat seither, in Kairo verbleibend, seine hundert Pfund monatlich aus der viceköniglichen Kasse bezogen! Wer hat sich der Tausende und aber Tausende seiner Opfer erbarmt, der Witwen und Waisen, deren Jammer ihn vor Gott verklagt, der zahllosen Elenden, die durch seine Schuld in Sklavenketten schmachten? Die verkehrte Schwäche, die ihm das Leben schenkte, trug viel dazu bei, daß

Gordons und Gessis glänzende Erfolge den greulichen Menschenhandel im Sudan zwar unterdrückten, aber nicht ausrotteten. Sebehr war und blieb eine Macht der Finsternis und die Schlußscene von Gordons Lebensdrama, die, wie wir wissen, zur tieftragischen wurde, ist zweifelsohne mit sein Werk.

Viertes Kapitel.

Als Gesandter in Abessinien.

Auf dem Rückweg nach Khartum in Fodja, erfuhr Gordon daß Gessi den Soliman und seine Genossen überwältigt und erschossen hatte. Er selbst hatte dem Sklavenhandel in Darfur mehr wie einen empfindlichen Schlag versetzt. Zwar war er zu der Überzeugung gekommen, daß eine völlige Vernichtung des Unwesens ein Ding der Unmöglichkeit war, insolange nämlich als die ägyptische Regierung nicht von Grund aus eine andere würde; aber für den Augenblick lag der Greuel am Boden und das gequälte Land atmete auf. In Fodja erreichte ihn auch die zweite Nachricht, daß die seit Monaten drohende Umwälzung in Kairo stattgefunden und daß Ismail zu Gunsten seines Sohnes Thewfik abgedankt hatte. Es lag ihm ob, den Regierungsantritt des neuen Khedive in den Sudanländern zu verkündigen.

„Es ließ mich kühl," sagte Gordon, „ich telegraphierte an die verschiedenen Statthalter und quittierte dem Cherif Pascha den Empfang der Anzeige — damit begnügte ich mich."

Ismails Glückswechsel ließ ihn übrigens nicht kalt, er nahm aufrichtigen Anteil an seiner Demütigung, obschon er seine Politik öfters beklagt, ja getadelt hatte. Die Veränderungen in Kairo, welche mit dem neuen Khedive die dem Sklavenhandel freundlichen Paschas wieder ans Ruder brachten, bestärkten ihn aber ohne Zweifel in seinem bereits gefaßten Vorsatz, sein Amt niederzulegen. Er hatte das übernommene Werk vollbracht, so weit es ihm möglich schien; die Würde an sich hatte keinen Reiz für ihn. Mit diesen Gedanken kehrte er nach Khartum zurück.

Um diese Zeit erhielt er einen Brief von seinem alten Freunde, dem Gouverneur Li in China, folgenden Inhalts:

„Sehr freute es mich von Ihnen zu hören. Es sind vierzehn Jahre, seit wir uns trennten, und wenn ich Ihnen auch bisher nicht geschrieben habe, so spreche ich doch oft von Ihnen und gedenke Ihrer mit großer Teilnahme. Die Wohlthaten, die Sie China erwiesen haben, verschwanden nicht mit Ihrer Person, sondern sind jetzt noch in den Gegenden fühlbar, in denen Sie eine so wichtige und thatkräftige Rolle spielten. Das Volk segnet Sie um des Friedens und des Gedeihens willen, dessen es sich seither erfreute. Ihre Erfolge in Ägypten sind durch die Welt erschollen; ich lese oft in den Zeitungen von Ihrem edlen Werk am obern Nil. Sie sind ein Mann, der sich stets zu helfen weiß, in was für Lagen Sie sich auch befinden. Ich hoffe ernstlich, daß Ihnen ein langes Leben geschenkt werde, denn Sie verbreiten Segen um sich her, wohin auch immer Ihr Beruf Sie führt. Ich lasse es mir ernstlich angelegen sein, mein Volk auf eine höhere Stufe zu bringen und dieses Land mit andern Ländern innerhalb der „vier Meere" in einem Bruderbündnis zu vereinigen. Ich beantworte Ihre Fragen: — Kwoh Sung Ling hat sich vom öffentlichen Leben zurückgezogen und erfreut sich der Ruhe. Yang Ta Yen ist schon lang gestorben. Dem Sohn des Na Wang geht es gut, er ist Regimentsoberst mit fünfhundert Leuten unter ihm. Die Patachowbrücke, die Sie teilweise zerstörten, ist bald nach Ihrer Abreise wieder aufgebaut worden und ist in recht gutem Zustand. — Kwoh Ta Yen, der chinesische Minister, schrieb mir, daß er die Freude hatte Sie in London zu sehen. Ich wollte, ich wäre auch dabei gewesen; aber die Pflichten dieses Lebens führen die verschiedenen Menschen in verschiedene Teile der Welt und es ist eine weise Einrichtung der Vorsehung, daß wir nicht alle am selben Orte sind. Ihnen Glück und Segen wünschend, meinen Gruß."

An diesem Brief des alten Chinesen kann man nur seine Freude haben; steht es doch nicht bloß zwischen den Zeilen zu lesen, daß Gordons Werk dort ein bleibendes war.

Gordon verließ Khartum Ende Juli und erreichte Kairo am 23. August. Acht Tage später begab er sich als außerordentlicher Gesandter zum König von Abessinien. Thewfik setzte offenbar Vertrauen in ihn, obschon er halb und halb gefürchtet hatte, daß Gordon beabsichtige, sich als Sultan im Sudan aufzuwerfen. „Das würde unser einem aber doch nicht passen", meinte Gordon. Seine abessinische Reise bezog sich auf die alten Wirren. Mit ihm ging sein schwarzer Schreiber Berzati Bey, der in seinem Dienst stand seit er jenen anderen der Bestechlichkeit wegen entlassen hatte, und dem er nachrühmte, daß er die unschätzbare Eigenschaft besessen habe, es ihn wissen zu lassen, wenn er anderer Meinung war als er. Dieser Berzati stammte aus einer alten muselmännischen, in Khartum ansässigen Familie. Als Schüler eines namhaften Gelehrten dieser Stadt erlangte er eine tüchtige Bildung. Die Geschichte des Landes kannte er von Grund aus und verstand sich auf verschiedene Geheimschriften. „Er war in diesen drei Jahren mein bester Freund," sagt Gordon, „obwohl wir manchmal hintereinander gerieten. Ich verdanke ihm viel; denn ob er zwar ein guter Patriot und fester Muselmann war, riet er mir doch stets ehrlich zum Besten des Volkes. . . . Er hat übrigens seine Last — vier Weiber; hat mancher doch an einer genug. Ein paar Männer wie Berzati Bey könnten Ägypten aufhelfen; aber solche sind selten. Spötter nennen ihn den ‚schwarzen Gnomen'".

Die Abessinier hatten das Grenzland Bogos inne. Am 11. September machte sich Gordon von Massaua zu einer Zusammenkunft mit dem in Gura lagernden Aloula auf den Weg. Unterwegs schrieb Gordon:

„Wir sind einer Karawane begegnet, die von Gura kommt . . Sie brachte die Bestätigung der Nachricht, daß Aloula auf des Königs Befehl den Walad el Michael und alle seine Offiziere gefangen genommen habe, und daß Walads Sohn, Metsin, erschlagen sei. In Massaua traf mich die Kunde, daß Abdulgassin, der letzte der Anführer von Sebehrs Banditen, eingefangen und auf meinen Befehl erschossen worden sei. Er war jener Schurke, der einen Negerknaben umbrachte und in dessen Blut seine Flagge tauchte.*) So giebts immer mehr Lücken in meiner Fürbitte für die Feinde. Sebehrs Anführer und Walads Sohn, sie waren alle in mein Gebet eingeschlossen. Ich gestehe, ich bin dieses Leben müde, es wäre mir kein Kummer, wenn Walads Bande mir unterwegs auflauerte."

Wie charakteristisch ist dieser Brief für den Schreiber! Als Soldat gibt er den Schurken ihren verdienten Lohn, er läßt sie erschießen; als Christ hat er es nie unterlassen, sie mit Namen in seiner Fürbitte vor Gott zu bringen!

Gordon litt auf dieser Reise viel von der Hitze. Er nennt sich einen Hiob voll Schwären. Aber wenn auch der Körper schwach ist, seine Aufgabe führt er durch und entwirft sich seine Pläne auf dem Ritt durch die Wüste.

„Ich bin entschlossen, entweder mit oder ohne des Königs Hilfe mit Walad und seinen Leuten fertig zu werden und dann mit Johannes selbst ins reine zu kommen."

Unter Hilfe verstand er nicht Waffen, sondern ein Versprechen, daß Walads Truppen, wenn sie Bogos räumten, eine Zuflucht gewährt werde. Wo Barmherzigkeit am Platze war, unterließ er es gewiß nicht darauf hinzuarbeiten! Er erreichte Gura halbtot von seinem Wüstenritt und vernahm, daß Aloulas Lager auf einem steilen Berg sich befand und weil sein Lasttier erschöpft war, so erstieg er die Höhe mühsam zu Fuß. Er fand den abessinischen Befehlshaber in einem niedern, langen Gezelt von Baumzweigen, an dessen oberem Ende Aloula auf einem Divan saß, wie eine Mumie in weiße Tücher gewickelt, die nur die Nase sichtbar ließen.

---

*) Bei der Einnahme von Dem Idris, um den Himmel günstig zu stimmen!

„Feierliche Stille herrschte; und alle Anwesenden waren gleich ihm vermummt, als ob meine Nähe sie vergiften könnte. Die Figur auf dem Divan regte sich nicht, und war wirklich so eingewickelt, daß mich ein Verlangen ankam, dem Mann nach dem Puls zu fühlen. Der Mensch muß krank sein, dachte ich. Durchaus nicht — es war Freund Aloula!"

Und Gordon sah, als Aloula nach einiger Zeit die weiße Hülle etwas fallen ließ, daß er ein ganz kräftiger, sogar hübscher junger Mann von etwa dreißig Jahren war. Auch den andern schien nach und nach die Furcht vor Gift zu vergehen. Gordon fand die Audienz aber tödlich langweilig, denn Aloula schien ihm durch Schweigen imponieren zu wollen. Nach langer Pause gestattete er ihm zu rauchen, was eine besondere Vergünstigung war, indem der König einen Befehl erlassen hatte, allen Rauchern die Nase abzuschneiden. Gordon lehnte es ab, und betrachtete sich einstweilen die Priester, die den Hofstaat vervollständigten. Viel erreicht wurde bei dieser Gelegenheit darum nicht, weil Aloula vorläufig nur den einen Zweck verfolgte, dem Gesandten mit wenig Höflichkeit zu begegnen. Ägypten hatte Abessinien schlecht behandelt, Gordon wußte sich daher über den unmanierlichen Empfang zu trösten.

„Bei der nächsten Audienz aber werde ich meinen sudanischen Thronsessel mitbringen, und einen geeigneten Sitz für den schwarzen Gnomen."

Als Aloula jedoch verlangte, daß der Gesandte am Fuße des Berges kampiere und täglich zu ihm hinaufklettere, schlug ihm Gordon dies rundweg ab; das wisse er im voraus, daß er in diesem Falle dann stets schlechter Laune zur Audienz kommen würde, was den Verhandlungen gewiß schädlich wäre. Aloula gab dies zu, und ließ ihm ein Zelt neben sich aufschlagen. Als ägyptischer Gesandter war Gordon in der Muchirs-, d. i. Feldmarschallsuniform. Die Audienzen führten zu dem Beschluß, daß Gordon zum König Johannes selbst reisen sollte, und daß Aloula bis auf weiteres sich der Feindseligkeiten zu enthalten versprach.

Der König befand sich in Debra Tabor bei Gondar, zwölf

Tagereisen von Gura entfernt. Aber geduldig wie immer, wenn's Arbeit gab, machte Gordon sich auf den Weg, durch ein entsetzliches Land und über die steilsten Berge „über die Kruste des Erdballs hinschleichend.“ Bei Adowa kam er an der Bergeinöde vorüber, in der Walad el Michael festgehalten wurde.

„Die Abessinier setzen ihre Staatsgefangenen nämlich auf unzugängliche Berge, die Amba genannt werden. Es gibt deren drei verschiedene Arten: erstens solche, die so steil sind, daß der Gefangene in einem Korb durch einen Flaschenzug hinaufgeschafft wird; zweitens, andere, die durch einen einzigen Fußweg zugänglich sind; und drittens solche, deren Höhe auf zwei oder drei Wegen erreicht werden kann. Auf diesen Amba*) befindet sich kultivierbares Feld und auch Wasser. Ein Gefangener kann da existieren und in Vergessenheit seine Sünden bereuen, bis eine neue Revolution ihn vielleicht auf den Thron setzt.“

Unterwegs vernahm Gordon, daß ein aufrührerischer Häuptling ihn zu überfallen gedenke, aber trotzdem gelangte er ungefährdet nach Debra Tabor. Der König selbst gab zu, daß er auf den denkbar schlechtesten Wegen zu ihm geführt worden war. Gordon schloß daraus, daß Alula den Gesandten auf diese liebenswürdige Weise von der Unwegsamkeit des Landes zu überzeugen hoffte, damit dieser Ägypten von etwaigen Kriegsgedanken zu heilen vermöchte.

Als er den abessinischen Hof erreichte, wurde er alsbald vorgelassen. Der König saß auf seinem Thron, neben ihm stand Ras Arya, sein Vater, der Itagé oder Hohepriester, und ein Stuhl war für den Gesandten hingestellt. Da ertönten Kanonenschüsse, „das ist Ihnen zu Ehren“, erklärte der König und bedeutete ihm alsbald, er sei entlassen. Ein paar erbärmliche, halbfertige Hütten waren das Gesandtschaftsquartier. Bei Tagesanbruch erscholl das Psalmensingen, das Gordon in Alulas Lager früher schon vernommen hatte.

---

*) Vater Lobo beschreibt diese steilen Felsen, „Amba“ genannt, in seiner abessinischen Reise und sagt, das Auge sei oft in nächster Nähe in Täuschung befangen, und man könne es kaum glauben, daß die Felsengebilde nicht Festungen mit Zinnen und Türmen seien.

Von dieser Audienz hat außerdem folgendes verlautet, zwar nicht in Gordons eigenem Bericht, aber damit ist nicht gesagt, daß das Nachstehende, an sich Charakteristische, thatsächlich unbegründet ist. Der König saß auf seinem Thronsessel, und der für den Gesandten bestimmte Stuhl stand auf niederer Stufe in ziemlicher Entfernung; Gordon hatte den Stuhl genommen und sich in der Nähe des Königs gesetzt, um ihm begreiflich zu machen, daß er als Ägyptens Vertreter von der abessinischen Majestät nicht allzu geringschätzig zu behandeln sei. Da fuhr der König ihn an: „Wissen Sie nicht, Gordon Pascha, daß ich Sie dafür auf der Stelle hinrichten lassen kann?“ „Gewiß“, sagte Gordon, „ich bin auch bereit dazu, wenn es des Königs Wille ist.“ „Was — bereit zu sterben?“ rief Johannes entsetzt. „Ich bin immer bereit“, entgegnete der Pascha ruhig; „der König würde mir durch einen gewaltsamen Tod sogar einen Dienst erweisen, den meine Religion mir selbst nicht gestattet, indem ich dadurch von aller Not erlöst würde, welche die Zukunft mir noch bringen kann.“ Da erblaßte Johannes vor Entsetzen. „Dann hat meine Gewalt keine Schrecken für Sie?!“ stammelte er. „Durchaus keine“, war die kurze Antwort. Worauf der König: „Sie sind entlassen!“

Die Verhandlungen waren ganz unbefriedigender Natur und mitten darin erklärte Johannes, er müsse sie abbrechen und Gesundbrunnen trinken, „ganz à la mode“, sagt Gordon; „der Brunnen sprudelt durch ein Bambusrohr in einer alten Hütte.“ Auch dort wurde nichts weiter erreicht. Johannes hatte vielerlei Begehren: Bogos, Massana und andere Städte, dann einen Abuna*) (Erzbischof) und ein bis zwei Millionen Pfund Sterling, wollte aber seinerseits lediglich nichts einräumen. Gordon versprach den Abuna,

*) Die abessinische Kirche erhält seit Jahrhunderten ihren Abuna von der koptischen Kirche in Alexandrien; durch die Mißhelligkeiten zwischen den Regierungen entbehrte Abessinien zur Zeit dieses Würdenträgers und der König hatte niemand, der ihm seine Feinde exkommunicierte.

indem er seinen persönlichen Einfluß geltend machen wolle, aber Bogos und sonstige Ländereien werde Ägypten nicht abtreten. Als Gordon seine Bitten zu Gunsten der Soldaten vorbrachte, wurde Johannes zornig und hieß den Gesandten seiner Wege gehen. Einen Brief an den Khedive werde er ihm nachschicken.

Und so begab sich Gordon auf den Rückweg. Der Brief wurde ihm auch nachgesandt; er lautete folgendermaßen: „Ich habe das Schreiben erhalten, das Sie mir durch jenen Menschen sandten; ich will keinen geheimen Frieden mit Ihnen schließen. Wollen Sie Frieden, so wenden Sie sich an die Sultane von Europa." Auf dem Rückweg wurde Gordon, sei es mit sei es ohne des Königs besonderen Befehl, von dessen Vater mit hundert und zwanzig Abessiniern überfallen und gefangen genommen. Mehrere Tage lang wurde er im Lande hin und hergeschleppt und mußte sich viel Widerwärtigkeiten gefallen lassen. Geld erwies sich als den Schlüssel, der ihn schließlich durchließ; es kostete ihn vierzehnhundert Pfund Massana zu erreichen.

„Das durchgemachte Elend lasse ich unbeschrieben", sagt Gordon, „Gottlob es ist vorüber. Zwischen zwei Abessiniern zu schlafen ist kein Vergnügen, und so verbrachte ich meine letzte Nacht in diesem Land."

Gordon beschreibt den König Johannes als einen grausamen, halbverrückten Menschen.

So endete diese ganz nutzlose Mission, und Gordon kehrte nach Ägypten zurück. Auch in diesem Jahre lagen über zweitausend Meilen Kamelritt hinter ihm und achthundert Meilen in Abessinien auf Maultieren zurückgelegt. In den drei Jahren seiner Oberstatthalterschaft betrugen seine Kamelreisen achttausendvierhundertneunzig Meilen. Abgesehen von den Schwierigkeiten, dem neuen Khedive zu dienen, war es Zeit, daß er sein Amt niederlegte; der britische Konsulatsarzt in Kairo fand seine Nervenkraft erschöpft und ihn auch sonst leidend; die körperliche Übermüdung, die vielen Sorgen und die ungenügende Nahrung der letzten drei Jahre hatten selbst seiner eisernen Gesundheit zugesetzt. Er sollte nach England zurückkehren und ruhen. Der Abschied von Kairo war kein angenehmer, es gab noch Verhandlungen mit den Paschas, denen er stets die Wahrheit sagte. Aber er konnte Ägypten nicht anders machen als es war; einem der Paschas schickte er zu guterletzt noch telegraphisch das Wort: „Mene Mene Tekel Upharsin“, und dann schiffte er sich nach England ein. Mochten die Paschas denken was sie wollten, die Wünsche von Tausenden geleiteten ihn. Im Sudan blieb er dem Volk in dankbarer Erinnerung als der gute Pascha. So lang er da war, waltete Gerechtigkeit im Land, als er fort war, wußten es die Unterdrückten zumeist, was sie an ihm verloren hatten.

Sechstes Buch

Zwischenzeit.

Gordon sollte in England der Ruhe pflegen. Das war leichter gesagt als gethan. Energischen Naturen ist oft nichts eine größere Last als das Nichtsthun. Gordons Erholungszeit war eine kurze. England empfing seinen Helden mit Genugthuung, die Presse sprach von ihm als dem „ungekrönten König." Man wußte von seinem heroischen Kampf gegen den Sklavenhandel, man bewunderte den unscheinbaren bescheidenen Mann, der waffenlos das Werk einer Armee vollbrachte, der ein Held war von Gottes Gnaden, obschon ers gar nicht suchte; man ärgerte sich über den Khedive, der seinen besten Diener am wenigsten zu schätzen wußte, und man sagte sich, daß wenn ausländische Einflüsse sich nicht geltend machten, der Sklavenhandel alsbald aufs neue erblühen werde, da Gordon Afrika den Rücken gewandt habe. Daß nicht viele Jahre vergingen, ehe das Land in schlimmerer Lage war als vorher, ist eine bekannte Thatsache.

Im Grunde aber kannte England seinen Helden doch nicht; erst seit es ihn verloren, hat das Land ihn wirklich schätzen lernen. Daß man seiner in englischen Diensten nicht zu bedürfen schien, ist erklärlich, wenn man bedenkt was für ein Mann er war. Seine Stärke lag in dem Glauben, der Berge versetzt; höheren Orts mochte er als eine Art Fanatiker gelten, der nicht überall zu brauchen war: Paule, du rasest! Auch bei seiner diesmaligen Anwesenheit in England ging Gordon geflissentlich allen Ehren aus dem Wege; mit wahrer Strategie soll er die Leute umgangen haben, die ihn gern eingeladen und zum großen Mann gemacht hätten. Er verbrachte mehrere Wochen mit den Seinen und zog sich dann nach Lausanne zurück. Einen Sohn seines kürzlich verstorbenen Bruders nahm er mit sich.

Ein englischer Geistlicher, der ihn daselbst kennen lernte, beschreibt ihn folgendermaßen: „Der Fremde war von nur mittlerer Größe und wohl gebaut; sein Gesicht war von tiefen Linien durchfurcht; seine schöne breite Stirn und ein sehr entschlossener Mund schienen auf ungewöhnlichen Ernst des Denkens, sowie auf praktischen Verstand zu deuten. Er schien beides, sanft und stark; eine gewisse Weichheit lag in seiner wohllautenden kraftvollen Stimme und sprach aus seinen ausdrucksvollen blauen Augen. Nach einiger Zeit redete er mich an, und da ich leidend war, so erbot er sich mir zur Begleitung auf kurzen Spaziergängen. Unsere Unterhaltung wandte sich bald auf Dinge des Glaubens, und die Unmittelbarkeit, die Einfachheit und der tiefe Ernst, mit dem er sich darüber aussprach, machte einen großen Eindruck auf mich.“ Mehrere Tage vergingen und sein neuer Freund erfuhr zwar seinen Namen, hatte aber keine Ahnung, daß er es mit dem Gordon Chinas und des Sudans zu thun habe. Weder sein Gespräch, noch sein Aussehen verriet es. Als der Geistliche eines Tages in sein Zimmer trat, fand er ihn über arabischen Dokumenten. „Das sind Todesurteile“, sagte Gordon aufsehend. „Todesurteile! ei, wer sind Sie denn?“ rief der Geistliche fast entsetzt. „Wissen Sie das nicht?“ entgegnete er ruhig; „ich war Generalgouverneur vom Sudan, und bin es noch dem Namen nach; indem ich nun diese Schriftstücke unterzeichne, ists damit zu Ende.“ Gordon stand damals in seinem achtundvierzigsten Jahr.

Nach London zurückgekehrt bot sich ihm neue Arbeit an. Die Leute trauten ihren Ohren nicht, als sie hörten, der gewesene Generalgouverneur vom Sudan hätte die Stelle eines Privatsekretärs unter dem neuernannten Generalgouverneur von Indien, Lord Ripon, angenommen. Daß er damit sozusagen vom Herrn zum Diener wurde, das war, sofern es Gordon betraf, nicht das Erstaunliche, denn er schätzte eine Stellung überhaupt nur insoweit sie ihm einen Wirkungskreis bot, Gutes zu schaffen; aber es war ein verfehlter Schritt, und er sah es alsbald selbst ein.

„In einer schwachen Stunde," schrieb er, „nahm ich die Stelle eines Privatsekretärs unter Lord Ripon an. Aber kaum war ich in Bombay gelandet, so sah ich auch, daß ich auf einem solchen unverantwortlichen Posten nicht hoffen konnte, einen guten Zweck zu erreichen. Überdies war es mir alsbald klar, daß meine Ansichten mit denen der übrigen Beamten durchaus nicht harmonierten, und so legte ich die Stelle nieder. . . . Es war besser, die Sache rasch vom Zaun zu brechen, noch ehe ich von Staatsgeheimnissen Kenntnis erhielt, die mich unter diesen Umständen nichts angingen. Ich hätte ja freilich ein paar Monate bleiben können und dann einen bösen Finger oder sonst was kriegen, was meinen Abschied motiviert hätte. Aber die übernommene Arbeit war mir eine so verhaßte, daß es besser war sie sofort niederzulegen, um so mehr als das Urteil der Welt mir ganz gleichgiltig ist. . . . . Es gehört mit zu den Geheimnissen der Vorsehung, daß wir Menschen manchmal (in gutem Glauben) Schritte thun und sie alsbald bereuen; so ging es mir, indem ich diese Stelle annahm."

Er beschäftigte sich mit dem Gedanken, sich nach Sansibar einzuschiffen, um dem dortigen Sultan in einem Unternehmen gegen die Sklavenhändler beizustehen, als ihm eine Aufforderung von seinen alten Freunden in China zuging, sie zu besuchen. Das Telegramm lautete: „Bitte, kommen Sie und urteilen Sie selbst. Es ist eine Gelegenheit Gutes zu thun, die benutzt werden sollte. Arbeit, Stellung, Bedingungen lassen sich gewiß zu Ihrer Befriedigung arrangieren, wenn Sie hier sind. Nehmen Sie sechs

Monate Urlaub und kommen Sie!" Die Antwort des „ungekrönten Königs" war seiner würdig:

> „Gordon kommt mit erster Gelegenheit nach Shangai — Bedingungen ihm gleichgiltig."

Seine Regierung zögerte mit dem Urlaub, da man nicht recht wußte, was zu Grunde lag. Hierauf notificierte er dem Kriegsministerium seinen Wunsch, aus englischen Diensten entlassen zu werden, und schiffte sich nach Hongkong ein. Er wußte selbst nicht, was er in China etwa für Arbeit finden würde — es war eine Zeit drohender Feindseligkeiten zwischen den Chinesen und Russen — das aber wußte er und hatte es auch seiner Eingabe beigefügt, daß er Friede und nicht Krieg zu befürworten gedachte. Endlich gewährte man ihm den gewünschten Urlaub und gab ihm sein Entlassungsgesuch zurück. In Petersburg war die Aufregung nicht gering, als es bekannt wurde, daß der „Chinese Gordon" nach China auf dem Weg sei. Der Mann war ja eine bedenkliche Verstärkung des Feindes.

In China traf Gordon mit seinem alten Kampfgenossen, dem Staatsmann Li, zusammen und ließ sich die Sachlage von ihm erklären. Da schien es ihm abermals das allein Richtige, seine Stellung als englischer Offizier niederzulegen, um zu Rat und That freie Hand zu haben. Er telegraphierte nach London:

> „Nach Unterredung mit Li Hung Chang wünscht derselbe mein Hierbleiben. Ich kann China in dieser Krisis nicht im Stich lassen und wünsche Freiheit, nach Gutdünken zu handeln. Ich bitte daher meine Resignation entgegenzunehmen."

Sein Aufenthalt in China war zwar ein kurzer, aber lang genug, um nicht nur jenem Land, sondern einem ganzen Weltteil einen unschätzbaren Dienst zu leisten, denn ihm ist es zu verdanken, daß ein Völkerkrieg zwischen Rußland und China nicht zum Ausbruch kam. Er war ein Militärgenie wie es wenige gibt; er hatte es aber längst gelernt, Ehren im Kriegswesen für nichts zu achten, und freute sich einen Einfluß zu besitzen, der einem großen Land den Frieden erhielt. Er hinterließ außerdem den Chinesen allerlei guten Rat; man hatte dort nicht vergessen, was man diesem Manne verdankte, und hörte ihn gern. An seinem alten Freund Li hatte er seine Freude. Dieser hatte seit der Taipingszeit Gordons gute Meinung gerechtfertigt und sich als einen der tüchtigsten Berater der Regierung im blumigen Land erwiesen. Und was China seither an Fortschritt erreicht hat, ist sein Werk. Als er den Mann wieder sah, der ihn einst hatte erschießen wollen und von dem er so viel gelernt hatte, fiel er ihm um den Hals und küßte ihn. Der stets siegreiche General ist seither aus dem Kampf dieser Welt in den „großen Frieden“ hinübergegangen, in China aber ist sein Einfluß, wie Li in jenem Brief sagte, mit seiner Person nicht verschwunden.

Siebentes Buch.

Bei den Basutos.

Im Winter 1881 finden wir Gordon wieder in England. Die Zeitungsschreiber fingen an sich zu wundern, was man wohl als nächstes von ihm hören werde. Das Kriegsministerium hatte auch sein zweites Entlassungsgesuch nicht angenommen. Er hätte am liebsten schon damals seinen langgehegten Wunsch erfüllt, sich im heiligen Lande eine Zeit der Ruhe zu gönnen, aber noch lagen andere Dinge dazwischen. Es war das Jahr der irischen Wirren. Er machte eine Reise in die Schwesterinsel und fand, daß die niederen Volksschichten daselbst — aus was für Ursache war ihm gleichgiltig — elender und verkommener sind als die Armen irgend eines andern ihm bekannten Landes. Der hoffnungslose Zustand Irlands schnitt ihm ins Herz. Mit seiner gewohnten Freimütigkeit veröffentlichte er seine Ansichten in der Times, die von dem Gedanken ausgingen, daß eine Nation, die z. B. zwanzig Millionen Pfund Sterling für die westindischen Neger erübrigen konnte, ein ähnliches für die Irländer zu thun im stande sein dürfte. Seine Vorschläge waren aber nicht der Art, daß sie der damaligen Regierung einleuchteten. In der ihm gewohnten Weise leerte er seinen eigenen Beutel in Irland und mußte sich von einem Bekannten in Dublin zur Rückreise nach London aushelfen lassen.

Um diese Zeit erreichte eine Todesnachricht England, die ihn tief betrübte: Romulus Gessi war am 30. April 1881 im französischen Spital zu Suez nach längerem Leiden erlegen. Der tapfere Italiener war ein Opfer des Landes geworden, für das er mit Gordon sein Leben eingesetzt hatte. Kehren wir für einen Augenblick in die Bahr el Ghasal zurück. Nachdem Gessi dort den Sklavenhändlern den Garaus gemacht hatte, blieb er daselbst als Statthalter. Nun das Greuelwesen unterdrückt war, konnte er das fruchtbare Land einen Garten nennen. Die Schwarzen hielten sich zu ihm und Land und Leute schienen sich von dem Jammer zu erholen. Gordons Nachfolger in Khartum aber, kein anderer als jener berüchtigte Raouf, den Gordon früher wegen Tyrannei zweimal gezüchtigt hatte und in welchem die ägyptische Regierung ihren Ersatzmann zu erblicken schien, als sie Gordon verlor, machte es ihm unmöglich, in seiner Stellung zu verbleiben. Am 25. September 1880 legte er sie nieder, als gerade ein Dampfer die Reise nilabwärts unternahm. Lassen wir ihn das entsetzliche Ende selbst erzählen:

„Zu spät sah ich meine Thorheit ein. Die Grasverstopfungen im Nil hatten sich aufs neue angehäuft, und das Boot war der schweren Arbeit, sich durch den Ssett zu ringen, nicht gewachsen. Die Maschine war eine schwache, nur vierzig Pferdekraft, und durch die Nachlässigkeit des Kapitäns war sowohl der Holzvorrat als die Zahl der Matrosen viel zu gering. Die vorhandene Nahrung war auf fünfundzwanzig Tage berechnet, wir waren drei Monate unterwegs; fünfhundertsechzig Seelen waren an Bord, und obgleich wir Tag und Nacht arbeiteten, war kein Vorwärtskommen. Die Nahrung ging zu Ende. Meine Soldaten wurden mutlos; weithin nichts als Sümpfe, und Hungersnot in der schrecklichsten Lage war unser Los. Es waren einige Sklavenhändler an Bord, die ich sehr gegen ihren Willen nach Khartum mitnahm, diese verbreiteten die Nachricht, daß ich sechzig Säcke voll Korn versteckt hielte; ich konnte die Soldaten nur heißen, das Schiff durchsuchen und essen was sie fänden.

Dann behaupteten die Händler, ich hätte das Korn (vor der Abfahrt) verkauft; Drohungen wurden laut, und von da an ging ich nur mit geladener Pistole umher. Die Hungersnot nahm zu. Zuerst wurden die Lederüberzüge der Betten gegessen, und dann das Schuhwerk. Im Fluß fand sich hie und da eine nahrunghaltige Pflanze, aber leider in geringer Menge. Und zuletzt nährten sich die Lebendigen von den Toten. Was mich am Leben erhielt, war zuweilen ein Fisch, den meine Diener mit einem gebogenen Draht fingen. Ein Nugger begleitete uns, und so lange der Besitzer desselben Nahrung hatte, teilte er sie großmütig mit mir. Gern wären wir zurückgekehrt, aber vor uns und hinter uns hatte der Wind die entsetzlichen Massen zusammengetrieben, und weithin war durch heftigen Regen das Land ein See. Das Holz gebrach und wir verbrannten ein Boot. Der Tod lichtete unsere Reihen täglich; zuerst starben die Kinder, dann die Weiber. Der Truppenbefehlshaber schloß sich in seine Kajüte ein und erwartete sein Schicksal. Niemand mehr wollte arbeiten; nur der Kapitän, zwei Heizer, vier Matrosen und der Steuermann unterstützten mich noch. Langsam brachten wir das Schiff vorwärts, aber wenig genug konnten wir mit ausgehungertem Körper leisten. Soweit das Auge reichte, saß das Boot wie in einer dichten Wiese fest. Überall um uns her lagen die Toten, niemand rührte einen Finger die Leichen zu entfernen. Die Luft war verpestet und das Wasser auch. Aasvögel waren unsere Gäste. Von den fünfhundertfünfzig Seelen, welche die Reise antraten, waren nach zwei Monaten noch hundert übrig — hundert Skelette, nicht menschliche Körper. Am letzten Tag des Jahres machte ich mein Testament und legte es auf den Tisch in meiner Kajüte. Nach zwei Tagen hörte ich Schüsse, es war ein Signal des Dampfers „Bordeen" von Khartum. Unsere Abreise dorthin war telegraphisch gemeldet worden; aber der Generalgouverneur besann sich lang, bis er uns Hilfe entgegen schickte. Der „Bordeen" hatte eine tüchtige Maschine und schleppte uns bald durch den Ssett. Auf dem uns erlösenden Dampfer fanden wir eine Bande von Sklavenhändlern, die landaufwärts wollten, um aufs neue ihre Menschenjagd zu beginnen: neues Elend, Raub, Mord und Qualen jeder Art, erwartete die armen Stämme, die kaum angefangen hatten, von ihrem Jammer aufzuatmen. Um ein bißchen Elfenbein zu erlangen, sollte wieder Blut in Strömen fließen. An einer Station fanden wir eine Herde gestohlener Ochsen und tausend Sklaven. Die Händler, die sich wie Heuschrecken von allen Seiten her einfanden, kauften die Armen und trieben sie vor sich her."

Gordon wußte nur zu gut, daß menschlich geredet sowohl er als Gessi vergeblich gearbeitet hatten. Auf seinem Weg nach Mauritius kehrte er in Suez ein und besuchte das Grab seines Kampfgenossen.

Gordons nächster Aufenthaltsort nämlich war die Insel Mauritius; er begab sich dahin als Ingenieur-Kommandant. Einer seiner Mitoffiziere war zu dem Posten ausersehen, fand sich aber aus Familienrücksichten bewogen, einen Ersatzmann zu suchen, was nicht gegen die englische Militäreinrichtung verstößt. Jeder andere hätte sich mit der auf diese Weise übernommenen Stelle einer schönen Geldentschädigung erfreut. Gordon machte hiervon eine Ausnahme; ihm genügte es, einem andern einen Gefallen zu erweisen. Die zehn Monate, die er auf der schönen Insel verbrachte, waren äußerlich still und eine friedliche Zeit für ihn. Berufsmäßig machte er verschiedene Vorlagen zur Beherrschung des indischen Oceans. Er besuchte die Seychellen, deren Schönheit ihn so entzückte, daß er schrieb: „Ich habe den Ort gefunden, wo einst der Paradiesgarten war!" Seines Erachtens sind diese Inseln die Überreste eines versunkenen Landes. Im März 1882 wurde er Generalmajor, und im folgenden Monat begab er sich ans Kap.

Die südafrikanische Periode seiner Laufbahn ist allgemein als eine fruchtlose bezeichnet worden, ja als eine Zeit des Mißlingens, aber mit Unrecht; es sind nicht immer die äußeren Erfolge, die den Wert oder das Interesse einer Sache ausmachen. Der selbständige und selten großmütige Charakter des Mannes tritt nie klarer zu Tag, als in diesen kurzen Monaten seines sogenannten ersten und einzigen Mißlingens. Über die englische Kolonialpolitik uns auszulassen ist hier nicht der Ort, es ist uns aber möglich, Gordon in seiner Stellung zu den Basutos zu schildern.

Es ist bekannt, daß die Engländer seit einer Reihe von Jahren weder mit den Boeren noch mit den Eingebornen von Südafrika so ganz im reinen sind; verschiedene Kriege sind die Folge gewesen. Es war besonders einer derselben, der Gordons Interesse erregte. Schon im Frühjahr 1881 telegraphierte er an den Minister des Kaplandes: „Chinese Gordon bietet seine Dienste auf zwei Jahre an, um Basutoland zu beruhigen,“ d. h. den Krieg zu beendigen und die Basutos im Wege der Verwaltung zu friedlichen Verhältnissen zurückzubringen. Dieses Anerbieten blieb vorläufig unbeantwortet. Ein Jahr vorher hatte die Regierung ihm die Befehlshaberschaft der Kaptruppen mit einem Gehalt von fünfzehnhundert Pfund angeboten, welchen Posten er als einen rein militärischen abgelehnt hatte. Im Frühjahr 1882 nun, als die Lage im Basutoland zu einer ernsten sich gestaltet hatte, sprach man ihm telegraphisch den Wunsch aus, sein Anerbieten annehmen zu wollen. Lediglich mit dem Gedanken zu Rate gehend, daß er Gutes wirken könnte, war er alsbald bereit, sich den Basutos zu widmen, und setzte mit charakteristischer Selbstlosigkeit seinen Gehalt auf etwa die Hälfte der angebotenen Summe herunter, „weil die Verhältnisse des Kaplandes mehr nicht rechtfertigten!“ Als er aber nach einer unerquicklichen Segelschiffreise die Kapstadt betrat, übertrug man ihm gerade jenen Oberbefehlshaberposten der Kolonialtruppen, den er zwei Jahre vorher von England aus abgelehnt hatte, während er doch gekommen war, sich der Basutofrage anzunehmen. Es scheint, daß ein anderer damit beschäftigt war, die Angelegenheiten der Basutos zu verwalten, oder mißzuverwalten, und daß die Regierung den Mut nicht hatte, jenen andern zu entfernen. Gordon ließ sichs in der Hoffnung gefallen, daß die Umstände seinen

Weg bahnen würden. Es dauerte auch nicht lange, so gestaltete sich die Grenzlage zu einer so drohenden, daß man ihn beauftragte, sich durch eigene Anschauung hinsichtlich der Überfälle der Boeren und der Unruhen im Basutoland zu orientieren. Das war im Juni. Nach kurzer Zeit schon übersah er die Sachlage. Er verfaßte einen Bericht, in welchem er es unumwunden als seine Meinung erklärte, daß die Basutos weniger zu tadeln wären als die Kapregierung selbst. Der Hauptfehler sei der, daß man die Basutos gegen ihren Willen der unmittelbaren Regierung Englands entzogen und sie der mittelbaren Kapverwaltung unterstellt habe. Er schlug vor den Fehler dadurch gut zu machen, daß man die Basutos zusammenrufe und die Bedingungen ihrer Botmäßigkeit unters Kap mit ihnen berate. Man gab ihm keine Antwort.

Die Basutos sind ein interessantes Volk, der Kafferrasse zugehörig, die dem Hottentotenvolk so überlegen ist, wie etwa der Kaukasier dem Mongolen. Die Basutos sind unter den Kaffern die zahlreichsten und vorgeschrittensten, letzteres aus dem einfachen Grund, weil das Christentum bei ihnen Eingang gefunden hat.

Vor etwa fünfzig Jahren hatte der Stamm einen Oberhäuptling Namens Moschesch, auch „Herr des Berges“ genannt, weil er einen Berg mit einer kleinen Festung versehen hatte, die ihm und seinen Getreuen als Zuflucht im Krieg dienen sollte. Die andern Stämme und selbst seine eigenen Häuptlinge verwickelten ihn oft in Kämpfe; er selbst aber, obschon tapfer und furchtlos, war ein friedliebender Mann. Er hatte von Dr. Moffat und anderen Missionaren gehört, die in benachbarten Gegenden und besonders unter den Korannas arbeiteten, welcher Stamm, von Natur ein kriegerischer, sich neuerdings friedlich verhielt. Da schickte er dem Häuptling der Korannas eine Anzahl Ochsen zum Geschenk mit der Bitte, ihm dafür „einen Beter zu senden, der die Basutos in der Religion unterrichten könne, welche die Leute friedlich stimme.“ Etliche französische Missionare der Société Evangélique hörten davon und besetzten das neue

Arbeitsfeld. Moschesch empfing sie mit Freuden und bestimmte selbst den Platz für ihre erste Station, am Fuß seines Festungsberges.

Den Fortgang der Mission brauchen wir hier nicht zu verfolgen; es genügt zu sagen, daß nach zwanzig Jahren etwa zwölf Stationen mit Kirchen und Schulen bestanden und daß etliche Hundert getaufter Basutos dem Sauerteig gleich den ganzen Stamm beeinflußten, so daß auch die Mehrzahl, die noch Heiden waren, sich doch rühmlich von anderen Kaffern unterschieden. Der Königshäuptling selbst blieb zeitlebens ein Freund der Missionare. Auch der äußere Wohlstand nahm zu; blühende Dörfer bedeckten das Land, und die Basutos lernten Ackerbau treiben und konnten sogar eine Kornausfuhr nach der Kapkolonie beginnen. Das Jahr 1852 brachte ihnen Not. Die Engländer, die sich schon lange als die Herren Südafrikas betrachteten, führten zur Befestigung ihrer Kapgrenzen einen Kaffernkrieg und auf irgend eine Weise wurde dem Anführer Sir George Cathcart, übrigens einem wohlwollenden Manne, die Nachricht hinterbracht, daß Moschesch ein verschlagener Häuptling sei, der auf seiner Bergfeste Kaffernränke gegen die Briten schmiede. Das Resultat war ein Angriff auf Thaba Bosio (so hieß der Berg), von dem die englischen Truppen mit Verlust zurückgeschlagen wurden. Natürlich bereitete Sir George sich alsbald zu einem verstärkten Anfall vor, als er folgende ihn völlig entwaffnende Botschaft von Moschesch erhielt: „O mein Herr, ich bin nach wie vor dein Diener; ich bin noch immer das Kind der Königin. Manchmal schlägt ein Mensch seinen Hund und der Hund beißt ihn in die Hand; aber dennoch hängt der Hund an seinem Herrn und der Herr hat den Hund lieb und will ihn nicht totschlagen. Mir ist leid was gestern geschehen ist; du sollst es vergessen." Der englische Anführer war von rechtem Schrot und Korn, der diese Botschaft zu würdigen verstand. Die Feindseligkeit war zu Ende und Sir George erklärte seine Freude, „den Häuptling Moschesch kennen gelernt zu haben, der nicht nur ein einsichtsvoller Mann ist, sondern der redlichste Herrscher in Südafrika, einen auf den man sich in Treue und Glauben verlassen kann und vor dem ich persönlich die größte Achtung habe." Moschesch lebte bis 1870. Vor seinem Scheiden glaubte er Anzeichen einer besseren Zukunft für sein Land und Volk zu erblicken. Sein letztes Wort an die Missionare war: „Ihr habt mir den Weg gezeigt und ich gehe zum Herrn Jesu." Sein letzter Wille lautete: „Laßt die Missionare nicht müde werden mein Volk zu unterrichten, besonders aber meine Söhne."

Im Jahr 1872 erklärten sich die Basutos im Pitso (jährliche Volksversammlung) mit Enthusiasmus für „unsere Mutter, die Königin von England." Man kann es nur bedauern, daß die britische Kolonialpolitik dieses Volk gegen seinen Willen von der Kapstadt aus regiert haben will. Gordon riet dringend, die loyale Gesinnung der Basutos damit zu ehren, daß man ihnen das Bewußtsein der unmittelbaren Verbindung mit England zu erhalten suche, indem man einen Repräsentanten der britischen Krone als Bevollmächtigten im Basutoland wohnen lasse. Natürlich predigte er tauben Ohren, man war anderer Meinung am Kap.

Gordons wärmste Teilnahme im vorliegenden Falle war auf Seite der „feindlichen" Eingeborenen, wie aus folgender Depesche ersichtlich ist:

> „Es ist mir unmöglich, gegen Stämme zu kämpfen, gegen die meines Erachtens ungerecht verfahren wird. Der Sekretär für die Angelegenheiten der Eingeborenen hat das Unrecht zugestanden, aber ein solches Zugeständnis allein genügt meinem Gewissen nicht."

Es kann hiernach nicht wunder nehmen, daß Gordon nach wenigen Monaten seine Stelle niederlegte. Ehe er jedoch vollständig mit der Kapregierung brach, wurde er aufgefordert, als Privatmann nach Basutoland zu gehen und mit dem Häuptling Masupha zu verhandeln. Er nahm die Sendung an und ging allein und unbewaffnet. Daß er unversehrt zurückkam, ist ein Wunder; denn während Gordon als Friedensbote bei den Basutos verweilte, benutzte ein Kapminister die Gelegenheit, einen andern Häuptling gegen Masupha aufzuhetzen. Es ist lediglich Gordons persönlichem Einfluß zuzuschreiben, mit dem er stets das volle Vertrauen der Eingeborenen zu gewinnen wußte, daß er aus dieser Lage unversehrt hervorging. Masupha sah, daß sein Gast an diesem Verrat keinen Anteil hatte, und ließ es ihn nur mit verdoppelter Hochachtung entgelten. Wenn solche Dinge in Südafrika seitens der Regierung vorfallen, dann kann man sich nur mit Gordon auf Seite der Eingeborenen schlagen. Daß er daraufhin seinen Abschied einsandte und bei seiner Abreise nach England die Kapstadt links liegen ließ, ist nicht mehr als von ihm zu erwarten war.

Als Beweis wie wichtig es ihm erschien, die Basutos auf freundschaftlichem Wege bei ihrer Loyalität zu erhalten, bot er sich selbst an und war willens, sich zwei Jahre lang um den geringen Gehalt von dreihundert Pfund bei dem Häuptling Masupha niederzulassen. Es war ein Opfer der Uneigennützigkeit, dessen man jedoch entbehren zu können glaubte. Zum Schluß noch seine Abschiedsrede an die Basutos, die ihn durchaus als den geborenen Beherrscher von Eingeborenen, ja als einen Hirten der schwarzen Herde kennzeichnet:

„Als ein Freund der Basutos bin ich hier; ich habe mich als ihr Freund erwiesen, denn als man mich als Feind schicken wollte, um sie zu bekämpfen, weigerte ich mich zu kommen. Nun ich aber hier bin, möchte ich den Basutos Gutes thun. Die Basutos sind zum Rechten geneigt. Ich frage den Häuptling und sein Volk: Wie kann Basutoland für die Basutos erhalten bleiben? Und ich sage, daß die (britische) Regierung es wohlmeint mit dem Land. Die Königin wünscht nicht, daß die Kolonie den Basutos ihr Land nehme; aber sowohl die Kolonie, als die Königin fürchten, daß die Basutos von den Boeren aufgegessen werden, wenn sie sich von ihnen zurückzieht. Ich mag die Boeren gut leiden, sie sind tapfer und wollen unabhängig sein; als sie kämpften, war es für ihre Freiheit. England hätte sie schlagen können, aber es wäre unrecht gewesen. Was aber glauben die Basutos, daß den Boeren lieber ist — die Basutos oder ihr Land? Ihr Land meine ich wohl. Wenn nun die Kolonie dieses Land sich selbst überließe, so hätten die Basutos bald Not mit den Boeren und es gäbe Krieg. Ich blicke zehn Jahre voraus und sehe boerische Anpflanzungen hier: das gefällt mir nicht, es gefällt der Kolonie nicht, und der Königin nicht, und dem Basuto gar nicht. Deshalb sage ich zu den Basutos: haltet euch an die Regierung. Sagen die Basutos: Wir sind stark und können uns wehren und brauchen niemand über uns, und wollen keine Steuern zahlen, so antworte ich: mir persönlich ist es einerlei ob sie Steuern zahlen oder nicht. Ich kann sie nicht dazu zwingen. Aber mein Herz ist betrübt, wenn ich an die Basutos denke. Ich sehe die Boeren hier, wie sie das Land an sich reißen. Ich versetze mich in Masuphas Lage und frage mich: was ist das Beste für mein Land und mein Volk. Ich weiß wohl, daß es in Basutoland Leute giebt mit zwei Zungen. Ich aber denke, daß einer mit einer Zunge die Wahrheit spricht. Ich glaube, daß Gott euch zu Christen gemacht hat. Ihr seid Schafe unseres Herrn Jesu und Er hat euch lieb. Wenn die Boeren euch aus eurem Land verdrängen, so ist es mir kein Verlust und kann allen gleichgiltig sein, wenn wir begraben sind. Darin aber wünsche ich, daß die Basutos mir folgen. Habt alle nur eine Zunge. Ich kann mich nicht schwarz machen; ich kann den Masupha und sein Volk nicht zwingen zu thun, was mir gut scheint, ich überlasse es dem Herrn Jesus, der alles recht macht. Das ists, was ich euch sagen wollte: thut, was euch gut dünkt, aber überlegt es wohl, und bittet Jesus um Rat."

Achtes Buch.

Gordons Christentum.

Eine Zeit der Ruhe war endlich für Gordon gekommen; er verbrachte sie nicht im Bett bis Mittag und dann mit Austernessen, wie ers im Sudan einmal scherzweise als sein ersehntes Ideal hinstellte, sondern er nahm seine Bibel und seine Meßinstrumente und ging nach Jerusalem, um die Topographie der heiligen Stätten zu erforschen. Und zwar that er dies ebenso sehr mit dem Auge und dem Verstand des Ingenieurs, als mit dem Sinn und Geist des gläubigen Christen. Die Resultate seiner Untersuchungen, die teilweise in dem kleinen Buch „Betrachtungen in Palästina“ (London 1884) niedergelegt sind, waren originell wie alles an diesem Mann. Wenn manchmal das Originelle etwas zu weit geht und absonderlich wird, so kann das einen Mann wie Gordon in den Augen seiner Mitchristen nicht herabsetzen. Gordons eigentümlichen Ideen über Dinge, die er in Jerusalem sieht, kann nicht jeder folgen; aber der lebendige Glaube, der sein Herz erfüllt, ist ein leuchtendes Vorbild für alle. Über seine topographischen Studien schrieb übrigens seiner Zeit der Bischof von Lincoln: „Mich freut es, daß dieser interessante Gegenstand (der biblischen Untersuchung) für einen Mann wie Gordon Interesse hat, der die göttlichen Dinge und heiligen Stätten nicht nur mit dem äußeren Auge, sondern mit dem Auge des Glaubens betrachtet." Und der Bischof von Derry sagt schön: „Gordon ist zwar kein berufsmäßiger Theologe, aber er ist etwas viel Besseres; und ich meinesteils würde mich scheuen, einen zu kritisieren, an dem ich in jeder Hinsicht nur hinaufsehen kann, selbst wenn ich seiner Beweisführung nicht immer vernunftmäßig beizutreten im stande bin. Er ist uns allen ein Vorbild des Glaubens an den lebendigen Gott."

Gordon hat auch in Palästina fleißig mit der Feder hantiert und im Laufe eines Jahres mehrere Tausend Briefseiten nach England geschickt. Etliche seiner Freunde, insbesondere jener Geistliche, den er in Lausanne kennen gelernt hatte, stellten aus diesen Briefen jenes Büchlein der „Betrachtungen in Palästina" zusammen, das mit seinem Wissen und Willen bald nach seiner Abreise nach Khartum veröffentlicht wurde. Die Herausgabe des kleinen Buches war eine Art Vermächtnis, denn es ist bekannt geworden, daß Gordon die letzte Reise nach Khartum mit dem bestimmten Vorgefühl unternahm, daß er England nicht wieder sehen würde. Von dem Büchlein hoffte er, es möchte „manchen Gläubigen zu neuen Gedanken anregen und dazu beitragen, daß Gottes Wohnungmachen in uns mit mehr Klarheit erfaßt werde. Das ist das große Geheimnis (Ps. 25). Er schuf uns, um ein Haus — naos*) — zu haben, in dem Er wohnen kann. Ohne uns ist er wohnungslos. Er bedarf unser, und wie sehr bedürfen wir seiner! Es ist mir ein Trost in meiner Schwachheit hier**) zu wissen, daß Er alles leitet, und es ist die reinste Meuterei, im Herzen oder gar mit der That gegen Seine Führung sich aufzulehnen. Möge Sein Name verherrlicht werden; möge dieses arme Volk hier gesegnet und getröstet werden; möge ich selbst gedemütigt werden, damit ich die Gegenwart Seines Geistes in meinem Herzen um so gewisser erfahren darf! Das ist mein ernstliches Gebet."

Gordon ging weiter als die meisten Christen, die so zu sagen damit zufrieden sind, daß Christus für sie genug gethan hat. Er

*) Das griechische Wort für Tempel.

**) Gordon schrieb diese Worte am 3. März 1884 von Khartum aus.

suchte Wachstum und fand die Heiligung in der Gemeinschaft des Menschen mit Gott in und durch Jesus. Daher erkannte er in den Sakramenten den von Gott von Anbeginn verordneten Weg, dieses große Ziel zu erreichen. Nicht, daß er in der heiligen Taufe und im heiligen Abendmahl den einzigen Weg erblickte, auf dem Gottes Gnade dem Sünder zu teil werden kann, aber er verkündet ihren hohen Wert als wesentliche Bestandteile des Heiles und des christlichen Glaubenslebens. Ihm steht es fest, daß jeder Christ, Mann, Weib oder Kind, zur Priesterschaft Gottes berufen ist, und daß die Glieder der wahren Gemeinde selbst vor den Engeln durch die Gegenwart des heiligen Geistes ausgezeichnet sind, ja, daß sie wie beim Pfingstfeste des heiligen Geistes voll werden, der in ihren Herzen sein Werk hat.

Was die nachfolgende Übersetzung von Gordons Ansicht über die Sakramente anlangt, so machen wir nochmals darauf aufmerksam, daß wir es mit einem Teil der aus seinen Briefen zusammengestellten „Betrachtungen" zu thun haben, also mit seinen eigenen von Freunden zusammengetragenen Worten. Er ist daher nicht gerade für die Zusammenstellung verantwortlich, doch hat er von Khartum aus die ihm mitgeteilten Korrekturbogen gebilligt. Aus diesem Grund ist das Nachstehende auch nicht als eine erschöpfende Betrachtung anzusehen, wohl aber sind es tiefe Gedanken, die für den deutschen Leser um so merkwürdiger sind, als weder die Wiedergeburt in der heiligen Taufe, noch die wirkliche Gegenwart des Leibes und Blutes Jesu Christi im heiligen Abendmahl im allgemeinen von den englischen Christen geglaubt wird. Es darf übrigens nicht verschwiegen werden, daß in seinen Erörterungen bisweilen Behauptungen unterlaufen, welche seinen eignen Aufstellungen entweder direkt widersprechen oder denselben doch zu widersprechen scheinen. Gordon ging offenbar über die Lehre seiner Kirche, was die heiligen Sakramente anlangt, hinaus, ohne daß er die reformierte Anschauung völlig abgestreift hat.

Die heilige Taufe.

Die Taufe geht dem heiligen Abendmahl vorher; ihr Vorbild muß daher auch in der Geschichte der ersten Menschen dem Essen der verbotenen Frucht vorher gehen.

Das Essen des Leibes und Blutes (Brot und Wein) im Sakrament dient zur Ernährung und Belebung des neuen Menschen. Es bedingt sichtbare Gestalt und äußerliche Handlung. Es schließt ein die Handlung eines Wiedergeborenen. Die Taufe wird Wiedergeburt genannt. Sie ist das Siegel der Einverleibung in den Leib Christi, die Kirche; sie wird auch ein Begrabenwerden und Auferstehen genannt, ein Ablegen des fleischlichen Leibes (Kol. 2, 11—12).

Adams Geschichte besteht aus Geschaffenwerden, Essen, Tod. Die heilenden Sakramente, Taufe und Abendmahl, sind die Fortsetzung dieser Geschichte. Nach dem Genuß der verbotenen Frucht war der Mensch tot in Übertretung und Sünde, von Gott getrennt und daher der innewohnenden Gegenwart des heiligen Geistes verlustig. Die Taufe ist das Sakrament, das den toten Menschen belebt — seine Auferweckung; der Genuß des Abendmahls erhält ihn am Leben.

Durch das verbotene Essen verfiel der Mensch dem Tode; die Taufe erweckt ihn aus dem Tode und das heilige Abendmahl nährt ihn vom Baum des Lebens.

In der Taufe wird ein Element — Wasser — eine materielle Substanz mit des Menschen Leib in äußerliche Berührung gebracht; im Abendmahl werden die Elemente, Brot und Wein, in des Menschen Leib aufgenommen.

Im Essen liegt die Verbindung des heiligen Abendmahls mit dem Baum der Erkenntnis des Guten und Bösen.

Im Wasser liegt die Verbindung der Taufe mit einem vorsündlichen Ereignis, und dieses Ereignis ist die Schöpfung. Die

Geschichte des Menschen ist Geschaffenwerden, Essen, Tod; Auferstehung oder Neuschaffung oder Wiedergeburt, Essen und ewiges Leben. In der Schöpfung müssen wir daher die Erklärung der Taufe suchen. „Im Anfang schuf Gott Himmel und Erde, und die Erde war wüst und leer und der Geist Gottes schwebete auf den Wassern.“

Durch das Wort Gottes wurde die Erde aus den Wassern gerufen. Das ist die Schöpfung, und wie des Menschen Leib aus Erde gemacht ist, so darf man sagen, daß er aus den Wassern hervorgerufen worden ist durch das Wort Gottes, durch den heiligen Geist.

Hierin liegt die Analogie zwischen der Schöpfung, dem Ruf ins Leben, und der Taufe. Die Erde war tot sozusagen bis sie ins Leben gerufen wurde. So ist der Mensch tot sozusagen bis er wiedergeboren wird. Der Zustand der Erde vor der Schöpfung war ein toter. Der fleischliche Mensch ist tot. Der Zustand der Erde vor der Schöpfung war gleich dem Zustand des Menschen, als der Engel ihn aus dem Garten trieb.

Was Gottes Wort durch den heiligen Geist an der Erde vollbrachte, als es wüste, leer und finster auf der Tiefe war, das muß am fleischlichen Menschen vollbracht werden, ehe er leben kann. Durch den Ruf Christi und die Arbeit des Geistes kommt er zur Erkenntnis, daß er in einem Zustand der Sünde und Finsternis tot ist; und das äußere Zeichen solcher Erkenntnis ist, daß er getauft, bildlich untergetaucht wird ins Wasser, das seine Rückkehr ins Nichtssein bedeutet und somit die Neuschaffung ermöglicht.

Und wie die Erde einst mit Wasser bedeckt und tot war, so bedeckt die Taufe den Menschen bildlich mit Wasser, um seinen Tod anzudeuten, um öffentlich zu bezeugen, daß er den Tod als seinen Lohn anerkennt; und wie die Erde als eine neue Schöpfung aus dem Wasser hervorging, so ist der Mensch nach der Taufe eine neue Kreatur und dazu geschickt, vom Baum des Lebens im heiligen Abendmahl sich zu nähren.

Ich sage damit nicht, daß die Taufe als äußerliche Handlung den Menschen vom Tod errettet, wie ich auch nicht sage, daß das Abendmahl einem andern als dem gläubigen Empfänger ein Genuß zum Leben ist. Die Taufe ist ein Auferstehen vom Tod, und das Abendmahl ist ein Genuß zum ewigen Leben. Die Taufe an sich macht den Menschen nicht zum Christen. Wer nicht vorher ein Christ ist, der wird es nicht durch die Taufhandlung. Nach Röm. 4, 10. 11 war die Beschneidung das Siegel eines Bundes, dem Abraham durch den Glauben schon angehörte; ebenso ist die Taufe das Siegel eines bereits bestehenden Bundes, welcher ist ein Bund des Glaubens und des Innewohnens des heiligen Geistes.

Und wie der Gläubige im Abendmahl des Leibes und Blutes Christi teilhaftig wird, so wird der Gläubige in der Taufe aus dem Tod erweckt, er empfängt im Wasserbad die Vergebung der Sünde und des heiligen Geistes Einwohnung in seinem Leibe, der schon an ihm gearbeitet hat; denn wie könnte er glauben, wenn der heilige Geist seine Seele nicht in den Stand setzte, zu bekennen, daß Jesus der Herr ist!

Ich hebe es noch einmal hervor, daß 1) in der heiligen Taufe das Element des Wassers mit dem Körper in äußerliche Berührung gebracht wird; daß 2) im heiligen Abendmahl Brot und Wein in den Körper aufgenommen werden; daß 3) das heilige Abendmahl in dem ersten Essen (der verbotenen Frucht) sein Gegen- und Vorbild hat und daß es 4) höchst wahrscheinlich ist, daß das andere Sakrament, die Taufe, in analoger Weise auf ein vorsündliches Ereignis sich bezieht. Mir ist schon lange der Gedanke gegeben worden, daß das dritte Kapitel des Evangeliums Johannes so zu verstehen ist, daß zwischen der natürlichen und der neuen Geburt ein Sterben liegt. Nikodemus verstand das nicht (V. 4), so klar es scheint. Er meinte, daß das Fleisch geheilt und für den Himmel geschickt gemacht werden könnte. Es war ihm unverständlich, daß der natürliche Mensch, weil getrennt von Gott, wirklich tot ist. Die Taufe ist also ein offenes Bekenntnis, daß der natürliche Mensch hoffnungslos schlecht und tot ist und nichts Gutes zu thun vermag; und daß sie bildlich ein Begrabenwerden des natürlichen Menschen und eine Neuschaffung oder Auferstehung vom Tod enthält. Im Abendmahl verkünden wir Christi Tod; die Taufe verkündet, daß der Mensch im natürlichen Zustand tot ist und vom Tod erstehen muß. Ein neugeborenes Kind ist tot in Gottes Augen, die Eltern aber, die es im Glauben zur Taufe bringen, empfangen (an seiner Statt) die Verheißung.

Ich kann nicht umhin, dafür zu halten, daß beide, die Taufe und das heilige Abendmahl, mit des Menschen Leib zu thun haben, denn die Elemente in beiden Fällen sind von dem Leib nicht zu trennen. Die Elemente werden in der Taufe äußerlich, im Abendmahl innerlich angewandt.

Der aber ist nicht ein Jude, der auswendig ein Jude ist, auch ist das nicht eine Beschneidung, die auswendig im Fleische geschieht (Röm. 2, 28. 29). Und ebenso bei der Taufe: der Mensch ist nicht darum ein Christ, weil er getauft ist. Kann einer nicht glauben ohne getauft zu sein, und kann in diesem Fall sein Nichtgetauftsein nicht als Getauftsein angesehen werden? Es giebt viele Stellen in der Schrift, die es klar zeigen, daß die Taufe an sich ohne Glaube kein nütze ist; und daraus erkennen wir, warum viele, die getauft sind, den heiligen Geist nicht haben.

Meiner Meinung nach hätten sich die Exegeten, welche über Taufe und Abendmahl geschrieben haben, manchen Irrweg gespart, wenn sie die drei ersten Kapitel des ersten Buches Mose besser erwogen hätten. Mir hat es seit Jahren Gedanken gemacht, was von der Taufe zu halten ist, doch ist es mir schon vor etlichen Jahren klar geworden, daß zwischen zwei Geburten ein Tod liegen muß (Ev. Joh. 3). Ich halte dafür, daß im Taufwasser die Sündenschuld zurückbleibt, so wie natürliches Wasser die Unreinigkeit der Gegenstände zurückbehält, die darin gewaschen werden. Es scheint mir aber nicht, daß der heilige Geist das Wasser in anderer Weise als Träger benutzt, als indem er es wirksam macht, die Sünde abzuwaschen. Als Jesus (der obgleich ohne Sünde sich als Mensch der Taufe unterzog) aus dem Wasser heraufstieg, kam der heilige Geist über ihn. Gott ist aber nicht an die Taufe gebunden, denn Johannes war voll des heiligen Geistes von Mutterleibe an, und Kornelius hatte den heiligen Geist empfangen vor der Taufe. Die Gläubigen gehen als Kinder Adams ins Taufwasser und gehen als Kinder Gottes daraus hervor.

Die Unterlassung der Taufe in gewissen Fällen anlangend, so fiel der heilige Geist auf Kornelius, ehe er getauft war (Apostelgesch. 10, 44). Mag auch jemand das Wasser wehren, daß dieser nicht getauft werde? Als Petrus und Johannes hinunter nach Samaria gingen (Apostelgesch. 8, 15—16), fanden sie, daß durch des Philippus Predigten die Leute glaubten und sich taufen ließen, sie empfingen den heiligen Geist aber erst durch der Apostel Handauflegung.

Aus diesen beiden Stellen ersehen wir, daß der heilige Geist nicht notwendigerweise mit der Taufe dem Täufling gegeben wurde, daß er aber auch nicht dem gläubigen Ungetauften versagt war. Paulus beschnitt Timotheus um der Juden willen (Apostelgesch. 16, 3). Die Beschneidung ist nichts und die Vorhaut ist nichts, sondern Gottes Gebot halten (1. Kor. 7, 19). Um der Juden willen beschneidet Paulus zwar den Timotheus, den Titus aber (Gal. 2, 3) will er nicht beschneiden. Dies zeigt, daß er nach der von Gott ihm gegebenen Einsicht handelte. Indem er den Timotheus beschnitt, fügte er sich dem Urteil der Juden, gegen welches zu verstoßen er sich gewissermaßen fürchtete; oder warum hätte er sonst diesen jüdischen Gebrauch vollzogen? Wenn ich sage, daß er fürchtete den Juden Anstoß zu geben, so meine ich damit, daß Gott ihm die Einsicht verlieh, daß es, um weiser Absichten willen und zur Vermeidung der Uneinigkeit recht sei sich zu fügen. Ich glaube daher, daß wir z. B. gerechtfertigt wären, die Taufe bis auf weiteres zu unterlassen, wo der öffentliche Fanatismus sich dagegen auflehnt. Denn die Taufe macht einen nicht zum Christen, so wenig wie die Beschneidung einen zum Juden macht. Das bildliche Ausziehen des Fleisches durch die äußerliche Taufe ist nicht mehr nütze, als das bildliche Vonsichthun der Unreinigkeit des Fleisches durch die äußerliche Beschneidung. Ich glaube wir dürfen 1. Kor. 7, 21 u. 23, „bist du ein Knecht berufen, sorge dir nicht; doch kannst du frei werden, so brauche des viel lieber;" und „ihr seid teuer erkauft, werdet nicht der Menschen Knechte — ihr seid die Gefreiten des Herrn," so lesen: „Wenn ihr nun in Ihm frei seid, so hängt nicht am äußeren Gebrauch. Wenn ihr die Taufe haben könnt, so brauchet sie viel lieber." Getauftsein ist nichts, und Ungetauftsein ist nichts, sondern der Glaube, der durch die Liebe thätig ist (Gal. 5, 6), nämlich das Einwohnen des heiligen Geistes im Menschen, die neue Kreatur (Gal. 6, 15).

Wie bereitwillig gewährte Paulus dem Kerkermeister die Taufe (Apostelgesch. 16, 33). In derselben Stunde der Nacht, als dieser ihm die Striemen abwusch, verkündete ihm Paulus das Wort des Herrn und taufte ihn alsbald. Der Kerkermeister wusch des Apostels Striemen, und der Apostel wäscht ihm im Wasserbad die Sünden ab. Die Apostelgeschichte ist in erster Linie ein Missionslehrbuch, warum sind wir denn so vorsichtig mit der Taufe unter den Heiden? Fehlt uns selber der rechte Glaube? Paulus taufte in jener Nacht nicht nur den Kerkermeister, sondern alle, die in seinem Hause waren. Zu Philippi, der Hauptstadt des Landes (Apostelgesch. 16, 12), war das Gefängnis gewiß groß und es waren ohne Zweifel viel Leute in des Kerkermeisters Haus. Da drängt sich einem wohl die Frage auf, ob der Kerkermeister und alle, die in seinem Hause waren, alle die Katechismusfragen unserer heutigen Missionare hätten beantworten können!

Was hat der Mensch durch jenes erste verbotene Essen verloren? (Ich brauche nicht gern das Wort „Sündenfall" — die Schrift nennt es nicht so.) Er verlor den heiligen Geist. Was gewinnt der Mensch im andern Essen (das entweder geistlich oder thatsächlich ein Essen Christi ist)? Er gewinnt den heiligen Geist. Es ist von Wert hierüber nachzudenken.

Der Verlust des heiligen Geistes ist Trennung von Gott, Tod; so sind wir in Gottes Augen von Natur tot, und wenn wir in das Taufwasser untergetaucht werden, so bekennen wir uns bildlich tot bei dem Begräbnis im Wasser.

Adam, der erste Mensch, entstieg dem Wasser der ersten Schöpfung. Er sündigte, das ganze menschliche Geschlecht war in ihm und starb in ihm, somit sind wir alle tot in den Augen Christi und verfallen damit der Gemeinstatt aller, dem Grab, dem Ort der Toten. Wir bekennen, daß wir beim Hineingehen ins Wasser der Taufe dasselbe sind was Adam war. Wir gehen mit dem neuen Adam, Christus, als neue Kreatur aus der Taufe hervor. In Ihm sind wir nicht länger tot; wir leben. Unser Hervorgehen aus der Taufe ist unser Auferstehen, und in Ihm erhalten wir (was wir vorher verloren hatten) den heiligen Geist, welcher unser Leben ist.

In Adam sind alle Menschen geschaffen, sie sterben mit ihm, werden zu Staub und gelangen an einen Ort, aus welchem sie alle kamen. Was ist der Sammelplatz aller Menschen? — Das Grab. Christus aber, der zweite Adam, versammelt uns aus dem Grab in ihm selber, in der neuen Geburt. Indem wir im Taufwasser untertauchen, verbildlichen wir unsern Zustand; und indem wir uns so bildlich ins Grab des Wassers legen, können wir daraus als neuer Mensch zu Christus gesammelt werden. (In der Septuaginta steht das Wort συναγόγη, gebraucht von dem Sammeln der Wasser und ebenso für das Zusammenbringen der Kinder Gottes, die zerstreut waren, Ev. Joh. 11, 52.) Die Taufe besagt im Bild, daß wir im Taufwasser in den ersten Zustand 1. Mos. 1 zurückkehren und im neuen Adam, Christus, gehen wir daraus hervor. Wir kosten vom Baum des Lebens. Wir gelangen zur Auferstehung, die sich im

22. Kapitel der Offenbarung abspiegelt, wo von einem Strom die Rede ist und vom Baum (Holz) des Lebens, von Gott und dem Lamme.

Ehe der heilige Geist in uns erneut wird (es ist auf dieses Wort zu achten, denn es deutet an, daß der Mensch ihn einmal besessen und dann verloren hat), müssen wir im Bild begraben werden, müssen unsern Tod und unsern hoffnungslosen Zustand erkennen. Denn wie das Salböl nicht auf das Fleisch gegossen werden kann, so kann der Fleischlichgesinnte den heiligen Geist nicht empfangen. Fleischlich gesinnt sein ist eine Feindschaft und kann den heiligen Geist nicht empfangen (Röm. 8, 7 und 9, ein gar ernstes Wort!).

In der Taufe wird der natürliche Leib in der Erwartung gesäet, daß der geistige Leib auferstehe. In der Taufe bekennen wir uns zur Notwendigkeit solches Säens; wir bekennen, daß wir in natürlichem Zustand zu nichts nütze sind als (mit dem verweslichen Körper) gesäet und begraben zu werden.

Der erste Adam wurde ins Leben gerufen und starb und ist bildlich in der Taufe begraben. Der zweite oder letzte Adam, Christus, ist der lebendigmachende Geist (der Herr vom Himmel), der von den Toten auferweckt.

Die Taufe ist eine Auferstehung aus der Verwesung.
Die Taufe ist eine Auferstehung aus der Unehre.
Die Taufe ist eine Auferstehung aus der Schwachheit.
(1 Kor. 15.)

Wir ersehen hieraus, daß die Taufe eine wichtige Sache ist. Denn die wahre Taufe, sei es bei unmündigen Kindern durch ihre Stellvertreter, die Paten, so diese gläubig sind, sei es bei Erwachsenen, ist der Bedeutung nach nichts anderes als ein Bekenntnis, daß das Fleisch nichts Gutes zu vollbringen vermag. Und mir scheint, daß damit die Ansicht, daß die Kinder die Taufe empfangen, unterstützt wird. Denn es handelt sich darum, etwas das tot ist und das sich nicht selbst helfen kann zu begraben. Ein kleines Kind ist tot, hinsichtlich des eigenen Willens u. s. w., indem es nun bildlich durch seine gläubigen Stellvertreter in der Taufe begraben wird, ergiebt sich hieraus die Hoffnung, daß es in Christo auferstehen wird — ja unser Glaube an Gott kann nicht anders als dies glauben.

Wenn es sich um einen Erwachsenen handelt, der von seiner fleischlichen Natur frei werden möchte, an Christus glaubt und getauft wird, so glaube ich, daß ein solcher den heiligen Geist in seinem Leibe empfängt. Die Elemente des Segens, dessen er in seinem Leibe teilhaftig wird, sind in dem einen Falle Brot und Wein, in dem andern ist es Wasser, in welchem er den fleischlichen Leib ablegt. In beiden Sakramenten sind die Elemente stofflich, und beide sind geheiligt für den Leib durch den heiligen Geist: das eine zur Erhaltung des neuen Lebens in Christo, das andere zur Auferstehung von den Toten in Christo, welcher ist der neue Adam.

War nicht das Essen der verbotenen Frucht ein Zerreißen der Einheit mit Gott und, infolge davon, die Bildung einer Einheit mit dem Satan? Und was ist der Glaube anderes als eine Fähigkeit, die unmittelbar aus der Gegenwart des heiligen Geistes kommt? „Niemand kann Christus einen Herrn heißen ohne durch den heiligen Geist," auch andere Stellen beweisen dies. Der Glaube ist eine unmittelbare Wirkung der Einwohnung des heiligen Geistes. Da kann kein Glaube sein, wo der heilige Geist nicht seine Wohnung hat. Einer der sagt, er glaube an Christus, aber nicht an die Gegenwart des heiligen Geistes in ihm selber, ist entweder ein Lügner und Ungläubiger, oder er macht Gott zum Lügner.

Daraus folgere ich, daß jedes Wort, jede That, jeder Gedanke, der nicht aus der Gemeinschaft mit Christus durch den heiligen Geist entspringt, genau dasselbe ist, was das Essen der verbotenen Frucht war. Andererseits ist jedes Wort, jede That, jeder Gedanke, der durch den heiligen Geist in der Gemeinschaft mit Christus wurzelt, ein Essen vom Baum des Lebens.

Ferner, gleichwie das Essen der verbotenen Frucht sowohl durch Wort oder Gedanken, als auch durch die That geschehen kann (im verbotenen Essen im Paradies gipfelten Gedanke und Wort in der That), so kann das Essen vom Baum des Lebens, Christus, auch durch Wort und Gedanke geschehen, ist aber wesentlich eine That. Das Einssein mit Christus durch die Einwohnung des heiligen Geistes ist das A und O alles Lebens, und diese Anschauung empfiehlt sich selbst unserer Vernunft. Das Ergebnis dieses Einsseins ist ein Fruchtbringen. Es bedarf keiner Anstrengung, wenn wir das Einssein suchen und pflegen, so müssen die Früchte des heiligen Geistes die natürliche Folge sein.

Nur durch den heiligen Geist ist Leben oder Gemeinschaft mit Christo möglich. Die Erlösung oder die Wohlthat des Sühnopfers unseres Herrn kann nur dann von uns erfaßt werden oder uns zu gute kommen, wenn der heilige Geist in uns wohnt. „Wer aber Christi Geist nicht hat, der ist nicht sein.“ Röm. 8, 9. Wer das nicht hat, was die Gemeinschaft ausmacht, kann nicht mit Christo vereinigt sein. Und es ist klar, daß die Ausgießung des heiligen Geistes erst die Folge von Christi Leiden war; er konnte nicht eher herabkommen als bis Christus aufgefahren war. Nach Christi Himmelfahrt kam der heilige Geist hernieder.

Wie mancher bekümmerten Seele wäre es ein unaussprechlicher Segen zu wissen, daß der einzige Weg, um heilig oder Christus ähnlich zu werden, der ist, die Gegenwart des heiligen Geistes in uns zu suchen und zu pflegen. Die Früchte leugnen, welche der heilige Geist bringt, hieße die Gottheit des heiligen Geistes leugnen. Wenn ich daran denke, wie lange ich in der Irre ging, und wie nutzlos ich mich abmühte am alten Menschen zu flicken, so kann ich nicht genug Nachdruck hierauf legen. Menschlich geredet, was für ein Segen wäre es für mich gewesen, wenn einer mir mit dem Wort zu Hilfe gekommen wäre (es steht übrigens deutlich genug in der Bibel): ‚Suche du des heiligen Geistes in dir selbst gewiß zu werden und kümmere dich sonst um nichts.‘ Beweise sind gar nicht nötig, es genügen diese Worte. Wer an Christum glaubt, der hat Gott den heiligen Geist lebendig in sich. Diese Wahrheit im täglichen Leben zu pflegen ist alles was wir nötig haben, und Er nährt uns durch die Schrift. Alles übrige kommt dann von selbst.

Über die Verbindung zwischen dem Sündenfall und dem heiligen Abendmahl.

In einem jüdischen Schulbuch fand ich die Geschichte des Sündenfalles ausgelassen, und als ich N., einen Rabbiner, darüber befragte, sagte er mir, daß die Juden dieselbe nicht als etwas Wirkliches anerkennen, sondern alle ihre Gebrechen aufs goldene Kalb zurückführen. Das ist begreiflich, denn sie meinen, sie können durchs Gesetz gerecht werden, indem sie aber das goldene Kalb als den Grund ihres Sündenfalles ansehen, ist ihnen der Sündenfall ein jüdisch-nationales Ereignis.

Betrachten wir den Sündenfall.

Der Baum des Erkenntnisses des Guten und Bösen war ein Baum, an dem man lernen kann was gut und böse ist. Indem der Mensch von diesem Baum aß, wurde er wie Gott, denn Gott der Herr sprach: Siehe Adam ist geworden wie unser einer und weiß, was gut und böse ist. Das „geworden" hier kommt von einem hebräischen Wort, welches bedeutet „gewahr werden wie", oder „gleich werden", oder „werden". Dies ist bemerkenswert, denn wir sehen daraus, daß, obgleich der Mensch nach Gottes Bild geschaffen war, die Fähigkeit Böses zu erkennen, obschon als Möglichkeit vorhanden, sich erst durch das Essen entwickelt hat. Von den Engeln und Teufeln könnte es nicht heißen, sie sind „geworden wie unser einer."

Auch ist zu bemerken, daß das Verbot von dem Baum zu essen gegeben wurde, ehe das Weib aus seiner Rippe gebaut war; so daß Eva im Garten erschaffen wurde, und Adam außerhalb desselben.

Und Adam wurde aus dem Garten getrieben; der Eva geschieht dabei keine besondere Erwähnung. Dem Weib wurde kein Grund angegeben. Zu Adam sprach Gott: „dieweil du gegessen hast.“ Die Strafe des Essens, der Tod, „du mußt sterben,“ muß in Beziehung gebracht werden zu dem Worte „weil du gegessen hast, verflucht ist der Acker, bis daß du wieder zu Erde werdest, davon du genommen bist. Denn du bist Erde und sollst zu Erde werden.“

Eph. 2, 2. „In welchen (Sünden) ihr weiland gewandelt habt, nach dem Lauf dieser Welt, nach dem Fürsten, der in der Luft herrschet, nämlich nach dem Geist, der zu dieser Zeit sein Werk hat in den Kindern des Unglaubens.“ Der Fürst, der in der Luft herrschet, der Satan, hat also sein Werk in den Kindern des Unglaubens*), und er begann dieses Werk im Menschen, als der Mensch im Ungehorsam gegen Gott von der verbotenen Frucht aß.

Wir dürfen annehmen, daß wenn Gott dem Menschen mit einer einzigen Ausnahme alles gewährte, eben diese Ausnahme ihren Grund in dem dem Menschen drohenden Schaden hatte. Hätte Eva nicht von dem, was verboten war, gegessen, dann hätte der Geist des Ungehorsams, Satan, sein Werk in ihr nicht beginnen können. Und wir mögen es betrachten wie wir wollen, so viel ist klar, daß sie durch die Thatsache ihres Essens dem Satan die Thür öffnete und er in ihrem Herzen Eingang fand.

1 Kor. 10, 20 zeigt, daß den Götzen opfern einer Gemeinschaft mit den Teufeln gleichkommt „was die Heiden opfern, das opfern sie den Teufeln und nicht Gott. Nun will ich nicht, daß ihr in der Teufel Gemeinschaft sein sollt“.

Der gesegnete Kelch aber ist die Gemeinschaft oder das Teilhaftigwerden des Blutes Christi. Das Brot, das wir brechen, ist die Gemeinschaft oder das Teilhaftigwerden des Leibes Christi, 1 Kor. 10, 16.

---

*) Nach der englischen Bibel Kinder des Ungehorsams.

Das Trinken vom Kelch ist die Anteilnahme an des Herrn Tisch; und das Trinken von der Teufel Kelch ist die Anteilnahme an der Teufel Tisch. Durch dieses ganze Kapitel zieht sich die Parallele von zweierlei Essen, von zweierlei Opfern, und von zweierlei Folgen solchen Essens (d. i. solcher Anteilnahme), von zwei Genossenschaften, zwei Gemeinschaften, welche in der Thatsache von zweierlei Essen und den Folgen solchen Essens gipfeln, nämlich die Gemeinschaft mit dem Wesen, an dessen Tisch der Mensch sozusagen sich setzt, welche Gemeinschaft ein Teilhaftigwerden der Eigenschaften dieses Wesens bedeutet.

Mögen wir nun über die Bedeutung der Worte streiten wie wir wollen, so läßt sichs nicht hinwegerklären, daß nach Joh. 6, 56 Christus in dem Menschen wohnet, der sein Feisch ißt, und sein Blut trinkt; und nach dem 53. Vers dieses Kapitels haben wir kein Leben in uns, so wir es nicht thun. Darnach ist es klar, daß dieses Essen sein Wohnungmachen in uns bedeutet; während nach 1 Kor. 10 ebenfalls klar ist, daß solche, die den Teufeln opfern (oder mit ihnen Gemeinschaft haben, was nach V. 20 dasselbe ist), auch den Teufeln in sich Wohnung verstatten. Nun kann darüber kein Zweifel sein, daß Evas Essen vom verbotenen Baum eine Gemeinschaft mit dem Teufel erstens darum war, weil der Satan wirklich mit ihr verkehrte, zweitens weil es nicht in der Gemeinschaft mit Gott war, und drittens weil es im Geist des Ungehorsams geschah. Dabei lasse ich alle Opfer des mosaischen Ceremonialgesetzes außer Frage und beschäftige mich nur mit dem Sündenfall und der Wiederherstellung des Zustandes vor dem Fall, in welcher der Hauptpunkt das Sakrament ist, durch welches wir des Herrn Tod verkünden, bis daß Er kommt. Ich kann nämlich nicht sehen, daß Eva dem Teufel opferte, obschon ich sehen kann, daß sie Genossenschaft und Gemeinschaft mit ihm hatte.

Wenn der Fürst, der in der Luft herrscht, in den Kindern des Unglaubens sein Werk hat, so muß er in allen sein Werk haben, denn alle haben gesündigt, und er muß zu einer bestimmten Zeit nach der Erschaffung des Menschen solches Werk angefangen haben. Es ist klar, daß dies geschah, als Eva ungehorsam ward. Und weil sie von der verbotenen Frucht aß, darum konnte er sein Werk in ihr anfangen. Man muß deshalb nicht denken, daß er selbst die Frucht war, aber er war in der Frucht.

Wir kommen nun zum Leib und Blut des Herrn. Wir glauben, daß Brot und Wein kraft göttlicher Einsetzung die werkzeugliche Ursache des geheimnisvollen Teilhaftigwerdens Christi ist, wodurch Er ganz unser wird und wir so eng mit ihm verbunden werden, als sein Fleisch sein Leib und sein Blut sein Blut ist. Durch Brot und Wein, durch das Essen und Trinken seines Leibes und Blutes, d. h. durch die thatsächliche Handlung solcher Nießung wird das feste Band geknüpft. Dabei glauben wir nicht, daß das Brot Fleisch wird und der Wein Blut, so wenig als die Frucht verwandelt worden ist; doch ist nicht daran zu zweifeln, daß Satan in Wirklichkeit geistiger Weise mit dem verbotenen Essen in Eva einging.

(Nach 4 Mos. 9, 13 mußte die Seele desjenigen aus seinem Volk ausgerottet werden, der es unterließ das Passah zu halten. 2 Mos. 13, 8: „Und sollt euern Söhnen sagen an demselben Tage, warum ihr das Passah haltet, nämlich weil der Herr euch aus Ägyptenland gebracht und eure Erstgeburt verschont hat.“ Das Wort Pauli, „so oft ihr von diesem Brot esset, sollt ihr des Herrn Tod verkündigen“, bezieht sich auf diesen Vers. Die Juden nannten es die Haggadah oder Verkündigung, wenn sie von dem ungesäuerten Brot beiseite thaten und wenn die Kinder sie fragten: Warum thut man das? antwortete das Haupt der Familie: „Das ist das Brot des Elends, das unsere Väter im Land des Elends aßen; wen da hungert der komme und esse von diesem Passah, denn es ist unsere Zuflucht und Hilfe.“)

Ich denke, es steht fest, daß der Fürst, der in der Luft herrschet, darum Eingang in uns fand und in den Kindern des Unglaubens sein

Werk hat, weil Eva von der verbotenen Frucht aß. Sie trat aus der Gemeinschaft mit Gott und wurde der Gegenwart des heiligen Geistes verlustig, durch den wir Gemeinschaft mit Gott haben. Dies führt zur Wiederherstellung in Christo, wenn er uns die Gemeinschaft mit dem heiligen Geist wiederherstellt „die Verheißung des Vaters“ und ein Unterpfand des Erbes. Nach Röm. 8, 11 wird der Geist des, der Jesum von den Toten auferwecket hat, unsere sterblichen Leiber lebendig machen durch den Geist, der in uns wohnet. Ich denke mir, daß der heilige Geist zuerst mit der Seele in Gemeinschaft ist, und daß Er dann durch die erweckte Seele den sterblichen Leib auferweckt. Da der heilige Geist nur in geistiger Weise an der Seele arbeiten kann, die geistiger Natur ist, so fragen wir, auf welche Weise kann der Leib erfaßt werden, der durch eine thatsächliche Handlung (durch Essen) der Gewalt des Bösen anheimfiel? Ich beantworte diese Frage mit aller Vorsicht, aber es erscheint mir sowohl vernunft- als schriftgemäß, daß er durch dasselbe Mittel auch wieder geheilt wird, das den Fall bewirkte und dem Teufel den Zugang verstattete, nämlich durch Essen.

Das Sakrament von des Herrn Nachtmahl steht in enger Verbindung mit der Auferstehung des Leibes. Wer mein Fleisch isset und trinket mein Blut, der hat das ewige Leben, und ich werde ihn am jüngsten Tage auferwecken. Und wir wissen, daß, so wir würdig zu seinem Sakrament kommen, wir seinen Leib in unsern Leib und sein Blut in unser Blut empfangen zur Reinigung von aller Sünde. Wäre es denkbar, daß unsere Leiber je umkommen könnten, nachdem sie einer so engen Gemeinschaft mit der Gottheit teilhaftig geworden sind, als das Essen seines Leibes und das Trinken seines Blutes in sich schließt?

Wir müssen annehmen, daß der Leib beim Sündenfall in vorzüglichem Maße thätig war, denn er genoß thatsächlich, was verboten war, und hier bei diesem zweiten Essen ist ebenfalls der Leib in demselben Maße thätig. Beim ersten Essen brachte der Leib die

Seele zum Opfer (denn der Seele konnte es an sich nichts verschlagen, ob gegessen wurde oder nicht); beim zweiten Essen bringt die Seele den Leib zum Opfer. Beim ersten Essen trug der Leib den Sieg davon; beim zweiten Essen bleibt der Seele der Sieg.

So oft ich von Eva gesprochen habe, meine ich ebenso gut Adam.

Warum sind wir alle so tot? Warum wird unser Fleisch nicht belebt? Viele unter uns sind wahre, ernste Christen. Warum sind sie so trübselig? Sie haben die Barmherzigkeit Gottes in Christo erfahren, aber es ist, als ob die Seele bei ihnen an einen Leichnam gefesselt wäre — an ihren Leib. Sie glauben oder hoffen, daß sie ihrer Seligkeit gewiß sind, aber sie werden dieser Gewißheit nicht froh. Warum schleppen sie den toten Leib mit sich herum? Er atmet den Geruch des Verderbens aus, er ist träge und beschwerlich. Kann er nicht zum Leben gebracht werden? Wahrlich ich glaube, der Grund des Übels liegt in der Mißachtung des heiligen Abendmahls. Wenn er auch ein toter Leib ist, so kann er doch essen; und wenn die Seele durch den heiligen Geist zum Leben erweckt ist, warum sollte sie den toten Leichnam nicht zu bewegen suchen, den Leib und das Blut Christi in sich aufzunehmen, woraus ihm Leben zu teil werden wird. Es mag zuerst nur ein schwaches Fünklein sein, ja es mag scheinen, als ob er nur um so mehr Verwesung von sich ausscheide, aber er wird bald voll Leben sein und dieses Leben wird das ewige Leben sein. Er wird den Tod nicht schauen, sondern die Auferstehung des Lebens.

A. in Mauritius schrieb mir neulich: „Ich habe viel Unangenehmes zu tragen, aber ich habe mich an das Essen gehalten, und mache mir jetzt um jenes keine Sorgen mehr.“ Er war nicht, was man einen frommen Mann nennt, aber er sah die Analogie und aß, und hatte das Leben. Was für Vorbereitung ist nötig um zu essen? Ich meine, wenn ein Baum mit einem Zaun zu umgeben ist, so ist es der Baum der Erkenntnis Gutes und Böses, denn dieser Baum existiert noch immer. Aber hüten wir uns, den Baum des Lebens einhegen zu wollen! Gott selbst hat uns den Weg dazu in Christo bereitet. Es ist gar nichts nötig als das eine: „Ich bin krank; ich möchte gesund werden; ich hasse und verabscheue mich selbst; ich habe nur schwache Hoffnung, daß es mir Segen bringen wird, aber ich will Ihm vertrauen, und zu seinem Gedächtnis will ich thun, was Er mich thun heißt.“ Kann jemand am Erfolg zweifeln? In Summa — nichts ist nötig als erstens Kranksein, zweitens Verlangen nach Gesundheit und drittens Gehorsam gegen des Herrn Gebot.

Ich glaube, die meisten geben das erste und zweite zu. Warum nicht auch das dritte? Es ist so gar wenig, und wie unendlich ist der Segen. Zweifelst du, so laß mich dich an die verbotene Frucht erinnern; wie gering schien die Übertretung, und die Folgen waren derartige, daß der allmächtige Gott selbst ins Fleisch kommen und den Tod leiden mußte, um den Schaden zu heilen.

Du sollst nicht davon essen. Nehmet, esset.

Was für Anstrengungen machen die Menschen, um körperliche Leiden zu heilen, was für Summen läßt man es sich kosten. Welche Krankheitsdiagnosen werden gemacht und doch — selbst die wirksamsten Arzneien können das sichere unausbleibliche Ende nur um ein kurzes hinausschieben. Wahrlich, wenn man es sich so angelegen sein läßt, körperliche Leiden zu untersuchen, wie viel mehr sollte man die Ursache und das Heilmittel der geistlichen Krankheit erforschen. Denn daß wir geistlich krank und nicht so sind, wie wir sein sollten, daran zweifelt wohl keiner.

Die Geschichte des Sündenfalles, so wie sie uns erzählt ist, scheint gar so unbedeutend gegenüber dem daraus erwachsenen riesengroßen Übel. Die Versuchung an sich scheint so unbedeutend; aber ich frage, war sie unbedeutend? Eva war felsenfest gegen irgend ein Verlangen nach Ehren; Wagen, Pferde, Juwelen, schöne Kleider, diese Dinge konnten ihre Neugier nicht reizen. Aber das physische Verlangen zu essen konnte ihr zur Versuchung werden.

Bekannt ist die Geschichte von dem Palast, der mit Ausnahme eines einzigen Kämmerchens einem armen Mann zu freier Verfügung und Durchsuchung übergeben wurde unter der Androhung eines unbekannten Übels für den Fall des Öffnens, einer Androhung, welche den Unwissenden nicht in dem Maße abschreckte, daß er nicht gewünscht hätte, das Kämmerchen zu öffnen. Wenn man einem Kind neunhundert und neunundneunzig Zuckerbrötchen vorlegt und verbietet ihm das tausendste zu berühren, so wird das Kind nach diesem einen verlangen. Und so ging es der Eva. Schon der Name und das Verbot, zu essen von dem Baum der Erkenntnis, war eine sehr große Versuchung; es war augenscheinlich ein so geringes Verbot, was konnte es viel schaden, ob sie äße? Wir kennen aber die höchst beklagenswerten Folgen! Versucht es einmal, irgend ein geeigneteres Mittel aufzufinden, um Evas Treue gegen ihren Schöpfer auf die Probe zu stellen. Es wird nicht leicht sein. Sie aß im Vertrauen auf sich selbst und im Mißtrauen gegen Gott; sie aß, nachdem sie mit sich selbst zu Rat gegangen war. Sie stand in der Gemeinschaft Gottes und sie entlief dieser Gemeinschaft.

Es waren sakramentale Bäume, es waren mystische Bäume, d. h. natürliche Bäume für eine gewisse Zeit mit mystischen Eigenschaften versehen (Sakrament bedeutet etwas Abgesondertes). Indem Eva von dem verbotenen Baum aß, vertraute sie sich selbst, mißtraute sie Gott und hatte Gemeinschaft mit dem Satan (Gemeinschaft haben heißt Eigenschaften gemein haben, welche einem von zwei in Gemeinschaft tretenden Teilen zugehören). Indem Eva also im Ungehorsam gegen Gottes Gebot eine Gemeinschaft einging, mußte dies eine Gemeinschaft mit dem Satan sein, denn es giebt nur zwei Mächte, die des Guten und die des Bösen; und da Eva durch ihren Ungehorsam aus ihrer Gemeinschaft mit Gott austrat, trat sie notwendigerweise in eine Gemeinschaft mit dem Satan ein, und seine bösen Eigenschaften gingen auf sie über, d. h. sie wurde durch das Böse vergiftet, das in ihren Körper durch das Essen einer an sich guten Frucht überging (alle Bäume waren von Gott gesegnet), einer Frucht, die für sie böse war, denn Gott hatte ihr den Genuß derselben verboten.

Mancher mag es für lächerlich halten, daß von einer verbotenen Frucht essen für das ganze Menschengeschlecht von solch weittragenden Folgen gewesen sein soll; es ist aber zu bedenken, daß in Eva das ganze Menschengeschlecht war, und daß, wenn ihr Leib aß und eine verbotene Substanz und damit das Böse in sich aufnahm, all ihre Kinder es mit und in ihr thaten, denn das Gift mußte ihren ganzen Leib durchdringen. Die verbotene Frucht war der Träger von Satans Gift. Ich sage daher klar und deutlich, daß die geistige Vergiftung des Menschen von dem wirklichen Essen einer Frucht herrührt, die verboten war, daß diese Frucht die Ursache der Vergiftung war, und daß die Vergiftung nicht stattgefunden hätte, wenn jene nicht gegessen worden wäre; ferner, daß der Leib des Menschen vergiftet wurde und nicht die Seele, die jedoch in einen Zustand des Schlafes oder Todes verfiel, weil sie mit dem Leib aufs engste verbunden ist. Und über den Leib sprach Gott das Todesurteil aus: „Welches Tages du davon issest, wirst du des Todes sterben." Daß der Leib der Sünder war, und daß der Leib vom Gift angesteckt wurde, ergiebt sich ferner aus dem Wort: „Du bist Erde und sollst zu Erde werden, davon du genommen bist", was sich nicht auf die Seele beziehen kann, die der von Gott dem Menschen eingeblasene Odem und somit göttlichen Ursprungs ist.

Wiederum sagt mancher, daß die Strafe des Ungehorsams diesem gegenüber unverhältnismäßig schwer ist. Was aber war das Unrecht? Es war das eigenwillige Sichabwenden Evas von Gott; sie zog sich selbst Ihm vor. Wenn einer mit dem andern in einem Bund steht, der auf gegenseitiger Treue beruht, und wenn der andere aus selbstsüchtiger Absicht den Bund bricht, so wird es niemand für hart erklären, wenn jener sich seinerseits zurückzieht, um so weniger, wenn der andere mit einem Feind Gemeinschaft macht und durch sein selbstsüchtiges Handeln in einer Weise gesunken ist, daß der erste nichts mehr mit ihm zu thun haben kann. So etwa ist es mit dem Bund zwischen dem Menschen und Gott; jener bricht den Bund in Gemeinschaft mit dem Teufel, er ist befleckt, und die Gemeinschaft zwischen ihm und Gott hat ein Ende.

Es darf nicht vergessen werden, daß gerade im Aufhören der Gemeinschaft des Menschen mit Gott die Ursache von des Menschen Elend zu suchen ist, und daß das Böse in der Welt von der Gegenwart des Teufels und von der Abwesenheit Gottes kommt. Und zwar ist es nicht so infolge eines Strafurteils, sondern einfach die Folge vom Nichtdasein Gottes, so wie Dunkelheit herrscht, wo kein Licht ist. Wo kein Licht ist, da muß es dunkel sein; und wo Gott nicht ist, da muß der Satan herrschen.

Gott machte den Menschen aus einem Erdenkloß (er formte ihn, wie ein Töpfer aus Thon ein Gefäß formt; er formte des Menschen Leib) und blies ihm den lebendigen Odem in seine Nase — zwei Vorgänge. Er nahm Staub von des Teufels Erde*) (denn der Teufel sagte, sie gehöre ihm, er ist der Fürst dieser Welt) und blies darein seinen Odem, d. i. sein eigenes Wesen; der Mensch besteht daher aus einer Seele, die göttlichen Wesens ist, und einem Leib von des Teufels Erde. Daher kommt es, daß der Kampf zwischen der Seele und dem Teufel in diesem Leben um den Besitz des Leibes ist. Satan stritt mit dem Engel um den Leib Moses; er gehörte ihm auch, da er Staub von seiner Erde war. Daß der Leib frei werde, ist unsere große Hoffnung; und sein Freiwerden ist das Unterpfand eines weit größeren künftigen Sieges über ihn.

Ich denke, ich habe es zur Genüge dargethan, daß der Mensch

*) Dagegen Psalm 24, 1: Die Erde ist des Herrn und was darinnen ist; der Erdboden und was darauf wohnet.

vergiftet ist; ich will nun versuchen zu erklären, was ich von dem Heilmittel halte.

Wenn im natürlichen Leben ein Gift in den menschlichen Körper geraten ist und ihn mit seiner schädlichen Wirkung durchdringt, so muß in denselben Körper ein Gegengift aufgenommen werden, um mit seinen heilenden Kräften jene bösen Folgen zu vernichten.

Einer, der vergiftet ist, fragt nicht lange, auf welche Weise das Gegengift wirkt; er versteht die gute Wirkung des Gegengiftes vielleicht so wenig, als er die schädliche Wirkung des Giftes zu erklären weiß; er weiß nur, daß er leidet und geheilt werden möchte. Er nimmt das Gegengift in gutem Glauben; vielleicht hat er auch das Gift sozusagen in gutem Glauben genommen, denn im allgemeinen sucht der Mensch sich nicht selbst zu vergiften. Der Mensch sucht auch nie das Böse, weil es böse ist; er sucht vielmehr etwas (vermeintlich) Gutes im Bösen. Es genügt dem Menschen also zu wissen, daß er geistlich vergiftet ist, um Heilung zu begehren.

Ist es ein Zufall, daß das erste Gebot Gottes, das Er dem Menschen gab, und eines der letzten Gebote Christi an seine Jünger, und durch sie an die ganze Welt, beides von einem Essen handelt? Gott sprach: „Du sollst nicht davon essen“ — Jesus spricht: „Nehmet, esset, das ist mein Leib!“

Eine wirkliche Substanz (Brot) soll in den vergifteten Körper aufgenommen werden, und zwar nach dem Gebot des Herrn, und sie ist der Träger, durch welchen Christus dem vergifteten Körper seine göttlichen Eigenschaften mitteilt; gerade so wie die verbotene Frucht der Träger war, durch welchen der Teufel dem Körper seine bösen Eigenschaften mitteilte und ihn vergiftete.

Der Mensch aß in völliger Unwissenheit hinsichtlich der Folgen des Essens von der verbotenen Frucht, denn er konnte nicht wissen, was der Tod sei; ebenso kann der Mensch in völliger Unwissenheit hinsichtlich der Folgen vom Brot des Sakraments essen.

In jenem Fall aß er im Vertrauen auf sich selbst und im Mißtrauen gegen Gott und in Gemeinschaft mit dem Teufel.

In diesem Fall soll er im Vertrauen auf Gott und im Mißtrauen gegen sich selbst essen und in Gemeinschaft mit Gott.

Der Welt ist dieses wie jenes eine Thorheit, aber es ist Weisheit bei Gott.

Wir sagten vorhin, der Mensch sucht nie Böses, weil es böse ist, sondern er sucht (vermeintlich) Gutes im Bösen. Eva suchte Gutes in der verbotenen Frucht, aber sie suchte es im Vertrauen auf sich selbst und im Mißtrauen gegen Gott.

Ein kleines Kind kann verstehen, daß es ein Heilmittel braucht, wenn es krank ist, und nimmt selbst eine widrige Arznei von seiner Mutter, weil es ihr vertraut. Der Mensch kann deshalb das sakramentale Gegengift verstehen, wenn er weiß, daß er geistlich vergiftet ist; aber der höchste Verstand kann weder ergründen die Tiefe des ersten Sakraments mit Satan, noch des zweiten Sakraments mit Christus.

Ich frage nun, was ist nötig, damit der Mensch esse von diesem Sakrament? Nichts, als daß er seine geistliche Krankheit erkenne und geheilt werden möchte. Die meisten Menschen wissen es auch wohl, daß sie krank sind, und wären auch gern gesund.

Warum wird das Gegengift im Sakrament so vernachlässigt? Weil es so einfach ist, darum hält es die Welt für Thorheit und des Herrn Tisch ist verachtet. (Mal. 1, 7.)

Zum Schluß noch die Frage: ist nicht das Abendmahl des Herrn das einzige aus der sichtbaren Kirche, was auch im Himmel bleiben wird? (Luk. 22, 18.) Es ist wesentlich das Hochzeitsmahl der Kirche; es ist das äußerliche Pfand des gegenseitigen Einwohnens des Menschen in Gott und Gottes im Menschen. (Offenb. 3, 20.)

. . . .

Mit solchen Gedanken beschäftigte sich Gordon während des Jahres seiner Ruhe im heiligen Land. Im Juli schrieb er seinem Freund: „Es ist ein Gefühl der Ermattung über mich gekommen, nicht der Unzufriedenheit, aber ein Verlangen, die Bürde abzuwerfen. Ich glaube, daß es gut für mich ist, hier zu sein, sonst wäre ich ja nicht hier, und Gott schenkt mir tröstliche Gedanken, aber der Körper ermattet, und es scheint mir ein selbstsüchtiges Leben. Doch sind alle diese Nachforschungen interessant, und mein Glaube, den Gott mir gibt, verhindert mich, es für ein nutzloses Leben zu halten." Es ist die Energie des Mannes, die hier zum Vorschein kommt; er will nicht nur glauben, er will seinen Glauben auch bethätigen. Bei den Londoner Maiversammlungen 1885 hat Missionar Hall aus Jaffa einer großen Versammlung in atemloser Stille von seinem acht Monate langen Umgang mit Gordon erzählt. In den ersten Tagen ihrer Bekanntschaft sagte Gordon zu ihm: „Ich habe keine rechte Ruhe, ich bin in dieses Land gekommen, um eine Zeit lang in der Stille zu sein, mich mehr mit dem Wort Gottes zu beschäftigen und nebenher die heiligen Stätten zu untersuchen. Aber es befriedigt mich nicht; ich bin unruhig, ich muß etwas für Gott thun. Glauben Sie, wenn ich nach Jaffa käme, daß ich dort Arbeit finden könnte?" Die Folge der bejahenden Antwort des Missionars war, daß Gordon sich in Jaffa einmietete. „Eines Tages", erzählte Hall, „erhielt ich ein Schreiben von dem Komitee des Inhalts, daß ein Missionshaus in Nablus (Sichem) errichtet werden sollte und daß Baupläne einzusenden seien. Ich schrieb an den Missionar Fletscher in Nablus, worauf dieser mich in Jaffa besuchte und es beklagte, daß er nichts vom Baufach verstehe. In Jaffa gebe es keinen Baumeister, und sich bei einem Architekten in Jerusalem Rats zu holen, sei eine kostspielige Sache. Ich gab das zu und entgegnete: „Es ist eben ein Mann hier, der sich aufs Planzeichnen versteht; ich weiß zwar nicht, ob man ihn damit belästigen darf — wir wollen es aber versuchen." Und so begaben wir uns nach Gordons Wohnung. Wir hatten uns nicht den günstigsten Augenblick gewählt, denn es war vormittags, welche Zeit Gordon der Betrachtung des Wortes Gottes widmete. Wir fanden ihn in Hemdärmeln an seinem Tisch sitzen. Er erkundigte sich nach unserm Begehren. „Wir möchten Ihren Rat holen wegen eines projektierten Missionshauses in Nablus“, sagte ich, und um unserm Bedürfnis von Bauplänen näher zu kommen, fügte ich dies und jenes hinzu. Da unterbrach er mich: ‚Ich weiß, was Sie wollen — Sie brauchen nicht so vorsichtig mit mir zu reden; Sie möchten einen Beitrag haben.‘ Darauf erwiderte ich, daß wir keinen Beitrag von ihm haben wollen, wohl aber etwas Besseres als Geld, nämlich die Baupläne, wenn er sie uns entwerfen wolle. ‚Baupläne,‘ rief er, ‚ei, gern!‘ und nahm sofort Papier und Bleistift zur Hand, notierte sich wie viel Zimmer nötig seien, was für Fenster und Thüren, was die Lage des Bauplatzes sei u. s. w. Noch am Abend desselben Tages brachte er uns die schönsten Pläne, die man sich denken konnte. Am andern Tage bestellten wir Handwerksleute, und Gordon machte einen Kostenüberschlag für jeden. Das Missionshaus steht jetzt in Nablus. Einige Zeit später sagte ich ihm, daß ich mich fast gefürchtet hätte, ihn um die Baupläne zu bitten. ‚Meinen Sie, ich hätte Ihre Bitte übel genommen, die Pläne zu einem Missionshaus zu entwerfen?‘ sagte er. ‚Wozu bin ich denn nach Jaffa gekommen, habe ich Ihnen nicht gesagt, daß, wenn Sie mir etwas für das Reich Gottes zu thun geben könnten, Sie mir einen Dienst erweisen würden? Ich war nicht recht mit mir zufrieden, weil ich mich ins heilige Land zurückgezogen hatte, anstatt mit meinen Kräften mich in Gottes Arbeit zu stellen.‘ In diesem Sinn hatte er die Pläne entworfen.“ Missionar Hall fügte aus eigner Erfahrung dem bei, daß er von Gordon mehr Aufschluß über geistliche Dinge erhalten habe, als sonst von irgend einem Menschen, mit dem er je in seinem Leben zu thun hatte. Gordon fand auch sonst in Jaffa Arbeit von der Art, wie er sie in Gravesend gefunden hatte. Ein bekannter schottischer Geistlicher, der kürzlich in Palästina reiste, kam mit einem armen Dragoman zusammen, der ihm nicht genug davon sagen konnte, wie Gordon ihn und seine Frau in Krankheit besucht und in Ermangelung eines Stuhles sich mit seinem neuen Testament auf den Boden gesetzt habe, um ihnen von Christus zu erzählen. Dabei habe er ausfindig gemacht, daß sie eine große Doktorrechnung hätten, er habe diese in aller Stille bezahlt. In Jerusalem und den Dörfern umher habe er den Armen viel Gutes gethan, und diese trauerten um ihn wie um ihren Vater.

Überall wo Gordon hinkam, dasselbe Urteil über ihn! Er aber sagt: „Wie wenig Christus ähnliche Menschen giebt es doch — wer unter uns ist Ihm gleich? Keiner, bis alles von uns genommen ist, dann erst können wir werden wie Er, und eins sein mit Ihm. ‚Selig sind die geistlich Armen, denn das Himmelreich ist ihr‘, heißt es; und nur die Armen ohne Geld und ohne Ansehen im vollen Sinne des Worts können durch die dunkle Grabesthüre zu der Ruhe eingehen, die uns behalten ist .... Ich wollte, daß alle die Gewißheit des ewigen Lebens hätten! Es ist ja gerade weil wir arm und unwert sind, daß wir Eingang finden. So lange wir uns für besser halten als andere, sind wir weit vom Himmelreich entfernt. Wir müssen den Gedanken fahren lassen, daß wir im geringsten bei Gott etwas zu gut haben könnten, wir sind ja alle und nur seine Schuldner. Nach Ephes. 2, 10 sind wir zu guten Werken geschaffen, in denen wir wandeln sollen. Wenn uns Gott also vorher dazu bereitet hat, daß wir dies oder jenes Gute vollbringen, wo bleibt da noch Ehre für uns?“ Nicht genug kann er es betonen, daß man alles, im großen wie im kleinen, Gott anheimstellen soll; es gäbe nicht so viel unzufriedene Gesichter in der Welt, meinte er, wenn die Leute das lernten. Der Glaube, daß Gott im Regiment sitzt, sei ihm sein lebenlang eine unversiegbare Quelle der Kraft gewesen, die ihn nicht nur für die Gegenwart und Zukunft stark mache, sondern die ihm selbst das Vergangene zurecht bringe. Das sei es ja, was der Herr von uns haben möchte, daß wir ‚seine Freunde‘ seien, und nicht seine Knechte. Und wenn Er uns in eine schmerzliche Lage geraten lasse, so geschehe dies darum, damit wir Ihn um so besser kennen lernten und an uns selber erführen, wie stark Er ist zu helfen. Gordons völlige Gleichgültigkeit gegen das Urteil der Menschen ist die Kehrseite dieser Gotteszuversicht, und Menschenlob nennt er eine Trennungswand zwischen der Seele und ihrem Gott (Joh. 12, 43).

Aus einem Briefe vom 4. Juli 1876:

„Das menschliche Leben ist eine Rückreise zu unserm Urquell, Gott, der sich uns als die ewige Wahrheit, Liebe, Weisheit und Allmacht offenbart hat. Als Begriffe erkennen wir diese seine Eigenschaften bereitwillig an, das ist aber kein Herzensglaube. Wir stoßen auf Widersprüche, wir sind blind. Er öffnet uns die Augen nach und nach, und hilft uns durch manches sogenannte Unglück ihn immer besser kennen lernen. Er offenbart sich verschiedenen Menschen in verschiedener Weise, aber das Endziel aller ist, Ihn zu erkennen. So wie der Mensch in diese Welt geboren ist, hängt ein Schleier vor seinen Augen, der ihm Gott verhüllt. Dem in der Christenheit aufwachsenden Menschen tritt Gott in beidem, im geschriebenen und im Mensch gewordenen Wort nahe, aber wenn er dies auch mit seinem Verstand erfaßt, so ist in diesem Leben doch vieles unverständlich, und der Schleier bleibt. Jede schmerzliche Erfahrung aber und jede Prüfung macht einen Riß in die Hülle und er sieht dann, was er vorher nur als toten Buchstaben geglaubt hat . . . Ein Samenkorn göttlichen Wesens ist in unser Herz gelegt; und dieses Gottgeborene in uns sollte dem Ausgang des Kampfes zwischen Fleisch und Geist ruhig entgegensehen können. So oft der Geist über das Fleisch Herr wird, so oft giebt es einen weiteren Riß in der Hülle und wir erkennen Gott immer besser. Wenn dem Fleisch der Sieg bleibt, so verdichtet sich der Schleier. Zuletzt aber, wenn das Unausbleibliche, der Tod eintritt, dann reißt der Schleier mitten entzwei und das völlige Schauen beginnt. Das Fleisch ist überwunden, der Geist aber lebt."

Geben wir noch ein Schlußwort Gordons. Es ist ein Wort, das er vor einer Reihe von Jahren geschrieben hat, er hätte es in jenen letzten Monaten schreiben können, als er, von seinem Volk verlassen, mit seinem nie wankenden Heldenmut in Khartum eingeschlossen war und zuletzt wie sein Herr und Meister durch Verrat fiel:

„Die Welt ist ein weites Gefängnis unter grausamen Hütern. Einsam und verlassen sitzen wir in unseren Zellen und warten auf Erlösung. An den Wassern der irdischen Freude und vollen Genüge weilen wir — so denkt das Fleisch und der Irdischgesinnte; aber es sind die Wasser zu Babel voll Jammer für unsere Seele, und wir sitzen und weinen, wenn wir der Heimat gedenken, von der ein so schmaler Strom, der Tod, uns trennt.

Unsere Harfen hängen an den Weiden, und unsere Widersacher heißen uns fröhlich sein, wir sollen ihnen ein Lied singen als wären wir daheim. Wie aber sollen wir des Lammes Lied singen im fremden Lande, die wir in der Wildnis sind, wo keiner uns kennt?

O wären wir doch daheim, wo die Gottlosen aufhören mit ihrem Toben, und die ruhen, die viele Mühe gehabt haben; wo der Kampf zu Ende ist, und die heiße Arbeit vorüber, wo die Krone des Lebens uns werden wird; wo wir Ihn schauen werden, der all unsere Not kannte, der unser Elend mit uns trug, der unserer müden Seele Trost gab. Und siehe, es ist kein neuer Freund, es ist der alte!

Bist du müde? Er war es auch. Bist du betrübt? Er war es auch. Findest du dich in deiner Liebe unverstanden und begegnet man dir mit Kälte? Ihm ging es nicht besser.

In Seinem großen Erbarmen hat Er sich unter all Seine Brüder erniedrigt. Wie müde, wie einsam, wie betrübt war Er auf dieser Erde; ein Mann der Schmerzen, der Leid trug mit Geschrei und Thränen. Und sollten wir über unser Elend murren, das doch bald vorüber ist? Bringt nicht jeder Tag uns der Heimat näher? Kein dunkler Fluß, sondern zerteilte Wasser liegen vor uns; und der Welt bleibt ihr Lohn. Sie ist Erde, und wir schütteln ihren Staub von den Füßen.

Ich hörte eine Stimme vom Himmel zu mir sagen: Schreibe, selig sind die Toten, die in dem Herrn sterben. Ja der Geist spricht, daß sie ruhen von ihrer Arbeit — ruhen von Trübsal, von Mühe und Last, von Herzweh, Thränen, Hunger, von all dem Jammer seufzender Seelen, die hier im Gefängnis, ohne Frieden sind, von Krieg und Kriegsgeschrei und allem Hader.

Es ist eine lange, mühselige Reise, aber schon sehen wir das Ziel. Die Meilenzeiger unserer Jahre fliegen dahin, und für die Last jedes Tages wird uns die Kraft gegeben, die uns not ist.*) Wer weiß wie nahe das Ende, wie bald der Pilger daheim sein wird im schönen Land, wo Ströme lebendigen Wassers fließen, wo keine Not mehr sein wird, noch Leid, noch Schmerzen, und wo er ewig ruhen darf bei seinem himmlischen Freund.

Der Sand verrinnt — Tag und Nacht, Nacht und Tag — schüttle du nicht das Glas. Du hast eine Last hier, zu leiden wie Er litt."

---

*) Nach der englischen Bibel sagt Gordon hier, and as our days, so will our strength be, d. h. je nach dem Bedürfnis unserer Tage wird auch das Maß der verliehenen Kraft sein (5 Mos. 33, 25) während die Stelle in Luthers Übersetzung lautet: Dein Alter sei wie deine Jugend.

Neuntes Buch.

Khartum.

Erstes Kapitel.

Der Mahdi.

Während Gordon sein stilles Jahr in Palästina verlebte, gelangte man daheim an der Themse zur Erkenntnis, daß der Zustand in den Armenquartieren der reichen „City" ein Schandfleck für England sei. Es war das Jahr, in dem „der bittere Notschrei der Stadt London" in allen Ohren wiederklang. Es wurden Untersuchungen eingeleitet, und die Enthüllungen, die es gab, entsetzten die feine Welt. Wohl war es teilweise ein Sensationsinteresse, es lag ein gewisser Kitzel darin, die sogenannten untersten Schichten aufzuwühlen, aber man fing doch ernstlich an, auf Besserung der Zustände zu drängen. Es wurden Komitees ernannt und Sitzungen gehalten, auch in der Folge mancherlei gethan. Ob das Los der Armen seither ein merklich gebessertes ist, bleibe dahingestellt; dergleichen wird wohl weniger durch Komitees als durch einzelne Menschen erreicht, denen die Liebe gegeben ist, unter den Elenden zu leben. Es giebt solche, aber ihrer sind wenig. Der Notschrei drang bis ins heilige Land und Gordon lieh ihm ein williges Ohr; ja er fing an, sich mit der Frage zu beschäftigen, ob es in Whitechapel und Spitalfields nicht eine ähnliche Arbeit für ihn gebe wie s. Z. zu Gravesend, ob ein Leben der Samariterliebe im Herzen von London nicht die Lösung für seine Zukunft wäre, die ihn nur um so völliger in Anspruch nehmen würde, als der Jammer in jenen Höhlen der krassesten Armut und Verkommenheit weit über dem steht, was in der kleinen Themsestadt zu finden ist, deren Gassenjungen seine „Prinzen" waren.

Aber der Mensch denkt und Gott lenkt. Während Gordon sich in Gedanken mit seinen armen Brüdern und Schwestern in der englischen Hauptstadt beschäftigte und die Aussicht ihm eine liebe wurde, sich dieser „Innern Mission" zu widmen, brachte anderswo ein König ganz andere Pläne zu Papier und versah sich des Träumers in Palästina als des Mannes, der sie ihm verwirklichen sollte.

Es war der König von Belgien, der in Gordon den Mann erblickte, welcher als Stanleys Nachfolger die Hoffnungen der internationalen Association am Kongo ihrem Ziel entgegen führen sollte. Wahrscheinlich hat Stanley selbst auf Gordon hingewiesen; und dieser war zu allem bereit, was dazu dienen konnte, dem Sklavenhandel im Innern von Afrika entgegen zu arbeiten und den umnachteten Weltteil den Einflüssen christlicher Civilisation zu erschließen. Der Plan war kein geringerer als vom Kongo aus dem Njamnjamlande und den Gebieten der Nilquellen beizukommen und auf diese Weise die verschiedenen Negerstämme zu einen Bund gegen die Sklavenwirtschaft im Sudan zu organisieren. Es war gegen Ende des Jahres 1883, daß die belgische Aufforderung Gordon erreichte. Schon drei Jahre vorher, als er sein Amt im Sudan niederlegte, hatte er bei Gelegenheit einer Audienz in Brüssel seine Bereitwilligkeit ausgesprochen, dem Könige in dieser Sache zu dienen, wenn es sich so fügen sollte, daß man seiner bedürfe. Und als dieser ihn nun an sein Versprechen mit dem Bemerken erinnerte, daß der Zeitpunkt gekommen sei, der unter Gordons Leitung zu den schönsten Hoffnungen am Kongo berechtige, war es die charakteristische Promptheit des Mannes, die stehenden Fußes die palästinischen Studien abbrach und die Pläne hinsichtlich der Armen Londons auf eine künftige Zeit verschob. Er wartete nicht einmal ein richtiges Passagierboot ab, sondern verließ Jaffa bei erster bester Gelegenheit mit einem Frachtschiff, das ihn um ein kleines mit samt der Ladung auf den Meeresboden gebettet hätte. Am letzten Abend des Jahres 1883 erreichte er Genua und nahm den Schnellzug durch die Neujahrsnacht nach Brüssel. Es war der Anfang des für ihn so verhängnisvollen Jahres 1884, aber noch wußte er nichts davon, daß Khartum sein Ziel war. Er gedachte der Kongoarbeit, die seiner harrte, und seine Seele war stille zu Gott.

„Ich war allein in meinem Coupé," schrieb er den Freunden in Jaffa, „und habe auch an euch alle gedacht!"

Und die Freunde in Jaffa wußten, was er damit sagen wollte. Sie gehörten mit zu der Liste von etlichen hundert ihm Nahestehenden, deren er vor Gott gedachte. Wer diese Liste hätte durchsehen können — ein König hier, ein alter Netzstricker dort, die seine Fürbitte brauchten!

Der belgische König war entzückt, einen so trefflichen Bevollmächtigten gewonnen zu haben, und Gordon ging nach England, um sich von den Seinen zu verabschieden. Sein Entlassungsgesuch aus dem englischen Dienst hatte er eingesandt. Noch vor Ende Januar wollte er wieder in Brüssel sein, um von dort die Reise nach dem Kongo anzutreten. Wie ganz anders sollte es kommen!

Daß im Sudan alles drunter und drüber ging, wußte er. Kein Jahr war vergangen, nachdem er seine Statthalterschaft niedergelegt hatte, da kamen Hilferufe genug von Khartum her, welche den guten Pascha zurückverlangten, der allein im stande war, dem geknechteten Volk eine Schutzmauer gegen Unterdrückung zu sein. Der Sklavenhandel war aufs neue erblüht, und von Ägypten, das an eigenen Mißständen laborierte, war keine Rettung zu erwarten. Die englische Bevormundung der ägyptischen Frage, die sich kurzer Hand als eine Kouponpolitik bezeichnen läßt, hatte nicht viel Gutes erreicht; und sowohl die englischen als die ägyptischen Minister waren viel zu sehr von dem Arabi-Aufstand in Anspruch genommen, als daß man Zeit gehabt hätte, im Sudan zum Rechten zu sehen. Dort war unter Gordons Nachfolger in der Statthalterschaft, jenem berüchtigten Raouff Pascha, eine böse Zeit angebrochen. Die Erpressung seitens der Beamten war ärger denn je, und als im Mahdi ein angeblicher Befreier sich erhob, war der Zündstoff im Lande in einer Weise angehäuft, daß der Aufruhr wild empor loderte.

Wie es mit der Gelderpressung durch übermäßige Besteuerung aussah, beschrieb der Times-Korrespondent Power, den Gordon in Khartum vorfand, und der einer der drei Engländer war (Gordon und Stewart die beiden andern), die des Landes Märtyrer wurden.

„Wenn die Leute hier ihre Äcker bebauen wollen," lautete der Bericht, „so müssen sie eine Steuer zahlen; und um Wasser aus dem Nil auf ihre Äcker zu leiten, ohne welches das Land nutzlos ist, müssen sie eine zweite Steuer zahlen. Wenn das Korn dann geerntet ist, kommt die dritte Steuer, ehe sie es verkaufen dürfen. Ist die Ernte gut, so wird die Steuer verdoppelt, damit neben der Regierungskasse der Privatbeutel des Pascha nicht zu kurz komme. Lassen die Leute unter diesen Umständen den Ackerbau liegen, dann kriegen sie die Karbatsche aus guter Hippopotamoshaut. Wenn der Bauer für Weib oder Kind ein armseliges Kleidungsstück kauft, oder seine Lotterfalle von Haus wetterfest zu machen sich getraut, dann heißts, er müsse Geld versteckt haben, das noch nicht besteuert sei. Kurz die Leute müssen zahlen und zahlen und wieder zahlen, ob sie wollen oder nicht, ob sie können oder nicht; und wer nicht arbeitet, wird bis aufs Blut gequält, bis er mithilft die Beamten zu bereichern. Wer ein Boot auf dem Nil hat, muß vier Pfund Sterling zahlen, wenn er nicht unter ägyptischer Flagge fährt, und die Erlaubnis die Flagge zu führen kostet ebenfalls vier Pfund. Dieses System ists, und nicht der Mahdi, das in erster Linie an dem Aufruhr schuld ist; und ich wünsche aus tiefster Seele, daß jeder Ägypter aus dem Land gejagt wird. Die Zustände der Sklavenwirtschaft, so beklagenswert sie sind, sind immerhin noch besser als solch ein Regiment ägyptischer Blutsauger."

Zwischen dem Mahdi des Sudan und jenem Schulmeisterkönig des großen Friedens in China ist eine gewisse Ähnlichkeit unverkennbar; der Aufstand beider war der eines falschen Propheten, welcher eine himmlische Sendung vorgiebt, um ein im Elend verkommenes Volk für seine Zwecke zu gewinnen. Beiden gelang es in erstaunlicher Weise mit ihren Horden das Land zu verheeren und Träume einer goldenen Zukunft auszustreuen. Der Mahdi wollte nichts Geringeres sein als der Messias der moslemitischen Völker.

Die zum Islam Konvertierten in Central-Afrika sind nach Millionen zu rechnen, und mit der Lehre Muhameds hatte sich in jenen Ländern auch die Erwartung verbreitet, daß in der Fülle der Zeit ein Mahdi erscheinen werde, dem es vorbehalten sei, das Werk des Propheten mit der Gewalt des Schwertes zu vollenden. El-Mahdi ist ein arabisches Wort, das Führer bedeutet, übrigens im Koran nicht vorkommt. Der den Mahdi erwartende Glaube spricht von einem Nachfolger Muhameds, der kommen werde, um die Gottlosigkeit von der Erde zu vertilgen, um das unschuldig vergossene Blut der Imams zu rächen und ein Reich der Gerechtigkeit aufzurichten.

Es hat zu verschiedenen Zeiten Mahdi gegeben, und der, dem es neuerdings gelang, die Messiashoffnungen seiner Glaubensgenossen zu seinen Gunsten auszubeuten und die unterdrückten Stämme bis zu seinem im Sommer 1885 erfolgten Tode um sich zu scharen, war ein Eingeborner der Provinz Dongola, ein noch junger Mann, d. h. noch nicht vierzigjährig, von hoher geschmeidiger Gestalt, schwarzem Bart und hellbrauner Gesichtsfarbe. Er hieß Muhamed Achmet und war der Sohn eines Schiffszimmermanns Namens Abdallah. Muhamed war der jüngere von mehreren Brüdern und wurde in seiner Jugend gleich diesen zum väterlichen Handwerk angehalten. Eine Abneigung dagegen machte sich jedoch früh bei ihm bemerkbar; er zog sich gern von den Menschen zurück und beschäftigte sich stundenlang mit dem Koran. Als junger Mensch entlief er der Heimat infolge einer Tracht Prügel; er ging nach Khartum und schloß sich der „Medressu" oder freien Schule eines Fakir an, der zu Hoghali, einem Dorfe östlich von Khartum, dem Lehrwesen oblag. Diese Schule gehörte zum Grab des Scheik Hoghali, des hochverehrten Schutzheiligen von Khartum; und der Hüter des Schreins, obschon er für die freie Schule aufkommt und die Armen speist, erfreut sich einer schönen Einnahme seitens der andächtigen Wallfahrer. Er giebt vor, ein Abkömmling des ursprünglichen Hoghali und durch diesen Muhameds selbst zu sein. Hier also ließ Muhamed Achmet sich nieder und befleißigte sich des Studiums der Religion. Nach einiger Zeit begab er sich nach Berber und besuchte die Schule des Scheik Ghubusch, der ebenfalls eines Heiligenschreins wartete. Im Jahr 1870 schloß er sich einem andern Fakir an, dem Scheik Nur el Daim (das ewige Licht). Dieser fand ihn soweit vorgerückt in der Religion, daß er ihn selbst zum Scheik oder Fakir bestellte, worauf der neue Lehrer sich auf die Insel Abba im weißen Nil zurückzog. Dort lebte er eine Zeitlang in frommer Stille, indem er sich in einer Höhle verbarg und stundenlang den Namen Gottes hersagte; dabei fastete er und verbrannte Weihrauch. Durch solche Andacht kam er bald in den Geruch absonderlicher Heiligkeit, es sammelten sich Derwische um ihn, er wurde reich und heiratete eine Menge Weiber, die er sich umsichtigerweise unter den Töchtern der angesehensten Scheiks erwählte. Allerdings soll der wahre Moslem mit vier Weibern sich begnügen, und der kluge Heilige that dies auch, indem er, so oft er aufs neue Hochzeit hielt, eine der überzähligen älteren Gattinen der Ehre seines Harems verlustig erklärte.

Im Frühjahr 1881 schrieb er an alle übrigen Fakire und offenbarte sich ihnen als den vom Propheten verheißenen Mahdi: er habe göttlichen Befehl erhalten, den Islam zu erneuern, derselbe müsse die Religion der Welt werden, ein Gesetz, eine Freiheit müsse die Gläubigen verbinden, und wer nicht gesonnen sei ihn anzuerkennen, sei er Christ, Heide oder Muhamedaner, müsse von der Erde vertilgt werden. Dieses Manifest richtete er u. a. auch an Muhamed Saleh, den gelehrten und einflußreichen Fakir von Dongola, indem er ihn aufforderte, mit seinen Derwischen in Abba zu ihm zu stoßen. Dieser aber benachrichtigte die Regierung von dem Vorhaben Muhamed Achmets und fügte als sein Privaturteil die Anmerkung bei, der Mensch müsse geistig gestört sein. Auch die Ulema von Khartum erklärten sich gegen ihn, ebenso wurde er in Kairo und Konstantinopel verworfen und als falscher Prophet gebrandmarkt. Gleichwohl fand der Mahdi Anhänger genug; ihm schlossen sich alle an, die das ägyptische Regiment haßten, vorab die Sklavenhändler, die wohl wußten, daß sie unter einem Aufruhrregiment ihr Raubwesen nur um so besser würden treiben können. Ja Gordon war der Ansicht, daß Sebehr von Anfang an die Hand mit im Spiel hatte, daß er den Mahdi, wenn er ihn nicht förmlich anstiftete, so doch jedenfalls bestärkte, und daß er damit abermals den Versuch machte, durch Aufruhr und Anarchie in den Sudanländern seine Freilassung und Rücksendung zu erzwingen. Jedenfalls gehörte ein Verwandter Sebehrs von Anfang an zu des Mahdi Helfershelfern.

So viel ist sicher, daß der Glaube an die wahre Mission des Mahdi rasch um sich griff. Raouff Pascha konnte das bedenkliche Wachstum seiner Macht kaum unbeachtet lassen und schickte einen Botschafter nach der Insel Abba. „Als ich dieselbe erreichte,“ berichtete dieser, „empfing mich Muhamed Achmet inmitten von mehreren Hunderten seiner Getreuen, die alle unbekleidet und mit eisernen Ketten umgürtet waren; in der Rechten hielt jeder ein Schwert. Der Mahdi saß auf einem erhöhten Thron, mit dem Stab des Propheten in der Hand. Auf meine Frage, was er beabsichtige, beschrieb er mir seine angebliche Sendung. Ich erwiederte ihm, daß wir alle so gut Muselmänner wären als er selber. Das bestritt er, weil wir den Christen gestatteten, auf ihre Weise Gottesdienst zu halten, und weil unsere Regierung Steuern erhebe. Ich riet ihm, seine Pläne ruhen zu lassen, denn er könne doch nichts gegen eine Regierung ausrichten, die über Truppen und Schießbedarf und Dampfer verfüge. Darauf entgegnete er: ‚Wenn eure Soldaten auf uns schießen, so werden ihre Kugeln uns nicht treffen; und wenn ihr mit euren Dampfern kommt, so werden diese untergehen.‘“

Die Kriegs- und Eroberungszüge des Mahdi während der Jahre 1881—83 zu verfolgen würde uns zu weit führen. Es genüge zu sagen, daß eine Provinz nach der andern, eine Stadt nach der andern ihm wohl oder übel zufiel. Es war die Zeit der Arabi-Wirren in Ägypten; man war dort kaum in der Lage, sich viel um den Mahdi zu kümmern. Die wichtige Stadt Obeid ergab sich ihm im Anfang des Jahres 1883. Das bei dieser Gelegenheit erlassene Manifest des „Propheten“ lautete folgendermaßen:

„Von dem Diener seines Herrn, Muhamed el Mahdi, des Sohnes Abdallah, an all seine eifrigen Anhänger.

„Unsern lieben Scheik Mansur, den Sohn Abd-el-hakems, haben wir als euren Herrscher erkoren. Gehorchet seinem Befehle und folgt ihm auf der Heerstraße.

„Wer ihm gehorcht, gehorcht uns; wer ihn verachtet, verachtet uns und Gott und seinen Propheten. Beuget euch vor Gott, und verlasset alle übeln Gebräuche, die entwürdigenden Werke des Fleisches, Weintrinken und Tabakrauchen, Lügen, falsch Zeugnis reden, Ungehorsam gegen die Eltern, Räuberei und andern ihr Eigentum vorenthalten, Händeklatschen, Tanzen, mit den Augen winken, Wehklagen an Sterbebetten, Verleumdung, und den Umgang mit fremden Weibern. Verhüllt eure eigenen Weiber wie sichs gebührt, und laßt sie nicht mit Fremden Worte wechseln. Wer diese Gebote verachtet, versündigt sich an Gott und seinem Propheten und soll die Strenge des Gesetzes erfahren.

„Betet zur vorgeschriebenen Stunde.

„Entrichtet den Zehnten von all euren Gütern an euren Herrscher, den Scheik Mansur, damit derselbe eure Beiträge dem Schatze des Islam beifüge.

„Verehret Gott und hasset einander nicht, sondern helfet einer dem andern Gutes zu thun.“

Mahdi.

Erst nachdem Arabi mit Hilfe der Engländer nach Ceylon verschifft war, konnte man sich ägyptischerseits gegen den Mahdi wenden. Derselbe hatte verkündigt, daß er mit der Zeit auch berufen sei, Kairo und Konstantinopel zu seiner Sendung zu bekehren. Was die Statthalter im Sudan bisher gegen ihn unternommen hatten, war meist mißglückt, und schon im August 1882 hatte Khartum in Belagerungszustand erklärt werden müssen. In diesem Jahr wurde das ägyptische Militär der Provinz unter die Anführerschaft des englischen Obersten Hicks gestellt, der mit noch andern Briten und verschiedenen sonstigen Europäern, worunter auch ein Deutscher, Major von Seckendorff, in des Khedive Dienste trat; denn da der Mahdi an alle wahren Moslemin appellierte, so hielt man es für geraten, ihm mit nichtmuhamedanischen Kräften entgegenzutreten. Hicks Pascha war ein tüchtiger Offizier, der in Indien gedient hatte. Nach verschiedenen erfolgreichen Voroperationen verließ Hicks Khartum im September 1883 an der Spitze von zehntausend Mann mit der Absicht, den Mahdi aus Obeid zu vertreiben. Es war der unglücklichste Kriegszug, der je unternommen wurde. Ob und in wie weit Hicks der Unvorsichtigkeit zu beschuldigen war, ist nicht zu sagen, denn die näheren Einzelheiten der furchtbaren Katastrophe werden wohl nie ans Tageslicht treten. Das einzige was verlautete, waren die Worte eines Zeitungskorrespondenten: „Wir wagen kein Geringes, indem wir unsere Verbindungslinien verlassen und über zweihundert Meilen weit in ein unbekanntes Land vordringen. Die Brücke hinter uns ist sozusagen abgebrochen. Der Feind zieht sich vor uns zurück und das Land ist ausgeplündert. Wassermangel ist unsere große Sorge; die Kamele haltens nicht aus.“ Und Schweigen umhüllte die Unternehmung, bis nach Wochen die Schreckensnachricht in Khartum einlief, daß Hicks Pascha mit seinen Zehntausend bis auf den letzten Mann aufgerieben sei. Der Mahdi hatte sie in eine wasserlose Wüste gelockt. Es soll eine dreitägige Schlacht stattgefunden, Hicks selber als einer der letzten seinen Tod gefunden haben. Gordon war der Ansicht, daß die Armee großenteils verdurstet sei. So viel ist sicher, daß nicht ein Europäer entkam und daß die ägyptischen Truppen bis auf wenige Mann aufgerieben wurden; oder wahrscheinlich richtiger — denn es war ägyptisches Militär von der „unbeschreiblichen“ Sorte — was von den Truppen überblieb, schloß sich dem Mahdi an. Es war eine Niederlage wie im Teutoburger Wald, und ein Schrei des Entsetzens hallte durch England. Der 1., 2. und 3. November 1883 ist das mutmaßliche Datum der verhängnisvollen Schlacht.

Nach dieser Unglückspost waren noch zwei Engländer im Sudan: der bereits erwähnte Timeskorrespondent Power und Oberst Coëtlogon, der krank in Khartum zurückgeblieben war, als Hicks den unseligen Marsch unternahm. Die Folgen des Sieges für den Mahdi waren kaum zu überschätzen. Darfur war für den Khedive verloren; was an Provinzen oder Stämmen bis jetzt noch loyal war, ging zu den Rebellen über. Ein panischer Schrecken hatte das Land befallen; er machte sich in Kairo geltend, und im fernen England erlitten die ägyptischen Papiere aufs neue eine bedenkliche Baisse.

Ägypten wird nicht in Kairo, sondern in Downingstreet regiert. Das Kabinet Gladstone hatte sich bis jetzt geweigert, dem Mahdi mit englischer Macht zu begegnen, und als nach Hicks' Niederlage der Sudan einem unentwirrbaren Knäuel von Schwierigkeiten glich, erging seitens des britischen Ministeriums der einem Befehl gleichkommende gute Rat nach Kairo, die Sudanprovinzen fahren zu lassen. Sir Evelyn Baring, der englische Agent in Ägypten, sollte den Khedive dahin beeinflussen, daß eine feste Stellung auf der Sauakinlinie vorläufig das Beste wäre. Wenn der Mahdi erst einmal diese Linie überschritten hätte, dann wäre es den Friedensministern an der Themse immerhin noch früh genug gewesen, ihm mit Heeresmacht zu begegnen. Die englischen Interessen in Ägypten freilich mußten sicher gestellt werden; der Kontre-Admiral Hewett im Roten Meer und Baker Pascha zu Land sollten dieselben wahren.

Die Macht des Mahdi wuchs unterdessen lawinenartig, und nicht nur in Ägypten wurde die Meinung laut, daß eine Räumungspolitik nicht das Beste wäre. Daß des Khedive Grenztruppen den fanatischen Horden des falschen Propheten gewachsen sein würden, glaubte niemand; englisches oder türkisches Militär allein konnte sein Vordringen hindern. Aber auf englische Truppen sollte nicht gerechnet werden, und was die Türken beträfe, meinten die Ratgeber, wie sollte man es dem Beherrscher der Gläubigen selbst zumuten, einen heiligen Krieg mit Waffen zu unterdrücken? Denn daß es ein heiliger Krieg sei, das glaubten Tausende; und der Enthusiasmus in den Sudanländern nahm überhand, nun der längstverheißene Befreier gekommen schien. Die plötzliche Machtentfaltung des Mahdi hatte den Unterdrückten Thür und Thor geöffnet; er sprach von Freiheit, und das seufzende Land erhob sich gegen das Joch der verhaßten Ägypter. Gordon hatte dies vorausgesehen. Hatte er nicht vor Jahren gesagt, daß ein beherzter Anführer jederzeit die Sudanvölker zu einem gewaltigen Aufstand würde vereinigen können? Er hatte damals auch gesagt, daß gewisse Leute schlafen würden, bis es zu spät sei. Es waren nicht nur die Sklavenhändler, sondern vielmehr noch die zahllosen bewaffneten Araberstämme, in denen Gordon das Brandmaterial erblickte. Ein Anführer war erschienen, und allem nach einer, dem es an Mut nicht fehlte.

In England also war beschlossen worden, die Sudanprovinzen zu räumen; welche Anarchie alsdann daselbst herrschen würde, das fragte man sich vorläufig nicht. Ein lebhafter Depeschen-Wechsel zwischen London und Kairo fand statt. In Ägypten nämlich stieß die Räumungspolitik auf Widerstand. Das Ministerium Cherif erklärte, die Verwaltung des Sudan sei ihnen von der Pforte anvertraut, und die Räumung lasse sich deshalb nicht so ohne weiteres vollziehen. Cherif Pascha fügte seinerseits hinzu: „Wir haben Tausende von getreuen Unterthanen im Sudan, und nichts auf der Welt soll mich dazu bringen, diese Leute dem Mahdi zu überantworten. Ich bin überzeugt, daß ich recht habe; die Zukunft wird zwischen mir und dem Kabinet Gladstone in dieser Sache richten."

Damit legte das Ministerium Cherif sein Amt nieder und ein neues Kabinet unter Nubar Pascha trat ans Ruder. Als man diesem glückwünschend die Meinung aussprach, daß das neue Ministerium im Hinblick auf die vorhandene Krisis ein von der Klugheit zusammengerufenes zu sein scheine, entgegnete er trocken, dem sei ohne Zweifel so, das Wort Minister werde in Ägypten zur Zeit nur leider von dem lateinischen Wort minus hergeleitet, das weniger als nichts bedeute. So viel war aber sicher, daß, obschon das neue Ministerium bereit war, sich seine Aufgabe von England diktieren zu lassen, damit noch keineswegs Mittel und Wege gefunden waren, die ägyptischen Besatzungen, um die es sich handelte, aus den dem Aufruhr überlassenen Sudanländern zurückzuziehen. An Vorschlägen fehlte es nicht, aber der eine war so unausführbar wie der andere.

Zwischen Dongola und Gondokoro standen etliche zwanzigtausend Mann ägyptischer Truppen mit Weib und Kind, und in allen Bezirken gabs Beamte, die das Brot der Regierung aßen, und deren Lage täglich drohender wurde. Unter den verschiedenen Garnisonsplätzen war Khartum selbst der Hauptort, dessen elftausend ägyptische Unterthanen einen Hilferuf nach dem andern ergehen ließen — inständige Bitten, einen Rückzug ins Werk zu setzen. Khartum war damals schon wie eine von allem Verkehr abgeschnittene Insel; jene elftausend Menschen hätten sich unmöglich selbst nach Ägypten durchschlagen können. Das Land umher war dem Mahdi zugefallen, und fürs übrige benutzten die zum Feind sich schlagenden Stämme gern die Gelegenheit, den Ägyptern alle bisherige Unterdrückung mit Zinsen heimzugeben. Daß damit manchem sein verdientes Los geworden, unterliegt keinem Zweifel; aber wie es immer geht leiden mit einem Schuldigen zehn Unschuldige.

Übrigens war nicht einmal das Nubar-Ministerium bereit, Khartum ohne weiteres fahren zu lassen; man hoffte diese Stadt für den Khedive halten zu können, selbst wenn man das Land dem Mahdi überließe — eine thörichte Hoffnung, welche die Schritte für den Rückzug der Besatzungen so lange verzögerte bis es zu spät war.

Daß England eine Verantwortung in der Sache hatte, liegt auf der Hand; die Räumungspolitik war britischer guter Rat; und es gab in England Leute genug, die sich für die Besatzungen ereiferten und es für schmählich erklärten, diese im Stich zu lassen. In jenen Tagen sprach Gladstone selbst das Wort aus: „Darin sind wir alle einig, daß Maßregeln getroffen werden müssen, um den sichern Rückzug der Besatzungen zu ermöglichen.“ Die einzige Maßregel, zu welcher das britische Kabinet sich bis dahin aber verstehen konnte, war die Grenzverteidigung unter Baker Pascha, ein klägliches Auskunftsmittel angesichts der Sachlage. Denn auch im östlichen Sudan griff der Aufruhr mit Riesenschritten um sich. Die Küstendistrikte des Roten Meeres fielen nacheinander der Rebellion anheim, während die Besatzungen von Sauakin, Tokar, Trinkitat und Sinkat täglich in schlimmere Not gerieten. Jede Post brachte bedenklichere Nachrichten. Das englische Volk wurde ungeduldig und erklärte, die britische Ehre stehe auf dem Spiel. Da fiel wie ein Blitzstrahl eines Morgens die Nachricht ins Land — Gordon geht nach Khartum!

Zweites Kapitel.

Der Kriegsheld als Friedensbote.

Noch während Gordon in Jaffa weilte, waren Stimmen in England laut geworden, daß er der Mann sei, der allein im stande wäre, der Lage im Sudan Herr zu werden. Auf Engelrat könne man zwar heutzutage nicht warten, meinte eine dieser Stimmen, allein es wäre wünschenswert, daß die öffentliche Meinung zu Gladstone spreche: „So sende nun hin gen Joppen und laß herrufen einen Gordon, mit dem Zunamen der Chinese; der wird dir sagen, was du thun sollst.“ Und als Gordon nach seiner Brüsseler Audienz in der ersten Januarwoche 1884 in England eintraf und es bestimmt schien, daß er in wenigen Tagen nach dem Kongo abreisen werde, da ging ein Sturm durch die Zeitungen, daß man diesen Mann verlieren könne; er habe sich zwar dem König von Belgien verbindlich gemacht, allein das sei kein Hindernis, König Leopold werde jedenfalls zurücktreten, wenn England seines Sohnes bedürfe. Auf diesen Wink der Presse hin reagierte die Regierung vorläufig damit, daß sie es nicht für nötig fand, Gordon aus dem englischen Dienste zu entlassen, wenn er als Bevollmächtigter des Königs von Belgien an den Kongo gehen sollte; fürs übrige ließ man ihn am 16. Januar nach Brüssel abreisen. Keine zwölf Stunden aber vergingen, da berief man ihn telegraphisch zurück, und frühmorgens am 18. war er wieder in London. Außer den Ministern wußte kein Mensch davon. Nachmittags um 3 Uhr hatte er Audienz, die er selbst folgendermaßen beschrieb:

„Wolseley (der bekannte General) brachte mich ins Ministerium und ließ mich im Vorzimmer warten; dann kam er zurück und sagte: ‚Es ist beschlossen, den Sudan zu räumen, und England will für die künftige Regierung der Sudanländer keinerlei Gewähr leisten. Wollen Sie gehen?‘ ‚Ja‘, sagte ich. Da hieß er mich eintreten, und ich sah die Minister. ‚Hat Wolseley Ihnen unsere Wünsche mitgeteilt?‘ fragten sie. ‚Ja‘, entgegnete ich, ‚England will für die künftige Regierung des Sudans keine Gewähr bieten, und ich soll gehen und das Land räumen.‘ — ‚Das ist's‘ sagten sie; ‚wie bald können Sie gehen?‘ — ‚Sofort‘, entgegnete ich und reiste am selben Abend ab.“

Das war eine frohe Stunde am andern Morgen, als es hieß: „Gordon ist nach Khartum abgereist!“ Die Zeitungen überboten einander mit Glückwünschen, und wie die Times sagte, war es unmöglich, das Gefühl der Erleichterung zu beschreiben, welches das Land auf und nieder bei der Nachricht erfüllte, daß Gordon es übernommen habe, als Friedensbote nach dem Sudan zu gehen. Mit diesen Worten ist auch die diesem übertragene eigenartige Mission charakterisiert. Die englische Regierung, die keine Truppen senden wollte, um dem Mahdi zu begegnen, war wissentlich oder unwissentlich von dem allgemeinen Glauben angesteckt, daß Gordon an sich ein Heer sei, und so schickte man ihn, um durch seinen persönlichen Einfluß ein Ziel zu erreichen, wozu man sonst Armeen und Millionen braucht. Nicht um einen Krieg zu führen, zog der Held aus, sondern um auf seine Weise den Sudan aus dem Aufruhr zu retten; er sollte den ägyptischen Unterthanen den Rückzug ermöglichen, mit dem Mahdi unterhandeln und das Land sozusagen an die Sudanesen zurückgeben. Es lag etwas so Romantisches in diesem Ausziehen eines für viele, daß das Herz des Volkes davon ergriffen wurde und die Wünsche aller ihn begleiteten. Gordon selbst soll gesagt haben: „Ich soll dem Hund den Schwanz abschneiden, und ich will es thun, es mag kosten was es will.“ Einen einzigen Kampfgenossen hatte er, Oberst Stewart, den er sich zum Begleiter ausgebeten hatte, derselbe, der früher schon von Regierungs wegen im Sudan gewesen war.

Nur wer Gordon nicht kannte, mochte sich wundern, wie er so schnell zur Abreise bereit sein konnte; der Leser aber versteht es wohl jetzt, daß dieser Mann allezeit und in allen Lagen reisefertig war. Auf Erden angewachsen war er nirgend und seine persönliche Ausrüstung kümmerte ihn wenig. Es hat ihn an jenem Nachmittag des 18. Januar einer gefragt: „Haben Sie denn auch alles, was Sie brauchen?“ Die Antwort lautete: „Ich habe, was ich immer habe, dieser Anzug ist gut genug. Ich gehe wie ich bin.“ „Ja, aber haben Sie auch Reisegeld?“ „Das hätte ich beinahe vergessen. Der König von Belgien hat mir zwanzig Pfund geliehen; die muß er wieder haben, und ohne Geld kann ich natürlich nicht fort.“ Als man ihm aber zweitausend Pfund mitgeben wollte, meinte er, das brauche er nicht, zweihundert thäten es auch.

Daß es keine leichte Mission war, die er übernommen, daß Gefahren aller Art vor ihm lagen, wußte niemand besser als Gordon selbst, aber das focht ihn nicht an. Sein letztes Wort auf englischer Erde war ein Telegramm an seinen Freund, jenen Geistlichen, welchen er in Lausanne kennen gelernt hatte:

„Ich gehe nach Khartum; wenn er mit mir geht, ist alles wohl.“

Der Telegraphist hatte er und nicht Er gesetzt; aber der Empfänger dieser Botschaft sagte mit Recht, daß in diesen kurzen Worten Gordons Lebensgeschichte niedergelegt sei. Gordon ging allein und nicht allein; „der Herr der Heerschaaren geht mit mir“, schrieb er unterwegs.

Unterwegs, an Bord des Tanjore, zwischen Brindisi und Port Said, brachte er den Zweck seiner Sendung im Licht des ministeriellen Auftrags zu Papier, in welchem Schriftstücke er betonte, daß es seitens des englischen Kabinets ausgemacht sei, für die künftige Regierung des Sudan keinerlei Gewähr zu leisten, daß England es aber unternommen habe, dem Land seine Unabhängigkeit zurückzugeben und ägyptische Unterdrückung nicht länger zu dulden; daß bei dieser Absicht sein Auftrag darin bestehe, einen sicheren Rückzug der Garnisonen und anderer ägyptischen Unterthanen zu bewerkstelligen und daß die Art und Weise dieses Rückzuges von den Umständen abhängen werde. Nachdem er damit seine Mission gekennzeichnet hatte, zeigte er weiter, wie sich dieselbe am besten ausführen lasse. Er schlug vor, daß man das Land den Erben der verschiedenen Sultane übergeben könne, die vor der ägyptischen Eroberung die Sudanprovinzen beherrschten, und daß es diesen überlassen bleiben müsse, den Mahdi anzuerkennen oder nicht. Ferner machte er darauf aufmerksam, daß die Rückzugskolonnen eines Angriffs seitens des Mahdi wohl gewärtig sein müßten, in welchem Fall er voraussetzte, daß die Regierung es billigen würde, wenn er zu den Waffen griffe.

Es war Gordons Absicht, sich direkt durch den Suezkanal nach Sauakin zu begeben und von dort durch die Wüste und über Berber nach Khartum zu gelangen. Er glaubte seiner Sendung als Friedensbote an das unglückliche Land besser genügen zu können, wenn er direkt hinkomme, ohne sich erst mit Ägypten ins Einvernehmen zu setzen. Als er aber in Port Said eintraf, war Sir E. Baring mit noch anderen von Kairo gekommen, um ihn aufzufordern, sich dahin zu begeben. Auch war die Nachricht angelangt, daß die Sauakin-Route nun vollständig in den Händen der Rebellen und somit abgeschnitten sei. Er fügte sich den Umständen und hielt sich zwei Tage in Kairo auf. Großer Freundlichkeit seitens des Khedive hatte er sich nicht versehen, denn mit seiner Meinung über dessen Politik hatte er nie und nirgend hinter dem Berg gehalten; trotzdem sprach jener ihm seine volle Befriedigung darüber aus, daß er die Beruhigung des Sudan übernommen habe, und verlieh ihm zu diesem Zweck seine alte Oberstatthalterwürde. Allerdings war dies unter den vorliegenden Umständen mehr Form als Inhalt; des Khedive Firman aber beauftragte ihn nicht nur mit der Räumung des Landes, sondern mit der Reorganisation desselben, wenn es möglich wäre, die Provinzen der Anarchie zu entreißen. Gordon ging also einerseits als englischer Friedensbote nach Khartum, andererseits aber kehrte er in diese Hauptstadt als der Generalgouverneur der Provinz zurück, um sie so lange zu halten, bis man den Sudan sich selbst überlassen könne. Es lag kein Widerspruch in dieser doppelten Sendung, war doch der Zweck beider derselbe. Die englische Regierung billigte die Haltung des Khedive, und Sir E. Baring versicherte ihn, daß der völlige Beistand beider der englischen wie der ägyptischen Behörden zu Kairo ihm gewiß sei.

Ehe Gordon die ägyptische Hauptstadt verließ, empfahl er die Wiederernennung eines Sultans von Darfur als ein Stück richtiger Taktik gegenüber dem Mahdi. Infolge dieses Rates wurde Emir Abdel Schakur, der rechtmäßige Erbe, vom Khedive als Beherrscher der Provinz anerkannt, die seinem Vater vor Jahren entrissen worden war. Der junge in Ägypten aufgewachsene Sultan verließ Kairo unter Gordons Schutz, entpuppte sich unterwegs aber als ein unfähiger Weichling. Am 26. Januar wurde die Reise nach Khartum angetreten. Der Weg sollte über Assuan nach Wady Halfa gehen, von wo aus Gordon durch die nubische Wüste nach Abu Hamed zu ziehen gedachte, um von da aus Khartum mit einem Nilboot zu erreichen.

Ob Gordon aber die bedrängte Stadt je sehen werde, das wurde nicht nur in England, sondern alsbald durch die ganze Welt zur Tagesfrage; der Held auf seinem Ritt durch die Wüste war ein Gegenstand der lebhaftesten Teilnahme. Wußte man doch, daß der Feind in allen Richtungen streifte, daß aufrührerische Scheiks mit ihren Stämmen den Friedensboten stündlich überfallen konnten. Es war eine Wüstenstrecke von zweihundertundvierzig Meilen, die der furchtlose Gordon mit seinem Geleitsmann Stewart und einem geringen Gefolge von nicht zehn Mann auf raschen Kamelen zu durcheilen gedachte. Khartum war von Kairo aus benachrichtigt worden, daß Gordon in drei Wochen daselbst einzutreffen gedenke. „Es ist erstaunlich“, rief der junge Power, der ihn dort sehnlichst erwartete; „es hat noch nie einer die Reise unter einem Monat gemacht. Gordon aber mit Schwert und Bibel fährt wie ein Wirbel durchs Land."

Kein Feind belästigte ihn, der alte Zauber zog vor ihm her, oder wie er es nannte, ihn geleitete die Wolke bei Tag, die Feuersäule bei Nacht, und er war sicher in Feindesland. Eine friedliche Begegnung hatte er auf dem halben Wege, nämlich den letzten Flüchtling von Khartum, dem es gelang Kairo zu erreichen; es war dies der deutsche Naturforscher Bohndorff, der im Njamnjamlande wissenschaftlichen Forschungen obgelegen hatte, bis es fast zu spät war zu entkommen. Sie waren alte Bekannte; Gordon hatte mit dem Naturforscher früher schon am weißen Nil verkehrt. Bohndorff beschrieb die Begegnung: eine Staubwolke am Horizont und ein sich daraus loslösender Reitertrupp, der Anführer voraus, und man erkannte von weitem den ernsten Eifer, der ihn seinem Ziele entgegentrug. Von Bohndorff erfuhr Gordon wie es in Khartum stehe, daß außer den beiden Engländern Power und Coëtlogon nur ein Europäer noch dort sei, nämlich der österreichische Konsul Hansal, welche Bemerkung übrigens eine Anzahl ansässiger Griechen außer acht ließ. An sechzigtausend Seelen, worunter zahlreiche Flüchtlinge aus der Umgegend, wären in der Stadt, die einem Bild der Sorge und Niedergeschlagenheit zu vergleichen sei, doch werde die Ruhe aufrecht erhalten, und Oberst Coëtlogon lasse sich die Befestigung angelegen sein.

Wenn man in England und anderwärts um Gordon sorgte, so war dies nicht ohne Grund, denn die Nachrichten aus dem östlichen Sudan waren nichts weniger als beruhigend. Am 4. Februar erlitt Baker Pascha mit seinen vierthalbtausend Ägyptern und etlichen englischen Offizieren eine gründliche Niederlage bei Trinkitat, als er einen Versuch machte Tokar und Sinkat zu entsetzen. Er hatte sein Bestes gethan, die erbärmliche Mannschaft, welche ihm zu Gebote stand, einen zusammengeworfenen Haufen ägyptischer Gendarmerie, türkischer Baschibosuks und Schwarzer aus dem Sudan, annähernd kriegstüchtig zu machen; aber gleich beim ersten Zusammenstoß mit des Mahdi Heerführer, Osman Digna, überfiel die Helden eine Todesangst, und sie machten nicht einmal den Versuch Stand zu halten. Die einen schossen ihre Flinten ab und schrieen um Gnade, während die anderen ihre Waffen von sich warfen und in wilder Flucht davon stürzten. An hundert Offizieren, darunter die Mehrzahl der englischen Offiziere, kamen um, und nur ein kleiner Teil der Truppen gelangte nach der Uferstadt Trinkitat zurück, von wo sie ausgezogen waren. Baker selbst kam nur wie durch ein Wunder davon, nachdem er sich vergeblich bemüht hatte, seine flüchtigen Helden zum Stehen zu bringen.

Osman Digna war der Mann, diesen Sieg auszubeuten. Man erwartete, daß er sich auf Sanakin werfen werde. Ringsumher hatte er die Stämme gewonnen, und selbst in dieser Hafenstadt brachte der Schrecken viele dazu, sich für den Mahdi zu erklären. Sinkat fiel; die Besatzung hatte sich gehalten, bis der letzte Hund verzehrt war. Man schlachtete die Pferde; noch ein Sack voll Korn war übrig, und der tapfere Kommandant Thewfik Bey hatte erklärt, daß wenn bis zum achten Februar keine Hilfe komme, er den letzten verzweifelten Ausfall machen müsse, um einen besseren Tod zu finden, als das Verhungern innerhalb der Mauern. Er erfuhr nichts von Baker Pascha's Niederlage, und nachdem auch sein letzter Hilferuf ungehört verhallt war, vernahm die Welt, daß die Belagerung von Sinkat mit einem todesmutigen Ausfall der Besatzung geendet habe, der ägyptischen Truppen ein weit rühmlicheres Zeugnis ausstellte, als man seither zu hören gewohnt war.

Das war Wasser auf die Mühle der Opposition in England; es gab eine heiße Debatte im Parlament. Gladstone erklärte, man sei deshalb der Besatzung von Sinkat nicht zu Hilfe gekommen, weil man nichts thun wolle, was irgendwie von Folgen für jene anderen Besatzungen sein könne, die Gordon zu retten versuche. Es sei geboten, sich ruhig zu verhalten. Angesichts dieser Erklärung jedoch und unter dem Drucke der öffentlichen Meinung wurde der britische General Graham, zur Zeit in Kairo, damit beauftragt, Tokar zu entsetzen. Noch ehe derselbe aber mit seiner Mannschaft in Trinkitat gelandet war, hatte Tokar sich ergeben, und die Besatzung war zum Feind übergegangen. Der Fall von Kassala wurde als das nächste erwartet, und auch die Uferdistrikte um Massaua her schienen dem Mahdi zuzufallen; es blieb nichts übrig als die Araber unter Osman Digna bei Sauakin zu erwarten und von dort zurückzuwerfen.

Osman Digna war ein tüchtiger Soldat; er war Sklavenhändler gewesen und jetzt die rechte Hand des falschen Propheten. Dieser hatte ihn auf dem Sklavenmarkt zu Obeid kennen gelernt und mit großem Scharfblick seine Brauchbarkeit erkannt; er hatte ihn für seine Pläne gewonnen, worauf er ihm den Ost-Sudan übertrug, damit er dort Land und Leute für seine angebliche Mission gewinne. Mit siegreichen Waffen hatte Osman Digna des Propheten Werk seither ausgerichtet; jetzt aber galt es einem englischen General und englischen Linientruppen stand zu halten, er erlitt seine erste Niederlage und wurde ins Innere des Landes zurückgeworfen. Keineswegs aber streckte er die Waffen, und so spann sich ein englischer Separatkrieg im Ost-Sudan hin, während die Räumung des Landes auf friedlichem Weg ins Werk gesetzt werden sollte! Osman Digna bekämpfte man, den Mahdi wollte man nicht bekämpfen, und die Parteien stritten sich im Parlament.

Und Gordon? Er wußte von all dem nichts. In felsenfestem Vertrauen eilte er durch die Wüste, unbesorgt um seine eigene Sicherheit, während man auf Kanzeln und Rednerbühnen seiner gedachte, während viel tausend Herzen ihm ein Engelgeleit in den Gefahren wünschten, die ihn umgaben. Gefahren? Er sah sie nicht! Einem Scheik, der ihm quer kam, sagte er: „Wenn ihr Frieden wollt, ich bringe ihn; sucht ihr Krieg, so bin ich bereit.“ Und der verzagenden Khartumer Garnison meldete er telegraphisch seine Nähe mit den Worten: „Ihr seid Männer und nicht Weiber. Seid gutes Muts, ich komme.“

Gordon im Land.

War schon in England die Befriedigung eine allgemeine gewesen, als Gordon nach Khartum sich auf den Weg machte, so wars noch ein anderes in Ägypten. Ein Enthusiasmus sondergleichen erfüllte Land und Leute bei seinem Kommen. Man wußte dort ungleich besser, was man an ihm hatte, als daheim in England. Die Thaten seiner früheren Statthalterschaft waren auf aller Lippen; man sprach von ihm als einem Unüberwindlichen, dessen bloße Gegenwart Wunder wirken werde in dem zerrütteten Land. Des Mahdi Kriegsheer werde in nichts zerstieben wie Dunst vor der Sonne, rief das Volk, und des guten Pascha feste Hand werde alle Wunden heilen, die jener geschlagen. „Ich gehe, um die Ehre Ägyptens zu retten", war Gordons letztes Wort an Nubar; daß er Englands Ehre in seiner Hand trug, wußte er nicht minder. Auf jenem Wüstenritt nach Abu Hamed durchstritt er im Geist die Kämpfe, die es zu liefern geben würde, und hätte er nur verwirklichen können, was sein hoher Sinn und sein unbefangenes Auge als das richtige erkannten, es ließe sich wohl ein anderes Lied singen von der Heldenzeit in Khartum. Als die glitzernde Sandwüste hinter ihm lag, wußte er, was er zu thun habe, und stand gegürtet zur Schlacht.

Er brauchte nicht weit vorzudringen, um Beweise zu finden, daß ägyptische Beamtenwirtschaft des Mahdi Handlangerin war; diesen hielt er übrigens für weniger stark als die Sage ging. So fand er die Eisenbahnarbeiter zu Assuan in größter Armut, weil ihre Löhnung seit Monaten im Rückstand blieb; der Hunger hatte da dem Propheten Glauben verschafft, und Gordon telegraphierte alsbald an Sir E. Baring, er solle den Leuten ohne weiteren Verzug ihr Geld schicken. Ebenso entdeckte er, daß der Aufstand zwischen Sanakin und Kassala lediglich der Habsucht zweier Paschas zuzuschreiben war. Diese waren mit den Scheiks des Hadendoastammes eins geworden, ihnen für Truppentransporte sieben Thaler für jedes Kamel zu geben; als die Hadendoas aber etwa zehntausend Mann durch die Wüste befördert hatten, erhielten sie je einen Thaler, während die übrigen sechs ganz ohne Zweifel im Privatbeutel der Paschas stecken blieben. Da erhob sich der Stamm, schloß sich Osman Digna an, und das Resultat war Bakers Niederlage.

Als erste Abschlagszahlung in der Räumungspolitik hatte Gordon schon von Korosko aus an Nubar Pascha telegraphirt:

„Eine Anzahl Weiber und Kinder sind nach Ägypten auf dem Weg; suchen Sie einen menschenfreundlichen Mann, daß er sich ihrer annehme.“

Und nachdem er in Abu Hamed an die englische Regierung berichtet und darauf hingewiesen hatte, daß es so unpraktisch wie unrecht wäre, den Sudan sich selbst zu überlassen, ehe man von geordneten Verhältnissen daselbst reden könne, bestieg er ein Nilboot und erreichte Berber am 11. Februar.

Hier erließ er seine Proklamationen. Den Einwohnern der Stadt Berber sagte er, daß er gekommen sei, Frieden zu bringen, ja Freiheit von aller Unterdrückung, daß er bereit sei ihnen zu helfen, Ruhe und Ordnung herzustellen, und daß er ihnen zeigen wolle, wie das Land sich künftighin selber regieren könne. Alle vorenthaltenen Rechte sollten ihnen wieder werden; er habe nur den einen Wunsch, Gerechtigkeit walten zu lassen und Blutvergießen zu verhindern. Alle rückständigen Steuern bis zum Ende des Jahres 1883 seien gestrichen, und alle Steuern des laufenden Jahres auf die Hälfte reduziert. Der Sudan gehöre nicht fremden Erpressern, sondern von jetzt ab den Kindern des Landes. Der beste Beweis, daß man ihm glaubte, liegt wohl darin, daß etliche hundert Leute sich um Ämter bei ihm meldeten; von großer Freude erfüllt illuminierten sie ihm zu Ehren ihre Stadt. Der englischen Regierung, die ihn gewarnt hatte, sich ja nicht in unnötige Gefahr zu begeben, konnte er hierauf erwiedern, es habe keine Not, die Leute wären im Gegenteil froh und dankbar, von einer Oberherrschaft befreit zu werden, die ihnen nur Elend gebracht habe. Er hielt sich nur wenige Tage in Berber auf, aber es genügte, um seinen alten Einfluß geltend zu machen und ihm das volle Vertrauen der Stadt zu sichern. Und nun gar die Weiterreise nach Khartum! In englischen Zeitungen war die Besorgnis oben auf, wie sich Gordon durch die aufrührerischen Stämme durchschlagen werde; der Weg durch die Wüste sei nichts gewesen gegen die weit größere Gefahr der Nilreise, lägen doch die schwarzbraunen Feinde im Hinterhalt an beiden Ufern des Flusses, ihre Speere seien lang und ihre Hinterlist groß. Nichts von alledem brachte Gefahr! Sie bildeten Spalier am Fluß hin für den Befreier des Landes, der sich auch gar nicht scheute, unter ihnen umher zu gehen. Sie kannten ihn alle. Und je weiter er vordrang, um so größer der Enthusiasmus; das Volk empfing seinen Retter mit Frohlocken, gleich einem Schutzengel, der eine Weile entschwunden war und nun zurückkommt aus der unbekannten Welt des Friedens, nach der man sich sehnt.

Auch in Khartum wußte man, wessen man sich zu ihm zu versehen habe. Sein Manifest war ihm vorausgeeilt. Es lautete folgendermaßen:

„Vernehmet, daß ich gekommen bin, das Land aus der Not zu befreien, in die es geraten ist, Ruhe herzustellen und Blutvergießen der Moslems zu verhindern, den Einwohnern einen geordneten Wohlstand zu sichern, Weib und Kind ihnen zu schützen und all der Ungerechtigkeit und Unterdrückung zu steuern, die an diesem Aufruhr schuld sind.

„Ich habe aus diesem Grund alle rückständigen Steuern vergangener Jahre erlassen und habe die Steuern des laufenden Jahres, sowie alle unter Raouf Pascha eingeführte Besteuerung auf die Hälfte reduziert. Ich will euch vor Ungerechtigkeit schützen, damit der Ackerbau und Handel erblühe und Wohlstand gedeihe. Ich gebe euch das Recht zurück, die Sklaven, die in eurem Dienste sind, zu behalten, und weder die Regierung noch sonst jemand wird es euch künftighin wehren. Haltet Frieden; gebt euch nicht dem Verderben hin und bleibt fern von des Teufels Weg. Benachrichtigt alle Einwohner von der guten Kunde, auf daß sie den Weg der Gerechtigkeit betreten und vom Bösen sich abwenden.

„Wer mich sehen will, der komme und fürchte nichts.

Gordon
Generalgouverneur des Sudan."

In Khartum herrschte nur Freude, in England aber gabs böses Blut, als die Proklamation bekannt wurde. Was, der will den Leuten erlauben ihre Sklaven zu behalten, anstatt ihnen von der Freiheit der christlichen Civilisation zu sagen, die alle frei macht! Der Sturm, der bei dieser Erklärung losbrach, lieferte den ersten Beweis davon, daß England seinen Gordon eben doch noch nicht kannte; es war vorab die Gesellschaft zur Unterdrückung des Sklavenhandels, die den Kopf schüttelte. Unbegreiflicher Mensch dieser Gordon, glaubt der, mit übeln Mitteln könne man Gutes thun? England, das in aller Welt sich als den Befreier von Sklavenketten rühme, sei durch solche Haltung geschändet. Die wenigsten Leute hatten die kühle Überlegung, Gordons Urteil zu verstehen.

„Was für tolles Zeug!" rief er aus, als ihm die Nachricht von dem Entsetzen kam, das sein Manifest in England hervorgerufen. „Ist es nicht offenkundig erklärt worden, daß der Sudan geräumt werde und die Sudanesen sich selbst überlassen bleiben sollten? Wenn das Volk hier aber seinen Willen hat, so hält es Sklaven. Was hätte es genutzt, die Leute an den kraftlosen Vertrag von 1877 zu erinnern, wenn man sie sich selbst überlassen will? Und ist nicht der eine Zweck meiner Sendung der, die Garnisonen und andere ägyptische Flüchtlinge womöglich ohne Blutvergießen aus dem Land zu bringen? Was ich den Leuten über die Sklaven gesagt habe, war nicht mehr und nicht weniger als eine Plattheit!"

Und anderswo erinnert er seine Ankläger daran, daß er während der Jahre seiner Kämpfe mit den Sklavenjägern nicht einen Finger gerührt habe, die Sklaven im Hausstand, d. h. die leibeigenen Dienstboten, zu befreien, während er doch mehr wie einmal sein Leben einsetzte, der Sklavenjagd das Genick zu brechen. Gordon hat immer dafür gehalten, daß es ein Raub an den Leuten wäre, ihnen zwangsweise und ohne Vergütung die hergebrachten Dienstsklaven zu nehmen, und er war ein zu klar denkender Kopf, um sich über die Zukunft des Landes, das er räumen sollte, auch nur einen Augenblick einer Illusion hinzugeben. Die harmlose Ansicht, daß der sich selbst überlassene Sudanese keine Sklaven halten werde, konnte ihn nicht beeinflussen, und nur ein Fanatiker hätte nach Khartum gehen können und sagen: „Hier bin ich und bringe euch im Namen zweier Nationen eure Unabhängigkeit zurück. Das Land sei künftighin euch überlassen, lebt darin nach eurem herkömmlichen Brauch. Haltet Frieden miteinander und Gott schenke euch Gedeihen, aber daß ihr euch nicht untersteht, eure Dienstboten als Sklaven zu betrachten" — wenn doch der altherkömmliche Brauch den dienenden Stand leibeigen macht! Der bemittelte Sudanese hält Sklaven wie die Juden und die Römer im Altertum. Gordon wußte das; vielleicht dachte er auch daran, daß Paulus dem Philemon seinen entlaufenen Sklaven zurückschickte. Hoffentlich denkt niemand, man wolle hiermit der Sklaverei das Wort reden; es soll nur der sentimentale Eifer damit ins Licht gestellt werden, der sich berufen fand, Gordon unbesehen zu verdammen.

Am 18. Februar erreichte er Khartum. Als er durch die Straßen ging, drängten sich die Leute zu Hunderten um ihn; alle wollten ihm die Hand küssen. Einige freudetolle Weiber gingen sogar so weit, ihm die Füße küssen zu wollen, und zweimal lag der Generalgouverneur am Boden, ehe er sichs versah. Er hatte nur wenige Worte gesprochen, aber es waren Worte voll goldener Hoffnung: „Ich bin ohne Soldaten, aber mit Gott zu euch gekommen, um der Not dieses Landes zu steuern“, sagte er. „Ich will nicht mit Waffen, sondern durch Gerechtigkeit hier kämpfen. Die Zeit der Baschibosuks ist vorüber.“

Das war ein Jubel! Kein Wunder, daß Power schon nach wenig Tagen schreiben konnte: „Gordon hat aller Herzen gewonnen. Er ist Diktator hier; der Mahdi gilt nichts mehr. Es ist erstaunlich den Einfluß dieses einen Mannes über Tausende zu sehen. Mütter bringen ihm ihre kranken Kinder, daß er sie anrühre.“ Wo er sich blicken ließ, rief das Volk: Sultan! Vater! Retter! und wer etwas zu klagen hatte, dem lieh er sein Ohr. Noch ehe die Sonne unterging, die seinen Einzug beleuchtete, ließ er alle Rechnungsbücher der ägyptischen Regierung, alle Peitschen und Marterwerkzeuge auf dem freien Platz vor seinem Palast aufhäufen und anzünden; es war das Autodafe der Unterdrückung, lachend und weinend tanzten die Leute um dasselbe her. Er besuchte das Gefängnis und ließ alle Ketten fallen; Hunderte schmachteten da, Männer, Weiber und Kinder, Schuldige und Unschuldige — er gab ihnen allen die Freiheit. Ein alter Scheik wurde auf einem Tragbett vor ihn gebracht; der Ex-Statthalter Hussein Pascha Cherif hatte den Ärmsten bastonnieren lassen, bis seine Füße nur noch unförmliche Massen blutenden Fleisches waren. Gordon sagte nicht viel, aber er telegraphierte alsbald nach Kairo und forderte, daß jenem Hussein fünfzig Pfund von seinem Gehalt abgezogen würden, die dem Opfer seiner Grausamkeit zu gut kommen sollten. Dann ließ er das Gefängnis anzünden, und weit in die Nacht hinein verkündeten die Flammen, daß es mit solcher Tyrannei auf immer vorbei sei.

So that der weise Mann was er konnte, um die Mithilfe des Volkes für die große Arbeit zu gewinnen, die er übernommen hatte. Er öffnete die Thore der Stadt und erkärte den Markt frei, der bisher nur durch „Backschisch“ den Händlern offen stand. Und gleich vom ersten Tag an sahen die Leute die ihnen von früher in angenehmer Erinnerung stehende Brieflade wieder, welche an der Hauptthüre des

Regierungspalastes zu dem Zweck angebracht war, daß jeder, auch der geringste, mit dem Oberstatthalter verkehren könne, so er es begehre. Als nach einiger Zeit Oberst Coëtlogon Khartum verließ, um seinen Weg nach Ägypten und England zurückzufinden, gab Gordon ihm die Versicherung mit, daß die Zurückbleibenden in der Stadt so sicher wären wie ein Spaziergänger im Kensington Park. Was den jungen Power betrifft, so hatte sich dieser so für Gordon begeistert, daß er sich für Khartum entschied, so lang Gordon bleibe. „Er vollbringt Wunder hier“, meldete er der Times.

Militärische Änderungen anlangend, so hatte Gordon bestimmt, daß die eingeborenen Truppen in Khartum verbleiben, während die weiße Mannschaft nach Fort Omderman auf der anderen Seite des weißen Nils sich zurückziehen sollte, wo sie mit ihren Familien und den andern auf „Reisegelegenheit“ wartenden Ägyptern bleiben würden, bis man sie nilabwärts schaffen könnte. Einen Neger, der sich unter Bazaine in Mexiko das Kreuz der Ehrenlegion erworben hatte, ernannte er zum Truppenbefehlshaber, was allgemeine Befriedigung hervorrief. Seinen Geleitsmann, den Oberst Stewart, ließ er den weißen Nil hinauf dampfen, damit er rekognoszierе und Gordons Proklamation auch dort bekannt mache. Auf der ersten Strecke, etwa zwanzig Meilen weit, schien das Land ruhig; dann erreichte er ein aufrührerisches Dorf, wo die Leute übrigens froh waren zu hören, daß er Frieden bringe. Es lagen etwa fünfhundert Mann bewaffnete Rebellen in demselben. In einem Dorf weiterhin fand sich ein Scheik, der kurz zuvor vom Mahdi zum Bezirksstatthalter ernannt worden war, damit er die Gegend für den Propheten gewinne. Andere Scheiks, mit denen Stewart verkehrte, erklärten ihm, daß ihnen nichts übrig bleibe als sich dem Mahdi anzuschließen, wenn ihnen nicht von einer tüchtigen Regierung Schutz würde. Ganz Gordons Ansicht, die er bis zuletzt festhielt; den Sudan sich selbst überlassen, ehe der Mahdi aufs Haupt geschlagen ist, heißt nichts anders, als die Leute zwingen ihn anzuerkennen.

Der Mahdi saß zur Zeit noch in Obeid, etwa zweihundert Meilen von Khartum entfernt. Dort hingen ihm die Araberstämme an, deren jeder sechs- bis achttausend Berittene ins Feld bringen konnte. Seine Macht war zwar allem nach überschätzt worden, aber Gordon verlor keine Zeit, es der englischen Regierung nahe zu legen, daß sein Einfluß, oder vielmehr die Furcht vor ihm das Land regiere, und daß es dringend geboten sei, ihm entgegenzutreten; eine geringe Abteilung indischer Truppen nach Wady Halfa zu beordern, würde vorläufig genügen. Man nahm seinen Rat nicht an.

Gordons Friedensbotschaft war nun allerdings von bester Wirkung gewesen, allein diese Wirkung erstreckte sich nicht weit über Khartum hinaus, und selbst in dieser Stadt wurde ein Nachlassen der guten Stimmung fühlbar, wie aus einer Proklamation hervorgeht, die Gordon schon Ende Februar erließ, worin er strengere Maßregeln ankündigte und solchen, die im geheimen die Rebellen begünstigten, anzeigte, daß er ein Auge auf sie habe. Viele Stämme um Khartum her, und wiederum zwischen dieser Stadt und Berber und Dongola, waren aufrührerisch und mehr oder weniger eine wachsende Quelle der Sorge für ihn; während die Bevölkerung zwischen Sauakin und Kassala teils in offenem Aufruhr war, teils den Lauf der Dinge abwartete, um an den Sieger sich zu halten. Es war ihm klar, daß Khartum selber früher oder später keine andere Wahl haben würde. Khartum würde sich halten, so lange er dort sei, was aber, wenn er die Besatzungen zurückgezogen und das Land geräumt habe? Er würde die Anarchie zurücklassen und nichts würde dem Volk übrig bleiben, als den Mahdi anzuerkennen. Er betonte es in seinen Depeschen immer schärfer, daß England die Verpflichtung obliege, dem Volk die Möglichkeit einer Regierung an die Hand zu geben, die sich werde behaupten können; es müsse dies ein Mann sein, der dem falschen Propheten gewachsen sei, einer der Einfluß im Land habe, der die persönliche Macht besäße, sich als Herrscher geltend zu machen, der das Volk zusammenhalten würde, selbst wenn er es durch Furcht regiere. Es galt zwischen zwei Übeln zu wählen, und der Mahdi war für das Land von zwei Machthabern weitaus der schlimmere. In der Art und Weise, wie das Volk ihm selber zugefallen war, hatte Gordon erkannt, daß es sich nach einem kraftvollen Herrscher sehne und einem solchen mit Freuden sich ergeben würde; er sah sich vergebens nach einem solchen um, unter den Scheiks und kleinen Sultanen war keiner, der Manns genug gewesen wäre, sich nur einen Tag zu halten. Er blickte weiter und sah nur einen, der im stande wäre in die Bresche zu treten, und Gordon schlug ihn vor — es war sein Todfeind Sebehr Rachama.

Viertes Kapitel.

Im Stich gelassen.

Wenn eine Bombe aus blauem Himmel in die englische Welt gefallen wäre, es hätte kein größeres Erstaunen verursacht als die über Kairo in London eingelaufene Nachricht, daß Gordon als beste Lösung der Frage, wie der Sudan zu Ruhe und Ordnung zurückzubringen sei, der britischen Regierung vorgeschlagen habe, den alten Sklavenhändler Sebehr ins Land zu setzen, damit er es gegen den Mahdi halte. Gordons Rat, dessen Ausführung er bis zuletzt für den richtigen, weil einzig möglichen Ausweg hielt, ging dahin, daß England dem schwarzen Pascha einen moralischen Halt gewähren sollte, — wie es beim Emir von Afghanistan geschieht — und dazu auf zwei Jahre einen jährlichen Beitrag von hunderttausend Pfund. Zwar könne man den Türken das Land überlassen, aber diese müßten dann noch ganz anders unterstützt werden, abgesehen davon, daß man damit wieder eine Fremdherrschaft aufrichte. Sebehr sei der eine Mann aus den Sudanländern selbst, der dem Mahdi gewachsen sei; dieser könne dann immerhin als „Papst" sich geltend machen, wenn jener als Sultan die weltliche Herrschaft in fester Hand halte. Die Sudanesen würden ihn als ihren Landsmann mit Freuden anerkennen und seiner Überlegenheit sich fügen, wodurch eine einigermaßen ordnungsmäßige Regierung möglich werde, während sonst alles in Anarchie versinke. Was die Sklavenjagd betreffe, so sei sie einst schlimm genug unter dem schwarzen Pascha gewesen, sie würde aber zehnmal schlimmer werden unter dem Mahdi; Sebehr sei also auch in diesem Stück das geringere Übel von zweien. Fürs übrige wollte Gordon den Sebehr teilweise durch Vertrauen gewonnen haben. Sebehr sollte die ihm zugedachte Würde unter der Bedingung annehmen, daß er als Beherrscher des Sudans kein Sklavenjäger sein werde, und Gordon wollte es selbst übernehmen, daß diese Bedingung darum jenem nicht allzuviel freie Wahl ließe, weil er, Gordon, die eigentlichen Jagdreviere am Äquator seine eigene Sorge hätte sein lassen. Es war die alte Politik Gordons, wo anderes fehlschlug, durch seine Feinde selbst das gesteckte Ziel zu erreichen; diese Politik mag den wenigsten Leuten einleuchten, man kann aber nur daran erinnern, daß es in Gordons Leben an Belegen nicht fehlt, wie gerade eine solch überaus kühne Taktik ihn zu glänzenden Erfolgen geführt hat. Gordon war der letzte, der Sebehrs früheres Leben guthieß, und besser als sonst jemand kannte er die Geschichte verübter Greuel, die dieser zu verantworten hatte, ja die er durch den Tod seines Sohnes und seine eigene zehnjährige Gefangenschaft hatte büßen müssen; dies aber hinderte ihn nicht, die Tüchtigkeit des Mannes anzuerkennen, und da seine Energie, seine Umsicht und sein Organisationsvermögen jetzt zu Besserem zu gebrauchen waren als zu Aufwiegelungen und Sklavenrazzien, so riet er, diese Eigenschaften zum Besten des Landes zu verwenden. Daß Sebehr ihn als seinen Züchtiger haßte und unter Umständen mit eigener Hand erstochen hätte, das kümmerte ihn keinen Augenblick, ja er ging so weit, den Vorschlag zu machen, er und Sebehr miteinander wollten die gewünschte Ordnung im Sudan aufrichten und miteinander würde es ihnen gelingen. Nur ein Mann wie Gordon konnte auf solche Pläne geraten, und hätte man ihm freie Hand gelassen, er hätte sie sicherlich ausgeführt! Daß die superklugen Diplomaten, die seinen Antrag im Kabinetsrat mit der Lupe der Staatswissenschaft untersuchten, sich nicht mit ihm einigen konnten, ist begreiflich; man kann sie auch aus Gründen der Theorie nicht tadeln, man kann aber darauf hinweisen, daß ihre Klugheit in der Folge zu Schanden geworden ist. Freilich hätte auch Gordon eine

Täuschung erleben können, wenn man ihm Sebehr bewilligt haben würde, aber selbst dann hätten die Resultate kaum so fein können wie sie jetzt geworden sind. Welche Ströme Blutes sind nicht geflossen, seit die staatsmännische Vorsicht ihr Verdikt gesprochen hat, und wie sehr ist der Sudan zur Zeit ein Chaos der Anarchie und Sklavenräuberei!

Gordons Vorschlag machte übrigens nicht nur den Ministern bange, es war vorab wieder die Gesellschaft zur Unterdrückung des Sklavenhandels, die ins Sitzungsfieber geriet und ihrer pflichtschuldigen Menschenfreundlichkeit in einer Denkschrift an das Ministerium Luft machte, doch ja die Würde Englands zu wahren und die gefährlichen Ratschläge des enthusiastischen Gordon beiseite zu legen. Wenn diese Denkschrift den Entschluß der Regierung irgendwie beeinflußt hat, so kann jene Gesellschaft jetzt füglich im Sack und in der Asche Buße thun, und all ihr Jammern wird es nicht erreichen, daß der Sudan unter des Mahdi Horden an ihre menschenfreundlichen Statuten sich hält. Vielleicht ist das Komitee in einer weiteren Sitzung seither zu der Einsicht gelangt, daß Sebehr schließlich doch besser gewesen wäre, als die Greuelwirtschaft, die nun überhand genommen hat, seit man in gut gemeinter aber kurzsichtiger Einmischung das Todesurteil Gordons mit unterschrieb.

Der schwarze Pascha war hiernach der Punkt, wo die Meinungen auseinandergingen, und von da ab entwickelte sich die Haltung der englischen Politik, welche Gordon im Stich ließ.

Wie wenig Gordon bei seinen Ratschlägen der Blindheit beschuldigt werden kann, geht aus seinem Hinweis hervor, daß die von ihm befürwortete Ernennung Sebehrs zum Beherrscher des Sudan die reinste Ironie des Schicksals wäre. Hatte doch Sebehr von jeher gegen die ägyptische Regierung agiert und Aufstände angezettelt, um seine Rücksendung zu erzwingen.

In Gordons Tagebüchern vom September und Oktober heißt es:

„Hätte man uns den Sebehr Pascha geschickt, als ich es beantragte, so wäre Berber aller Wahrscheinlichkeit nach nicht gefallen, und man stünde jetzt mit einer Regierung im Sudan dem Mahdi gegenüber. Man hielt für gut es wegen seiner Vorgeschichte als Sklavenhändler zu verweigern. Angenommen der Grund sei ein triftiger, so ist er in solange trotzdem ein ganz thörichter, als wir keine Schritte thun, den Sklavenhandel künftighin in diesen Ländern zu hindern. Es kommt einfach darauf hinaus: Ich schicke den A. nicht hin, weil er das und das thun könnte, aber ich lasse den B. dort, der ebenfalls so handelt."

„Ich bin nicht dafür, den Sudan zu halten, es ist ein ganz nutzloses Land, das wir nicht verwalten könnten, und die Ägypter nach den neuesten Ereignissen noch weniger. Ich suche nur den Weg, wie man sich mit Ehren und mit möglichst geringen Unkosten daraus zurückziehen kann (wir dürfen nicht vergessen, daß wir an all dem Wirrsal schuld sind) ... es ist für mich lediglich die Frage, sich mit Anstand zurückzuziehen. Sebehr würde die Schaggyeh*) und die Khartumer beruhigen und er würde mit dem Mahdi ins reine kommen. Dann könnten wir das Land verlassen ... Soviel ist sicher, daß ihr nur mit Hilfe Sebehrs (oder der Türken) vor dem November 85 auf Rückzug rechnen könnt!! Die Türken wären unter den jetzigen Umständen die beste, wenn auch kostspieligste Lösung. Die könnten den Sudan halten; gebt ihnen zwei Millionen. Nach den Türken ist Sebehr mit einer halben Million das Beste; er würde den Sudan eine Zeitlang halten. In beiden Fällen giebts hier Sklavenhandel. Aber Ägypten wäre gesichert und ihr könntet bis Januar 85 hier fertig sein. Ist euch keiner dieser Auswege recht, dann seid darauf gefaßt, daß es hier noch gerade genug Plackerei geben und euer Feldzug schließlich ein völlig zweck- und glanzloser sein wird."

Hat je ein Prophet den Ausgang eines Unternehmens bestimmter vorhergesagt?

Unterm 8. November heißt es in dem Tagebuch weiter:

„Es liegt auf der Hand, daß wenn Sebehr mit euch käme und in quasi unabhängiger Stellung zum Regent ernannt würde ... ihm die Leute massenhaft zufielen, die den Mahdi und seine Derwische herzlich satt haben, sich aber an ihn halten müssen, weil ihr das Land räumen wollt; sogar unsere Anhänger werfen wir dem Mahdi in die Arme. Sebehrs

*) Ein Beduinenstamm.

Einsetzung würde euch auch die Arbeit in der Sennargegend sparen ... Mit den Booten, die ihr habt, hätte er die Nilverbindung bald hergestellt. Und was den Sklavenhandel betrifft, so ist der Mahdi zehnmal schlimmer als Sebehr, auf den man durch Subsidien einwirken könnte, daß er in Schranken bliebe. Sebehr wäre für uns eine Art Vermittelung zwischen dem Davonlaufen und der fortwährenden Gegenwart von Truppen im Land. Der Mahdi wäre nie im stand, das Volk gegen Sebehr aufzuhetzen. Nur weil man den Leuten keinen Mittelpunkt bietet, müssen sie sich an jenen halten. Hätte man den Sebehr kommen lassen, der Mahdi hätte lange nicht so viel Anhang; und wäre er hier gewesen, so wäre Berber nicht gefallen."

Wir haben vorgegriffen, doch ist aus diesen Mitteilungen ersichtlich, daß Gordons Vorschlag keine plötzliche Eingebung, keine Unüberlegtheit war; es war vielmehr ein Gedanke, der durch jede neue Erfahrung bei ihm sich vertiefte. Es folgt hier eine frühere Depesche an Sir E. Baring, den Vertreter Englands in Kairo, die in gedrängten Sätzen Gordons Ansicht in der Sebehrfrage klar und eingehend darlegt.

Khartum, den 8. März 1884.

„Die Ernennung Sebehrs ist gleichbedeutend mit der Möglichkeit des Rückzugs der ägyptischen Angestellten von Khartum, sowie der Besatzungen von Sennar und Kassala.

Ich sehe keine andere Möglichkeit, dies ins Werk zu setzen, als eben durch ihn, der als ein Eingeborener dieses Landes ein Mittelpunkt für die Bessergesinnten werden wird, die sich um so eher ihm anschließen werden, weil sie wissen, daß er sich hier in seiner Heimat niederlassen wird.

Ich bin nicht der Ansicht, daß die Thatsache, dem Sebehr auf zwei Jahre Hilfsgelder zu bewilligen, mit der Räumungspolitik unverträglich wäre.

Was das Halten von Sklaven betrifft, so könnten wir es auch dann nicht unterdrücken, wenn wir selbst im Sudan blieben. Ich habe immer gesagt, daß der Vertrag vom Jahre 1877 unausführbar ist; also würde Sebehrs Ernennung in dieser Hinsicht durchaus keinen Unterschied machen.

Mit der Sklavenjagd hätte es nach Räumung der Bahr el Ghasal und der Äquatorprovinzen von selbst ein Ende.

Sollte Sebehr nach Ablauf der zwei Jahre und nachdem er Hilfsgelder eingesteckt hat, sich jener Distrikte zu bemächtigen suchen, so könnten wir leicht von Sauakin her einen Druck auf ihn ausüben, welcher Ort nach wie vor in unserer Hand bliebe.

Ich halte dafür, daß Sebehr mit dem Sudan selbst und mit der Befestigung seiner Stellung zu viel zu thun haben wird, als daß ihm Zeit bliebe, sich um jene Distrikte zu kümmern.

Was die Sicherheit Ägyptens betrifft, so war Sebehr lange genug in Kairo, um unsere Macht kennen gelernt zu haben; er würde es sich nicht leicht beikommen lassen, etwas gegen Ägypten zu unternehmen. Ich glaube im Gegenteil, daß er Handelsvorteile in einem Bündnis suchen würde, denn er ist ein geborener Krämer.

Das Zurückziehen der Besatzungen anlangend, so habe ich bis jetzt nur das erreicht, daß die Invaliden, die Witwen und Kinder der in Kordosan Gebliebenen flußabwärts geschickt werden.

Nach heutigem Bericht ist Sennar ruhig.

Auch Kassala wird sich infolge von Grahams Sieg ohne Mühe halten, aber die Verbindung ist abgeschnitten, sowie auch die Verbindung mit Sennar.

Es wird unmöglich sein, der Straße nach Kassala und Sennar Herr zu werden, oder die ägyptischen Truppen von hier weg zu befördern, wenn Sebehr nicht kommt. Sein Kommen würde die ganze Sachlage ändern.

Die Äquatorprovinzen und die Bahr el Ghasal sind soweit sicher, aber ich kann die dortigen Besatzungen nicht zurückziehen, ehe der Nil steigt, was in zwei Monaten zu erwarten ist.

Dongola und Berber sind ruhig, aber ich fürchte, daß der Weg zwischen Berber und Khartum nicht lange mehr offen sein wird, denn auf der ganzen Strecke treiben des Mahdi Anhänger ihr Wesen.

Am blauen Nil ist eine Besatzung von tausend Mann von den Rebellen eingeschlossen, doch fehlt es ihnen nicht an Proviant; ehe der Nil steigt, kann ich ihnen nicht zu Hilfe kommen.

Auch Darfur, soweit ich Nachricht habe, ist ruhig; der neueingesetzte Sultan läßt es sich hoffentlich angelegen sein, Anhang unter den Stämmen zu gewinnen.

Es ist ganz unmöglich, einen andern Mann als Sebehr mit Erfolg hier einsetzen zu wollen. Kein anderer hat soviel Einfluß wie er. Hussein Pascha Khalifa könnte nur mit Dongola und Berber fertig werden.

Wird Sebehr nicht hierher geschickt, dann fehlt alle Aussicht, die Besatzungen zu retten; das fällt schwer ins Gewicht zu seinen Gunsten.

Auch ist es unmöglich, das Land zwischen Sebehr und anderen Häuptlingen zu teilen; keiner der andern könnte sich auch nur einen Tag gegen die Helfershelfer des Mahdi halten; auch Hussein Pascha Khalifa würde fallen.

Die Häuptlinge weigern sich gemeinsame Sache zu machen; Loyale und Rebellen stehen einander gegenüber.

Es ist durchaus nicht zu fürchten, daß Sebehr sich je mit dem Mahdi unter eine Decke stecken werde. Sebehr wird hier weit größere Macht besitzen als der Mahdi und wird sich nicht scheuen, ihm dies begreiflich zu machen.

Der Mahdi ist mit dem Papst zu vergleichen, Sebehr aber würde Sultan sein; da ist keine Gefahr, daß die zwei sich einigen.

Sebehr ist dem Mahdi fünfzigmal gewachsen. Er ist auch aus guter Familie,*) genießt Ansehen und würde die Sultanwürde gut bekleiden; der Mahdi ist von all dem das Gegenteil und ein Fanatiker dazu.

Ich zweifle gar nicht, daß Sebehr, dem die Stämme verhaßt sind die Aufruhrsaat gesäet hat und zwar in der Hoffnung, daß man ihn dann hier nötig haben würde, um Ordnung zu schaffen.

Es ist die Ironie des Schicksals, die ihm seinen Wunsch erfüllt, wenn er hierher geschickt wird."

Gordon predigte mit dieser klaren Auseinandersetzung tauben Ohren, die Minister im fernen England und außer Zusammenhang mit Land und Leuten erklärten Sebehrs Ernennung für eine Unmöglichkeit; die öffentliche Meinung würde sich dagegen auflehnen, hieß es. Und als Berber von den Rebellen bedroht wurde, zog man sich auf den Standpunkt der Friedenspolitik zurück und verweigerte eine Truppensendung. Es gehe gegen den Sommer, und die Soldaten würden der Hitze erliegen, wandte man vor. Jetzt allerdings, diesen ganzen Sommer (1885), liegt englisches Militär im Sudan, weil es im April des vorigen Jahres zu heiß war!

Schon im März 1884 war die Lage Khartums eine bedenkliche

*) Ein direkter Abkömmling der Abassiden.

geworden. Etliche Meilen nördlich von der Stadt befindet sich das kleine Halfaja, woselbst eine Truppenabteilung von achthundert Mann, welche Gordon mit Waffen versehen hatte, von viertausend Rebellen eingeschlossen war. Der Ort liegt am Fluß, aber neuerdings war auch die Schiffahrt abgeschnitten. Die Besatzung hielt mutig aus und Gordon beschloß, ihr zu Hilfe zu kommen. Die Rebellen wurden täglich kühner und waren der Stadt selbst schon so nahe gerückt, daß ihre Kugeln den Palast erreichten. Es schien, als ob man sich auf die Verteidigung Khartums beschränken müsse, allein der Versuch, jene Getreuen zu entsetzen, sollte gemacht werden. Gordon hatte drei Dampfer kriegstüchtig gemacht und mit Geschütz versehen; mit diesen und zwölftausend Mann zog er aus. Nach zwei Tagen hatte er mit Verlust von zwei Mann die Belagerten entsetzt, und mit der Besatzung von Halfaja, ihren Kamelen und Pferden und einem beträchtlichen Vorrat von Kriegsbedarf kehrte er nach Khartum zurück. Der Jubel in der Stadt soll keine Grenzen gekannt haben, aber nur zu bald stand der öffentlichen Freude die Unglückspost gegenüber, daß Schendi den Rebellen erlegen und Berber bedroht sei. Die Khartumer selbst erlebten auf ihren Sieg eine böse Niederlage. Denn als die Rebellen fortfuhren, sich in der Nähe der Stadt zu postieren und den Palast zu beschießen, beschloß Gordon einen zweiten Ausfall, den er den ägyptischen Truppen unter ihren eigenen Offizieren übertrug. Er selbst beobachtete die Bewegungen vom Dach des Palastes aus. Die feindliche Linie erstreckte sich mehrere Meilen weit am blauen Nil hin. Die Ägypter drangen stetig vor und der Feind zog sich hinter die Dünen zurück, die, teilweise mit Bäumen und Strauchwerk bewachsen, eine natürliche Schutzwehr bilden. Es schien, als ob die Rebellen den Kampf weigern wollten, und die andern rückten ihnen nach, ihre Anführer voraus, bis diese wie von einem plötzlichen Schrecken ergriffen unversehens kehrt machten und auf ihre eigene Mannschaft eindrangen. Es entstand Unordnung; in die gebrochenen Reihen stürzten sich die berittenen Rebellen und die Flucht der Ägypter war die Folge. Ein Rebell durchrannte mit seinem Speere sieben Flüchtlinge in sieben Minuten. Das fürchterlichste Gemetzel zog sich bis in die Nähe von Khartum. Es war in jeder Hinsicht eine schimpfliche Niederlage. Die überbleibende Mannschaft aber war laut in der Anklage gegen ihre beiden Anführer, welche die ganze Reißausaffaire ins Werk gesetzt hatten. Es wurden sogar Beweise beigebracht, daß einer derselben einen Kanonier zu Boden schlug, der sein Geschütz gegen den Feind richten wollte. Sieben Stunden nach dem Gefecht lagen noch Verwundete umher; zum Glück waren es nur zwanzig, denn die Araber machten den Verwundeten den Garaus wo sie konnten. Oberst Stewart holte sie heim mit einem der Dampfer und brachte sie ins Lazarett. Weithin lagen die Erschlagenen, zweihundert an der Zahl, während der Feind nur vier Mann eingebüßt hatte.

Den beiden Anführern wurde übrigens ihr Lohn zu teil; die Leute brandmarkten sie einstimmig als Verräter, welche absichtlich gegen ihre Mannschaft kehrt gemacht hatten, um für den Feind eine Öffnung zu gewinnen. Beide Paschas, Said und Hassan, wurden vor ein Kriegsgericht gestellt und erschossen. In Hassans Wohnung fand sich ein beträchtlicher Waffenvorrat vor, und es ergab sich überdies, daß beide den Truppen ihre Löhnung vorenthalten und selbst eingesteckt hatten. Sie hatten es offenbar darauf abgesehen, früher oder später zum Feinde überzugehen. Die Stimmung Khartums litt übrigens nicht durch diese Niederlage. Die Bevölkerung war voll guter Zuversicht zu ihrem Statthalter und es fehlte nicht an handgreiflichen Beweisen der Opferwilligkeit. Ein wohlhabender Araber bot Gordon ein unverzinsliches Darlehen von siebentausend Thaler an, ein anderer war erbötig, zweihundert Mann auf eigene Kosten zu bewaffnen. Die Stadt war bereit, sich an Gordon zu halten, der sie seinerseits nicht im Stich lassen würde. Die Rebellen schickten täglich ihre Grüße über die Mauern und schienen es besonders auf den Regierungspalast abgesehen zu haben, der nach kurzer Zeit mit Kugeln gespickt war.

Den Statthalter selbst, der viele Stunden auf seinem Dach verbrachte, traf keine; sie fielen zu seiner Rechten, sie fielen zu seiner Linken, er selbst schien gefeit wie früher.

Dem falschen Propheten hatte Gordon anbieten lassen, er wolle ihn zum Sultan von Kordofan ernennen, wenn er zu unterhandeln bereit sei. „Ich bin der Mahdi", lautete die großartige Antwort. Drei bewaffnete Derwische erschienen eines Tages vor Khartum und begehrten Audienz. Sie wurden vor Gordon gebracht. Ihr Auftrag war, die Feierkleider zurückzubringen, die dieser dem Mahdi als Friedensgeschenk übersandt hatte. Darauf produzierten sie ein Derwischgewand, das Gordon anlegen sollte, um sich damit als Muselmann und Anhänger des Propheten Muhamed Achmet, des Mahdi, zu bekennen. Es läßt sich denken, daß jener mit nicht allzuviel Ceremonie für die zugedachte Ehre sich bedankt hat. Von Stund an war es klar, daß von einer Räumung des Landes keine Rede sein konnte, wenn nicht der Mahdi wie einst Pharao mit Gewalt, im gegenwärtigen Falle mit Waffengewalt, belehrt wurde, daß er diese Leute müsse ziehen lassen. Auf britische Truppen aber war nicht zu rechnen und Gordon sah, daß ihm nichts weiter übrig blieb, als selbst zu handeln; auch war er rasch entschlossen und erließ an alle ägyptischen Truppen, welche durch die Wüste nordwärts zogen, den telegraphischen Befehl zurückzukehren.

Es läßt sich hier passender Weise Gordons Ansicht über den Abfall vom Glauben einschalten. Vorausgeschickt sei die Bemerkung, daß der Mahdi nicht alle Europäer in diesem Stück so fest fand wie unsern Helden. Als Obeid in die Hände des falschen Propheten fiel, soll nur einer der dortigen römischen Missionspriester Treue gehalten haben, alle andern mitsamt den Nonnen trieb die Angst dem Muhamedanismus in die Arme. Die letzteren gingen sogar noch weiter und traten mit dortigen Griechen in ein nominelles Ehebündnis, um sich vor Gewalt zu schützen. Da wird der Papst einen schönen Lärm schlagen, meinte Gordon, das ist ja eine Union der katholischen

Kirchen. Es ist übrigens nicht dieser Scherz, worauf wir hinweisen wollten, sondern auf folgende Stelle in seinem Septembertagebuch:

„Was die an den Mahdi und an verschiedene Araberhäuptlinge geschriebenen Briefe anlangt, so gebe ich zu, daß sie scharf waren, aber es ist keine Kleinigkeit, wenn ein Europäer aus Furcht vor dem Tod seinen Glauben abschwört; es war nicht so vor alters, und sollte auch heute nicht so leicht von statten gehen, wie das Vertauschen eines Rockes mit einem andern. Wenn der christliche Glaube auf Einbildung beruht, dann werft ihn immerhin ab; aber es ist niedrig und ehrlos das zu thun, um sein Leben zu retten, wenn man ihn für den wahren Glauben hält. Was kann stärker sein als diese Worte: ‚Wer mich aber verleugnet vor den Menschen, den will ich auch verleugnen vor meinem himmlischen Vater!‘ Die alten Märtyrer betrachteten solche als ihre Feinde, die sie davon abzuhalten suchten, ihren Glauben frei zu bekennen. Und was für Männer hatten wir in England zur Zeit der Glaubensverfolgungen, als die Reformation sich Bahn brach, und damals galt es nicht um das, um was es hier gilt; es handelte sich dort nur um die Messe, während es sich hier um unsern Herrn und sein Leiden handelt . . . In politischer wie moralischer Hinsicht ist es besser für uns, nichts mit den abtrünnigen Europäern im arabischen Feldlager zu thun zu haben. Verrat führt nie zu gutem Ende, und mag es uns gehen wie es will, so ist es besser wir fallen mit reinen Händen . . . Mit Ehren zu erliegen, ist besser als ein Sieg mit Unehren, und auch die Ulema in der Stadt sind dieser Meinung. Sie wollen nichts mit Verrat zu thun haben."

Wo obige Punkte stehen, hatte der ehrliche Gordon angemerkt, wenn die Tagebücher je gedruckt würden, sei es vielleicht gut, die ganze Stelle zu unterdrücken, denn kein Mensch habe das Recht, einen andern zu richten.

Es mag eine schwere Zeit inneren Kampfes für Gordon gewesen sein, als es ihm aus den englischen Depeschen immer klarer wurde, daß man ihm nicht nur die Hilfe Sebehrs verweigerte, sondern überhaupt gesonnen war, ihn sich selbst zu überlassen — Krieg sollte vermieden werden; und das Schlimmste war noch, daß die Hälfte der abgesandten Depeschen ihn gar nicht erreichte. Es fehlte nicht an dringenden Vorstellungen seinerseits, und wochenlang schien Schweigen die Antwort zu sein. Wohl war er mit dem Gedanken ausgezogen, daß er als ein Friedensapostel kraft seines persönlichen Einflusses die ihm übertragene Mission erfüllen solle. Daß seine Regierung ihm aber gegebenen Falls unter die Arme greifen, daß sie ihn mindestens nicht im Stich lassen würde, das sollte keiner Vorversprechungen bedurft haben! Gordon hatte wieder und wieder erklärt, daß es ganz unmöglich wäre, die ägyptische Besatzung von Khartum zurückzuziehen, ohne die Stadt dem Mahdi zu überantworten und, was noch schlimmer wäre, die ägyptischen Besatzungen von Kassala, Sennar, Berber, Dongola und weiterhin in der Bahr el Ghasal ihrem Schicksal zu überlassen; dies aber erschien ihm als eine Feigheit, zu der er die Hand nicht bieten wollte. Was den Aufstand an sich betrifft, so war Gordon der Ansicht, daß es zu jener Zeit noch nicht tausend Mann englischer Truppen bedurft hätte, um gründlich aufzuräumen. Und als es klar war, daß englisches Militär zu diesem Zweck nicht vorhanden sei, kam er um die Erlaubnis ein, an die Türken zu appellieren; auch dies wurde ihm verweigert. Es war um diese Zeit, im März, daß der verlassene Held in einer eigentümlichen Depesche der englischen Regierung wie den ägyptischen Behörden seinen Dank für alle bisherige Beihilfe aussprach und die Erklärung beifügte, die betreffenden Machthaber hätten alles gethan, was von ihnen zu erwarten sei. Gordons englischer Biograph, Hake, macht darauf aufmerksam, daß diese Worte, so satirisch sie auf den ersten Blick erscheinen, auch nicht die Spur von Hohn enthalten, daß sich vielmehr die einfache und männliche Haltung des Mannes darin ausspräge, von Stund an die Verantwortung der Lage auf seine Schultern zu nehmen als einer, der sich nicht nach seiner Wahl gezwungen sieht, der Übermacht der Umstände nach bestem Ermessen in eigener Kraft entgegen zu treten. In der Freiheit des Handelns aber lag die eine Hoffnung, die Tausende zu retten, deren Ankerpunkt er war. Es liegt etwas unendlich Rührendes darin, daß Gordon sich, abgesehen von seinem Pflichtgefühl überhaupt, für die ägyptischen Besatzungen aufopferte, für

Menschen, die er im besten Fall immer nur als „Schafe" kennen gelernt hatte und von denen er nie viel Gutes sagen konnte. Diese Thatsache ist nicht der geringste Edelstein in der Krone des unvergleichlichen Mannes. Ein schönes Streiflicht hiezu giebt uns sein Tagebuch unterm 27. Oktober:

„Nicht weil ich dieses Volk hochachte, befürworte ich es, ihnen zu helfen, sondern weil sie ein so kraftloses, selbstsüchtiges Geschlecht sind, und weil dies die Frage unserer Pflicht ihnen gegenüber nicht beeinflussen kann. Die Erlösung der Menschen hätte nicht stattgefunden, käme unser Verdienst dabei in Betracht." Und anderswo: „es ist ja gerade weil wir so unwert sind, daß der Herr uns erlöst hat."

Selbst im eigenen Lager war Gordon vor Verrat nicht sicher, und die Wohlgesinnten waren ein verzagtes Volk. Hake vergleicht ihn treffend mit dem kühnen Schiffsführer, der mit fester Hand ans Steuer tritt, um, so es möglich ist, die ihm anvertrauten Seelen in der Sturmnot zu retten. Ein Segel am Horizont war in Sicht gewesen, ja die eigene englische Flagge, aber trotz seiner Notsignale beharrte der ferne Segler auf seiner Bahn. Man hatte ihm nur zurücksignalisiert: „Ihr habt Boote und könnt euch davon machen; laßt das Schiff sinken, es ist doch nicht zu retten." Nicht so der Tapfere; trug sein Schiff doch kostbare Dinge, Schätze, die er nicht gering achtete, als da sind die Ehre des Mannes und die des Volkes, dem er angehört, und Gerechtigkeit, ja Erbarmung gegen die Hilflosen, die an ihn sich halten. Ist sein Schiff anderen nicht so viel wert, daß sie es retten, so will er thun was er kann, und lieber mit versinken, als ehrlos davongehn. Er ruft sein Schiffsvolk zusammen und sagt ihnen: Selbst ist der Mann! Er heißt sie die nutzlose Notflagge einziehen und zeigt ihnen, wie das lecke Schiff noch flott zu halten ist. Er beseelt sie mit seinem Heldenmut, und die Verzagenden legen Hand an, seiner Führung vertrauend. Wohl hätten sie Rettungsboote, sagt er ihnen, aber nicht für alle, und wer die eigene Haut retten wolle, der könne es immerhin versuchen. Die Sturmflut steigt,

Wellen türmen sich auf Wellen, und zwischen den Wogen gähnt das Grab. Das ferne Segel, die ihm teure Flagge verschwindet am Horizont. Wohl kostet es ihn einen bitteren Schmerz, doch wächst der Mut ihm mit der Not. Noch ist es Tag, er will thun, was er kann als Schiffsherr und Steuermann; und kommt die Nacht, so ist Gott über ihm und ist auch dann noch da, wenn kein Polarstern mehr leuchtet.

Und Gordon blieb in Khartum, als englische Saumseligkeit sich zurückzog. Wer will es ihm verargen, daß die Haltung der Regierung, auf die er sich verlassen hatte, ihn mit bitterer Entrüstung erfüllte? Mit nackten Worten meldete er derselben, daß, möchten sie thun, was sie verantworten könnten, er nie und nimmer eine Besatzung verlassen werde, die an ihn sich klammere, daß er allen und jeden Versuch machen werde sie zu retten, ob solche Versuche auf den Leisten der Diplomatie paßten oder nicht. Die Khartumer hätten ihm ihr Geld geliehen, er hätte sie veranlaßt ihr Getreide billig zu verkaufen, er könne sein Schicksal von dem ihren nicht trennen.

„Soweit ich die Lage beurteilen kann", telegraphierte er am 5. Mai an Sir E. Baring, der für ihn die englische Regierung vertrat, „ist sie einfach die: Sie erklären es als Ihre Absicht, weder Khartum noch Berber mit Truppen zu Hilfe zu kommen, und Sie verweigern mir Sebehr. Ich betrachte mich unter diesen Umständen frei, zu handeln wie die Lage gebietet. So lange es möglich ist, werde ich hier feststehen, und wenn ich den Aufruhr unterdrücken kann, werde ich es thun. Vermag ich es nicht, dann ziehe ich mich an den Äquator zurück und überlasse Ihnen den unauslöschlichen Schimpf, die Besatzungen von Sennar, Kassala, Berber und Dongola im Stich gelassen zu haben, mit der Gewißheit obendrein, daß Sie den Mahdi früher oder später doch noch werden vernichten müssen — und dann unter größeren Schwierigkeiten als jetzt — wenn Sie anders Ägypten nicht auch fahren lassen wollen."

Dieses Telegramm war sozusagen Gordons letzter Hilferuf an die englischen Minister; er verhallte ungehört. Die Stimme des Volkes zwar erhob sich und wollte den Helden nicht verlassen sehen.

Auch im Parlament kam die Sache wieder und wieder zur Sprache. Lord Granville erklärte, daß wenn Gordon sich verlassen fühle, es nur deshalb sein könne, weil die englischen Telegramme ihn nicht erreichten; und Gladstone gab die keiner Auslegung bedürfende Erklärung ab, daß es Gordon jederzeit frei stände, seinen Auftrag niederzulegen und nach England zurückzukehren! Die öffentliche Meinung in jenen Tagen glich einer wogenden See; Gordons Telegramm konnte nichts anderes als Teilnahme hervorrufen. In einer Versammlung der Patriotic Association wurde einstimmig erklärt: „Wir verwerfen die Politik, die im Begriff ist, Gordon im Stich zu lassen, als eine unwürdige und das Land entehrende.“ Und sowohl in dieser Versammlung als anderwärts wurde darauf hingewiesen, daß Gordons eigenartige Mission selbst den Ministern gegenüber von der Voraussetzung nicht zu trennen wäre, daß er nach seiner Einsicht handeln müsse, und daß man ihm, als er die Sendung übernahm, zu verstehen gegeben hätte, Unterstützung würde ihm nötigenfalls werden. Es seien leere Versprechungen gewesen; er habe um Geldmittel telegraphiert, man habe sie ihm verweigert; er habe nachgewiesen, daß Sebehr die beste Lösung der Frage sei, man sei ihm entgegengetreten; er habe um Truppen nachgesucht, man habe ihn benachrichtigt, er dürfe nicht darauf rechnen.

Selbst Privatpersonen erklärten sich bereit, für die Regierung in die Bresche zu treten. Eine wohlhabende Dame bot in der Times fünftausend Pfund an, in der Hoffnung, daß durch freiwillige Beiträge eine genügende Summe zusammenkäme; eine Schar Freiwilliger sollte ausziehen, um England die Schande zu ersparen, den Helden und seine beiden opferwilligen Gefährten umkommen zu lassen. Der Horizont wurde täglich dunkler. Dringende Mahnrufe ergingen an die Regierung von dem belagerten Berber; man könne nicht helfen, hieß es, Hilfe thue dort in sechzehn Stunden not, und ein Zuzug brauche so viele Wochen. Daher unterblieb er. Das letzte, was man von Berber hörte, war die Botschaft, daß Hussein Khalifa die Stadt nur noch mit der Hoffnung halte, daß englische Entsatzung auf dem Wege sei; und als sich die Hoffnung als eine leere erwies, hieß es auch dort: Wir sind verlassen, wenn Gott uns nicht hilft. Von Kairo war Nachricht nach London gekommen, daß in Berber ein panischer Schrecken den Rebellen in die Hände arbeite, und wenn die telegraphische Verbindung nach Khartum noch einmal benutzt werden solle, dann sei keine Zeit zu verlieren.

Und Berber fiel, unter Greuelscenen, wie sie den Sudankrieg kennzeichnen. Es war das Vorspiel für Khartum. Es war die Brandglocke. Noch wäre es Zeit gewesen, um dort zu löschen, allein man schlief ruhig weiter, ob nicht ein Regenguß vom Himmel, oder sonst was zu Hilfe käme und eigene Anstrengung ersparte. Und Schweigen fiel auf die verlassene Stadt. Depeschen blieben aus, man wußte nicht mehr wie es dort ging. Fünf Monate lang keine Nachricht, oder doch nur unzuverlässige Gerüchte. Doch das wußte, wer es wissen wollte — sein vergangenes Leben bürgte dafür — daß Gordon die Pflicht für sein Volk wie ein Held erfüllte. Hatten die Seinen ihn verlassen, so war Gott mit ihm, und er wagte den Kampf.

Fünftes Kapitel.

Mannhaft auf dem Posten.

Gordon verlor keine Zeit, die Verteidigung Khartums ins Werk zu setzen. Seine erste Sorge war der Proviant. Es ergab sich, daß die Stadt eine fünfmonatliche Belagerung würde aushalten können. Den Armen wurde eine tägliche Ration bewilligt. Der leeren Kasse half er durch Papiergeld auf, und es beweist das Vertrauen der Leute, daß ihnen sein Wort für Zahlung galt. Auf diese Weise hielt er sein unzuverlässiges Militär zusammen und verhinderte wenigstens um jene Zeit das Desertieren. Um die Stadt her legte er Sprengminen, und in Erwartung der unbeschuhten Füße etwaiger Sturmläufer war der Boden weithin mit Glasscherben und zu ähnlichen Zwecken angefertigten Stachelnüssen bestreut, nämlich mit eisernen Nüssen, die, wie sie auch fallen, eine oder mehrere ihrer Spitzen nach oben kehren. Zwischen den Minen waren Drahtangeln angebracht, um den anlaufenden Feind zu Fall zu bringen. Gordon war entschlossen, sich und die Stadt so teuer als möglich zu verkaufen. An Schießbedarf fehlte es glücklicherweise nicht. Auch ließ die Gesundheit der Stadt nichts zu wünschen übrig, und der Nil war im Steigen; letzteres war ein Hauptfaktor in Gordons Berechnung, welcher sich bei dem Angriff auf die Rebellen hauptsächlich auf seine Dampfer verließ.

Keine Woche verging, ehe er die Scharte der Dünenniederlage auswetzte, und zwar eben durch einen der Dampfer, der mit einer

Kruppkanone unter den Rebellen aufräumte. Es war Gordons Genie, das aus gewöhnlichen Nilbooten Kriegsschiffe schuf, die ihrem Zweck vollkommen genügten. Manchen heißen Arbeitstag verwandte er selbst darauf, diese Schiffe mit Eisenplatten und mehrfach übereinandergelegten Holzdielen zu panzern und zum Spießrutenlaufen zwischen den von den Rebellen besetzten Ufern kugelfest zu machen. Seine Dampfer begleiteten sechs Barken, auf denen er zwanzig Fuß hohe Türme errichtete, die seine Schützen trugen. Die Flotte muß einen seltsamen Anblick gewährt haben; Gordon war aber offenbar stolz auf ihre Tüchtigkeit.

Saati Bey war Flottenführer. Fast täglich wagte das kleine Geschwader den Ausfall aus der blockierten Stadt und kehrte öfters mit Beute — Vieh und Getreide — zurück, was nicht mit Geld aufzuwiegen war. Überhaupt konnte Gordon nur auf die Schiffe rechnen, wie aus seiner nicht ohne bittern Humor abgefaßten Notiz hervorgeht:

„Unsere Dampfer halten sich prächtig; das ist ein Vorteil zu Wasser, daß die Mannschaft nicht davonlaufen kann, sondern wohl oder übel stand halten muß!"

Es fehlte auch nicht an kleinen Gefechten, wodurch wenigstens das erreicht wurde, daß man sich die Rebellen auf Armslänge vom Leibe hielt; einen Angriff auf die Stadt selbst wagten dieselben nicht mehr, nachdem sie mit den Sprengminen Bekanntschaft gemacht hatten. Als Berber gefallen war, schlossen sich auch die Schaggyeh-Beduinen an den Mahdi an, die das Land nordwärts von Khartum inne hatten. Damit war die Isolierung der Stadt eine vollständige.

Die Spannung in England nahm mit den Sommermonaten zu. Bei dem Ausbleiben aller glaubwürdigen Nachrichten malte man sich die Lage der Stadt noch schlimmer aus, als sie damals in Wirklichkeit war; man sah sie dem hohlängigen Hunger einerseits, den fanatischen Horden des Mahdi andererseits in die Arme fallen, man sah den heroischen Gordon mit seinen tapfern Gefährten, wie sie, von aller Welt verlassen, den sinkenden Mut von Tausenden aufrecht erhielten, obschon ihnen selbst kein Hoffnungsstern leuchtete. Und als endlich verlautete, der Regierung habe das Gewissen geschlagen und Entsatzungstruppen würden abgehen, da hielt mancher dafür, wie es sich ja leider auch als wahr erwiesen hat, daß das Ministerium der Verspätungsmaßregeln auch hier wieder mit dem guten Willen hinterdrein kommen werde.

Am 29. September, nach fünfmonatelangem Schweigen, brachte die Times Nachrichten von Khartum. Die Aufzeichnungen Powers*) waren am Abend vorher angelangt, und das englische Volk las mit klopfendem Herzen, wie es den drei Söhnen Englands in der belagerten Nilstadt erging; hatte man doch die Hoffnung aufgegeben, je wieder Beruhigendes von ihnen zu vernehmen. Die hier folgenden Notizen zeigen mit der Kürze von Depeschen, wie Gordon, Stewart und Power zwischen dem ersten Mai und letzten Juli mannhaft auf ihren Posten standen und Khartum bis dahin gehalten hatten.

„1. Mai. — Der befehlende Offizier der Ingenieure legte eine Sprengmine mit achtundsiebzig Pfund Pulver, trat aber unglücklicherweise selbst darauf und wurde mit sechs seiner Leute zerschmettert.

„3. Mai. — Ein Mann berichtet von einer englischen Armee in Berber.

„6. Mai. — Energischer Angriff seitens der Araber auf die Befestigungen am Blauen Nil; die Minen, die wir bei Buri legten, brachten ihnen große Verluste.

„7. Mai. — Starker Angriff von einem gegenüberliegenden Dorf; neun Minen explodierten und wir hörten nachher, daß es die Rebellen einhundertundfünfzehn Tote kostete. Die Araber schossen ununterbrochen. Oberst Stewart vertrieb sie mit zwei prächtigen

*) Gordons Aufzeichnungen, oder richtiger Stewarts Tagebuch aus dieser Zeit, das, wie Gordon in seinen „Tagebüchern“ bemerkt, auch als sein Tagebuch anzusehen sei, ist, wie späterhin ersichtlich, dem Mahdi in die Hände gefallen, weßhalb über diese fünf Monate nur spärliche Berichte vorliegen.

Salven mit einem vor dem Palast aufgestellten Kruppschen Zwanzigpfünder aus ihrer wichtigsten Stellung. Während der Nacht brachen sie Schießscharten in die Mauern, aber am 9. verjagten wir sie, nachdem sie das Dorf drei Tage inne gehabt hatten.

„25. Mai. — Oberst Stewart durch eine feindliche Kugel verwundet, während er eine Mitrailleuse vor dem Palast leitete, ist jetzt wieder hergestellt.

„26. Mai. — Bei einem Manöver auf dem Weißen Nil schoß Saati Bey eine Bombe in ein arabisches Pulvermagazin. Gewaltige Explosion, an sechzig Bomben platzten.

„Während der Monate Mai und Juni tägliche Dampferexpeditionen unter Saati Bey. Unsere Verluste unerheblich. Viel Vieh eingebracht.

„25. Juni. — Cuzzi, der englische Konsul von Berber, der bei den Rebellen ist, brachte unsern Linien Bericht vom Fall Berbers. Er ist auf dem Weg nach Kordofan.

„30. Juni. — Saati Bey hat den Rebellen vierzig Ardeb Korn abgejagt, und zweihundert Araber sind dabei gefallen.

„10. Juli. — Saati Bey machte einen Angriff auf Gatarceb, nachdem er Kalakla und drei andere Dörfer in Brand gesteckt hatte; er und drei seiner Offiziere fielen. Saatis Verlust ist keine Kleinigkeit.

„29. Juli. — Wir haben die Rebellen aus Buri am Blauen Nil verjagt; es hat sie viel Tote gekostet, uns ziemlich Munition und achtzig Gewehre eingetragen. Die Dampfer rückten bis El-Efan vor, säuberten dreizehn Schanzen und zerschmetterten zwei Kanonen. Die ganze Belagerung bisher hat uns keine siebenhundert Mann gekostet.

„31. Juli. — Mit dem heutigen schließt der fünfte Monat der Belagerung. Gestern schickte ich über Kassala einen übersichtlichen Bericht über unsere Lage und die hauptsächlichsten Ereignisse seit dem 25. März. Bis 23. April ging wöchentlich mehrmals Nachricht ab; nach diesem Datum wars unmöglich Botschaft nach Berber zu bringen. Wir sind jetzt seit fünf Monaten eng belagert, die arabischen Geschosse erreichen den Palast von allen Seiten.

„Seit 17. März ist kein Tag ohne Beschießung vergangen, trotzdem berechnen sich unsere Tote von Anfang an höchstens auf siebenhundert. Verwundungen, die im ganzen leicht sind, gabs viele. Seit die Stadt eingeschlossen ist, läßt General Gordon den Armen Zwieback und Korn verabreichen, und bis jetzt hat niemand ernstlich Not gelitten. Aber Teuerung herrscht, und die Lebensmittel sind enorm im Preis gestiegen; Fleisch, wenn mans überhaupt kriegen kann, kostet acht oder neun Schilling per Ober. Die Klassen, die sich nicht unterstützen lassen können, leiden am meisten.

„Mit der Nachricht, die uns vorgestern erreichte, ist unsere letzte Hoffnung dahin, daß unsere Regierung uns zu Hilfe kommen werde. Wir haben noch Mundvorrat auf zwei Monate, und dann bleibt uns nichts übrig als zu fallen. Mit den Truppen, die uns zu Gebot stehen, und den vielen Weibern und Kindern ist es ganz unmöglich daran zu denken, sich durch die Araber durchzuschlagen. Wir haben nicht genug Dampfer um alle fortzuschaffen, und nur mit Hilfe der Dampfer können wir den Rebellen begegnen.

„Ein berittener Araber genügt, um zweihundert von unserer Mannschaft in die Flucht zu schlagen. Als Saati Bey fiel, hatten ihrer acht mit Speeren zweihundert der unsern angegriffen, deren jeder sein Gewehr trug. Die Kerle nahmen sofort Reißaus und kümmerten sich nicht darum, daß Saati und sein Vakiel erschlagen wurde. Ein schwarzer Offizier hieb drei jener Araber zusammen, und die anderen fünf genügten, die ganze Truppe der unsern davonzujagen. Ein Berittener, der dazu kam, sprengte durch die flüchtige Schar und schlug sieben zu Boden. Oberst Stewart, der keine Waffen trug, kam wie durch ein Wunder davon; die Araber hatten ihn nicht gesehen. Was kann man mit solchen Truppen anfangen? Die Neger sind die einzigen, auf die wir uns verlassen können.

„Der Ausfall der schwarzen Mannschaft unter Mehemet Ali

Pascha am 28. dieses war glänzend; die Araber müssen schwere Verluste gehabt haben. General Gordon hat es den Soldaten verboten, die Köpfe der erschlagenen Rebellen einzubringen, die Zahl läßt sich daher nur mutmaßen. Wir eroberten bei dieser Gelegenheit sechzehn Bomben, ziemlich viel Kartätschen und Patronen, eine schöne Anzahl Gewehre, an zweihundert Lanzen, sechzig Schwerter und einige Pferde. Wir hatten vier Tote und etliche Leichtverwundete. Dieser Sieg hat uns die Rebellen eine Zeitlang vom Hals geschafft, die unsere Linien bei Buri am Blauen Nil unablässig, selbst nachts beschossen.

„Den folgenden Tag, am 29. dieses, rückte unser Geschwader, d. h. fünf Kriegsdampfer und vier mit Türmchen und Geschütz versehene Barken, nach Giraffa am Blauen Nil vor. Ich ging mit. Wir säuberten dreizehn kleine Forts, stießen aber bei Giraffa auf zwei beträchtlichere Verschanzungen — Erdwälle mit starken Palissaden aus Palmstämmen. Die eine trug zwei Kanonen. Wir beschossen diese Verschanzungen acht Stunden lang, bis wir die beiden Kanonen mit unserem Kruppschen Zwanzigpfünder endlich zum Schweigen brachten. Die Gewehre der Araber knatterten unaufhörlich; unsere Panzerboote aber können einen Kugelregen aushalten, und so hatten wir nur drei Tote bei zwölf oder dreizehn Verwundeten. Gegen Abend verjagten wir die Rebellen, die ziemlich zahlreich waren.

„In etwa drei Tagen beabsichtigt General Gordon zwei Dampfer gegen Sennar zu schicken. Wir hoffen, daß sie den Dampfer „Mehemet Ali" wieder kapern, den die Rebellen dem Saleh Bey neulich abjagten. General Gordon ist wohl auf, und Oberst Stewarts Blessur ist wieder heil. Auch ich bin wohl und guter Dinge."

Man atmete auf in England bei dieser Nachricht und war stolz auf die drei Tapferen, die sich so rühmlich hielten. Und ob der Freude vergaß man im ersten Augenblick, wie lange die Botschaft unterwegs war! „Wir haben noch Mundvorrat auf zwei Monate und dann bleibt uns nichts übrig als zu fallen," so schrieb man am 31. Juli in Khartum, und am 29. September widerhallten diese Worte in England. Noch ein Tag fehlte an der gesteckten Frist. Wie stand es jetzt um Khartum?

Am 30. Juli schrieb Gordon an Sir E. Baring:

„Besten Dank für Ihre guten Wünsche. Der Nil ist jetzt hoch, und wir hoffen in wenigen Tagen offene Route nach Sennar zu haben. Unsere Verluste bis jetzt sind nicht ernstlicher Art. Stewart war leicht verwundet, ist aber wieder hergestellt. Seien Sie überzeugt, daß wir diese Gefechte nicht suchen, aber wir haben keine andere Wahl, denn der Rückzug wäre nur dann möglich, wenn wir die Civilbeamten und ihre Familien im Stich ließen, wogegen die allgemeine Stimmung der Truppen sich auflehnt. Ich habe keinen Rat zu geben. Wenn wir Sennar entsetzen und den Blauen Nil säubern können, wären wir stark genug Berber zurückzuerobern, d. h. wenn Dongola sich halten kann. Nicht ein Pfund von Ihren Hilfsgeldern ist hier angelangt; es ist dem Feind in Berber in die Hände gefallen. Und ich mißgönne es den Arabern nicht, denn es ist doch nur ein Teil von dem, was die ägyptischen Paschas dem Land erpreßt haben. Es sollten zweihunderttausend Pfund nach Kassala geschickt werden; man muß diesen Besatzungen wenigstens mit Geld zu Hilfe kommen. Khartum kostet fünfhundert Pfund per Tag. Wenn der Weg nach Berber frei wird, werde ich Stewart mit dem Tagebuch hinschicken, d. h. wenn er einwilligt. Das dürfen Sie glauben, wenn es irgend eine Möglichkeit gäbe, dieses erbärmliche Scharmützeln einzustellen, so würde ich sie ergreifen, denn mir ist der ganze Krieg verhaßt. Die Leute sind dagegen, daß ich die Stadt verlasse, aus Furcht, daß alles noch schlimmer würde, wenn mir etwas zustieße; so sitze ich immer auf Kohlen, wenn die Mannschaft draußen ist. Wenn ich irgend jemand hier ans Ruder stellen könnte, so würde ich es thun, aber es ist niemand da; alle tüchtigen Kräfte zogen mit Hicks aus und sind geblieben. Als Beweis, wie gut die Araber schießen, hat der eine Dampfer neunhundertundsiebzig und der andere achthundertundsechzig Verletzungen im Rumpf. Seit unserer Niederlage am 16. März haben wir nur etwa dreißig Tote und fünfzig oder sechzig Verwundete gehabt, was sehr wenig ist. Wir haben wohl eine halbe Million Patronen verschossen. Die Leute halten sich im ganzen gut . . . Es mag taktlos klingen, aber wenn wir je davon kommen, so geben Sie dem Stewart einen Orden, aber nur mir nicht. Ersparen Sie mir die Unannehmlichkeit es abzulehnen, aber ich hasse solches Zeug. Wenn wir davonkommen, so ist es lediglich durch Gebetserhörung und nicht aus eigener Kraft; fürs übrige ists dann eine Genugthuung hier gewesen zu sein, so trostlos es manchmal ist. Stewarts Tagebuch ist sehr ausführlich. Ich will nur hoffen, daß es Sie erreicht, wenn ichs schicken kann. Landminen werden künftig unsere beste Verteidigung sein; wir haben die Außenwerke damit bedeckt, bis jetzt haben sie allen Angriff abgehalten und tüchtig aufgeräumt ... Wir haben einen Khartum-Orden von drei Graden — Silber mit Vergoldung, Silber und Zinn — eingeführt, eine Granate mit der Umschrift „die Belagerung von Khartum." Sogar Frauen und Schulkinder haben ihn schon erhalten; ich bin daher sehr populär bei den schwarzen Damen. Wir haben Papiergeld im Wert von sechsundzwanzigtausend Pfund Sterling in Umlauf gesetzt, und von Kaufleuten habe ich fünfzigtausend Pfund geliehen, beides auf Ihren Kredit hin! Auch habe ich achttausend Pfund Papiergeld nach Sennar geschickt. Was die Steuern betrifft, so zahlt man uns nur in Blei, woraus Sie abnehmen mögen, daß Sie eine schöne Rechnung hier zusammenkriegen. Die Truppen und die Leute im ganzen sind gutes Muts... Ich glaube, daß eine schreckliche Hungersnot durchs ganze Land das Finale sein wird. Ein Spion brachte gestern die Nachricht, die ‚Königin von England' sei in Korosko — vielleicht ist es ein Schiff. Sieben Mann, ich mitgerechnet, sind die ganze Verstärkung, deren der Sudan seit der Hicks-Niederlage sich rühmen kann! während wir euch sechshundert Mann Militär und zweitausend Mann Civil zugeschickt haben — wir lachen manchmal darüber. Ich werde Khartum nicht verlassen, ehe ich jemand an meine Stelle setzen kann. Wenn die Europäer, die hier sind, suchen wollen den Äquator zu erreichen, so will ich ihnen mit den Dampfern dazu behilflich sein; aber nach all dem, was hinter uns liegt, kann ich die Leute nicht im Stich lassen. — Ich habe Ihnen ja gesagt, daß der Weg über Wady Halfa am rechten Nilufer hin der beste wäre; hätte Berber sich gehalten, so wäre es eine Vergnügungsfahrt. Eine andere Möglichkeit wäre, von Senheit nach Kassala und von da nach Abu Haraz am Blauen Nil; jedenfalls sicher bis Kassala, aber ich fürchte, es ist zu spät. Wir müssen uns selber durchhelfen, so gut wir können. Wenn Gott uns seinen Segen dazu giebt, so wird uns der Sieg; wenn es nicht sein Wille ist, so ist es auch recht ...

„Warum benutzen Sie die Geheimschrift? Ist ganz unnötig, die Araber haben ja keine Dolmetscher. Sie sagen, es sei Ihr Ziel, den Sudan zu räumen; gut, aber die Araber haben auch ein Wort dreinzureden, ehe sie die Ägypter ziehen lassen. Es wird alles zum besten dienen. Ich wiederhole zum Schluß, wir verteidigen uns so lang wir können, und ich lasse Khartum nicht im Stich. Noch hoffe ich, wenn ich auch bis jetzt kein Wie sehe, daß Gott uns einen Ausweg geben wird."

In einer Nachschrift heißt es:

„Sie fragen in Ihrem Telegramm vom 5. Mai: warum ich darauf bestehe, hier zu bleiben, wenn doch England sich zurückziehe? Antwort: ich bleibe hier, weil die Araber uns eingeschlossen haben und niemand durchlassen. Überdies würden mich die Leute festhalten, wenn ich ihnen nicht vorher zu einer Regierung verhälfe, oder sie mitnähme, was nicht möglich ist. Niemand verließe das Land lieber als ich, wenn es sein könnte."

Im Laufe des August schreibt er an einen Offizier der königlichen Marine zu Massaua:

„. . . Eine ganze Reihe kleiner Gefechte mit den Arabern, die wir gottlob zurückgeschlagen haben. Der Weg nach Sennar ist jetzt offen, und wir haben im Augenblick nichts von den Arabern zu befürchten. Wir beabsichtigen morgen einen Angriff und wollen einen Ausfall auf Berber machen; Stewart und die beiden Konsuln (der Engländer Power und der Franzose Herbin) wollen den Versuch wagen, nach Dongola zu entkommen. Wir würden Berber zerstören und wieder auf unser Piratennest zurückfallen . . . Ich denke, wir halten Khartum in alle Ewigkeit, wir sind dem Mahdi gewachsen. Hat er Reiterei, so haben wir Dampfer. Wir sind sehr bös auf Euch zu sprechen, denn seit dem 29. März hat kein Sterbenswort von der Außenwelt uns erreicht. Ich habe schon einhundertvierzig Pfund für einen Spion hingelegt, und Ihr habt dem armen Teufel zwanzig Thaler gegeben (wenigstens behauptet er das), um von Massaua nach Khartum zurückzugelangen. Ich habe ihm zwanzig Pfund draufgelegt . . . Wir haben wieder Mundvorrat auf fünf Monate und hoffen noch mehr wegzufangen . . . Unser Vaterland spielt keine sehr edle Rolle, weder Ägypten noch dem Sudan gegenüber. Ich wollte, ich hätte ein paar von Euren Artilleristen hier, denn unsere Kanonade ist erbärmlich. Meine Empfehlung an die Offiziere."

Und weiter am 26.: „Ich schrieb Ihnen vorgestern, daß wir einen Ausfall auf die Araber machen wollten. Es ist uns (gottlob!) gelungen, das feindliche Lager einzunehmen. Der arabische Befehlshaber ist gefallen (R. I. P.). Unsere Verluste noch unbekannt. Der Sieg hat uns auf drei Seiten, wenigstens in nächster Nähe, Luft verschafft. Übrigens können die Araber ihre Niederlage teilweise den Deserteuren zuschreiben, die im Augenblick des Angriffs in ziemlich großer Anzahl zu uns überliefen. Meine Flotte hat sich glänzend gehalten, worauf meine Freunde von der königl. britischen Marine stolz sein können ... Wir und die hiesigen Truppen haben wenigstens ein Band, das uns zusammen hält; sie wissen, daß sie in die Sklaverei verkauft werden, wenn die Stadt fällt, und wir wissen, daß wir nur durch eine Verleugnung unseres Herrn unser Leben retten könnten. Und ich glaube, uns ist diese Alternative noch verhaßter als den Soldaten jene. So Gott will wollen wir den Sieg erringen ohne Hilfe von außen. Spione von Kordofan melden, daß der Mahdi mit sechsundzwanzig Kanonen auf Khartum loszieht. Das ist nicht mehr als ich mir erwartete; ich habe von Anfang an gedacht, daß es hier zur Entscheidung kommen wird. Wills Gott, ist der Erfolg nicht auf seiner Seite; wir haben gethan, was wir konnten, um Khartum wohl zu befestigen. Mißglückt es ihm, dann ist es auch mit ihm zu Ende."

Daß Gordons tapferer Mut aufrecht blieb, ergiebt sich aus diesen Briefen. Sie zeigen auch, daß er sich entschlossen hatte, seine beiden Gefährten Stewart und Power ziehen zu lassen und allein zurückzubleiben; es hatte dies einen doppelten Grund. Zum ersten war Gordon wohl schon damals zur Gewißheit gelangt, daß es einen harten Kampf ums Leben gelten würde, und er wollte seinen Waffengefährten Gelegenheit geben, dem fast sichern Tod zu entgehen; zum andern aber hoffte er durch ihre Berichte die saumselige Regierung zum Handeln zu bringen. Denn daß man in London zu einem Entschluß in dieser Richtung gekommen war, davon hatte er damals noch keine Kenntnis. Warum er sich seinen Gefährten nicht anschloß, bedarf nach seinen vielfachen Versicherungen, seinen Posten nicht zu verlassen, keiner weiteren Erklärung. Er blieb zurück in reinster Selbstaufopferung. Daß er sich solchen Edelsinn nicht selbst beimaß, erhöht nur die Größe seines Handelns. Er selbst spricht sich in seiner Weise so darüber aus:

„Was man auch sagen mag über unser hiesiges Aushalten, es ist bares Geschwätz, wir hatten ja keine andere Wahl; und wenn man wissen will, warum ich mich nicht mit Stewart aus dem Staub gemacht habe, so ist die Antwort einfach die, daß die Leute hier nicht so dumm gewesen wären mich gehen zu lassen, also was hat sichs da mit Großthaten und Selbstaufopferung!"

Und dennoch wars ein vollkommenes Opfer in jeder Hinsicht Übrigens konnte er nur hoffen, daß der Dampfer „Abbas" die kleine Schar sicher durch die feindlichen Linien tragen würde, er weigerte sich daher ihre Abreise anzubefehlen; er setzte ihnen auseinander, daß sie durch ihr Bleiben die Lage von Khartum nicht zu bessern vermöchten, während sie möglicherweise durch ihr Gehen der belagerten Stadt einen großen Dienst erweisen könnten. Beide Genossen entschlossen sich unter der Bedingung zu gehen, daß Gordon ihnen nicht nachsagen würde, sie hätten ihn in der Not verlassen. Es war ein Wettstreit der Großmut. Stewart wollte absolut nicht ohne den direkten Befehl seines Vorgesetzten gehen. „Nein" sagte dieser, „zwar fürchte ich die Verantwortlichkeit nicht, aber ich will Sie nicht in eine mögliche Gefahr schicken, die ich nicht mit Ihnen teile." Bei der Abreise von London hatte er den ihn an den Bahnhof begleitenden Freunden gesagt:

„So viel ist sicher, daß wo er in Gefahr sein wird, ich sie teilen werde; und wo ich in Gefahr gerate, wird er nicht weit davon sein."

Aber alles war so ganz anders gegangen, als man es damals hoffte und erwartete, und die Kampfgenossen trennten sich. Gordon that zu ihrer Sicherheit, was er konnte, indem sein Geschwader ihnen über Berber hinaus das Geleite gab; auch ermahnte er sie, sich in der Mitte des Stromes zu halten und wegen Holzbedarf nur an einsamen Orten zu landen. Am 10. September verließ seine Mannschaft die Stadt und kehrte nach einem Siege über die Rebellen dahin zurück, während der Dampfer „Abbas" Stewart und Power mit noch etwa vierzig anderen stromabwärts trug.

Schon anfangs Oktober gelangte die Unglückspost nach England, daß der „Abbas" im Nil gestrandet und seine Mannschaft dem Feind in die Hände gefallen sei. Man hoffte eine Zeitlang, Stewart sei mit dem Leben davon gekommen, aber nach wenigen Wochen wars auch mit dieser Hoffnung zu Ende. Monate vergingen jedoch, ehe man die Einzelheiten mit Gewißheit erfuhr, und zwar durch den Heizer des Dampfers, der aus der arabischen Gefangenschaft entkam und im englischen Lager anlangend folgendes berichtete:

Nachdem das Geschwader Berber bombardiert hatte, kehrte die kleine Flotte nach Khartum zurück, und der „Abbas" setzte seine Reise fort, gelangte auch sicher bis über Abu Hamed. Am 18. September aber stieß der Dampfer auf den Grund. Es war in des Scheik Wad Gamrs Land, und man hatte seit einiger Zeit bemerkt, daß die Leute auf beiden Seiten landeinwärts, den Hügeln zu liefen. Als es sich ergab, daß der „Abbas" festsaß, wurde ein Rettungsboot mit dem Nötigsten beladen und als Landungsplatz eine nahe Insel in Aussicht genommen; das Boot ging viermal hin und her. Darnach vernagelte Oberst Stewart selbst die Kanonen und ließ sie über Bord werfen; ebenso die Kisten mit Schießbedarf. Die Eingeborenen hatten sich mittlerweile in großer Anzahl auf dem rechten Ufer versammelt und schrien: „Gebt uns Frieden und Korn!" „Friede," riefen die Gestrandeten zurück. Soliman Wad Gamr, der Scheik, war in einem kleinen Haus in der Nähe; auch er fand sich am Ufer ein und rief den Schiffbrüchigen zu, sie sollten nur furchtlos herüber kommen, die Soldaten müßten aber ihre Waffen niederlegen, sonst würden seine Leute sich fürchten. Und nachdem Oberst Stewart mit seinen Gefährten beraten hatte, setzte er mit den beiden Konsuln (Power und Herbin) und einigen andern über und betrat das Haus eines blinden Fakirs namens Etman, um daselbst mit dem Scheik über den Ankauf von Kamelen zu unterhandeln. Er gedachte den Weg nach Dongola durch die Wüste fortzusetzen. Außer Stewart, der einen Revolver trug, hatte niemand Waffen. Und während er und seine Begleiter mit dem Scheik verhandelten, beschäftigten sich die übrigen mit der Landung. Es dauerte nicht lange, da bemerkten diese, daß Soliman aus dem Hause stürzte und seinen Stammesangehörigen, die in einem Haufen beisammen standen, mit einem Wassereimer, den er hin und her schwenkte, ein Zeichen gab. Da warfen sich diese mit ihren Speeren teils auf die Mannschaft am Ufer, teils auf das Haus. Der Heizer versteckte sich mit einigen anderen und wurde später gefangen genommen. Oberst Stewart und seine Gefährten aber wurden unbarmherzig niedergemacht und ihre Leichen in den Fluß geworfen. Dann teilten sich die Mörder in die Beute. Es war selbst nach arabischen Begriffen ein schändlicher Verrat. Stewarts Tagebuch über den bisherigen Verlauf der Belagerung Khartums, das Gordon als einen Schatz bezeichnete, wurde mit allen übrigen Schriftstücken, Briefen u. s. w., die der „Abbas“ trug, dem Mahdi ausgeliefert.

Gordons „Tagebücher,“ beginnen mit dem Tag, an dem er sich von seinen Gefährten trennte. Die vier ersten sind an Stewart gerichtet, die beiden letzten an den befehlenden General des Entsatzheeres. Es sind diese Tagebücher einfach die niedergeschriebenen Gedanken eines Menschen, der niemand mehr hat, gegen den er sich aussprechen kann. Er bespricht darin die Sachlage von allen Seiten, keinen möglichen Einwurf läßt er unbeantwortet; er bringt die militärische Stellung zu Papier und arbeitet die zu verfolgende Taktik aus. Er macht Aufzeichnungen der täglichen Nebendinge, die nicht selten humoristischer Art sind — z. B. seine Gewohnheit, schwarze Überläufer mit den Spiegeln im Palast Bekanntschaft machen zu lassen, damit die Leute sich doch auch einmal selbst zu Gesicht bekämen. Die Tagebücher sind daher umfangreich, obschon sie nur einen Zeitraum von drei Monaten umschließen. Er stellt darin auch das Verfahren der Regierung in ein helles Licht, aber er thut es mit der Ruhe eines Menschen, der sich in einer höheren Hand weiß als in der der irdischen Machthaber und dem Ausgang, so oder so, ohne viel Aufregung entgegen sieht. Nichts steht deutlicher in diesen Aufzeichnungen, als daß der Schreiber bis zuletzt an dem seltenen Gottvertrauen festhielt, das manche nur als Fatalismus zu belächeln wissen, das er selbst aber treffend dahin kennzeichnet:

„Wenn das Buch unseres Geschickes einmal aufgeschlagen ist, dann ist Ergebung unsere Pflicht, in der Zuversicht, daß uns alles zum besten dienen soll. So lang dieses Buch noch mit Siegeln versiegelt ist, ist es etwas anderes. Und es kann mir niemand nachsagen, daß ich mit diesem Glauben die Hände in den Schoß legte und alles über mich ergehen ließ."

Es war sein Gottvertrauen und nichts anderes, das ihn dazu befähigte, die Gefährten ziehen zu lassen und allein weiterzukämpfen, und wie er überhaupt immer mehr an alles andere als sich selbst dachte, so erwähnte er dieses Alleinseins mit keinem Wort. Wohl mag ers empfunden haben! Wenn er aber schreibt: „Eine Maus hat jetzt bei Tisch Stewarts Platz eingenommen, sie scheint sich nicht zu fürchten, denn sie holt sich kecklich aus meinem Teller was ihr gefällt," so meinen wir, er hätte nicht leicht mit wenig Worten mehr sagen können.

Ja, Gordon war allein, aber die Stadt will er halten, ob Hilfe noch komme.

Sechstes Kapitel.

Menschenhilfe.

Es war in der ersten Augustwoche 1884, als Gladstone, dem Drängen des Volkes nachgebend, sich anschickte, eine Entsatz-Expedition ins Werk zu setzen; bisher war standhaft erklärt worden, die Notwendigkeit zu militärischen Operationen liege nicht vor. Das Kriegsministerium that sein Möglichstes, die verlorene Zeit nachzuholen. Am letzten August verließ der erwählte Heerführer, Lord Wolseley, London unter den Zurufen und Glückwünschen einer Menge Volks, die sich am Bahnhof versammelt hatte.

Wolseleys Instruktionen sind beachtenswert. Es gelte Gordon zu retten, sagte die Regierung, ihrer Politik getreu bleibend, daß der Sudan England nichts angehe. Das Entsatzheer solle sich daher aller und jeder offensiven Operationen enthalten. Der Auftrag erstreckte sich nicht auf die Besatzungen von Kassala und Sennar, noch weniger auf die Bahr el Ghasal oder die Äquatorprovinzen. Die Regierung setzte sogar Zweifel darein, daß es sich als nötig erweisen werde, bis Khartum vorzurücken; jedenfalls sollten die britischen Operationen möglichst beschränkt werden. Einigermaßen in Widerspruch mit dieser Vorschrift folgte die weitere Anordnung, daß, nachdem ein sicherer Rückzug für General Gordon und Oberst Stewart, sowie für die ägyptischen Truppen und Civilbeamten in Khartum gewonnen sei, General Wolseley Vorkehrungen treffen solle, um dem Sudan, insbesondere aber der Stadt Khartum, eine geordnete Regierung für die Zukunft zu sichern. Bezeichnender Weise erhielt diese Sudan-Expedition den Namen „The Gordon Relief Expedition."

Der Held in Khartum erfuhr davon auf eigentümliche Weise. Er erzählt in seinem Novembertagebuch, daß eine Post ihn erreicht habe. Die Briefe waren in eine alte Zeitung gewickelt, es war der „Standard" vom 1. September, und „nicht mit Gold aufzuwiegen", sagt Gordon, „waren wir doch seit dem 24. Februar ohne alle und jede Nachricht!" Dieses Zeitungsblatt aber beschreibt die Abreise Lord Wolseleys, um Gordon zu befreien. „Nichts dergleichen", erklärt Gordon, „sondern um die eingeschlossenen Truppen zu entsetzen!" Anderswo spricht er sich so aus:

> „Nicht energisch genug kann ich es ablehnen, daß der projektierte Zug meinetwegen ins Werk gesetzt wird. Es geschieht lediglich um die Ehre Englands zu retten, um die Besatzungen und andere aus einer Lage zu befreien, in welche die englische Politik in Ägypten sie gebracht hat. Ich unternahm den ersten Zug zum Entsatz, was jetzt kommt, ist der zweite. Was mich betrifft, so könnte ich mich ja jederzeit davon machen, wenn das alles wäre. Überlegt euch aber einmal was es auf sich hätte, wenn die erste Expedition davon liefe und ihre Dampfer in des Mahdi Hände fallen ließe, wäre das nicht eine böse Vorarbeit für die zweite Expedition, welche Englands Ehre retten will, indem sie die Besatzungen befreit? Beide Expeditionen gelten der Ehre Englands, das liegt auf der Hand. Ich bin gekommen um die Besatzungen zu retten und es ist mir nicht gelungen. Nun kommt Earle (der mit Wolseley kam); hoffen wir, es gelingt ihm. Zu meiner Befreiung kommt er aber nicht! Mit dem Entsatz der Garnison, das gab von Anfang an jeder zu, stand unsere nationale Ehre auf dem Spiel. Wenn Earle nun das gewünschte Resultat erreicht, so verpflichtet er sich die „nationale Ehre", die ihn hoffentlich auch belohnen wird; mich geht das nichts an, ich bin höchstens zu tadeln, daß mir es nicht gelungen ist. Jedenfalls bin ich nicht das gerettete Lamm und will's nicht sein!"

Gordon baute überhaupt nicht auf die Erfolge des Feldzugs, der vier Monate früher hätte unternommen werden sollen. Es ist auch nicht leicht zu erklären, warum man sich im April nicht zu den Maßregeln verstehen konnte, die man im August doch ergriff!

„Die Möglichkeit liegt natürlich auf der Hand", schrieb Gordon, „daß Khartum der Expedition noch vor der Nase weggeschnappt wird; man wird gerade noch dazu kommen, d. h. zu spät. Vielleicht hält man es dann für nötig, die Stadt zurückzuerobern, aber das wäre ganz nutzlose Mühe und würde auf beiden Seiten nur unnötig viel Blut kosten. Wenn es so weit kommt, dann kann das Entsatzheer nichts Besseres thun, als den Schwanz einziehen und ganz still wieder umkehren. Denn wenn Khartum einmal gefallen ist, dann ist die Sonne untergegangen und die Leute werden sich nicht viel um die Planeten (d. h. die andern Garnisonsstädte) kümmern."

Der Leser weiß, daß, wie Gordon ahnte, Wolseley's Truppen „gerade noch dazu kamen"; man weiß auch, daß sie unverrichteter Dinge umgekehrt sind. Und zwar trifft Offiziere und Mannschaft kein Tadel; manch Tapferer hat sein Leben gelassen, und die Geldopfer berechnen sich nach Millionen. Der Fehler war der, daß es von Anfang an zu spät war.

Von Kairo nach Assiut wurden die Truppen per Bahn befördert und von dort per Nildampfer nach Assuan, wo die Schwierigkeiten der Expedition ihren Anfang nahmen. Ende September trafen die Flußboote von England dort ein, mit welchen man die Mannschaft und den Kriegsbedarf nach Dongola zu verbringen beabsichtigte und vierhundert kanadische Bootsleute waren ihrer besonderen Tüchtigkeit halber auf Wolseleys Wunsch dazu verschrieben worden. Die Boote durch die Nilschnellen oberhalb Wady Halfa zu bringen bot fast unübersteigliche Hindernisse und die Beförderung durch die Wüste mit Kamelen nicht minder; und als die Truppen endlich in Dongola angelangt waren, lag schon eine Riesenarbeit hinter ihnen, obgleich sie vom Feinde selbst noch nichts gesehen hatten.

Dongola wurde anfangs November erreicht, und am 14. dieses Monats erhielt Wolseley Nachricht von Gordon vom 4., die ihm abermals zu wissen that, daß keine Zeit zu verlieren sei. Er benachrichtigt den britischen Heerführer, daß in Metammeh fünf Dampfer mit neun Kanonen seiner Befehle harren. Mit anderen Worten, sobald er hört, daß der Hilfszug im Anmarsch ist, kommt er selbst seinen angeblichen Rettern zu Hilfe!

„Noch vierzig Tage können wir aushalten", berichtet er, „darnach wirds schwer sein ... Der Mahdi ist etwa acht Meilen von hier ... Sennar ist ruhig, und man weiß dort, daß Ihr kommt ..."

Wolseley that sein Möglichstes, das Vorrücken zu beschleunigen, auch bedurfte es kaum seiner packenden Proklamation, die Truppen anzufeuern. Daß Gordon die Stadt bis zu ihrem Kommen halte, das war Offizieren wie Gemeinen genug. Durch den Mudir von Dongola hörte man ferner aus der belagerten Stadt, daß, als der Bote Khartum verließ, dreißig Barken voll Korn vom blauen Nil eingebracht worden sein, und daß die Leute all ihre Hoffnung auf Gordon setzten; daß sogar aus des Mahdi Lager Überläufer zu ihm kämen; daß er seinen Bedarf an Schießpulver selbst fabriciere, daß er zwölf Dampfer auf dem Fluß habe, und daß das Volk anfange sein Regiment dem des Mahdi vorzuziehen. Was letztere Behauptung und die Nachricht von Überläufern aus des Mahdi Lager betrifft, so erklärt Gordon in seinem Tagebuch dies damit, daß es überall an Nahrung gebreche und der Glaube im Umlauf sei, in Khartum leide man nicht Mangel; der Bauch regiere die Welt.

So viel war sicher, daß der Mahdi Obeid verlassen und bei Omderman angesichts der belagerten Stadt seine Stellung genommen hatte. Es hieß, er habe dem heldenmütigen Gordon sagen lassen, es sei Zeit sich zu ergeben, Gordons Antwort aber sei gewesen, wenn er der wirkliche Mahdi wäre, so solle er den Fluten des Nil gebieten und trockenen Fußes herüber kommen, dann wolle er sich ergeben. Und der Mahdi habe wirklich den tollen Versuch gemacht, durch den Nil zu gehen, wie einst Israel durchs Rote Meer, dreitausend seiner Anhänger seien jedoch dabei ertrunken. Darnach aber machte er einen Angriff auf die Stadt. Gordon begegnete ihm mit seinen

Dampfern und achthundert Schwarzen; es kostete einen achtstündigen heißen Kampf, aber es gelang ihm, die Araber zurückzuwerfen und sie durch seine Sprengminen aus ihrer Stellung zu vertreiben. Der geschlagene Mahdi hat hierauf für gut gehalten, sein Angesicht eine zeitlang zu verbergen und sich in eine Höhle zurückzuziehen. In dieser weissagte er, man werde sich sechzig Tage lang ruhig verhalten, darnach aber werde das Blut in Strömen fließen. Diese Weissagung ist so ziemlich auf den Tag in Erfüllung gegangen.

Weihnachten und Neujahr ging vorüber, da schien es endlich Ernst werden zu wollen. Das englische Heer rückte in zwei Kolonnen, die eine unter Earle, die andere unter Sir Herbert Stewart durch die Bajuda-Wüste vor. Das Ziel Stewarts waren die Gakdulbrunnen, die auch erreicht wurden; hier wurde eine feste Stellung gewonnen. Am 15. Januar bewegte sich der Zug weiter nach den Abu Klea-Quellen, etwa achtzig Meilen von Metammeh und Shendi am Nil. Dort kam es zur Schlacht. Hoffnungsvoll waren die Truppen vorgerückt; einzelne Araber, auf die sie unterwegs stießen, rissen des Mahdi Abzeichen von ihren Gewändern und erklärten, sie würden den falschen Propheten nie anerkannt haben, hätten sie gewußt, daß die Engländer kämen. Bei Abu Klea war der Feind zehntausend Mann stark. Die englische Kolonne zählte nicht viel über tausend. Es gab eine heiße Arbeit, aber den Briten blieb der Sieg; doch kostete er schwere Opfer. Sir Herbert Stewart selbst wurde tödlich verwundet; neun andere Offiziere fielen, darunter etliche der tapfersten, die England aufzuweisen hatte, außerdem gab es an Toten fünfundsechzig Gemeine und fünfundachtzig Verwundete. Über tausend Araber bedeckten das Schlachtfeld. Unter Sir Charles Wilson, dem nach Stewarts Verwundung der Oberbefehl zufiel, erreichte die britische Abteilung den Nil, wo Gordons Dampfer der Befreier mit der frappanten Meldung harrten: „Alles wohl in Khartum; wir können uns noch jahrelang halten! — C. G. G. 29. Dez. 84.“ Hart auf die Siegesbotschaft von Abu Klea trug der Telegraph diese Kunde nach England, und alle Welt jubelte, daß die Hilfe doch nicht zu spät gekommen sei, daß der tapfere Held sich gehalten habe, und daß seine eigenen Dampfer in wenigen Tagen die englischen Landsleute ihm zuführen würden. Daß Gordons Meldung darauf abgesehen war den Feind zu täuschen, daß sie das gerade Gegenteil von dem bedeuteten, was ihr Wortlaut besagte, das mutmaßte man vor übergroßer Freude nicht.

Und doch war es so! Schon am 14. Dezember hatte ein Geheimbote die (ebenfalls für den Feind bestimmte) Nachricht gebracht: „Alles wohl in Khartum." Aber eben derselbe Bote brachte dem britischen Oberbefehlshaber eine Privatmeldung ganz anderer Art:

„Wir sind auf drei Seiten belagert — bei Omderman, Halfaja und Hoggi Ali droht Angriff. Kampf ununterbrochen Tag und Nacht. Der Feind kann uns nur aushungern. Haltet eure Truppen zusammen, der Feind ist zahlreich. Bringt möglichst viel Truppen. Noch halten wir Omderman und die Verschanzung gegenüber.

Der Mahdi hat Erdwälle in Schußweite von Omderman aufwerfen lassen; er selbst aber bleibt außerhalb der Schußweite.

Vor ungefähr vier Wochen haben des Mahdi Truppen Omderman angegriffen und einen Dampfer außer stand gesetzt. Wir haben dafür eine der feindlichen Kanonen demontiert.

Drei Tage später haben sie uns wieder auf der Südseite angegriffen; wir haben sie zurückgeworfen.

Saleh Bey und Slaten Bey sind gefesselt in des Mahdi Lager.

Unsere Truppen hier leiden Mangel. Was noch an Proviant da ist, ist wenig; etwas Korn und Zwieback.

Kommt sobald wie möglich; am besten über Metammeh oder Berber. Rückt auf diesen beiden Linien vor. Versichert euch der Stadt Berber, ehe ihr vorrückt. Hütet euch, den Feind euch im Rücken zu lassen, und wenn ihr Berber habt, dann laßt michs wissen.

Haltet den Feind möglichst in Unwissenheit über eure Bewegungen.

In Khartum giebts weder Butter noch Datteln und sehr wenig Fleisch, alle Lebensmittel sehr teuer."

Das klang anders, als „wir können noch jahrelang aushalten!" Aber diese Meldung wurde nicht nach England telegraphiert; oder, wahrscheinlich richtiger, man hielt für gut, sie in den Regierungsbureaux zurückzuhalten. Wie ein Donnerschlag aus klarem Himmel fiel daher am 5. Februar die Botschaft ins Land: Khartum ist gefallen!

Sir Charles Wilson war in guter Zuversicht in einem von Gordons eigenen Dampfern von Metammeh abgefahren. Er erreichte das Ziel am 28. Januar, zwei Tage zu spät; des Mahdi Geschütze begrüßten ihn bei der Ankunft, er konnte sich nur wieder zurückziehen — Khartum war am 26. gefallen.

Siebentes Kapitel.

Getreu bis in den Tod.

Wer vermag es, die letzten drei Monate in ihrem ganzen Ernst sich zu vergegenwärtigen, der nicht selbst als Augenzeuge mit in der eingeschlossenen Stadt war! Das Bild wird sich erst dann völlig entrollen, die Schlußscene von Gordons Leben wird erst dann mit voller Klarheit beleuchtet sein, wenn die Bücher aufgethan werden, in denen aller Menschen Thun verzeichnet steht. Einigermaßen aber sind wir, weil im Besitz seiner Aufzeichnungen, dennoch wie Augenzeugen.

Kehren wir zu der Zeit zurück, da er mit einem Heldensinn und einer Großmut, die ihresgleichen sucht, die Gefährten ziehen ließ, um, wenn möglich, ihr Leben zu retten und allein, der einzige seines Volkes, in der unseligen Stadt zurückzubleiben. Wie oft hatte Gordon es früher ausgesprochen, daß er bereit wäre, sein Leben hinzugeben für seine „armen Schafe", die Schwarzen im Sudan. Es war nicht bloße Redensart. Er hat es gethan, sofern ein Mensch für andere sich opfern kann. Es liegt ein merkwürdiger Brief von ihm vor, den er an die Freunde in Jaffa richtete, als Khartum ernstlich bedroht war und er nicht wußte, wie bald die Übermacht von außen, oder der Verrat von innen die Stadt dem Feind überliefern würde.

„Es ist eine Lage, in der man seine Hoffnung nur noch auf Gott setzen kann", schreibt er. „Zwar sollte dies uns genügen, aber wer nicht selbst in der Lage war, kann kaum verstehen was es heißt: ‚Wir wissen nicht, was wir thun sollen, unsere Augen sehen nach dir‘ (2 Chron. 20, 12). Der Aufruhr an sich wäre nichts, wenn wir nur ordentliche Truppen hätten, aber die haben wir nicht, und ich muß mich daher ganz auf Gott verlassen. Es klingt sonderbar so zu schreiben, als ob Er nicht genug wäre! Es ist meine Menschennatur, die so schwach ist, daß der Mangel mich — zwar nicht immer, aber manchmal — bedrückt. Was für veränderliche Geschöpfe sind wir doch und voll Widerspruch; halb Fleisch, halb Geist. Und doch arbeitet Gott an uns und will uns zu Bausteinen machen für seinen Tempel. Ich kann Ihnen nicht sagen, wie ich zwischen zwei Seiten hin und herschwanke. ‚Ist meine Hand verkürzt?‘ heißts auf der einen, und ‚schlechterdings kein Ausweg aus dieser Lage!‘ auf der andern. Es ist ein fortwährender Kampf. Ich werde Ruhe finden im Grab. Denkt nicht, daß ich Euer vergesse; denn als Hiob für seine Freunde bat, da wandte der Herr sein Gefängnis (Hiob 42, 10). Lassen Sie Ihre Kinder für mich beten, denn bei Menschen ist keine Hilfe. Wie wunderbar ist das Zurichten der Bausteine, und wie ungern lassen wir uns behauen! Aber dennoch habe ich es gewagt, vor Ihn zu treten, und habe es von Ihm begehrt, die Sünden dieser auf mich zu legen, in Christo. Gott mit Euch. Habt Dank für Eure Fürbitte.“

Von allem was wir über Gordon wissen — und wie reich sind die Zeugnisse — ist dieser Brief wohl das Wunderbarste, etwas, das uns tief ins Herz greift. Wie treu ist der Mann, der sein Leben einsetzt, der mit der ganzen Bürde eines hilflosen Volkes auf seinen Schultern, mit der Bitte vor seinen Herrn tritt, ihre Sünden auf ihn zu legen! Wenn man dazu nimmt, daß er schließlich durch Verrat fiel, so fehlt nur, daß er hinzugesetzt hätte: *sie wissen nicht was sie thun!*

Noch hatte er das Volk auf seiner Seite, das in ihm seine Schutzmauer erblickte; aber der Hunger kam, und der Zweifel that sein Werk, wie aus seinen Worten hervorgeht: „die Leute mußten uns für Lügner halten.“ Die Engländer kommen, war lange der Trost; aber sie verzogen und kamen nicht. Und dem Volk sank der Mut.

„Während ihr eßt und trinkt und sicher in euren Betten schlaft", schreibt er, „wache ich mit meinen Leuten Tag und Nacht, ob es uns gelingen möchte, uns gegen den falschen Propheten zu halten."

Und wenn selbst seine Leute schliefen, so wachte er. In der Mitte der Stadt hatte er sich einen Turm errichtet, von dem er das Land weithin übersah. Wenn der Tag graute und andere wachen konnten, dann ruhte er. Den Tag über kämpfte er den Kampf mit dem Nahrungsmangel und dem Kleinmut in der Stadt; und wenn die Nacht sich senkte, bestieg er seinen Turm und hielt die Wache, allein unter dem Sternenhimmel mit seinem Gott um den Sieg ringend, die Hilfe erflehend, die versagt schien. Wer kann es ermessen, wie die Heldenseele in mancher langen Nacht im Kampf für „dies Volk" sich erschöpfte und immer wieder zum Anlauf bereit stand, wie oft auch ein neuer Tag heraufstieg und keine Rettung brachte!

Nichts tritt in den Tagebüchern klarer zu Tag, als daß Gordon, so völlig er auch das Ende in eine höhere Hand legte, alles that, was in seiner Macht stand, daß er die ihm anvertraute Stadt Schritt um Schritt verteidigte. Nichts unterließ er, was er thun konnte; sein Auge war überall, und sein heroischer Mut war sozusagen täglich neu. Es war eine Zähigkeit in der Natur dieses Mannes, die um so erstaunlicher ist, als ers nicht genug betonen kann, daß Menschenhilfe kein nütze ist. Bis auf den letzten Blutstropfen ringt er um das Geschick der Stadt, und doch geht sein Glaube von dem Gedanken aus, daß eben dieses Geschick vorherbestimmt ist. Für den einsichtsvollen Leser liegt hier durchaus kein Widerspruch vor. Er erkennt es als seine Pflicht zu ringen, bis das ihm noch verborgene Geschick sich erfüllt. Oder um abermals an sein Wort zu erinnern: „W e n n d a s B u c h d e r D i n g e, d i e s i c h e r e i g n e n s o l l e n, e i n m a l a u f g e s c h l a g e n i s t, d a n n i s t E r g e b u n g f ü r u n s d a s R i c h t i g e; v o r h e r i s t e s e t w a s a n d e r e s. U n d e s k a n n n i e m a n d s a g e n, d a ß i c h b e i d i e s e m G l a u b e n d i e H ä n d e i n d e n S c h o ß g e l e g t h a b e."

Seine Ergebung in den Willen Gottes, wenn die Ereignisse einmal erfüllt sind, hindert ihn z. B. auch durchaus nicht daran, in seinen Aufzeichnungen der englischen Regierung ihren Anteil an der Schuld der Gestaltung dieser Ereignisse sozusagen recht gründlich unter die Augen zu halten.

„Wenn ich nicht dächte, daß alles vorherbestimmt und zum besten bestimmt ist, so könnte ich ganze Oktavbände voll Zorn loslassen, so oft ich auf dieses Thema komme. Ich sehe gar nicht ein, warum ich die Stadt auf halbe Rationen setzen soll, nur um die Belagerung um so viel zu verlängern; wenn ich es thäte, so hätten wir eine Katastrophe noch vor der Zeit, wo eine solche bei ganzen Rationen zu erwarten ist. Ich wäre ja ein Engel (unnötig zu bemerken, daß ich das nicht bin), wenn ich nicht bitterbös auf unsere Regierung zu sprechen wäre. Ich will suchen, mich über diese Sudanwirtschaft und all diese unentschlossene Politik zu beruhigen; aber wenn mir meine schönen schwarzen Soldaten drauf gehen, so möchte ich doch den sehen, der beim Gedanken an unsere Machthaber den hellen Zorn unterdrücken könnte!"

Der gutmütige Ausfall auf seine Schafsoldaten thut seiner Gesinnung in diesem Stücke jedenfalls keinen Eintrag. Die Politik der Engländer, sagte er, lasse sich kurz dahin charakterisieren: sie weigerten sich, den Ägyptern in der Sudanfrage zu helfen, sie verboten den Ägyptern, sich selbst zu helfen, und sie wollten nichts davon hören, daß andere ihnen helfen. Er bestritt keineswegs das Recht der englischen Regierung nach ihrer Einsicht zu handeln, das aber warf er ihr vor, daß sie selber nicht wußte, was sie wollte, als es an der Zeit war ja oder nein zu sagen. Hören wir ihn in seinem Oktobertagebuch:

„Was der gegenwärtige Hilfszug an Menschenleben und Geldopfern kosten kann, ist nicht zu ermessen und wird vollständig zwecklos sein; die Unschlüssigkeit unserer Regierung ist an allem schuld. Hätte man von Anfang an gesagt: ‚Es geht uns nichts an und wir regen keinen Finger, wenn die Besatzungen im Sudan umkommen', hätte man nichts gethan um Tokar zu entsetzen, hätte man mir nichts von Entsatz telegraphiert (s. Telegramm vom 5. Mai, Sanakin, und vom 29. April, Massaua), statt dessen vielmehr die drei Worte: H i l f d i r s e l b e r! dann könnte kein

Mensch sich beschweren. (Gordon fügt in Parenthese bei, daß, während einerseits Baring im Namen der Regierung telegraphierte, daß britische Truppen zum Entsatz Berbers nicht bewilligt würden, der englische General Graham andererseits Befehl erhielt, den Osman Digna anzugreifen.) Aber die Regierung wollte das nicht sagen, daß sie die Besatzungen im Stich zu lassen gesonnen sei, und darum unterblieb das ‚Hilf dir selber.‘ Das ists, was uns die Hände gebunden hat. Hätte ich die Flucht ergriffen, so wäre ich selbst unserer Regierung gegenüber ein Deserteur gewesen; andererseits freilich hat mein Bleiben den gegenwärtigen Hilfszug nötig gemacht. Baring meldete mir klar und deutlich den Befehl, nicht ohne specielle Erlaubnis der Regierung an den Äquator zu gehen. (Wenn Gordon sich nehmlich hätte retten wollen, so wäre das sein Ausweg gewesen.) Ich rechte durchaus nicht mit der Regierung, den Sudan fahren zu lassen. Es ist ein erbärmliches Land und nicht wert, daß man es halte; aber das sage ich, die Regierung hätte im März den Mut haben sollen zu sagen: ‚Hilf dir selber!‘ Damals hätte ich es thun können; jetzt bin ich Ehren halber an dies Volk gebunden, nachdem sechs Monate in unnützem Widerstand hingegangen sind ... Ich sage dies, weil niemand die Geld- und Menschenopfer dieses Hilfszugs mehr beklagt als ich, und niemand kann die Schwierigkeiten besser ermessen als ich; nach allem aber was hinter uns liegt und dank der Unschlüssigkeit unserer Regierung haben wir keine andere Wahl. Es handelt sich für uns jetzt darum, wie wir mit unserer Ehre und mit möglichst geringen Opfern am besten davon kommen. Gebt das Land den Türken, das ist die einzige Lösung der Frage. Hoffentlich denkt niemand, daß ich aus Eigensinn Schwierigkeiten mache; wollte Gott, ich wäre glücklich fort von hier, wo ich seit Februar keine ruhige Stunde gehabt habe! .. Bis vor kurzem waren wir völlig im dunkeln, ob die Regierung die Besatzungen im Stich lassen will oder nicht. Hätte ich meinen Posten verlassen, so hätte man mich als Deserteur darum zur Verantwortung ziehen können, weil ich die Dampfer und Kriegsvorräte in des Mahdi Hand hätte fallen lassen. Denn wenn ich Reißaus nähme, so dauerte es keine fünf Tage und der Mahdi wäre hier ... Ich wiederhole, die englische Regierung wäre, sofern es mich betrifft, aller Verantwortung ledig, hätte man mir nur den Entschluß übermittelt: ‚Hilf dir selber, wir lassen die Besatzungen im Stich.‘ Dann hätte ich gewußt woran ich bin, hätte den Leuten sagen können, daß auf Hilfe nicht zu rechnen ist, und hätte keine sechs Wochen gebraucht, um den Äquator zu erreichen. Und ich hätte das in Ehren thun können; denn sobald es einmal feststand, daß man uns im Stich ließ, mußte mein Hierbleiben darauf hinauslaufen, daß ich mit den Khartumern eingeschlossen würde, was ihre Lage nicht bessern konnte, im Gegenteil den Mahdi nur um so mehr aufbringen mußte."

Wir geben diese Citate gern ausführlich, weil die Anklage damit am besten widerlegt ist, die hin und wieder gegen Gordon laut geworden, er habe sich die Folgen seines Bleibens selbst zuzuschreiben. Weiter sagt er:

„Hätte ich einen Versuch gemacht mich zu retten, so hätten die Leute hier etwa so geurteilt: „Sie sind zu uns gekommen, und wir vertrauten Ihnen; wären Sie nicht gekommen, so hätte wohl mancher von uns sein Heil in der Flucht versucht, so aber verließen wir uns darauf, was Sie für uns thun würden. Wir haben seit Monaten Entbehrung über Entbehrung gelitten, um die Stadt zu halten. Wären Sie nicht gekommen, so hätten wir uns dem Mahdi ergeben; jetzt aber nach unserm langen Widerstand haben wir keine Barmherzigkeit von ihm zu erwarten, und er wird das vergossene Blut bitter an uns rächen. Sie haben unser Geld entlehnt und uns versprochen, es solle uns sicher wieder gegeben werden; wenn Sie uns verlassen, so ist alles verloren. Es ist Ihre Pflicht und Schuldigkeit, bei uns zu verharren und unser Los zu teilen. Wenn die englische Regierung uns im Stich läßt, so ist das kein Grund, daß Sie uns im Stich lassen, nachdem wir uns all die Zeit her an Sie gehalten haben." „Und darum", fügt Gordon mit Nachdruck hinzu, „erkläre ich ein für allemal, daß ich den Sudan nicht verlasse, bis jeder sich hat retten können, ders nötig hat, bis eine Regierung hier aufgerichtet ist, die mich entbindet zu bleiben. Und wenn jetzt ein Befehl kommt, der mich gehen heißt, so werde ich nicht gehorchen, sondern bleibe hier und falle mit der Stadt und teile ihre Not."

Er giebt anderswo zu:

„Ich fürchte, ich bin ein subordinationswidriger Offizier, aber so bin ich und kanns nicht ändern. Ich habe nicht einmal Verstecken mit meinen Vorgesetzten gespielt! Wenn ich die Regierung wäre, würde ich so einen, wie ich bin, nie anstellen; denn ich bin unverbesserlich."

Aber er sagt auch:

„Ich bin mit dem Auftrag abgesandt worden, den Sudan zu räumen, und nicht um Reißaus zu nehmen und die Besatzungen im Stich zu lassen."

Mit andern Worten, zu einem ehrlosen Auftrag hätte er sich nicht bereitfinden lassen, und nachdem er einmal abgesandt war, will er die Hand zu einer Ehrlosigkeit nicht bieten. Sehr richtig macht er auch darauf aufmerksam, daß, wenn die Regierung mit ihrer langen Saumseligkeit recht hatte, es dann auch recht gewesen wäre, dabei zu verharren.

„Das ist mir ein Rätsel", sagt er, „wenn es jetzt wohl gethan ist, uns zu Hilfe zu kommen; warum wars nicht recht, das früher zu thun? Es ist ganz schön von den Schwierigkeiten der Regierung zu reden, aber das läßt sich nicht leicht wegerklären, daß eine stille Hoffnung im Hintergrund war, ein zu Hilfe kommen könnte durch unsern Fall erspart werden! Was mich persönlich angeht, so will ich niemanden Vorwürfe machen; aber es ist mir nicht sehr darum zu thun, mit Verehrung von Leuten zu reden, seien sie wer sie wollen, die sich mit solchen Hintergedanken abgeben können ... Ich weiß in der ganzen Weltgeschichte kein Beispiel von ähnlicher Handlungsweise, wenn ich nicht etwa auf David mit Uria dem Hethiter Bezug nehmen will, und da war eine Eva im Spiel — eine Entschuldigung, die im vorliegenden Fall meines Wissens nicht existiert. Ich wiederhole, ich habe nichts dagegen einzuwenden, wenn man den Besatzungen nicht helfen will, ich verdamme nur die Unschlüssigkeit. Man hatte nicht den Mut ehrlich zu sagen: wir lassen euch im Stich; man verhinderte es, daß ich an den Äquator ging, mit dem stillen Vorsatz mir nicht zu Hilfe zu kommen, und — soll ich sagen mit der Hoffnung? ... (‚März, April u. s. w. sechs Monate! hält er noch immer aus?') ja, das ists, was ich der Regierung vorwerfe."

Es ist schwer, den Machthabern in Downingstreet ein gerechteres Zeugnis über ihr Verhalten zum Sudan auszustellen, als Gordon es hier thut, und der Leser hat hoffentlich genug Beweise davon in diesem Buch, daß Gordon nicht aus persönlichen Rücksichten so redet; für sich selbst begehrt er nichts; er will heute sein Leben hingeben, wenn es sein muß, aber schwarz will er nicht weiß nennen und Unehre nicht für Ehre gelten lassen, und er wird nur gegen die bitter, die solches von ihm zu erwarten scheinen. Er ist sich selbst treu geblieben, und das kostete ihn sein Leben. Daß er nie wieder nach England zurückkehren und keinen Heller Entschädigung annehmen werde, spricht er mehr denn einmal in seinen Tagebüchern aus. Er hätte diesen Entschluß ohne Zweifel auch ausgeführt.

Daß des Mahdi Machtentfaltung auf den Fanatismus des Volks zurückzuführen sei, giebt Gordon nicht zu; er sagt vielmehr seiner Erfahrung nach gebe es selbst in jenen fanatischen Ländern heutzutage nicht viel reinen Fanatismus mehr. Es handle sich bei den meisten Leuten vielmehr lediglich um den irdischen Besitz; es sei eher eine Art Kommunismus unter der Flagge der Religion. Und Gordons alter Humor macht sich geltend, als er erfährt, daß nicht einmal der Mahdi ein ehrlicher Fanatiker, sondern ein „Humbug" sei. Ein aus dem feindlichen Lager entronnener Grieche erzählte ihm nämlich, daß der Mahdi Pfeffer unter den Fingernägeln habe, damit ihm Thränen zu Gebot ständen, wenn er Audienz gebe. Auch begnüge er sich, wo er gesehen werde, mit ein paar Körnlein Durra, in den verborgenen Räumen seiner Wohnung aber lebe er herrlich und in Freuden und versage sich selbst geistige Getränke nicht.

„Ich muß gestehen" sagt Gordon, „seit ich das weiß, habe ich allen Geschmack am Mahdi verloren; bis jetzt konnte man sich doch wenigstens damit trösten, daß man es mit einem anständigen Fanatiker zu thun habe, der an seine Sendung glaubt. Wenn einer sich aber mit Pfeffer unter den Fingernägeln abgiebt, so ists wirklich eine Demütigung sich ihm ergeben zu sollen! . . ."

Da übrigens Thränen doch im allgemeinen als ein Beweis der Aufrichtigkeit gelten, so setzte Gordon hinzu, das Rezept lasse sich vielleicht auch Staatsministern empfehlen.

Unter den Muhamedanern seiner nächsten Umgebung, nämlich seinen Dienstboten, machte er ähnliche Entdeckungen.

„Wenn sie nicht mit Essen beschäftigt sind, dann sind sie am Beten; und wenn sie nicht beten, dann schlafen sie oder sind krank. Man hat wirklich Mühe, sie in den Zwischenpausen zu kriegen; es ist schlechterdings nichts mit ihnen anzufangen, wenn sie auf eine dieser vier Festungen sich zurückziehen, essen, beten, schlafen oder krank sein, und sie wissen es. Man wäre ja ein Bengel, wenn man sie daraus verjagen wollte (was ich übrigens doch manchmal thue). Es gilt einen Befehl abzufertigen, man sieht sich nach seinem Diener um, und der Mensch hält seine Andacht. Ich muß sagen, es ist ein prächtiges Land, um einen Geduld zu lehren! Es ist auch höchst seltsam, aber so oft ich Ursache habe aufgebracht zu sein, was wohl täglich mehrmals vorkommt, ist die ganze Dienerschaft mit ihren Gebetsverrichtungen beschäftigt. Ihre Religion folgt sozusagen der Tonleiter meiner Stimmungen. Sie sind Heiden, sowie ich guter Laune bin."

Gordons natürliches hitziges Temperament machte sich bis zuletzt geltend; aber seine Zornausbrüche sind von so viel Gutmütigkeit erfüllt, daß ihnen der Stachel genommen ist. Wie er selbst einmal bemerkte, schienen ihn die Leute gerade dann am liebsten zu haben, wenn ihm, wie das Sprichwort sagt, der Gaul durchging. So ereignete es sich zwei Monate vor dem Ende, daß eines Abends spät durch drei Sklaven die Nachricht nach Omderman gebracht wurde, die Araber gedächten am folgenden Morgen einen Angriff zu machen. Es wurde nach Khartum gemeldet, aber der Telegraphist meinte, es wäre auch am andern Morgen noch Zeit, dem Generalgouverneur die Depesche vorzulegen. In der Frühe wurde Gordon durch ein heftiges Schießen bei Omderman geweckt, die Araber hatten in der That einen bedeutenden Angriff gemacht, und Gordons Dampfer mußten erst noch geheizt werden. Es folgten mehrere Stunden, die, wie er sagte, ihn um Jahre älter machten — es war das heißeste Gefecht, das die Belagerten bis dahin ausgehalten hatten. Als Gordon vernahm, daß der Telegraphist eine Hauptschuld trug, dem es oft genug eingeschärft worden war, zu jeder Stunde Gordon nötigenfalls zu wecken, bestrafte ihn dieser mit ein paar tüchtigen Ohrfeigen, die ihn aber alsbald reuten und ihn veranlaßten, dem Geohrfeigten fünf Thaler zu schenken. Er dürfe ihn totschlagen, erwiederte der Telegraphist, ein schwarzbrauner Jüngling, denn er sei ja sein Vater! Ein andermal handelte es sich darum, einen neugebauten Dampfer zu taufen. Die Leute wollten ihn „Gordon“ nennen, was er mit dem Bemerken ablehnte, es sei keine Gefahr vorhanden, daß die Stadt ihn je vergessen werde, habe er doch die meisten von ihnen auf alle mögliche Weise seinen Zorn schon fühlen lassen; sie sollten den Dampfer lieber „Sebehr“ heißen!

Daß Gordon durch die ganze schwere Belagerungszeit dem Ausgange ruhig entgegen sah, wissen wir; daß es nicht ohne viel innerliches Leiden abging, spiegelt sich wieder und wieder in den Tagebüchern ab. Merkwürdig ist folgende Stelle:

„Oft, seit wir eingeschlossen sind, haben wir die Frage aufgeworfen, ob es wirklich unmännlich ist, sich zu fürchten, wie die Welt sagt. Ich sage offen, daß ich fortwährend in Furcht schwebe und zwar recht gründlich. Ich fürchte die möglichen Folgen der Gefechte. Todesfurcht ists nicht, die habe ich gottlob ja längst überwunden; aber ich fürchte Niederlagen und was sie bringen. Man spricht von ruhigen Leuten, die sich durch nichts anfechten lassen — es giebt keine, d. h. es giebt Leute, die es äußerlich nicht zeigen, was sie innerlich fühlen. Daraus folgere ich, daß ein Heerführer nicht in vertrautem Umgang mit seinen Offizieren leben soll, denn sie beobachten ihn mit Luchsaugen und nichts ist ansteckender als Furcht. Mich hat es schon fuchswild gemacht, wenn ich etwa vor Besorgnis nicht essen konnte und dann merkte, daß es meinen Tischgenossen ebenso ging.“

Wenn Gordon auch nicht Furcht im gewöhnlichen Sinn, so doch Besorgnis in reichlichem Maße kannte, so ists kein Wunder. Er hat es öfters ausgesprochen, daß es eine Art Verhängnis in seinem Leben war, in all seinen Kriegsunternehmungen mit mehr oder weniger wertlosen Truppen zu thun zu haben. Das Jahr in Khartum setzte auch in dieser Hinsicht seinem Leben die Krone auf; und was die Civilverwaltung betrifft, so stand es damit nicht besser. Wenn etwas geschehen sollte, so mußte er selbst darnach sehen, und die Last eines jeden Departements lag auf seiner Schulter.

„Einen jeden Befehl, und wo sichs doch um das Interesse der Leute selbst handelt, muß ich zwei-, dreimal wiederholen. Ich kann wahrlich sagen, ich bin des Lebens müde; Tag und Nacht, Nacht und Tag ists eine fortdauernde Plage."

Von den Baschi-Bosuks, die ihm ja von jeher ein Dorn im Auge waren, kann er zuletzt nur noch sagen, er werde sie in Watte einwickeln und aufheben; all seine übrigen Ägypter, die Offiziere nicht ausgenommen, ist er bereit, den heranziehenden Engländern zu schenken in der Hoffnung, daß er sie dann nie wieder sehen möchte. Nachdem der „Abbas" seine Gefährten davon getragen hatte, war nicht ein Mensch in der Stadt, auf den er sich verlassen konnte; er nennt es eine peinliche Lage. Der österreichische Konsul Hansal war zwar noch da; als Gordon aber hörte, derselbe beabsichtige sich mit seinen sieben Frauenspersonen zum Mahdi zu schlagen, hatte er nur die eine Antwort: „Ich hoffe er wird es thun!"

Noch am 3. Dezember entwirft Gordon ein Programm wie zu helfen sei, und wenn auch von zweifelhafter Moral, so wäre es doch für die Engländer der kürzeste Weg aus der Patsche:

„Die britische Entsatz-Expedition kommt, um britische Unterthanen aus der Not zu retten, lediglich aus diesem Grunde; man findet, daß einer dieser Unterthanen hier Befehlshaber ist; man rettet ihn, und ehe er sich retten läßt, setzt er, an der Genehmigung des Khedive nicht zweifelnd, Sebehr als seinen Nachfolger ein, dem es zufällig verstattet worden war, sich als Privatmann in Familienangelegenheiten nach Khartum zu begeben. Wer kann da der britischen Regierung einen Vorwurf machen — kein Mensch. Sie hat den Sebehr nicht eingesetzt, und des Thewfik Regierung geht sie nichts an; man ist nur gekommen, um die eigenen Unterthanen zu retten, und Gordon ist der Mann, der die Ernennung Sebehrs zu verantworten hat! Nicht einmal Thewfik hat eine Verantwortung in der Sache, denn Gordon hat es auf seine eigene Verantwortung hin gethan! Ist das nicht ein prächtiger Plan? Denn erstens reinigt er die britische Regierung von aller Schuld, zweitens legt er mir die Schuld auf, und in dem Wetter, das über mich ergehen wird, werde ich so gründlich übergossen werden, daß man — ich will nicht schimpfen, noch die Monate zählen — sagen wir, daß man den bisherigen Verzug dabei ganz übersehen wird. Ja man wird am Ende gar die Regierung noch tadeln, einem solchen Subjekt von britischem Unterthan überhaupt zu Hilfe gekommen zu sein. Das Ministerium kann sich dann ins Fäustchen lachen, und die Fabel bleibt aufrecht erhalten, daß der Sudan oder Ägypten uns nichts angeht. Der Gegenpartei wirds der reine Verdruß sein, wenn die Regierung auch noch auf eine so anständige Weise aus ihrer Patsche kommt; während die Gesellschaft zur Unterdrückung des Sklavenhandels und alle Tugendhelden in Europa die Schalen ihres Zorns über mich ausgießen. Und ich entgehe auf diese Weise allen Ehren und Belohnungen, denn man wird höhern Orts nur zu gern die Gelegenheit ergreifen und sagen: ‚Nach solch niederträchtiger Handlungsweise kann man den Mann ja nimmer anstellen,‘ als ob sie nicht wüßten, daß er „Belohnungen“ so wie so nicht annähme! Es kann mir überhaupt gleichgiltig sein, was über mich gesagt wird, denn da ich nicht wieder nach England zurückkehren will, so kann viel in die Zeitungen geschrieben werden, was ich nicht sehe. Es ist in jeder Hinsicht ein vorzügliches Programm!“

Und weiter meint er, er wisse wohl, was über ihn gesagt werden würde, jedenfalls einen wisse er, der ausrufen werde:

„Mein lieber Gordon, wie kann man so handeln — wären Sie doch lieber gestorben, ehe Sie sich so weit vom Pfad der Rechtlichkeit verirrten!“

„Vergnügte Weihnachten!“ setzt er trocken hinzu.

Am Tag, da er dies schreibt, berichtet er von drei Schlachten, während die Stadt fortwährend beschossen wird; und abends nach sieben fingen die Araber noch einmal an, weil die Zinkenisten in der Stadt das ‚Salaam Effendina‘ (das ägyptische ‚Heil unserm Fürsten, Heil!‘) aufspielten. Am 5. Dezember beschließt er einen Ausfall, um dem Fort Omderman zu Hilfe zu kommen, das in bedrohter Lage war.

„Ich habe nun fast alle Hoffnung aufgegeben, die Stadt zu retten“, sagte er, „dieser Ausfall ist ein letzter Versuch, um die Verbindung mit Fort Omderman wieder herzustellen.“ Am folgenden Tage schrieb er: „Ich habe den Gedanken aufgegeben, eine Landung bei Omderman zu bewerkstelligen, wir haben nicht die Möglichkeit es zu thun.“ Am 7. Dezember: „Heute der zweihundertundsiebzigste Tag unseres Eingeschlossenseins. Die Araber haben von ihren Kanonen bei Guba acht Bomben abgeschossen, eine fiel in der Nähe des Palastes, richtete aber keinen Schaden an.“

Daß Gordon am zweihundertundsiebzigsten Tag seiner hoffnungslosen Verteidigung der Stadt nicht leichten Herzens sein konnte, bedarf gewiß nicht des Nachweises; dennoch kann er seine Belagerungsnotizen an jenem Tag mit dem Satz unterbrechen:

„Mein Truthahn hat eines seiner Weiber umgebracht, Grund unbekannt; wahrscheinlich geheime Korrespondenz mit dem Mahdi, oder sonst eine Haremstreulosigkeit."

Es war Gordons Art und Weise, einen unliebsamen Gegenstand mit einem Gewaltsprung zu verlassen, als ob er einen Scherz machen müßte, um der Sorge Herr zu werden.

Die Belagerung stand nun im zehnten Monat, und nicht nur sah man der Erschöpfung der Lebensmittel entgegen, sondern, was fast noch schlimmer war, auch der Schießbedarf ging auf die Neige. Zwar wurde unter Gordons Aufsicht Pulver bereitet und sein Arsenal lieferte täglich mehrere tausend Patronen — der Verbrauch aber war zu groß. Dennoch brachte Khartum weder Hunger, noch Mangel an Schießbedarf, sondern Verrat zu Fall. Am 11. Dezember bringt sein Tagebuch die Notiz:

„Ich habe der ganzen Besatzung Extralöhnung für einen Monat gegeben, nachdem sie bereits solche für drei Monate erhalten hat; ja ich würde nicht zögern, ihnen hunderttausend Pfund zu bewilligen, wenn ich dächte, es hielte die Stadt."

Das sind inhaltsschwere Worte, nur noch mit Geld oder Geldversprechungen war seine Mannschaft bei der Fahne zu halten!

Am 14. Dezember schließen die Tagebücher folgendermaßen — es ist Gordons letzte Botschaft an seine Landsleute:

„Die Araber haben heute früh zwei Bomben auf den Palast abgefeuert. Vorrat: fünfhundertsechsundvierzig Ardeb Durra und dreiundachtzigtausendfünfhundertfünfundzwanzig Oke Zwieback! Halb elf Uhr — die Dampfer sind bei Omderman mit den Arabern im Gefecht, und ich sitze auf Kohlen. Halb zwölf Uhr — die Dampfer sind zurück; den Bordeen traf eine Bombe in die Batterie; nur ein Mann der Unsrigen verwundet. Morgen soll der Bordeen mit diesem Tagebuch abgehen.

Hätte ich die zweihundert Mann vom Entsatzzug zu befehligen, mehr sind nicht nötig, so würde ich gerade unterhalb Halfaja die Araber angreifen und dann nach Khartum vorrücken. Ich würde mich dann mit dem Nord-Fort in Verbindung setzen und weiteres Handeln von den Umständen bestimmen lassen. Das merkt euch, wenn der Entsatz, und ich verlange nicht mehr als zweihundert Mann, nicht in zehn Tagen hier ist, kann die Stadt fallen; und ich habe gethan, was ich konnte für die Ehre unseres Landes. Lebt wohl.

C. G. Gordon."

Er hat die Stadt nicht zehn, sondern dreimal zehn Tage noch gehalten; aber was nach dem 14. Dezember noch geschehen, wird schwerlich je bekannt werden. Ohne Zweifel hat er bis zum letzten Tag seine Notizen niedergeschrieben, aber sein siebentes Tagebuch ist entweder in die Hand des Mahdi geraten, oder es ging in der allgemeinen Zerstörung zu Grunde.

Gordon wußte es wohl, daß Verrat im Werk war; Intriguen in der Stadt und geheime Unterhandlungen mit dem Mahdi nahmen überhand. Zwar hatte er die Anstifter hin und wieder bestraft und festsetzen lassen, aber gegenüber dem innern Feind der Treulosigkeit war er machtlos. Es ist bemerkenswert, daß Gordon, selbst eine redliche Seele wie wenige, sein lebenlang immer wieder die Erfahrung machen mußte, daß andere ihn im Stich ließen oder gar mit Treubruch ihm begegneten. Es bringt ihn zu dem Geständnis, daß der Mensch von Natur ein trügerisches Geschöpf sei. Psalm 116, 11 lautet in der englischen Übersetzung: „Ich sprach in meiner Eile (Übereilung): alle Menschen sind Lügner"; das hätte der Psalmist auch mit Bedacht sagen können, schrieb Gordon im September 1884. Und so war es teils die natürliche Treulosigkeit, teils aber auch die Gewinnsucht der menschlichen Natur, die den Faragh Pascha veranlaßten, mit dem Mhadi zu unterhandeln. Jener war ein Schwarzer, ein freigelassener Sklave, der seine Erhebung Gordon verdankte. Jahrelang war Gordons Leben ein Opfer für die armen Neger, für die Sklaven, und das war sein Lohn! Als die Engländer heran kamen, da wußte jener Judas, daß er schon zu weit gegangen war, um nicht noch weiter zu gehen, und in der Nacht vom 25. auf den 26. Januar 1885, als der Morgen graute, ließ er des Mahdi Araber in die Stadt. Es gab ein greuliches Blutbad. Hätte Gordon seine Dampfer gehabt, so hätte er sich ohne Zweifel retten können, aber diese, oder doch die tüchtigsten derselben, hatte er denen, die ihm zu Hilfe kommen wollten, und nur leider zu spät kamen, entgegengeschickt, seine persönliche Sicherheit mit der alten Hochherzigkeit außer acht lassend. Daß ihm nichts anderes übrig blieb, als seine Treue mit seinem Blut zu besiegeln, ergiebt sich schon aus dem Wort, das er mehrere Wochen zuvor schriftlich niederlegte:

„Mit Gottes Hilfe gedenke ich nicht lebend in ihre Hände zu fallen, somit bleibt mir nur der Tod."

Wie Gordon in den Tod ging, darüber sind unzählige Berichte laut geworden, aber kein authentischer. Der glaubwürdigste ist der ursprüngliche, daß er, als er hörte, der Feind dringe in die Stadt, einen Versuch machte, das Arsenal im katholischen Missionshaus zu erreichen, daß er nach dem Regierungspalast umkehrte, als er fand, daß die Araber bereits im Besitz jenes Hauses waren, und daß er unter seiner Hausthüre den Tod fand. Er sei erschossen worden, sagten einige; er sei von den Speeren der andringenden Araber durchbohrt worden, sagten andere.

Soviel war sicher, Gordon, der Held, war tot.

Achtes Kapitel

Die Krone der Ehren.

Gordon wußte, daß er in den Tod ging, er schrieb verschiedene Abschiedsbriefe, die ihre Bestimmung erreichten; es sind die Worte eines, der das dunkle Thal schon vor sich sieht. Seiner Schwester schrieb er:

„Gott der Herr regiert, und da Er zu Seiner Ehre und unserem Besten regiert, so geschehe Sein Wille. Ich bin ganz glücklich und kann mit Lawrence*) sagen, ich habe versucht, meine Pflicht zu thun . . . Wenn Gott es einem Menschen geschenkt hat, viel im Umgang mit Ihm zu leben, so kann der Tod für einen solchen nichts Schmerzliches sein; ja, was ist der Tod für den gläubigen Christen!"

Es steht wohl auf jeder Seite der Lebensgeschichte dieses Mannes geschrieben, daß er seinem Gott vertraute — in seltener Weise vertraute. Sollte es Leser geben, die fragen, was hat ein Mann wie Gordon nun vor anderen voraus, hat er nicht in schmählicher Weise, von Freunden verlassen, von Feindeshand fallen müssen, und der Gott, dem er vertraute, hat ihm nicht geholfen? so gibt Gordon selbst die Antwort darauf in den tiefrührenden Worten an seine Schwester:

*) Sir Henry Lawrence, der in der indischen Meuterei vorzügliche Dienste leistete und als Vicekönig von Indien starb — ein tüchtiger Soldat und frommer Christ. Auf seinem Grabstein in Indien stehen die Worte: „Hier liegt Henry Lawrence, der versucht hat seine Pflicht zu thun" — oder wie man auf Deutsch wohl sagen würde, der ein Mann der Pflicht war.

„Du darfst nicht vergessen, daß unser Herr niemand versprochen hat, ihn das Glück und den Frieden in diesem Leben finden zu lassen. Er hat uns im Gegenteil Trübsal versprochen. Wenn es also ein übles Ende nimmt nach dem Fleisch, so ist Er dennoch treu. Was er thut, geschieht in Liebe, und Sein Erbarmen ist über mir. Mein Teil ist Ergebung in Seinen Willen, wie dunkel derselbe auch sei."

Einem ferner stehenden Freund schrieb er:

„Alles vorbei. Ich erwarte die Katastrophe innerhalb zehn Tagen. Es wäre nicht so gegangen, hätten unsere Leute mir ihren Entschluß zu wissen gethan. Lebt alle wohl. — C. G. Gordon."

Dem Sir Charles Wilson, der ihm mit einem Theil der Entsatzmannschaft die erste Hilfe bringen sollte, schrieb er, er hoffe, daß nach Gottes Willen die Engländer rechtzeitig kommen könnten, um ihn und andere zu retten, aber er fürchte, sie würden zu spät kommen; er wisse, daß Verrat im Anschlag sei, und er könne es nicht hindern. Noch jetzt stünde es in seiner Macht sich zu flüchten, aber das wolle er nicht; er werde auf seinem Posten bleiben und nicht zuletzt noch davonlaufen. Gefangen nehmen lassen werde er sich nicht; also bleibe der Tod.

Und so starb der Held. Die heiße Schlacht war verloren, er aber war dennoch ein Sieger, einer von denen, die gekrönt werden nach dem Kampf. Daß die unverwelkliche Krone ihm wurde, wer könnte daran zweifeln! Aber auch eine irdische Krone der Ehren ist ihm behalten, wie wenigen seines Geschlechts, in der Bewunderung, ja, in der Liebe von Tausenden, die um ihn trauern wie um einen nahestehenden Freund. Nicht nur England, die weite Welt erkannte den Verlust. Wie mit leuchtenden Buchstaben stand es auf einmal vor aller Augen, dieser Mann war ein Held in unserm Jahrhundert, wie sonst nur Sage und Sang aus längst vergangenen Zeiten uns von Helden berichten, und er ist tot! Die Kunde traf England ins Herz. Wer an jenem 5. Februar, der die Nachricht brachte — den „schwarzen Donnerstag" hat man ihn seither genannt — durch die Straßen von

London ging, der konnte auf allen Gesichtern lesen, daß Trauer auf das Land gefallen war. Seit der indischen Meuterei hat nichts das Land in ähnlicher Weise erschüttert, wie der Fall von Khartum. Es war, als handelte es sich für jeden um einen persönlichen Verlust. Hoch und nieder, reich und arm hatten nur die eine Klage: Gordon ist tot! Kein König ist je so betrauert worden. England wußte es jetzt, was es an ihm verlor, und viele Tausende schlugen dabei an ihre Brust. Was einer aussprach, als es sich um ein Gordon-Denkmal handelte, war die Stimmung des Volkes seinen Führern gegenüber:

Ein Denkmal unserm Gordon — gut!
So lang im Nil sich spiegelt Nacht und Tag,
Der in Khartum sich färbte rot mit Blut,
Sei nicht vergessen wie der Held erlag.

Ja, richtet ihm ein Denkmal auf,
Und wenn in Marmorstein sein Ruhm erblüht,
Schreibt auch als Denkschrift das Bekenntnis drauf:
„Aus Dankbarkeit das Volk, das ihn verriet!“

Nur erwähnt sei die Thatsache, daß am Abend des Tages, der ganz England mit Trauer erfüllte, einer am andern Morgen erschienenen Zeitungsnotiz zufolge Gladstone das Lustspiel „der Kandidat“ mit seiner Anwesenheit beehrte! Wie zu erwarten stand, hielt dieser Minister dem gefallenen Helden Englands einen glänzenden Nachruf im Parlament; als er aber mit einem namhaften Beitrag dem projektierten Denkmal beitreten wollte, da lehnten sich Stimmen aus allen Volksklassen in der Tagespresse dagegen auf. Was das Denkmal für eine Gestalt annehmen solle, ob die eines Spitals in Port Said oder in England im Gedanken an Gordons „Prinzen“ die eines Rettungshauses für verwahrloste Knaben, darüber ist viel verhandelt worden, das Rettungshaus ist zwar im Plan, aus dem Denkmal aber ist äußerst bezeichnender Weise bis jetzt nichts geworden. Gordon braucht auch keines.

Die Lebensgeschichte eines solchen Mannes ist ein Saatkorn im Acker der Zeit; es wird aufgehen und Frucht bringen, und von

Gordon gilt das Wort: er redet noch, wiewohl er gestorben ist. Die Schönheit eines solchen Lebens wird von allen anerkannt, selbst von denen, die am wenigsten die Kraft besitzen, das darin gegebene Vorbild nachzuahmen. Viele aber werden daran sich aufrichten und suchen, an ihrem Teil etwas von der Kraft zu gewinnen, die Gordon stark machte. Im Kampf stehen wir alle. Helden im großen Sinn können nicht alle sein; aber die Selbstaufopferung, die Demut, die kerngesunde Aufrichtigkeit des Mannes können auch andere erreichen. Das Wunderbare bei Gordon war, daß der natürliche Mannesmut seines Wesens mit der christlichen Demut eins wurde und ihn zum idealen Menschen gestaltete. Es ist ein Beweis, daß das Christentum die natürliche Eigenart des Menschen nicht vernichtet, sondern sie veredelt und zu ihrer schönsten Blüte bringt. Und bei Gordon hat sich dies so völlig bewährt, daß ihm nicht leicht ein ebenbürtiger Charakter an die Seite zu stellen ist. Wir blicken auf und nieder in der Geschichte der Völker, wo finden wir einen, in dem jede Gestalt der Selbstsucht so völlig unterdrückt war, der in all seinem Denken und Thun nur um andere sorgte? wo einen, der es sich so ernstlich angelegen sein ließ, sein Leben nach dem Willen Gottes in der Nachfolge Christi zu gestalten? wo einen, der den seltenen Mut in solchem Maße besaß, sich um Menschenurteil nicht zu kümmern, wo es mit der Stimme des Gewissens oder dem Wort der Schrift im Widerspruch steht? Reichtum, Ehre, die Würde hoher Stellung, alles galt ihm nichts, oder doch nur so viel als er glaubte, dadurch Gelegenheit zu finden, Gutes zu vollbringen. Von dem Verlangen sich einen guten Namen zu machen, das sonst auch vortrefflichen Menschen selbst dann noch anhängt, wenn gröbere Gebrechen überwunden sind, war er völlig frei. Sein einziger Ehrgeiz, wenn man es so nennen kann, war der Wunsch, seinem Gott zu dienen und seinen Mitmenschen Gutes zu thun. Und wie viel ließe sich von seinen anderen Eigenschaften sagen, seinem unerschöpflichen Humor, seinem frischen Sinn, seiner unendlichen Thatkraft, seinem Mut, seiner

Tapferkeit, seiner Menschenfreundlichkeit, seiner hochherzigen Treue! Ja, es ließe sich das ganze Register menschlicher Tugenden aufzählen, und man hätte nur wenige Gebrechen seines Wesens dagegen zu stellen, obschon er selbst der erste war, sich mit Paulus unter den Sündern den vornehmsten zu nennen.

Es war nicht möglich, die Lebensgeschichte dieses Mannes zu schreiben, ohne hervorzuheben, welch rückhaltlose Bewunderung er verdient. Gordon selbst sagte einmal, und gewiß mit voller Aufrichtigkeit: Lieber tot sein, als gelobt werden! Die edelsten Handlungen seines Lebens hat er so angesehen, als ob sie sich von selbst verstünden; sie waren auch nichts anderes als die natürliche Frucht seines vom Christentum durchdrungenen Wesens, und in diesem Sinn allerdings selbstverständlich. Es ist gesagt worden, daß Gordon ein idealer Mensch gewesen sei, der nicht recht ins neunzehnte Jahrhundert paßte; wenn dem so wäre, dann müßte man das Jahrhundert bedauern und die Menschen, die darin leben. So viel ist sicher, Gordon war einer von den wenigen, die den Mut haben, ihr Ideal in allen Dingen, in jeder Lage zur Geltung zu bringen, d. h. so zu leben, wie er es mit seinem innersten und besten Wesen als gut erkannte. Gäbe es doch viele Idealisten in diesem Sinn!

Es gehört mit zu den Rätseln des Lebens, warum Menschen wie Gordon oft in der Fülle ihrer Kraft abgerufen werden. Er war auf den Tag zweiundfünfzig Jahre alt, wie viel hätte er noch hier thun können beides zur Ehre Gottes und zum Besten seiner Mitmenschen! Aber, wie Staupitz einst zu Luther sagte, es braucht der Herr auch in der anderen Welt tüchtige Leute, und wenn Er hier Arbeit für solche hat, nicht minder dort. Der Himmel ist nicht nur ein Land der Harfen und Kronen und des Ruhens von allem Jammer der Zeitlichkeit; wohl das, aber er ist auch ein Land des völligeren Gottdienens, wo es, um mit den Worten des Gleichnisses zu reden, Städte zu verwalten giebt, was diese nun seien. Und als Gordon aus dem Kampf seines Lebens in die Wohnungen des Friedens einging, wird er wohl die Stimme seines Herrn vernommen haben, die zu ihm sagte:

„Ei du frommer und getreuer Knecht, du bist über wenigem getreu gewesen, ich will dich über viel setzen. Gehe ein zu deines Herrn Freude.“